HEYNE<

CLAUS-PETER HUTTER

KLIMA-KRISE:
DIE ERDE RECHNET AB

Wo wir handeln müssen
und was wir tun können,
um unsere Zukunft zu retten

WILHELM HEYNE VERLAG
MÜNCHEN

Die Originalausgabe erschien 2018 unter dem Titel
Die Erde rechnet ab im Ludwig Verlag.

Sollte diese Publikation Links auf Webseiten Dritter enthalten,
so übernehmen wir für deren Inhalte keine Haftung,
da wir uns diese nicht zu eigen machen, sondern lediglich
auf deren Stand zum Zeitpunkt der Erstveröffentlichung verweisen.

Verlagsgruppe Random House FSC® N001967

Taschenbucherstausgabe 05/2020

Copyright © 2020 by Wilhelm Heyne Verlag, München,
in der Verlagsgruppe Random House GmbH
Der Wilhelm Heyne Verlag, München, ist ein Verlag der
Verlagsgruppe Random House GmbH,
Neumarkter Straße 28, 81673 München
Redaktion: Ulrike Strerath-Bolz
Umschlaggestaltung: Hauptmann & Kompanie Werbeagentur, Zürich
unter Verwendung eines Fotos von © Kativ / Getty Images
Satz: Satzwerk Huber, Germering
Druck: GGP Media GmbH, Pößneck
Printed in Germany
ISBN: 978-3-453-60559-6

www.heyne.de

All jenen Menschen gewidmet, die in den armen Regionen der Erde schon jetzt unter den Auswirkungen des Klimawandels leiden. Menschen, die allzu oft Opfer der von ihnen nicht verursachten Erderwärmung sind und beim Kampf um das nackte Überleben in letzte Naturparadiese vordringen und selbst zu Tätern werden ...

Inhalt

Der Klimawandel ist da – und was jetzt?
Gedanken über Nachgedachtes........................... 9

Wenn das Klima krank macht
Angriff der Insekten und anderer Plagegeister.............. 26

Urlaub, Unwetter, Unbehagen
Wo und wie machen wir künftig Urlaub?................. 53

Kluge Vorsorge statt blindes Vertrauen
Wie wir uns auf kleine und große Katastrophen
besser vorbereiten können.............................. 76

Essen 4.0 – wie essen wir in der Zukunft?
Landwirtschaft, die das Land krank macht................ 103

Zwischen sengender Sonne und Sturmzeiten
Von der Notwendigkeit einer neuen Stadtstrategie.......... 120

Wasser ist Leben
Selbstverständliches neu denken, schützen und schätzen..... 157

Energie – aber wie?
Nichts wird bleiben, wie es war und ist 173

Grüne Lungen in Gefahr
Was wird aus unseren Wäldern?......................... 204

Was wird aus unserem Naturerbe?	222
Klima-Killer Mensch	
Eine zweite Erde gibt es nicht	240
Was ist was? Das kleine Klima-ABC	249
Wer macht was? Nützliche Adressen	276
Anmerkungen	288
Literatur	291
Der Autor	296
Dank	297
NatureLife-International Stiftung für Umwelt, Bildung und Nachhaltigkeit	299

Der Klimawandel ist da – was jetzt?
Gedanken über Nachgedachtes

»How dare you...?«

Greta Thunberg

Tränen in den Augen, mit zitternder Stimme steht am 23. September 2019 ein 16-jähriges Mädchen vor Staats- und Regierungschefs aus aller Welt, die sich versammelt haben, um das Klima dieser Welt zu retten. Sie schleudert ihnen vom Podium aus den Satz zu, der in die Geschichte eingehen wird: »How dare you...?« Wie könnt ihr es wagen? »Menschen leiden, Menschen sterben, ganze Ökosysteme kollabieren...«

Greta Thunberg ist die Gallionsfigur der Bewegung „Fridays for future". Mögen die Ideen der bunten Akteure für Manche auch unausgegoren und teilweise etwas verrückt klingen - sie beweisen jedenfalls eines: vor allem junge Menschen sind in Sorge um den Planeten. Doch viel zu viele sind immer noch erschreckend sorglos. Sorglos und unvorbereitet. Mit jedem Tag den wir nicht nützen um uns auf den Klimawandel einzustellen, verschwenden wir Zeit.

Stellen Sie sich vor, Sie kommen an eine vielbefahrene Kreuzung. Irgendwo in Hamburg, Berlin, Köln, Frankfurt, München, Stuttgart, Zürich oder Wien oder wo auch immer. Wie aus dem Nichts werden Sie Zeuge eines Auffahrunfalls. Sie realisieren, dass es wohl Verletzte gibt, diese aber nicht in der Lage sind, ihren Wagen zu verlassen. Ganz klar rufen Sie, wie hoffentlich auch andere Menschen, die Augenzeuge geworden sind, über Ihr Mobiltelefon Erste Hilfe. Doch bis Hilfe kommt, kann es dauern. Ganz klar: Jetzt sind Sie gefordert. Beherzt wollen Sie Ihre Signalweste anziehen. Doch wo ist sie nur? In Sekundenbruchteilen schießt Ihnen die alles entscheidende

Frage durch den Kopf: Wie gehen die Erste-Hilfe-Griffe noch gleich...? Dann sind Sie schon an einem der drei beteiligten Autos und versuchen hilflos, ein bewusstloses Unfallopfer aus dem Wagen zu ziehen. Es gelingt Ihnen gemeinsam mit anderen Passanten, zwei Menschen zu bergen. Da sind auch schon die Signale der Einsatzfahrzeuge von Notarzt und Polizei zu hören. Endlich! Gott sei Dank.

Wie hilflos und wenig vorbereitet wir in solchen Situationen doch sind. Situationen, bei denen es um Leben und Tod geht.

Und nun stellen Sie sich vor, dass plötzlich sintflutartiger Regen über Ihrer Wohngegend niederprasselt. Schon nach kurzer Zeit stehen Kellerräume, Tiefgaragen, Unterführungen unter Wasser, Gulls quellen über und verwandeln Straßen und Wege in reißende Bäche. Sind Sie darauf vorbereitet? Haben sich solche Sturzfluten lokal oder regional begrenzt nicht immer in anderen Gegenden abgespielt – fern Ihrer Alltagsrealität? Was kann, ja was muss als Erstes zur Rettung von Leib und Leben getan werden? Wie kann anderen geholfen werden und wie ist das eigene Hab und Gut zu schützen?

Zurück zur Unfallkreuzung. Mittlerweile sind zwei Fahrzeuge mit Notarzt und Sanitätern eingetroffen. Gezielt kümmern diese sich, unterstützt von den ebenfalls eingetroffenen Feuerwehrleuten, um die Befreiung der anderen, noch in ihren Wagen eingeschlossenen und ebenfalls bewusstlosen Verletzten. Die Retter sind gut geschult, jeder weiß, was er zu tun hat. Und das ist gut so, denn nur durch schnelles Handeln kann Leben gerettet werden. Was wäre, wenn Sanitäter und Ärzte erst noch lange diskutieren und überlegen oder im Handbuch nachschauen müssten, ob ein Opfer wiederbelebt werden muss, ob die Blutung am abgedrückten, weil eingequetschten Unterschenkel gestillt werden muss oder, oder, oder ... In Notsituationen sind Diskussionen völlig fehl am Platz. Hilflose Helfer verringern die Überlebenschancen der Unfallpatienten.

Und jetzt stellen Sie sich den Patienten Erde vor. Spätestens seit der Club of Rome 1972 mit der Studie Die Grenzen des Wachstums *vor den Folgen von Naturvernichtung, Umweltverschmutzung und den damals noch nicht unter dem Begriff »Klimawandel« bekannten Problem gewarnt hat, hätten die »Helfer« von Mutter Erde reagieren müssen. Allerspätestens seit der ersten Weltumweltkonferenz – 1992 in Rio de Janeiro – und den Mahnungen des Weltklimarates (Intergovernal Panel on Climate Change, IPCC, 2007) weiß unsere Gesellschaft um die Gefahr, die dem Patienten Erde droht. Wir – und damit meine ich jeden Einzelnen – müssen aktiv in die »Rettungsaktion Erde« einsteigen, bevor der Patient stirbt. Wer in verantwortlicher Position zur Info-Elite gehört, in Regional-, Landes- und Länderregierungen politische Verantwortung trägt, in der Wirtschaft eine Führungsposition besetzt, sich in internationale Gremien einbringt oder einfach nur in seinem Verein »mitspielt«, muss im Namen der Erde handeln. Als Privatperson mit Vorbildcharakter verhalten wir uns falsch, wenn wir so tun, als sei alles in bester Ordnung!*

Am Ende holt der »Unfall« uns alle ein. Und zwar dann, wenn wir während einer Hitzeperiode nicht genügend Wasser im Haus haben, wenn Sturzfluten unser Hab und Gut wegspülen oder unsere Lieben nicht mehr wissen, wo sie nach der Katastrophe die Nacht verbringen sollen. Wir können uns nicht auf Politiker und all die hilflosen »Amtsträger« verlassen, die schon viel zu lange darüber diskutieren, welche Hilfsmaßnahmen für den Patienten Erde nun die richtigen sind.

Unter anderem finden solche Diskussionen auf Klima-Konferenzen statt. Auf die erste Welt-Umwelt- und Klimakonferenz in Rio de Janeiro 1992 – dort sollte eine »Strategie« zur nachhaltigen Entwicklung beschlossen werden – folgten über zwanzig weitere Klima-Konferenzen. Mal mit exotischen Zielen wie Kyoto, Marrakesch, Bali, Lima, mal ganz schlicht wie in Paris oder Bonn. Es wird viel geredet, diskutiert und zu Papier gebracht. Hundertneunzig Staaten haben mittlerweile Klimaschutzpläne vorgelegt. Der Berg kreißt – und gebiert nach einem Vierteljahrhundert nicht einmal eine Maus. Ja, ein Vierteljahrhundert: Sage und schreibe fünfundzwanzig Jahre diskutieren und lamentieren die »Retter«! Nicht auszudenken, was das für unsere Unfallopfer aus der Beispielgeschichte heißen würde.

Es ist später als wir denken

Dabei meinen es die meisten Teilnehmer der Klima-Konferenzen ja wirklich gut. Tausende von ihnen kommen da zusammen, allein an der Konferenz in Madrid Ende 2019 waren sechsundzwanzigtausend Menschen beteiligt! Doch am Ende hat die Erde weiter Fieber – und die Temperatur steigt immer mehr an. Es ist notwendig, dass sich die Weltgemeinschaft austauscht und um Lösungen ringt, doch irgendwann muss man auch zu Resultaten und zum Handeln kommen. Natürlich ist es richtig, dass Verantwortliche aus Politik und Wirtschaft sich treffen, doch es bleibt nicht mehr viel Zeit für Small Talk und Eiertanz, Befindlichkeiten und Taktiererei. Wertvolle Zeit für aktives Handeln ist längst verloren gegangen. In der Zwischenzeit leiden Millionen von Menschen unter den Folgen, Flora und Fauna liegen im Sterben: Der Patient Erde muss dringend auf die Intensivstation – und keiner bildet eine Rettungsgasse…! Im übertragenen Sinne stehen alle an der Unfallkreuzung und diskutieren. Jeder tut so, als ginge uns der Patient nichts an. Dabei ist es unsere Mutter, die da liegt: Mutter Natur leidet.

Tatsächlich liegt die Unfallkreuzung im Global Village immer direkt vor unserer Haustür – auch wenn die verheerenden Hurrikans »nur« Mittelamerika und Florida betreffen, wenn die Taifune – wie man die Wirbelstürme im pazifischen Raum nennt – über zehntausend Kilometer von Deutschland entfernt über die Philippinischen Inseln hinwegfegen. Sie haben Namen wie die Spielkameraden unserer Kinder. Sie heißen Harvey, Jose, Ophelia, Irma und Maria – und bringen den Tod mit sich. Die Folgen der Tropenstürme etwa in Florida und Mittelamerika waren verheerend. So viele Hurrikans, wie 2017 in nur wenigen Wochen die betroffenen Regionen verwüstet haben, gab es seit Menschengedenken noch nie. Wenn das die letzten Zweifler am Klimawandel nicht sehen und die Konsequenzen daraus nicht wahrhaben wollen, ist ihnen – und uns allen – nicht mehr zu helfen. Was den Klimawandel anbelangt, ist es später, als die meisten denken. Oder haben wir uns an die Schreckensnachrichten bereits gewöhnt? Und wenn uns schon die Tropenstürme nicht warnen, warum schrecken wir nicht auf angesichts von Sturm »Friederike« im Januar 2018, exakt elf Jahre nach dem ebenso verheerenden Jahrhundertsturm »Kyrill«?

Handeln ist angesagt: auf allen Ebenen der Politik, der Weltwirtschaft und natürlich bei jedem Einzelnen. Da stimmen kleine Zeichen der Hoffnung fast schon wieder froh: Verantwortungsbewusste Menschen in den Vereinigten Staaten ignorieren in Sachen Klimaschutz das absurde Verhalten ihres Präsidenten; verschiedene Bundesstaaten halten konsequent am Kurs des Klimaschutzes fest. Ein »Jetzt erst recht«, das Mut macht! Es geht schlicht und einfach darum, ganz undogmatisch konsequent zu sein und die Chancen zu nutzen. Denn das Zeitfenster, das uns noch bleibt, ist relativ klein.

Was bedeutet das alles für uns »ganz normale Menschen«? Für Menschen, die nicht auf Klima-Konferenzen herumsitzen? Für Menschen, die langsam spüren, dass sich das Klima verändert? Für Menschen in der Land- und Forstwirtschaft, die nach Trockenperioden und Ernteausfällen nur einen Bruchteil ihres Einkommens »ernten«? Für Menschen, deren Hab und Gut bei den immer häufigeren »Unwetterkatastrophen« vernichtet wurde und wird? Wie sieht unser Alltag angesichts des Klimawandels heute aus? Und morgen? Ist der Klimawandel nicht längst im Alltag angekommen? Im eigenen Garten, in der Stadt und dem vertrauten Urlaubsland? Die Zeichen sind da, wo wir früher Ski gefahren sind und heute die Gletscher schmelzen, wo die Bäume immer früher blühen und die Blüten dann wegen des Spätfrostes erfrieren. Oder dort, wo idyllische Dorfbäche zu reißenden Flüssen werden, wo über Jahrhunderte geschaffene Werte vernichtet werden. Und ja: wo Menschen sterben! Das ständig wiederholte Mantra mancher Meteorologen »alles nur Wetter« wollen besorgte Menschen schon lange nicht mehr glauben.

Selber handeln ist angesagt. Aber wie können wir unseren Alltag gestalten, um nicht zu Klimaopfern zu werden? Wie können wir uns vorbereiten?

Wir haben nur noch ein kleines Zeitfenster zum Handeln

Bürgerinnen und Bürger müssen sich in Eigenverantwortung auf den Klimawandel einstellen. Wir dürfen uns nicht mehr hinter bürokratischen Strukturen zurückziehen, können uns nicht mehr allein auf das öffentliche Gemeinwesen verlassen! Wir müssen darauf vorbereitet sein, dass die Lebensbedingungen in Deutschland künftig »unbequemer«

werden. Was kann, ja, was muss unsere wohlstandsgesättigte Gesellschaft tun, um den Menschen in anderen Regionen der Erde zu helfen? Es ist eng geworden im »Global Village«, und die Auswirkungen des Klimawandels zwingen Menschen immer häufiger dazu, ihre Heimat zu verlassen. Auch in Afrika, Asien und Südamerika wollen Väter und Mütter ein erträgliches Auskommen haben und ihren Kindern eine Zukunft ermöglichen.

Dieses Buch hat nicht zum Ziel, längst wissenschaftlich untermauerte Tatsachen wieder und wieder zu wiederholen. Über die Fakten besteht bei 99 Prozent der Wissenschaftler und mittlerweile auch bei den allermeisten Politikern keine Zweifel mehr. Nein, dieses Buch ist geschrieben worden, um zum Handeln aufzurufen, egal, ob Sie ganz privat zu Hause etwas tun *wollen,* oder ob Sie als Funktionsträger in einer gesellschaftlich relevanten Position etwas tun *müssen.* Es reicht längst nicht mehr, die Menschen dazu aufzufordern, den CO_2-Ausstoß zu reduzieren, den Energieverbrauch zu senken und unseren Alltag klimaneutral zu gestalten. Wir brauchen einen alltagstauglichen Krisenplan, damit wir nicht blind in die Klimafalle laufen. Der Klimawandel ist da – wir müssen uns darauf einstellen.

Wir wissen wirklich genug

Wir wissen, dass der Planet Erde ein »Sensibelchen« ist. Im Laufe von Millionen Jahren ist es immer wieder vorgekommen, dass durch eine geringfügige Verlagerung der Erdachse Klimaschwankungen verursacht wurden. Doch die jetzige Katastrophe ist von Menschen gemacht. Sie entsteht aus der Kombination von natürlichen Schwankungen und menschengemachten Gefahren. Ignoranz, Nichtstun und bewusste Leugnung von Klimaschwankungen sind lebensgefährdend. Wenn wir nicht zu »Dinosauriern« werden wollen, muss bald etwas geschehen. Wenn zu den normalen Klimaschwankungen, die es immer wieder gegeben hat, noch eines »draufgesetzt« wird, wäre dies, als ob man Unfallopfern mit schweren Verletzungen oder einem Herzinfarktpatienten mitteilen würde, dass es bei seinem Zustand nun auf ein amputiertes Bein, eine HIV-Infektion oder eine Hepatitis-B-Erkrankung auch nicht mehr ankommt.

Denn das Zeitfenster schließt sich. Vielleicht bleiben uns noch zehn oder zwanzig Jahre. Zehn oder zwanzig Jahre, in denen wir – wir alle! – zweierlei tun müssen. Wir müssen dafür sorgen, dass der Klimawandel sich nicht noch mehr verschlimmert. Und wir müssen lernen, uns auf die jetzt schon eintretenden Folgen einzustellen. Für uns und für nachfolgende Generationen.

Während ich diese Zeilen schreibe, sitze ich inmitten von Apfel-, Birnen- und Zwetschgenbäumen, die mein Vater mit meinem Opa 1960 auf der familieneigenen Obstwiese gepflanzt hat. Aus einem Acker wurde so ein kleines grünes Paradies. Was das mit dem Klimawandel zu tun hat? Sehr viel! Obstwiesen wie diese sind nämlich kleine »Frischluftzellen« und CO_2-Senken. Viele solche Flächen stabilisieren zusammen regional das Klima. Aber es geht mir auch noch um etwas anderes! Seit der Zeit um 1960, in der die Menschen im Nachkriegsdeutschland noch mehr als heute mit und nicht gegen die Natur gearbeitet haben, hat sich sehr viel verändert.

1960 gab es noch keine bemannte Raumfahrt; erst im April 1961 umkreiste der sowjetische Kosmonaut Juri Gagarin die Erde. Ab 1968 flogen dann im Rahmen des Apollo-Programms erste Menschen ins Weltall, und 1969 erfolgte die erste Mondlandung – staunend blickte man vom Mond auf die Erde. Heute haben wir ein dichtes Netz von Satelliten und können im Gegensatz zu früheren Generationen die Auswirkungen unserer Eingriffe in die Natur erkennen und bewerten. Wir kommunizieren in Echtzeit und können die Schäden menschlichen Handelns aus dem All dokumentieren. Wir sehen die brennenden Urwälder, erleben live und in Farbe, wie sich die Rodungsflächen der Holzplünderer in die grüne »Lunge« fressen. Der Blick aus dem All auf unsere Welt müsste uns schockieren! Fast auf den Quadratmeter genau sehen wir, was wir anrichten. Heute ist es sogar möglich, auf einer Entfernung zwischen 56 und 40 Millionen Kilometern mittels Raumsonden auf dem Mars Gesteine zu analysieren. Noch nie zuvor in der Menschheitsgeschichte seit der Erfindung der ersten einfachen Schrift vor rund sechstausend Jahren, ja seit dem »Auftreten« der Species *Homo sapiens* überhaupt, war die Menschheit so wie wir heute in der Lage, nicht nur Ereignisse festzuhalten und somit für spätere Generationen erschließbar zu machen, sondern wie wir heute in Echtzeit zu kommunizieren, die durch Menschen gemachten Eingriffe in die Natur und das Erdsystem zu dokumentieren, zu analysieren und vor allem zu reflektieren. Das unterscheidet uns ganz wesentlich von den Menschen vor uns.

Tatsächlich wissen wir aufgrund archäologischer Funde, dass immer dann, wenn eine Erdregion von Menschen besiedelt wurde, erhebliche Eingriffe in die Natur stattfanden. Mit gravierenden Folgen: Die einzigartige Megafauna Australiens mit bis zu sieben Meter langen Echsen, kleinwagengroßen Schildkröten, zwei Tonnen schweren Wombats und drei Meter hohen, bis zu 500 Kilogramm schweren Laufvögeln war schon bald nach der Besiedlung des Kontinents vor fünfzig- bis sechzigtausend Jahren restlos ausgerottet. Und in Neuseeland wurden binnen kürzester Zeit von den ersten Siedlern die bis zu 250 Kilogramm schweren Riesenstrauße (Moas) und andere Großtiere vernichtet. In Südamerika verschwanden innerhalb von sechshundert Jahren nach der ersten Besiedlung (die vor zehn- bis zwölftausend Jahren stattfand) Tiere wie das Wollhaarmammut, das Riesenfaultier und das Riesengürteltier. Und auch das Thema Raubbau an den Wäldern ist nicht neu: Weil die verheerenden Folgen des eigenen Tun und Handelns noch nicht erkannt werden konnten, holzten Phönizier, Ägypter, Griechen, Römer und andere Völker rund um das Mittelmeer die noch vor viertausend Jahren üppigen Wälder ab, um Holz für ihre Kriegs- und Handelsflotten zu gewinnen. Verkarstung und veränderte Einflüsse auf das regionale und lokale Klima sind noch heute die langfristigen Folgen.

Eins jedoch hat sich geändert, und das ist in unserem Bewusstsein noch viel zu wenig angekommen: Im Gegensatz zu unseren Vorfahren wissen wir heute, welche Folgen nicht nachhaltiges Handeln hat. Und wir haben die technologischen Möglichkeiten, dem entgegenzusteuern.

Die Zehntausend-Jahre-Chance

Wir müssen nur begreifen, dass uns erstmals seit dem Ende der letzten Eiszeit vor zehntausend Jahren die Handlungsoptionen gegeben sind, uns auf den Klimawandel einzustellen. Die Ausgangslage ist traurig genug: Unser Leben in der Zukunft ist ein Leben auf einem von der Menschheit schon nahezu zerstörten Planeten. Trotzdem: politische Ignoranz! Das zeigte sich erneut bei der Weltklimakonferenz im Dezember 2019 in Madrid. Wieder einmal wurden konkrete Maßnahmen blockiert. Die Ökobremser waren u.a. Australien, die USA und Brasilien. Wir rasen weiter Richtung Klimakatastrophe. Doch wir haben keinen »Planeten B«…! Deshalb müssen wir mit unserer im All rotierenden Heimstatt pfleglicher umgehen als in den letzten zehntausend Jahren.

Klima ist natürlich kein Menschenwerk: Wir wissen, dass Vulkanausbrüche viele Tausend Kilometer vom Eruptionsort entfernt das Wetter verändern können. Beim Ausbruch des Vulkans Tambora auf der indonesischen Insel Sumbawa im Jahr 1815 legte sich eine Aschewolke über weite Teile der Welt; in großen Gebieten Deutschlands, der Schweiz und der Britischen Inseln kam es zu einem Sommer ohne Sonne – einhergehend mit einer Hungerskatastrohe, die viele Menschenleben forderte und die Überlebenden zum Auswandern gezwungen hat. Das ist gerade 200 Jahre her. Wir können noch so sehr mit seismologischer Technik Vulkane und Erdbeben-Hotspots überwachen, so wissen wir dennoch nicht, wann wieder ein derartiges Unglück passiert. Doch menschengemachte Klimaveränderungen müssen wir verhindern! Die schon erfolgten Eingriffe in den Klimahaushalt der Erde sind nicht mehr rückgängig zu machen; die Folgen treten jetzt ein. Doch weitere klimaschädliche Entwicklungen sind vermeidbar. Wir wissen genug!

Eine zweite Chance wird die Menschheit nicht mehr bekommen, weil es dann ganz einfach zu spät ist.

Wo wir stehen

Jahrhundertdürre, Jahrhundertsturm, Jahrtausendflut? Die Bilder vom anderen Ende der Welt haben apokalyptische Ausmaße: Im Januar 2020 steht der Südosten Australiens in Flammen. Bei den seit Herbst 2019 wütenden Buschbränden haben viele Menschen ihre Häuser verloren, mussten evakuiert werden. Mehr als eine Milliarde Tiere (Insekten, Amphibien, Fledermäuse nicht mitgerechnet) sind nach Angaben der Universität von Sidney verbrannt. Rauchschwaden umhüllten das

Opernhaus in Sydney, die berühmte Harbour Bridge war kaum noch zu sehen; die Temperaturen stiegen mancherorts auf über 46 Grad. Auch im tropischen Queensland wüteten die Buschbrände. Ein Flammeninferno von bisher nie gekanntem Ausmaß. Insgesamt wurde Wald- und Buschland auf Flächen im Ausmaß der Gebiete von Baden-Württemberg und Hessen zusammen vernichtet. Im August 2019 verbrannten im Amazonasgebiet binnen fünf Tagen über 10.000 Quadratkilometer Wald. Im Oktober bedrohten verheerende Waldbrände in Kalifornien 50.000 Menschen und zerstörten ganze Siedlungen. An Weihnachten 2019 hat der Taifun Phanfone auf den Philippinen eine Spur der Verwüstung hinterlassen. Über 130.000 Einwohner mussten ihre Wohnungen verlassen; In vielen Regionen hat es vier Jahre nicht geregnet. Nur einige Beispiele von mittlerweile unzähligen Naturkatastrophen. Extreme Wetterereignisse treten inzwischen im Halbjahresrhythmus auf. Verdorrte Böden, Hochwasser und Schlammfluten, Insektenplagen – das alles gehört mittlerweile zum Alltag, und die Nachrichten darüber lassen uns bereits abstumpfen. Dabei sind das erst die Vorboten für ein Ende der Welt, wie wir sie kennen. Schon jetzt ist nichts mehr, wie es einmal war.

Das ist ganz einfach wissenschaftlich untermauert. »Der Klimawandel ist längst nicht mehr eine Erfindung grüner Moralapostel oder selbst ernannter Untergangspropheten. Er findet bereits statt und lässt sich weltweit beobachten«, sagt etwa Dr. Lutz Spandau, langjähriger Vorstand der renommierten Allianz Umweltstiftung.

Unter dem Titel »Klima: Grundlagen, Geschichte und Projektionen« wurden von der Stiftung die Aspekte Klima und Mensch sowie die zu beobachtenden Klimatrends zusammengefasst. Fakten, die wir alle kennen sollten. Mit freundlicher Genehmigung der Allianz Umweltstiftung werden die Kernpunkte nachfolgend in gekürzter, leicht ergänzter Fassung aufgeführt.

Klimageschichte und Klimatrends im Zeitraffer
Auch die letzten Zweifler am Klimawandel müssen zur Kenntnis nehmen, dass die Jahre 2010 bis 2019 das wärmste Jahrzehnt seit Beginn der Wetteraufzeichnung waren. Doch blicken wir noch weiter zurück:

- Seit dem Ende des »holozänen Optimums« (Holozän – aus dem Altgriechischen »das völlig Neue« – auch als gegenwärtiges Eiszeitalter bezeichnet) vor ca. fünftausend Jahren lassen sich in Europa und im Raum des Nordatlantiks verschiedene Phasen erkennen, in denen es wärmer (Optima) beziehungsweise kälter (Pessima) war als heute:
  - 3500 bis 2000 v. Chr.: »Pessimum der Bronzezeit«
  - 400 v. Chr. bis 200 n. Chr.: »Römisches Optimum«
  - 300 bis 600: »Pessimum der Völkerwanderungszeit«
  - 800 bis 1400: »Mittelalterliches Optimum«
  - 1500 bis 1850: »Kleine Eiszeit«
  - Seit ca. 1850: »Modernes Optimum«
- Diese Klimaphasen hatten Auswirkungen auf die Geschichte von Völkern und Kulturen:
  - Ende des Jahres 218 v. Chr. zog Hannibal mit siebenunddreißig afrikanischen Kriegselefanten über die Alpen. Dies war nur möglich, weil die Alpenpässe während des Römischen Optimums auch im Winter passierbar blieben.
  - Missernten und der Verlust von Weideflächen, verursacht durch lang anhaltende Dürre- oder Regenperioden, brachten wiederholt Wanderungsbewegungen ganzer Völker in Gang. Ein Beispiel ist die Austrocknung der mongolischen Steppe, die Anfang des 4. Jahrhunderts einsetzte und Auslöser für die Eroberungszüge nomadischer Völker war. Der Sturm der Schwarzen Hunnen durch Südrussland in die Donauebene und weiter über Ungarn bis nach Frankreich drängte die germanischen Völker (deren Wanderungen bereits im frühen 2. Jahrhundert eingesetzt hatten) nach Südwesten. Dies führte schließlich zum Untergang des weströmischen Reiches.
  - Bereits um 875, in der Anfangsphase des Mittelalterlichen Optimums, erreichten die Wikinger Grönland, wo sie zwischen 982 und 1500 siedelten. Der Name Grönland bedeutet »Grünland«. Aus der Zeit des Mittelalterlichen Optimums stammen auch viele deutsche und englische Ortsnamen, die auf Weinbau hinweisen, der dort heute längst nicht mehr betrieben wird.
  - In der »Kleinen Eiszeit« im 16. und 17. Jahrhundert kam es zu einer merklichen Abkühlung mit feuchten, kühlen Sommern und

langen, schneereichen Wintern. Gemälde holländischer Maler aus dieser Zeit zeigen Eislandschaften mit Schlittschuhläufern, in den Alpen breiteten sich die Gletscher wieder aus. In Mitteleuropa und England gab es wiederholt Missernten und Hungersnöte, was zu Auswanderungswellen in die Neue Welt nach Nord- und Südamerika führte.

Schon kleine globale Temperaturschwankungen haben große Wirkungen

- Während der letzten fünftausend Jahre schwankte die globale Mitteltemperatur nur gering; in einzelnen Regionen lagen die Werte nur bis zu 1,5 °C höher beziehungsweise niedriger als heute. Das zeigt einerseits, wie erstaunlich stabil das Klima dieser Zeitspanne war, und andererseits, wie schwerwiegend sich selbst geringe Klimaschwankungen auf die Lebensbedingungen der Menschen auswirken können. Auslöser dieser Klimaänderungen waren vor allem Schwankungen der Erdbahnparameter und Änderungen der Meeresströmungen. Die Temperaturänderungen der letzten tausend Jahre bis in das 19. Jahrhundert hinein lassen sich mit den Schwankungen der Solarstrahlung und vulkanischer Aktivität ziemlich gut erklären.

Prägt der Mensch das Klima?
- Mit der Siedlungstätigkeit und Nutzung durch den Menschen hat sich nicht nur die Gestalt der Erde gewandelt. Wahrscheinlich beeinflusste der Mensch das Klima schon in frühen Zeiten. Ein Beispiel ist die Abholzung ganzer Landstriche des Mittelmeerraumes durch Griechen, Phönizier und später vor allem durch die Römer (Schiffbau). Der Einfluss auf das Klima blieb jedoch regional begrenzt, globale Auswirkungen lassen sich daraus noch nicht ableiten. Zu wesentlichen Veränderungen führten aber die Entwicklungen im Zuge der Industriellen Revolution zu Beginn des 19. Jahrhunderts. Bis dahin stand dem Menschen über Jahrhunderte hinweg Energie nur äußerst spärlich zur Verfügung. Man nutzte die eigene Muskelkraft oder die von Zugtieren, als weitere Energiequellen kamen nur Wind- und Wasserkraft (Segelschiffe, Windräder, Mühlen) sowie Brennholz und daraus gewonnene

Holzkohle infrage. Die Nutzung fossiler Energieträger (Steinkohle, Braunkohle, Erdöl und Erdgas) eröffnete dagegen völlig neue Möglichkeiten. Dampfmaschine, Verbrennungsmotor, Erzeugung und Nutzung elektrischen Stroms sowie zahlreiche andere technische Neuerungen verdrängten Handarbeit, Wind- und Wasserkraft und führten zu einem wachsenden Energiebedarf. Zunächst war Kohle der wichtigste Energieträger, später kamen Erdöl und Erdgas hinzu.

- Seit Beginn des 20. Jahrhunderts haben die technische und wirtschaftliche Entwicklung sowie die wachsende Bevölkerung den weltweiten Energieverbrauch immer stärker ansteigen lassen. Dieser Energieverbrauch wird bis heute zu einem Großteil aus fossilen Energieträgern gedeckt. Damit gelangt auch der Kohlenstoff, welcher der Atmosphäre einst entzogen und in unterirdischen Speichern gebunden wurde, in Form von CO_2 wieder zurück in die Atmosphäre.

Folgen und Fakten

- Die Folgen dieser Entwicklung sind gravierend. Bei der Konzentration klimawirksamer Treibhausgase in der Atmosphäre zeigen sich seit 1750, also ab dem industriellen Zeitalter, folgende Veränderungen:
  - Die Kohlendioxid-Konzentration in der Atmosphäre ist um 44 Prozent gestiegen; sie ist so hoch wie seit achthunderttausend Jahren nicht mehr, wahrscheinlich sogar seit zwanzig Millionen Jahren! Die Zuwachsrate zwischen 2004 und 2014 beschleunigte sich auf jährlich 2 ppm (parts per million), 2015 wurde erstmals der Wert von 400 ppm überschritten.

  - Die Methan-Konzentration in der Atmosphäre ist um 156 Prozent gestiegen und damit ebenfalls so hoch wie seit mindestens achthunderttausend Jahren nicht mehr. Im Vergleich zu den frühen 1990er-Jahren hat sich der Anstieg jedoch verlangsamt.

  - Die Lachgas-Konzentration (Distickstoffmonoxid N_2O) in der Atmosphäre ist um 21 Prozent gestiegen und damit so hoch wie seit mindestens tausend Jahren nicht mehr. Die Zuwachsrate ist seit 1980 konstant.

  - Darüber hinaus finden sich weiter Treibhausgase, etwa Halogenkohlenwasserstoffe, auch halogenierte Kohlenwasserstoffe genannt. Diese entstammen nicht natürlichen Quellen, sondern werden ausschließlich industriell erzeugt. Die bekanntesten sind die Fluorchlorkohlenwasserstoffe (FCKW), die jahrzehntelang u.a. als Kälte-, Treib-, Löse- und Reinigungsmittel sowie zum Aufschäumen von Kunststoffen Verwendung fanden. Sie wirken als Treibhausgase und zerstören die Ozonschicht (Ozonloch). Heute ist ihr Einsatz verboten. Schwefelhexafluorid (SF) wirkt als Treibhausgas etwa fast 24.000 Mal stärker als Kohlendioxid (CO_2). Seine Konzentration steigt derzeit. Der Abbau dieses Gases in der Atmosphäre dauert ca. dreitausendzweihundert Jahre.

Die Erde im Hitzestress
- Parallel zu diesen Beobachtungen ist seit Beginn der systematischen, annähernd flächendeckenden Temperaturmessungen im Jahr 1861 ein Anstieg der globalen Jahresmitteltemperatur zu verzeichnen: Die globale Jahresmitteltemperatur (gemessen an der Erdoberfläche) ist zwischen 1880 und 2012 um 0,85 °C gestiegen. Jedes der letzten drei Jahrzehnte war wärmer als alle vorausgehenden Jahrzehnte seit 1850. In der Nordhemisphäre gab es zwischen 1983 und 2012 wahrscheinlich die wärmste Dreißig-Jahre-Periode der letzten tausendvierhundert Jahre! 2015, 2016 und erneut 2017 wurde weltweit das wärmste bisher gemessene Jahr verzeichnet. Diese lösten 2014 und 2010 als bisherige Rekordhalter ab.
- Beobachtungen in den Ozeanen zeigen eine Temperaturzunahme im globalen Mittel bis in Tiefen von 2.000 Meter, vor allem aber in Oberflächennähe bis 75 Meter. Es ist davon auszugehen, dass die Ozeane 90 Prozent der zusätzlichen Wärmemenge des Klimasystems absorbiert haben und durch die Aufnahme von CO_2 saurer geworden sind. Dadurch können sich ganze marine Ökosysteme ändern.
- In beiden Hemisphären haben die Gebirgsgletscher sowie die schneebedeckte Fläche insgesamt abgenommen; gleiches gilt für die Permafrostböden. Das Meereis der Arktis verzeichnet seit 1979 einen Rückgang pro Jahrzehnt um circa vier Prozent, im Sommer gar um 13 Prozent. Der Eisschild von Grönland verliert inzwischen durch Schmelzvorgänge und Gletscherabbrüche beträchtlich an Masse. In der Antarktis sind die Verluste geringer und beschränken sich dort

vorwiegend auf bestimmte Regionen; teilweise nimmt dort das Meereis sogar etwas zu.
- In vielen Gebieten lässt sich ein früherer Frühlingsbeginn gegenüber älteren Beobachtungen verzeichnen. Auch im Verhalten von Zugvögeln zeigen sich Veränderungen. Manche Arten ziehen zum Teil später in ihre Überwinterungsgebiete, kehren früher zurück oder ziehen gar nicht mehr weg.
- Der Meeresspiegel ist zwischen 1901 und 2010 um 19 Zentimeter gestiegen, mit wachsender Tendenz, allein seit 1993 um drei Millimeter jährlich. Etwa 40 Prozent dieses Anstiegs werden durch die thermische Ausdehnung der wärmer gewordenen Ozeane verursacht, circa 27 Prozent durch abschmelzende Gebirgsgletscher und circa 21 Prozent durch die abtauenden Eisschilde von Arktis und Antarktis.
- Wetterextreme wie tropische Wirbelstürme, Starkregenfälle mit Überflutungen oder ausgeprägte, lang andauernde Trockenzeiten haben sich in den letzten Jahren gehäuft. Auch bei der Häufung extremer Temperaturen zeigen sich Veränderungen. Während extrem kalte Tage und Nächte sowie Frostperioden seltener werden, verzeichnen heiße Tage, Tropennächte und Hitzewellen Zuwächse.

Es ist später, als wir denken – machen wir Ernst mit der Anpassung

Die Fakten sprechen für sich. So ist klar, dass der weitere Temperaturanstieg auf der Erde gebremst werden muss, und es ist auch klar, dass dies nur durch eine drastische Einschränkung der Nutzung fossiler Energieträger machbar ist. Während hier die Staaten, die Weltwirtschaft und jeder Einzelne in seinem persönlichen Bereich aufgefordert sind, schnell zu handeln, darf parallel keine Zeit verloren werden, Maßnahmen zur Anpassung an den Klimawandel zu ergreifen. Denn der Klimawandel ist ganz einfach da, das ist Fakt! Während Einzelne in manchen Bereichen nur eingeschränkte Möglichkeiten haben, Einfluss auf träge Politiker oder verantwortungslose Ignoranten und Geschäftemacher zu nehmen, gibt es beim viel zu sehr vernachlässigten Bereich der Klimawandel-Anpassung viele Bereiche und Punkte, bei denen wir alle selbst handeln können und müssen. Oberstes Ziel muss es sein, mit den unweigerlichen und sich noch verschärfenden Folgen des Klimawandels besser zurechtzukommen. Und zwar jetzt. Denn morgen kann schon alles anders sein, und Nichthandeln kommt teuer zu stehen. Teuer in finanzieller Hinsicht ohnehin: den Staat, die Steuerzahler und damit auch wieder jeden Einzelnen. Und zum anderen – Beispiele gibt es in anderen Regionen der Erde schon viel zu viele – zahlen wir für die Folgen des Nichthandelns mit Verlust an Lebensqualität, Armut, Krankheiten oder dem Tod viel zu vieler Menschen.

Als ich zusammen mit der Hamburger Journalistin Eva Goris 2009 das Buch *Die Erde schlägt zurück – wie der Klimawandel unser Leben verändert – Szenario 2035* schrieb, wurden wir von manchen ungläubig belächelt. Der Fiction-Teil des Buches war nur schwer zu ertragen. In die Zukunft projizierte Ereignisse wie die Welle der Klimaflüchtlinge, die Zunahme von sintflutartigen Regenfällen auch in Mitteleuropa sowie anhaltende Dürren mit Hungersnöten wurden oft ungläubig belächelt. »Das alles kommt viel schneller, als wir alle denken«, sagte dagegen der frühere Bundesumweltminister und spätere Chef des Umweltprogramms der Vereinten Nationen (United Nations Environment Programme, UNEP), Prof. Dr. Klaus Töpfer bei der Buchvorstellung in Berlin. Leider haben wir recht behalten.

Natur kennt keine Demokratie

Was wir vor zehn Jahren im Szenario auf das Jahr 2035 gelegt hatten, wurde schneller zur Realität, als wir uns das vorstellen konnten. Und so ist es später, als wir alle denken. Daran ändern auch Einschätzungen von Ökobremsern in Politik und Wirtschaft nichts, ebenso wenig wie Wahlergebnisse und Abstimmungen in lokalen, regionalen oder nationalen Parlamenten. All das hat keinen Einfluss auf die Quittung der Natur, mit der die Erde jetzt gnadenlos abrechnet.

Denn Natur kennt keine Demokratie. Sie hat ihre eigenen Gesetze. Gesetze, die wir zum Teil noch gar nicht alle kennen. Schließlich haben wir die Funktion von Ökosystemen noch gar nicht begriffen. Da kann ein Gemeinde- oder Stadtratgremium noch so einmütig beschließen, dass dieses Haus, jene Gewerbehalle oder eine Sportanlage am Rande des rechtlich ausgewiesenen Überschwemmungsgebietes in einer Flussaue eine zu vertretende Maßnahme ist, die in der Gesamtabwägung der Natur nicht schadet.

Das Gejammer ist dann groß, wenn die Natur nach ihren eigenen Gesetzen zurückschlägt und beim nächsten Hochwasserereignis sich die zuvor »einstimmig« vom Tisch gefegten Bedenken von Natur- und Klimaschützern im Nachhinein als berechtigt erweisen. Es sind eben nicht nur die »großen Sünden«, die die Folgen des Klimawandels verschlimmern; es sind auch die vielen kleinen Maßnahmen, die oft mit einem Federstrich genehmigt werden und große Folgen haben. Beides – die großen und die kleinen Sünden – können wir uns einfach nicht mehr leisten.

Beim Schutz vor den Folgen des Klimawandels muss im Kleinen begonnen werden. Nicht anders ist es bei gravierenden Eingriffen. Wenn ein nationales Parlament oder ein selbstherrlicher Diktator beschließen, Waldgebiete abzuholzen, Flüsse zur Energiegewinnung aufzustauen – am Ende kennt die Natur keine Gnade.

Doch was kann man im privaten Umfeld tun, um sich in Zeiten des Klimawandels zu behaupten? Was müssen Städte und Gemeinden tun, um für Bürgerinnen und Bürger das Leben zukunftstauglich zu halten und zu gestalten? Wo müssen Regierungen gegenlenken?

Dieses Buch will Handlungsempfehlungen geben und positive Beispiele und Strategien zur Anpassung an den Klimawandel aufzeigen. Es versteht sich als Appell an die Verantwortlichen in Verwaltungen, Politik und Wirtschaft. Die Kapitel orientieren sich an unseren Lebenswelten; ihr Inhalt ist als eine Sammlung konkreter Handlungsvorschläge und realisierbarer Anregungen zu verstehen.

Und ja, es werden darüber hinaus weitere Handlungsoptionen gebraucht. Überall und jetzt. Denn mit jedem Morgen, jedem Tag, an dem nicht gehandelt wird, verschlimmert sich die Situation. So wie wir uns um unsere Gesundheit kümmern müssen, müssen wir uns jetzt auch um unsere Klimazukunft kümmern! Die Zeit ist knapp!

Claus-Peter Hutter

Wenn das Klima krank macht
Angriff der Insekten und anderer Plagegeister

> »Alles was gegen die Natur ist,
> hat auf Dauer keinen Bestand.«
> Charles Darwin (1809–1882)

Ein schöner Sommerabend in Reinbek bei Hamburg. Anna kann sich später an den Ausbruch der Krankheit nur bruchstückhaft erinnern: »Wir saßen mit Freunden auf der Terrasse beim Italiener. Ganz plötzlich hatte ich schlimme Kopfschmerzen. Der Schmerz war so penetrant, dass ich nicht weiteressen konnte. Der Lärm in dem Restaurant, die schlechte Luft, die Enge, die vielen Menschen ...« Ihrem Mann Jens war aufgefallen, dass Anna einen heftigen Schweißausbruch hatte. Die lecker duftende Dorade auf Annas Teller blieb ebenso unangetastet wie die Rosmarinkartöffelchen und das bunt-knackige »mediterrane« Gemüse. Sie hörte noch, wie ihre Freundin von einer »Sommergrippe, die gerade grassiert« sprach und ihr Mann den Kellner rief, um zu bezahlen.

Als Anna endlich zu Hause im Bett lag, hatte sie obendrein Schmerzen in den Gelenken. »Mir taten die Knochen so weh, als wäre ich gerade einen Marathon gelaufen. Es war unbeschreiblich!«, sagt sie. »Es war so schlimm, dass Jens mir auf die Toilette helfen musste – ich konnte mich einfach nicht mehr allein von A nach B bewegen.« Ihre Temperatur war innerhalb kürzester Zeit auf knapp unter 40 Grad hochgeschnellt. Zum ersten Mal in ihrem Leben hatte Anna so hohes Fieber. Der Arzt sprach von »typischen Grippesymptomen«, verordnete strenge Bettruhe und schrieb Anna arbeitsunfähig. Tatsächlich ging es ihr nach zwei Tagen et-

was besser. Doch schon bald kehrten die Beschwerden mit aller Macht zurück. Die Lymphknoten waren geschwollen. Ein stark juckender rötlicher Ausschlag quälte die junge Frau. »Ich war so furchtbar erschöpft, dass ich ohne die Hilfe meines Mannes das Bett nicht mehr verlassen konnte.« Spätestens da waren Anna und Jens sich im Klaren darüber, dass das keine gewöhnliche Grippe sein konnte. Während der Hausarzt des Paares immer noch von einer schweren Erkältung ausging, war ein befreundeter Nachbar aufgrund von Annas Hautveränderungen gleich misstrauisch. »Wenn du mich fragst, spricht alles für Denguefieber oder was Ähnliches«, sagte der weitgereiste Fruchtimporteur bei einem Gespräch über den Gartenzaun. »Ich kenne solche Symptome nur von unseren Mitarbeitern in den Tropen.« Jens schloss das rigoros aus. »Wir waren noch nie in den Tropen – unsere weiteste Reise in den letzten Jahren ging nach Südtirol.«

Jens und Anna konnten nicht ahnen, dass entweder die Regentonne oder die großen Untersetzer der dekorativen Terrakotta-Blumentöpfe in ihrem eigenen Garten oder in der Nähe während des Sommers zur »Brutstätte« für die mittlerweile in Deutschland weitverbreitete Gelbfieber-Mücke (Stegomyia aegypti, auch als ägyptische Tigermücke bekannt) geworden ist. Die Mücke kann das Virus übertragen und kommt seit der Klimaerwärmung vor allem an Stadt- und Ortsrändern sowie auf Friedhofsarealen vor. Auch die asiatische (Stegomyia albopictus) und die polynesische Tigermücke (Stegomyia polynesiensis) sind in Deutschland auf dem Vormarsch. Alle drei verbreiten das Dengue-Virus (A90, klassische Dengue oder A91 Hämorrhagisches Dengue-Fieber[1] oder Gelbfieber[2] A95) und brauchen keine besonderen Bedingungen, um sich fortzupflanzen. Kleine Pfützen oder stehendes Wasser in Eimern und Regentonnen reichen völlig aus. Es sind ideale Brutplätze. Ist das weibliche Insekt bereits mit den Viren infiziert, können die Erreger des Dengue-Fiebers oder auch des Gelbfiebers direkt an die Nachkommen weitergegeben werden. Sticht die Mücke, kann das Virus übertragen werden. Auch durch das Blutsaugen an einem mit Dengue-Fieber erkrankten Menschen kann sich das Insekt »anstecken« und dann das Virus weitergeben.

Anna war schockiert, als man ihr im Bernhard-Nocht-Institut für Tropenmedizin in Hamburg die Diagnose verkündete. »Wir müssen Ihre Er-

krankung nach dem deutschen Infektionsschutzgesetz an das Gesundheitsamt melden«, sagte der Arzt, als die Diagnose feststand. In Annas Blut waren bereits Antikörper nachweisbar. Mit fiebersenkenden Medikamenten konnte ihr jedoch geholfen werden. »Sie haben Glück gehabt, dass die Gabe von Blutkonserven und eine intensivmedizinische Behandlung bei Ihnen nicht notwendig waren.«

Früher wurde Dengue-Fieber von Fernreisenden als hässliches »Andenken« aus den Tropen mitgebracht – heute werden immer mehr Fälle in Deutschland gemeldet. 2016 waren es bereits rund dreihundert Fälle. Schwere Krankheitsverläufe können tödlich enden, aber das ist zum Glück noch selten. Bei dem sogenannten Dengue-Hämorrhagischen-Fieber (DHF) kann es zu Blutungskomplikationen kommen, wenn die Anzahl der Blutplättchen zu stark abnimmt. Beim Dengue-Schock-Syndrom (DSS) kann das Herz den Blutfluss nicht aufrechterhalten – lebenswichtige Organe sind dann unterversorgt und können versagen.

Noch immer kann Anna es nicht fassen, dass sie sich mitten in Deutschland fern der Tropen mit einer »tropischen Krankheit« infiziert hat. »Die starken Gliederschmerzen bleiben mir unvergessen«, sagt sie. Übrigens: Dengue-Fieber wird auch als »Knochenbrecher-Krankheit« bezeichnet. »Ich weiß jetzt, warum«, sagt sie. Sie habe sich gefühlt wie eine uralte Frau.

Erreger und ihre Wirte auf dem Weg Richtung Norden

Der weltweite Klimawandel macht es möglich: Erreger, die es früher nur in den Tropen oder Subtropen gab, sind mittlerweile immer häufiger auch im Norden anzutreffen. Die Zuwanderung sogenannter Vektoren,[3] also Stechmücken, Zecken und Milben, welche die Infektionen übertragen, sind zu einer sehr realen Gefahr geworden. Dengue-Fieber und Gelbfieber sind die besten Beispiele für den Trend.

In den Tropen ist Dengue vor allem in Städten ein großes Gesundheitsproblem. Viele Millionen Menschen sind dort bereits erkrankt. Ein besonderes Risiko besteht in Monaten mit starken Regenfällen und hoher Feuchtigkeit, wie es während der indischen Monsunzeit der Fall ist. Erinnern wir uns an die letzten Supersommer in Deutschland: brütende

Hitze einerseits und Regen mit hoher Luftfeuchtigkeit andererseits beherrschten die Wetterlage! Machten früher strenge Winter den wärmeliebenden Erregern beziehungsweise deren Überträgern das Überleben in Mitteleuropa schwer, sind heute tiefe Temperaturen über einen längeren Zeitraum kein Problem mehr. Erreger sind anpassungsfähig, die Evolution macht sie flexibel: Mittlerweile gibt es sogenannte kältetolerante Stämme vom Tigermoskito (*Stegomyia albopictus*). Und diese verbreiten sich problemlos auch in kühleren Klimazonen.

Aber was sind schon kühlere Klimazonen? In den letzten fünfundzwanzig Jahren sind Deutschland, Österreich und die Schweiz sowie andere Länder Mitteleuropas für Insekten, die Tropenkrankheiten übertragen können und eigentlich in den Tropen leben, immer gastfreundlicher geworden. Denn der »klassische« Winter ist vielerorts nur noch mithilfe von Schneekanonen zu garantieren.

Längst schlagen Epidemiologen und Virologen bei den Gesundheitsämtern in Deutschland Alarm. Sie befürchten, dass es nicht mehr lange dauern wird, bis sich auch andere Tropenkrankheiten wieder in Mitteleuropa ausbreiten und fest etablieren. Ursprünglich gab es Tigermoskitos in Europa nicht. Doch seit einigen Jahren werden sie immer häufiger gesichtet. Diese Stechmücken gelten als effiziente Überträger verschiedener Infektionskrankheiten – Dengue-Fieber und Gelbfieber sind nur zwei dieser Erkrankungen. Für Vertreter der Weltgesundheitsorganisation (WHO) besteht schon lange kein Zweifel mehr, dass der Klimawandel die Gesundheit der Menschen gefährdet. Brütende Hitze, schlechte Luft und die damit verbundene Verbreitung von Infektionskrankheiten sind als Folgen der Erwärmung ein gesellschaftlich noch völlig unterschätztes Problem. Mit einer immer stärker werdenden Einwanderung von Krankheitserregern muss daher gerechnet werden. Dazu gehört etwa auch das »Balkan-Grippe« genannte Q-Fieber. Diese auch als Keimfieber bezeichnete Infektion fängt mit erhöhter Temperatur, Mattigkeit, Schüttelfrost sowie Glieder- und Kopfschmerzen an. Doch es kann auch zu Entzündungen der Leber und der Lunge kommen. In schweren Fällen führt das Q-Fieber zur Zerstörung der Herzklappen. Auch Durchfall-Erkrankungen, an denen vor allem Kinder sterben, werden durch die Klimaerwärmung begünstigt.

Verbreitet wird das Q-Fieber (A78) ebenso wie die »Hundemalaria« Babesiose über die Auwaldzecke *(Dermacentor reticulatus),* eine Zeckenart, die sich erst seit etwa Ende der 1970er-Jahre stark nach Norden ausgebreitet hat und insbesondere warme Gebiete entlang des Oberrheins (Erstnachweis 1973) sowie in Brandenburg (Erstnachweis 2006) besiedelt. Ursprünglich war diese vollgesogen rund 15 Millimeter große Zeckenart, die auch die Hasenpest (Tularämie A21) übertragen kann, in Ungarn, Österreich, Norditalien und anderen Regionen Südosteuropas verbreitet. Eingeschleppt wurden die Blutsauger wohl über streunende Hunde, die wohlmeinende Tierfreunde in urlaubsseliger Stimmung und oft falsch verstandener Liebe zur Kreatur als lebendiges, aber für Natur und Mensch gefährliches Souvenir mitgebracht haben. Gut gemeint ist wie so oft im Leben auch hier das Gegenteil von gut. Inzwischen sind die Auwaldzecken, begünstigt durch die erhöhten Temperaturen der letzten Jahre, bei uns fest etabliert und breiten sich weiter aus – und damit auch die potenziellen, von ihnen übertragenen Krankheitsauslöser. Wie gefährlich solche »neuen Krankheiten« sein können, zeigt das Q-Fieber mit einer Inkubationszeit von neun bis vierzig Tagen: eine meldepflichtige Erkrankung. Für das USA-Waffenprogramm wurde Q-Fieber zwischen 1942 und 1969 sogar als Biowaffe geführt. Ein Kampfmittel, das leicht als Aerosol aufgebracht werden kann und Berechnungen zufolge in einer »infizierten Stadt« mit rund einer halben Million Einwohnern bei etwa rund 25 Prozent der Menschen Krankheiten auslösen und somit »kampfunfähig« machen kann. Neben Toten als den am schlimmsten betroffenen Opfern würden auch etliche Tausend Menschen chronische Folgen davontragen.

Klimawandel mit zunehmender Erderwärmung und Gesundheit hängen also enger zusammen, als die meisten Menschen ahnen oder wahrhaben wollen; die Problematik ist vielschichtig. Die Palette reicht von eher »harmlosen« Allergien bis hin zu allergisch getriggerten[4] schweren Atemwegserkrankungen wie allergischer Rhinitis (Rhinitis Allergien – allergischer Schnupfen z. B. Heuschnupfen) und Asthma bronchiale (Chronische, entzündliche Erkrankung der Atemwege). Auch Durchfallerkrankungen wie Magen-Darm-Grippe und Magen-Darm-Entzündungen können auf thermischen Stress während anhaltender Hitzewellen zurückgeführt werden. Bestimmte pathogene Darmkeime können Komplikationen hervorrufen. Gerade bei Risikogruppen enden schwere Infektionen nicht selten tödlich. Doch die meisten Länder sind auf die Auswirkungen durch Hitze, extreme Wetterlagen und Infektionskrankheiten nicht vorbereitet. Entsprechende Gesundheitsaufklärung fehlt.

Auch Ärzte stehen oft vor einem Rätsel, wenn betroffene Patienten ihre Leidensgeschichte erzählen. Als Hartmut Weich (Name geändert) mit schlecht heilenden, juckenden Hautgeschwüren in der Praxis eines Dermatologen Hilfe suchte, dachte der Arzt an alles Mögliche: Sandmücken hatte er nicht im Verdacht! Sie gehören zur Familie der Schmetterlingsmücken: Das klingt zwar ziemlich niedlich, doch Sandmücken sind Parasiten und Überträger gefährlicher Krankheiten. Längst ist der Blutsauger, der die Haut seiner Opfer mit den Mundwerkzeugen wie mit einem Skalpell aufritzt, in Deutschland angekommen. Ihre Opfer quälen sich furchtbar. Sind erst die inneren Organe von den Erregern der Sandmücke befallen, endet die Krankheit oft tödlich.

Normalerweise können Sandmücken nicht überleben, wenn die Jahresmitteltemperaturen unter 10 °C fallen. Laut Umweltbundesamt wurden die ersten Sandmücken in Deutschland im durchschnittlich besonders milden Baden-Württemberg nachgewiesen. Weitere Nachweise gibt es inzwischen aus Hessen. Mit zunehmender Klimaerwärmung eröffnen sich für die Sandmücken neue Areale gerade auch in Mitteleuropa. Über siebenhundert Arten soll es geben. Die etwa zwei Millimeter große Sandmückenart *Phlebotomus perniciosus* hat ihr Verbreitungsgebiet normalerweise im Mittelmeerraum und wurde erstmals 2008 ebenso wie die Art *Phlebotomus mascittii* 2008 in Deutschland sowie 2009 in Österreich nachgewiesen. Die Ausbreitung scheint schnell vonstattengegangen zu sein. Denn schon 2013 erfolgte der Nachweis von Art *Phlebotomus mascittii* in der Nähe von Gießen. Da Sandmücken auch so gefährliche Krankheiten wie Leishmaniose (T55) übertragen können, muss in Deutschland, Österreich und der Schweiz mit einem Auftreten dieser Infektionen gerechnet werden.

In wieweit sich die durch die Anopheles-Stechmücken übertragene Malaria über die Alpen nach Norden ausbreitet, vermag heute noch niemand zu sagen. Hohe hygienische Standards in Europa im Vergleich zu Ländern der sogenannten Dritten Welt sind auf Dauer nur ein bedingter Schutz. Sicher ist, dass das Risiko von Malaria-Infektionen mit den Temperaturverhältnissen und der Klimaveränderung zusammenhängt. Wissenschaftler rechnen heute damit, dass weite Teile Europas und Gebiete in den USA mit einer Verdoppelung des Malaria-Risikos rechnen müssen.

Kein Stich für Mücken
»Wie romantisch euer Schlafzimmer ist – Tausendundeine Nacht ...«, schwärmt Sarah. Sie bewundert das Moskitonetz, das wie ein luftiger Baldachin von der Decke hängt und das Bett ihrer Freundin Martina einhüllt. Doch die winkt ab. »Nix Romantik! Helge hat das Netz angebracht, weil wir sonst von Mücken aufgefressen werden.« Bei näherem Hinsehen entdeckt Sarah, dass auch die Fenster gesichert sind. »Wir haben extra ein Insekten-Schutzrollo aus Fiberglasgewebe im Schlafzimmer, und in den anderen Räumen sind Magnetrahmen mit Schutzgittern angebracht.« Ab Juli, wenn die Mücken verstärkt schlüpfen, bringt das junge Paar im Gartenteich und auf der angrenzenden Feuchtwiese das Mittel Bacillus thuringensis israelensis (B.ti) aus: einen mikrobiologischen Wirkstoff, der im Gartenfachhandel und in Baumärkten angeboten wird und weder für Menschen noch für andere Wildtiere schädlich sein soll. »Aber auf den Mückennachwuchs wirkt B.ti wie eine Keule«, erzählt Martina. »Früher haben wir die Larven mit dem Kescher entfernt. Helge hat sogar Fische im Gartenteich ausgesetzt, damit die Mückenlarven gefressen werden – aber das alles reichte irgendwann einfach nicht mehr als Gegenmaßnahme aus«, berichtet sie.

Wochenlange Regenfälle und die Flutkatastrophe im oberbayerischen Landkreis Fürstenfeldbruck im Frühjahr 2017 haben dem Mückennachwuchs die besten Grundlagen beschert: Durch die Niederschläge haben sich viele Tümpel und Pfützen gebildet; darin konnten sich die Larven sich gut entwickeln. So wie in Grafrath, Mammendorf, Schöngeising und vielen anderen Orten an der Amper hat sich die Stechmückenplage auch in anderen Gegenden durch die wärmeren Sommer und milden Winter verstärkt. Gesundheitsamtsleiter Dr. Rudolf Summer im Landratsamt Fürstenfeldbruck ist froh, dass keine Krankheiten gemeldet wurden.

Verrückte Welt: Stechmückenprobleme nehmen zu, während die Insekten insgesamt auf dem Rückzug und ganze Nahrungsketten bedroht sind. Aber potenziellen Insektenvertilgern wie Gartenrotschwanz, Mehl- und Rauchschwalbe oder Grauschnäpper kann man nicht sagen, sie sollen in die Flussauen ziehen und ihre über Jahrhunderte angestammten Lebensräume verlassen, um dort Stechmücken zu jagen. Auf diesen Lebensraum sind sie nicht »programmiert«. Seit Jahren kämpft eine kommunale Arbeitsgemeinschaft zur Bekämpfung der Schnakenplage e.V. (KABS) am Oberrhein gegen die Stechmücken. Die als Rheinschnaken bezeichnete Gruppe von Insekten (darunter Wiesen- und Auwaldmücken *Aedimorphus vexans* und *Ochleratus stictius)* werden dabei mit den Mitteln B.ti und B.Sphaericus aus dem Hubschrauber bekämpft.

Wie stark und wie lästig die Mückenplage werden kann, zeigen Untersuchungen im Hessischen Rhein-Naturschutzgebiet Kühkopf. Dabei wurden in einer einzigen Insektenfalle 2015 mehr als siebenundzwanzigtausend Stechmückenweibchen gefangen. Wie die schon erwähnte Organisation KABS, der achtundneunzig Kommunen entlang des Rheins in Hessen, Rheinland Pfalz und Baden-Württemberg angehören, berichtet, waren es unter gleichen Bedingungen in einem mit B.ti behandelten Gebiet in Baden-Württemberg »lediglich« gut tausend Stechmückenweibchen. Im wahrsten Sinne des Wortes ein bestechendes Argument für die Bekämpfung der Stechmücken. Wie sich diese Schnakenbekämpfung – die sich durch den Klimawandel und entsprechende Hochwasserereignisse wesentlich verschärfen wird – langfristig auf das Ökosystem auswirkt, ist offen. Fakt ist einfach, dass entlang des Rheins im letzten halben Jahrhundert viel zu viele Siedlungen entstanden sind. Siedlungen, die Tausenden von Menschen im Umfeld von ehemals kleinen Dörfern günstiges Bauen ermöglichte. Doch die günstigen Preise sind mit den Plagegeistern teuer erkauft.

Gefährliche Naturnähe

Wenn der Mensch der Natur zu nahe kommt, braucht er sich nicht zu wundern, dass ihm die Natur im Gegenzug »auf die Pelle rückt«. In Zeiten des Klimawandels wird die Situation in solchen Gebieten noch weiter verschärft. Die hohe Luftfeuchtigkeit, hervorgerufen durch immer wieder einsetzende »Hitzewellen«, wirkt nämlich wie ein Katalysator für die Vermehrung der Plagegeister: In kurzen Abständen legt ein Mückenweibchen zwischen achtzig und zweihundert Eier in stehende Gewässer wie große Pfützen oder überschwemmte Wiesen ab. Nach einem zweiwöchigen Larvenstadium schlüpft die nächste Generation. An lauen Sommerabenden folgen dann die Stechangriffe. Über Jahrtausende schützten sich so die Auwälder selbst vor den Menschen. Doch die rücken jetzt immer näher an die Natur heran. Den Mücken ist das recht; so brauchen sie nicht lange nach Opfern zu suchen.

Die Blutgruppe, das Alter und Geschlecht der Opfer scheint bei der Auswahl der »Blutspender« für Mücken bedeutungslos. Parfüm und andere Duftstoffe hingegen locken die Plagegeister geradezu an. Wer auf Düfte verzichtet, hat bessere Chancen, den Mückenweibchen zu entgehen – doch eine Garantie gibt es nicht. Denn auch der Atemgeruch des Menschen ist für Mückenweibchen – und nur diese stechen – ein wichtiges Kriterium bei der Auswahl der Opfer. Kohlendioxidausdünstungen beim Ausatmen locken die Insekten an. Auch auf Schweißgeruch »fliegen« die fiesen Mücken. In Füße stechen sie besonders gern! Es sind Ammonium und Buttersäure, die Zerfallsprodukte von Schweiß, auf die Mücken besonders abfahren. Ausdünstungen wie Milchsäure, Harnstoff oder Ammoniak wirken geradezu magnetisch auf die Insekten. Es gibt Mückenarten, die Milchsäure bevorzugen, andere stehen eher auf Ammoniak oder Fettsäuren. Wissenschaftler der Universität Wageningen in den Niederlanden fanden heraus, dass Malaria-Mücken »Käsefüße« bevorzugen.

Überhaupt, die Wissenschaft: Im Grunde genommen weiß man noch sehr wenig über Stechmücken, ihre Verbreitung und ihr Verhalten sowie die Krankheiten, die sie übertragen. Umso wichtiger sind Forschungsprojekte wie der »Mückenatlas«, der von Wissenschaftlern wie der Biologin Dr. Doreen Walther vom Leibniz-Zentrum für Agrarlandschaftsforschung (ZALF) e.V. in Müncheberg koordiniert wird. Ihre Bitte: Bürger sollen Stechmücken fangen und einschicken. Mithilfe dieser »Fundtiere« kann das Stechmücken-Vorkommen bundesweit kartiert werden. Mit Wissenschaftlern des Greifswalder Friedrich-Loeffler-Instituts untersucht die Biologin, welche Mückenarten in Deutschland bereits Krankheitserreger übertragen können.

Stechmücken gelangen mit ihrem hauchdünnen Stechrüssel, den sie wie eine Injektionsnadel benutzen, sogar durch weite Kleidung und dicke Jeans. Auch dann, wenn die Haut unter dem Stoff mit Anti-Mückenmitteln eingerieben ist. Ätherische Öle von Zitronen, Lavendel, Minze oder Basilikum schützen zwar nicht zuverlässig, halten aber durchaus die eine oder andere Mücke ab. Weite Kleidung, die an Armen, Beinen und am Hals geschlossen ist, kann nur bedingt verhindern, dass der hauchdünne Stech-Saug-Rüssel der Mücken selbst durch Textilien an die Haut gelangt. Wer also auch die Kleidung einsprüht, hat größere Chancen, nicht gestochen zu werden.

Ja, aber, fragt man sich: Sterben Mücken denn in unseren Wintern nicht mehr ab? Die Antwort lautet: Leider nein. Es gibt zahlreiche Stechmückengattungen mit sehr effektiven Überwinterungsstrategien. Die meisten Arten überwintern wie die Waldmücken der Artengruppe *Aedes* im Eistadium. Bei »Hausmücken« – wie die Gemeine Stechmücke mit dem wissenschaftlichen Namen *Culex pipiens* auch genannt wird – hingegen kommen befruchtete Weibchen problemlos über die kalte Jahreszeit. So können sie im Frühjahr möglichst frühzeitig ihre Eier legen. Kühle, feuchte und geschützte Stellen unter Steinen, in Höhlen, Vorratsschuppen, Scheunen und Häusern bieten ihnen ideale Überlebensbedingungen. Dort verfallen die Insekten in eine Art Kältestarre. Dafür scheiden sie überschüssige Körperflüssigkeit aus. In die verbleibende Flüssigkeit wird ein Zucker eingebaut, der wie ein Frostschutzmittel wirkt. Auch die bereits von Stechmücken gelegten Eier nehmen bei Frost nur sehr selten Schaden. Die Mückeneier können im Schlamm eines Gewässerbodens problemlos überwintern, solange dieser nicht gefriert.

Und gelangt eine Mücke ins Haus, verhält sie sich so, als herrschten draußen warme Temperaturen: Sie plagt die Bewohner und sticht, bis ihr ein gezielter Schlag ein schnelles Ende bereitet.

Entscheidend für eine sommerliche Mückenplage ist aber ohnehin nicht der vorhergehende Winter, sondern die Entwicklungsbedingungen im Frühjahr und Frühsommer. Lange anhaltende Regenfälle bereiten ideale Brutstätten für die Larven. Wenn dann noch warme Sommertemperaturen hinzukommen, sind die Voraussetzungen für eine neue Mückenplage perfekt.

»Ich habe allerlei Abwehrmittel im Medizinschrank«, berichtet Martina. »Helge und ich werden immer empfindlicher. Hätten wir nur nicht so nahe am Fluss gebaut.« Sie klagt über üble Hautreaktionen, dicke Quaddeln und juckende Stellen. Vor einem halben Jahr sei eine Freundin nach einem Asienurlaub an Malaria erkrankt. Ihr Tropenarzt habe ihr gesagt, es sei nur noch eine Frage der Zeit, wann auch in Deutschland Malariamücken am Start sind. »Davor wollen wir uns auf jeden Fall schützen«, sagt Sarah. Deshalb habe man Haus und Garten »tropenfest« gemacht. Ob es funktioniert? Solche Situationen gibt es jetzt schon an vielen Stellen Mitteleuropas und es werden noch viele Tausend hinzukommen. Es ist einmal der internationale Handel und Warentausch, der dafür sorgt, dass etwa im Regenwasser alter Reifen Mückeneier oder »fertige Insekten« importiert werden, und es ist andererseits die Klimaerwärmung mit Hitzesommern und einer generell höheren Durchschnittstemperatur, welche das Ausbreiten potenzieller Plagegeister und letztlich auch Krankheitserregern begünstigt.

Wehe, wenn es blüht: Allergien im Anflug

Klimawandel mit zunehmender Erderwärmung und Gesundheit hängen enger zusammen, als die meisten Menschen ahnen oder wahrhaben wollen. Die Problematik ist vielschichtig, denn die Palette reicht von eher »harmlosen« Allergien bis hin zu allergisch ausgelösten (getriggerten) schweren Atemwegserkrankungen wie Rhinitis (allergischer Schnupfen) und Asthma bronchiale (chronische, entzündliche Erkrankung der Atemwege).

Eine Lösung kann darin bestehen, im Garten »per Kahlschlag« gegen Neophyten – also eingewanderte Pflanzen – vorzugehen. Unser mittlerweile wärmeres Regionalklima hat auch den Effekt, dass sich Pflanzen, die etwa ursprünglich aus den USA stammen wie die Ambrosie (*Ambrosia artemisiifolia*, ein Beifußgewächs), seit der Jahrtausendwende rasant in Mitteleuropa verbreiten. Bereits 15 Prozent aller Menschen in Deutschland, die einen Allergietest machen lassen, sind laut Polleninformationsdienst gegen Ambrosia sensibilisiert. Dieser besondere Fiesling und Klima-Gewinner unter den Pflanzen ist ein potenter Allergieauslöser. Ähnliches gilt für das Beifußblättrige Traubenkraut,[5] ein hochallergener Korbblütler, der schwere Heuschnupfen- und Asthmaanfälle sowie Bronchitis hervorrufen kann. Diese Pflanze profitiert vom erhöhten CO_2-Gehalt in der Luft. Die Pollen quälen ab August bis in den Spätherbst hinein die Allergiker. Ambrosia-Allergien stehen im Zusammenhang mit Kreuzallergenen wie Beifuß und Gräsern. Schon eine einzige Pflanze kann zwischen Anfang August und Ende September bis zu einer Milliarde Pollen produzieren. Doch damit nicht genug: Durch die Klimaerwärmung verstärken sich nach Berichten von Allergologen auch die vertikalen Winde, die wiederum den Pollen völlig neue »Reisemöglichkeiten« in hohen Luftschichten eröffnen und das allergene Material weit verdriften lassen. Und so ist die Verbreitung über größere Entfernungen kein Problem mehr. Allergiker reagieren deshalb heute auf Pollen von Pflanzen, die es in ihrer Region eigentlich gar nicht gibt. Bei Berührung drohen obendrein Kontaktallergien.

Der Anstieg von CO_2 in der Luft befeuert auch die Photosynthese der Pflanzen, was wiederum die Anzahl der Pollen erhöht. Versuche in Gewächshäusern können das belegen. Forscher vermuten, dass der Anstieg der Kohlendioxid-Konzentration in der Luft die Pollenproduktion der Pflanzen weiterhin dramatisch ankurbeln wird. Deshalb ist der weltweite Klimawandel längst mitverantwortlich für die wachsende Zahl von Pollenallergikern. Früher holte man sich das Problem durch unachtsame Aussaat und die Anpflanzung von Neophyten selbst in den Garten – heute kommen die Pflanzenpollen einfach angeflogen. Die Rechnung ist simpel: Mehr Pollen führen zu mehr Allergien. Die Blühsaison beginnt durch den Klimawandel nach allen Erfahrungen der vergangenen Jahre heute in Deutschland und vielen Teilen Österreichs und der Schweiz außerdem viel früher im Jahr; obendrein werden die Pflanzen kräftiger und stärker. Die Saison von Frühblühern wie Birke und Hasel hat sich um bis zu neunzehn Tage verlängert. Haselnusspollen sind bereits ab Dezember reif für den Abflug. Allergologen und die WHO reden bereits von einer »ganzjährigen Pollensaison«. Experten des Deutschen Pollendienstes beobachten seit Längerem die Zusammenhänge zwischen Klimawandel, Pollenflug und dem vermehrten Auftreten von Allergien. Klimatische Veränderungen haben also ohne Zweifel einen starken Einfluss auf Heuschnupfen, Asthma & Co-Erkrankungen.

Klima-Modetrends: Nasenfilter und Gesichtsmasken

Hugo Korski (Name geändert) aus Hannover ist einer von 15 Millionen Pollenallergikern in Deutschland. »Ich möchte mich zur Hochsaison am liebsten in unseren Keller verkriechen«, sagt er. Er leidet unter trockenen Schleimhäuten, krampfartigen Hustenanfällen, quälendem Juckreiz in der Nase und starkem Spannungskopfschmerz. »Ich bin einfach kein Mensch mehr, wenn die Pollen fliegen«, klagt er. Die Augen tränen und schwellen zu, die Medikamente machen ihn müde und antriebslos. »Ich kann mich bei der Arbeit nicht konzentrieren und bin nicht leistungsfähig.« Auch seine Frau kann ein Lied davon singen und klagt über die Stimmungsschwankungen ihres Mannes. »Wenn die Pollen fliegen, ist mein Hugo übel gelaunt«, sagt sie und lächelt trotzdem verständnisvoll. Der Mittvierziger hat alles ausprobiert: Salben gegen den allergischen Juckreiz, Augen- und Nasenspülungen, kalte Wassergüsse und Pflanzenkuren zur Stärkung des Immunsystems sowie die verschiedenen Mittel der Schulmedizin. Sogar eine Eigenurin-Therapie hat er über sich ergehen lassen. »Aber es wird von Jahr zu Jahr schlimmer.« Jetzt hat Hugo Korski tragbare Feinstaubfilter in seinem Haus am Stadtrand von Hamburg aufgestellt. Sie sollen die Allergene aus der Raumluft einsaugen. Der Raumluftreiniger sei als »high efficiency particulate air filter« klassifiziert. Und der Effekt? »Bisher spüre ich keine Linderung, aber ich habe die Hoffnung noch nicht aufgegeben«, erzählt der fünfundvierzigjährige Lehrer. Zusätzlich soll ein Luftbefeuchter im Schlafzimmer Erleichterung verschaffen. »Am Ende lande ich doch immer wieder bei Cortison«, sagt er resigniert.

Mit Beginn der Pollensaison explodieren die Hilferufe in den einschlägigen Internet-Foren. Medikamententipps kursieren, Ernährungsumstellungen werden diskutiert. Eher als »Gag« sehen viele Allergiker die von dänischen Wissenschaftlern um Professor Torben Sigsgaard von der Universität Aarhus auf einem Kongress der European Academy of Allergy and Clinical Immunology in Barcelona vorgestellten »Nasenfilter«. Das dünne Geflecht, das die Pollen zurückhalten soll, ist etwa so groß wie eine Kontaktlinse und wird direkt in den Nasenlöchern getragen. »Es gibt nichts, was es für uns Allergiker nicht gibt – doch die Wirkung der meisten Mittelchen ist eher mau«, klagt das geplagte Klimaopfer Korski.

Maske auf und alles wird gut?
Hugo Korski erzählt von einem »Klima-Modetrend«, den es seit einiger Zeit in den USA und in Asien gibt. Auch in Deutschland soll es sogenannte Yeezy-Masken schon geben. »Die Kids kultivieren ihre Allergien: Sie tragen Air Pollution Masks – also Partikelfilter – von einem asiatischen Designer.« Vor allem »cool« sollen die Masken sein! Sie sollen sich vorrangig von den schlicht-weißen Standardmodellen absetzen, die man aus dem Stadtbild asiatischer Megametropolen kennt. Die Stickstoffbelastung ist ein willkommener Anlass zum Tragen der farbigen Masken, die möglichst zu Sneakern und T-Shirts passen sollen. Auf Instagram wird dann das abgefahrene Masken-Outfit von der Community gefeiert. Ein chinesischer Designer fertigt etwa »atmungsaktive und strapazierfähige« Masken aus alten Turnschuhen. Für die High-End-Ausführung – zum Beispiel für eine handverarbeitete »Yeezy-Mask« – zahlen Masken-Menschen ein paar Tausend Dollar.[6] »Da laufen ein paar Mask-Kids herum, die nicht einmal eine Allergie haben: Sie tragen manchmal Tarnflecken-Masken oder Zebrastreifen im Gesicht«, erzählt der sonst überaus geduldige Lehrer und betont: »Die jungen Leute haben einen humorvollen Weg gefunden, wenigstens ansatzweise mit den Folgen der Katastrophe umzugehen.« Immerhin zählt die Feinstaubbelastung gerade im Zusammenhang mit der Klimaerwärmung laut WHO

global zu den größten Gesundheitsrisiken überhaupt. Experten der European Respiratory Society rechnen damit, dass es in den nächsten Jahrzehnten allein durch die Zunahme von Sommersmog Tausende Tote geben wird.[7]

Milben, Zecken, Schimmel & Co.

Nicht zu unterschätzen ist der Einfluss des Klimawandels auch auf Schimmelpilze und Milben. Die Sporenbildung und das Wachstum der Schimmelpilze werden durch eine höhere Luftfeuchtigkeit und wärmere Winter begünstigt. Das Gleiche gilt für Milben. Warme Winter und feuchte Raumluft wirken wie Beschleuniger.

Schimmelpilze stehen in der Ursachenforschung bei gesundheitlichen Beschwerden nur sehr selten im Fokus. Kein Wunder, denn die lästigen Parasiten entwickeln sich eher im Verborgenen. Die Symptome sind undifferenziert und werden oft mit anderen Ursachen in Verbindung gebracht. Die Betroffenen leiden unter Allergien und gereizten Atemwegen, geröteten Augen, aber auch unter Müdigkeit und Gliederschmerzen. Unter dem Klimaschutz-Motto: »Energie einsparen, wo immer es geht!« werden Fenster abgedichtet und Wärmedämmung an Innen- und Außenwänden verbaut. Das führt oft zu schlecht durchlüfteten Innenräumen. Schnell kann wärmere Luft kondensieren und sich an Wänden, in Raumecken und Fensterstürzen niederschlagen. Dort entstehen dann die gefürchteten Schimmelecken, denn feuchte Stellen sind Nährböden für Schimmel und Bakterien. Über 30 Millionen Menschen in Deutschland sind Allergiker; rund 30 Prozent sind von einer Schimmelpilzallergie betroffen, 20 Prozent leiden unter Hausstaub- und Milbenallergien.

Auch die Gefahr einer Zunahme unserer heimischen Zecken wächst. Eine tschechische Studie zeigt, dass die Ausbreitung der gefährlichen Blutsauger mit dem Klimawandel dramatisch zunimmt. Zecken sind zweifellos auf dem Vormarsch und verbreiten sich flächendeckend in Deutschland. Seit etwa zwanzig Jahren besiedeln sie auch höhere Lagen, wo sie früher nicht zu finden waren. Sie haben gefährliche Krankheiten im Gepäck, können Borreliose und Hirnhautentzündung auslösen. Es wird vermutet, dass bis zu 35 Prozent der Spinnentierchen mit den gefährlichen *Borrelia burgdorferi*-Bakterien infiziert sind. Milde Winter bieten perfekte Bedingungen für die Fortpflanzung der Zecken. Die Population wächst sprunghaft, wenn die Temperaturen nicht unter vier Grad sinken.

Infektionsmediziner rechnen Jahr für Jahr mit sechzigtausend Borreliose-Neuerkrankungen allein in Deutschland. Leider gibt es gegen diese Krankheit noch keine Impfmöglichkeit, sodass sich Spaziergänger und Wanderer in Feld, Wald und Flur letztlich nur durch Funktionskleidung und Kopfbedeckung schützen können. Die Erkrankung beginnt relativ harmlos mit einer Hautrötung. Zu diesem Zeitpunkt könnte sie mit einer Antibiotikagabe relativ unproblematisch behandelt werden, doch die Symptome sind so unauffällig, dass die Krankheit oft gar nicht erkannt wird. Bleibt die Borreliose aber unbehandelt, entzünden sich nach einer mehr oder weniger langen Latenzzeit die Gelenke. Im weiteren Verlauf wird das Nervensystem befallen.

Bekannter ist in der Öffentlichkeit, dass Zecken *Meningoenzephalitis* (FSME) übertragen können, eine Entzündung des Gehirns und der Hirnhaut. Es gibt bis zu sechshundert bestätigte Fälle im Jahr, doch die Dunkelziffer ist hoch. Es empfiehlt sich daher zusätzlich zum Schutz durch geeignete Kleidung, sich gegen FSME impfen zu lassen.

Eine potenzielle Gefahr ist auch die Etablierung des von der Braunen Hundezecke übertragenen Hundefiebers. Wohl über streunende Hunde, die von Tierfreunden mitleidig aus Südeuropa mitgebracht werden, ist die »Braune Hundezecke« mit dem wissenschaftlich komplizierten Namen *Ripicephalus sanguineus* in unsere Breiten gelangt. Zecken gibt es auch hier, mag man denken, da kommt es auf ein paar eingeschleppte Arten aus dem Mittelmeerraum nicht an. Weit gefehlt! Denn die Braune Hundezecke gilt als Hauptüberträger des sogenannten Mittelmeerfiebers.

Das Mittelmeerfieber wird durch Rickettiosen ausgelöst (der Name geht auf den Erstbeschreiber Howard Taylor Ricketts zurück, einen Pathologen). Bei den Rickettiosen handelt es sich um Bakterien, die sich in Zellen einnisten und diese dann zu einem trojanischen Pferd werden lassen. Bei der Erkrankung kommt es stellenweise zu einem Verschluss der kleinen Blutgefäße und damit zu Durchblutungsstörungen. Vor der Verschlussstelle treten rote Blutkörperchen aus, die bei Befall der Haut zu auffälligen Flecken führen. Deshalb wird die Erkrankung auch als Mittelmeerfleckfieber bezeichnet. Das Fieber kann lokal und harmlos verlaufen, es kann aber auch zu erheblichen Blutungen in der Lunge, der Leber und im zentralen Nervensystem führen. Dann ist die Infektion tödlich. Die Braune Hundezecke kann zwar bei den derzeitigen Temperaturen in Deutschland im Freien nicht überleben. Im Zuge einer weiteren Klimaerwärmung ist jedoch jederzeit mit ihrer Etablierung zu rechnen. Schon jetzt kommt es in Häusern und Wohnungen immer wieder zu einem massiven Befall mit den Krankheitsüberträgern, und davon kann durchaus eine Infektionsgefahr ausgehen.

Und es geht weiter: Auch andere Infektionen, die es früher nur in den Tropen oder im Süden Europas gab, tauchen plötzlich bei uns auf. »Unsere Enkelin hatte nach dem Familienurlaub an der Ostsee plötzlich blutige Hautblasen«, erzählt Maria Larson (Name geändert) aus Neubrandenburg. »Wir dachten an eine harmlose Irritation«, sagt die Oma. »Wer konnte denn ahnen, dass sich unser Schatz mit einem Stäbchen-Bakterium infiziert hat.« Der Übeltäter heißt *Vibrio vulnificus* und treibt normalerweise in Flussmündungen sein Unwesen. Brackwasser mit einem leichten Salzgehalt und steigende Temperaturen sind optimal für die Vermehrung des Erregers. »Wir haben es so genossen, dass die Ostsee in Mecklenburg-Vorpommern 20 Grad hatte«, sagt Frau Larson. Was die Badegäste schätzen, ist jedoch auch für *Vibrio vulnificus* perfekt. In heißen Sommern wie etwa 2006 mussten bereits Strände in Schleswig-Holstein gesperrt werden. »Bei unserer Enkelin hat sich aus der Wundinfektion eine Blutvergiftung entwickelt – wir waren geschockt, als der Arzt uns von möglichen tödlichen Verläufen dieser Krankheit berichtet hat.« Das kleine Mädchen hat sich nur langsam von den Folgen des Badeausflugs erholt. Der Erreger muss über eine kleine Abschürfung in die Haut gelangt sein. Gerade bei Menschen mit einem schwachen Immunsystem – zu dieser Gruppe gehören vor allem Senioren und Kranke – kann es zu schweren Krankheitsverläufen kommen.

»Das gab es doch alles früher nicht in dem Ausmaß«, beklagt Maria Larson. Und die besorgte Großmutter hat recht: Durch die Wetterextreme ändern sich auch die ökologischen Bedingungen. »In der Klasse meiner Enkelin hatte ein Junge eine schlimme Hautreizung, die durch die Haare einer Raupe ausgelöst worden war. Das arme Kind hatte überall Quaddeln und Entzündungen auf der Haut – jede Stelle am Körper, die nicht mit Kleidung bedeckt war, war betroffen. Dann kam noch eine Bindehautentzündung hinzu – der Junge musste drei Wochen dem Unterricht fernbleiben.«

Das Kind war mit den »Hinterlassenschaften« des Eichenprozessionsspinners – einer haarigen Raupe – in Berührung gekommen. Die Härchen dieses Schädlings dringen in die menschliche Haut und setzen sich dort mit ihren unsichtbaren Häkchen fest. Diese Häkchen sind mit einem Nesselgift ausgestattet. Ist der Sommer extrem trocken, kommt es zu einer massenhaften Vermehrung des Eichenprozessionsspinners: Die Raupen befallen hauptsächlich Eichen und ziehen dann in langen »Prozessionen« – bestehend aus vielen hungrigen Fressmaschinen – über die Bäume. Am Ende schlüpfen Nachtfalter aus diesen haarigen Ungetümen. Immer häufiger müssen Waldbereiche gesperrt und angrenzende Kindergärten und Schulen oder Freibäder geschlossen werden, wenn die Eichenprozessionsspinner invasionsartig eingefallen sind.

Tierische Opfer

Selbst die Wildtiere im hohen Norden bleiben von den Folgen des Klimawandels nicht verschont. In den nördlichsten Regionen Kanadas leiden vor allem Elche unter den Plagegeistern. Es sind Milben, die in wärmer werdenden Gegenden zunehmend die majestätischen Geweihträger und deren geweihlose Weibchen befallen. Die Milbentiere erzeugen einen schweren Juckreiz. Manchmal krabbeln über tausend dieser Spinnentiere auf einem einzigen Elch. Die geplagten Tiere scheuern sich das Fell auf, bis kahle Stellen entstehen. Parasiten lieben die Wärme. Da es schon heute in der Arktis um 2,6 Grad wärmer ist als noch vor etwa fünfzig Jahren, können sich plötzlich auch andere und mit ihnen allerlei Bakterien, Parasiten und Viren »pudelwohl« fühlen. Sie übertragen Krankheiten auf Mensch und Tier. So leiden Moschusochsen immer häufiger unter Lungenwürmern. Früher reichten die Temperaturen für die Larven nicht zum Überdauern, der arktische Sommer war zu kurz – so starben sie ab, bevor sie das infektiöse Stadium erreicht hatten. Mit steigenden Temperaturen hat sich dies geändert. Wissenschaftler der unterschiedlichsten Disziplinen beobachten das mit Sorge. Das Ökosystem am Nordpol baut sich gerade um. Infektiöse Erreger wandern immer weiter nach Norden – und auf einmal haben Eisbären Haarausfall, Seeotter sterben an der Viruskrankheit Staupe und Eissturmvögel – über Jahrtausende fern von solchen Gefahren – werden von der Geflügelcholera dahingerafft. Das Kältenaturparadies wird seiner Unschuld beraubt ... Die Ausbreitung von Parasiten und Tierkrankheiten sind nur ein Aspekt des Einflusses der Klimaveränderungen auf unsere Tierwelt. Viele andere Gefahren und Veränderungen sind im Kapitel »Was wird aus unserem Naturerbe?« beschrieben.

Gute Sonne, böse Sonne

»Damals in meiner alten Heimat war FKK etwas ganz Natürliches«, erzählt Agatha Scholz aus Mecklenburg-Vorpommern. »Kein Sommer ohne Nacktbaden in der Ostsee, damals kannten wir keinen Lichtschutzfaktor – damals...« Für die DDR-Nostalgikerin ist Sonnenschutzwäsche »ein Graus für die Augen«. Die Dreiundsiebzigjährige schüttelt verständnislos den Kopf und zeigt auf vollverhüllte Badenixen: Sonnenhüte aus Polyester mit herunterhängendem Nackenschutz, langärmelige Badeshirts mit Lichtschutzfaktor und lange Hosen. »Die Menschen haben heute am Strand mehr Klamotten an als beim Winterspaziergang«, schimpft sie.

Es gibt tatsächlich an Deutschlands Stränden immer mehr Menschen in UV-Schutzkleidung, die mit Pigmenten – unter anderen Titandioxid und Zinkoxid – versehen ist, um die UV-Strahlung vom Körper fernzuhalten. Das Gewebe ist dicht, die Farben sind kräftig; denn beides schützt besser als leichte Badekleidung. »Wenn der Wind in meine Richtung steht, rieche ich nur Sonnencreme, Lichtschutzfaktor 50«, sagt die Rentnerin und regt sich über »all den Klima-Quatsch« auf. Trotzdem: Auch sie hat festgestellt, dass sie das Bad in der Sonne wesentlich schlechter verträgt als noch vor dreißig Jahren. Warum solche Menschen sich trotzdem von der Sonne »grillen« lassen, ist ein Rätsel. Zum Glück für die Gesundheit bauen andere vor.

Was in Australien und Neuseeland schon seit Jahrzehnten aufgrund des Ozonlochs über der südlichen Hemisphäre eine Selbstverständlichkeit ist, setzt sich langsam auch in Europa durch: konsequenter Sonnenschutz in der Freizeit und bei allen Outdoor-Aktivitäten. Der Rat: »Slip, slop, slap and wrap«: *Slip* on a shirt (zieh ein Hemd an), *Slop* on the 30+ sunscreen (creme dich mit Lichtschutzfaktor 30 + ein), *Slap* on a hat (setz einen Hut auf) und *wrap* on sunglasses (setz eine Sonnenbrille auf). Er wird zum Glück auch in Deutschland von immer mehr Menschen zur Vorbeugung gegen den gefährlichen Hautkrebs befolgt.

Trotzdem: Die Zahl der Hautkrebserkrankungen steigt. Allein in Deutschland gibt es pro Jahr rund zweihundertsiebzigtausend Neuerkrankungen. Seit 2005 ist die Zahl der bösartigen Hautkrebsfälle um 60 Prozent gestiegen. Wie lassen sich die Zahlen erklären? Liegt die Steigerung vielleicht am veränderten Umgang mit dem eigenen Körper, einem effektiven Hautkrebs-Screening und damit einer früheren Erkennung von Erkrankungen? Oder hat sich das Outdoor-Freizeitverhalten so sehr verändert? Sind mehr Menschen in der Freizeit draußen? Oder spielt die Klimaveränderung eine Rolle? Noch kennt niemand die Antwort. Doch die Dermatologen sind besorgt. Auch die sogenannte polymorphe Lichtdermatose – im Volksmund Sonnenallergie genannt – ist weitverbreitet. Unter dieser Immunreaktion leidet bereits jeder Fünfte.

Hinzu kommen noch ganz andere Probleme, die angesichts der Hautkrebs- und Sonnenallergie-Diskussion sowie der Herausforderungen des Klimawandels zumindest in der gesellschaftlichen Diskussion vollkommen untergehen: Funktionskleidung besteht häufig aus Mischgeweben mit einem hohen Synthetikanteil. Diese Stoffe sind – wenn sie nicht einem komplexen Recyclingprozess zugeführt werden – Sondermüll. Wenn die Kleider »entsorgt« werden, landen sie im Müll. Und so gelangen die Kunststoffe beziehungsweise ihre Bestandteile bei unkontrollierten Verbrennungen in die Atmosphäre und von dort aus in die Gewässer, die allmählich zu »schwimmenden Müllkippen« verkommen. Längst sind Flüsse und Meere in Asien, Südamerika und Afrika mit Wohlstandsmüll verseucht. Ins Meer gespült, da er die Filter jeder

Kläranlage durchdringt (wenn es denn an dem entsprechenden Ort Kläranlagen gibt), wird der Kunststoff im Laufe der Zeit von den Wellen und Gezeiten zerrieben. So gelangen diese Ausgangsmaterialien als Mikroplastikteilchen auch an entfernte Küsten. Nur auf den ersten Blick ist es »bunter Sand« – wer genauer hinsieht, entdeckt, dass der Traumstrand von granulierten Plastikteilchen übersät ist.

Was als »optische Verschmutzung« zwar kritisiert wird, aber eher ein ästhetisches Problem wäre, ist in Wahrheit längst in den »natürlichen Kreislauf« eingedrungen. Fische fressen die Mikroplastikteilchen, und so landet der Dreck über den »Umweg Fisch« als Kunststoffmüll auf unseren Tellern. Doch wer will sich schon die Urlaubsstimmung bei Krustentieren, Makrelen oder Seehecht in einem Fischlokal an der Nord- oder Ostseeküste, am Mittelmeer oder in exotischeren Gestaden vermiesen lassen? Wer will schon wahrhaben, dass wir als Konsumenten die Ursache allen Übels sind? Es ist ein wenig absurd: Wir begeben uns nicht etwa in den Schatten, sondern schützen unsere Haut vor der immer aggressiver werdenden Sonne mit Cremes, die Nanopartikel als Sonnenschutz enthalten. Wir tragen im Urlaub Bikinis oder Funktionskleidung gegen Wind und Wetter – und am Ende »essen« wir die Plastikbestandteile aus unserem Wohlstandsmüll wieder auf. So schließt sich der Kreis. Greenpeace schreibt in seinem Rechercheberricht »Plastik in Fisch und Meeresfrüchten« aus dem Jahr 2016: »Wie viele Tonnen Plastikmüll genau in den Weltmeeren vorkommen, kann niemand mit Sicherheit sagen. Laut eines quantitativen theoretischen Modells treiben allein an der Oberfläche geschätzte 5,25 Billionen Teile Plastikmüll mit einem Gesamtgewicht von etwa 268.940 Tonnen in den Ozeanen – jene Plastikteile am Meeresboden oder an den Stränden nicht mitgerechnet.[8] Neueren Studien zufolge liegen die Schätzungen sogar noch höher, bei möglicherweise über 50 Billionen Plastikteilen,[9] wobei sich keine dieser Zahlen in der Praxis mit Genauigkeit verifizieren lässt …«

Was wir tun können, was sich ändern muss

Jeder Einzelne
- Kinder spielerisch über Gefahren aufklären und zu achtsamen Verhalten erziehen.
- Werden Sie Mückenjäger. Ja, richtig gelesen. Um die Verbreitung von Stechmücken und das weitere Vordringen auch exotischer Arten zu überwachen (Monitoring), haben Wissenschaftler unter der Koordination des Leibniz Zentrums für Agrarlandschaftsforschung (ZALF) e.V. in Müncheberg und des Friedrich-Loeffler-Instituts – Bundesforschungsinstitut für Tiergesundheit (FLI) in Greifswald eine breit angelegte Stechmückenkartierung gestartet. Beteiligt an verschiedenen Arbeitsgemeinschaften sind auch die Humboldt-Universität in Berlin, das Museum for Natural History in London, das Museum for Natural History in Oxford, die Rheinische Friedrich-Wilhelms-Universität in Bonn und die Eberhard-Karls-Universität in Tübingen, die Weltgesundheitsorganisation (WHO) und die Yale University in den USA. Das Stichwort heißt Citizen Science, also die Nutzung und systematische Auswertung des Wissens von Bürgerinnen und Bürgern. Da Untersuchungen zur Verbreitung der Stechmücken lange vernachlässigt wurden, fördert das Bundesministerium für Ernährung, Landwirtschaft und Verbraucherschutz (BMEL) das ambitionierte Projekt seit 2011. Gesucht werden intakte Mücken mit exakten Angaben, wo diese gefunden wurden. Informationen zum Aufspüren und Sammeln der Plagegeister, zu geeigneten kleinen Gefäßen für die Einsendung und die Grundfakten zu den verschiedenen Plagegeistern gibt es unter www.mueckenatlas.de.
- Achtsam sein! Mensch und Tier durch (soweit möglich natürlichen) Zeckenschutz vor der Gefahr eines Zeckenbisses bewahren. Achtung: Alle Mittel, auch die natürlichen, müssen individuell auf ihre Verträglichkeit getestet werden. Sprechen Sie mit Ihrem Arzt bzw. Tierarzt darüber.
- Nicht ins Unterholz von Wäldern und Feldgehölzen vordringen.
- Nicht durch ungemähte Wiesen laufen. Das gehört sich ohnehin nicht, weil Gräser und Blumen sonst nur noch schwierig zu mähen sind.

- Nach Spaziergängen in Wald, Feld und Flur regelmäßig am Körper und an der Kleidung Zeckenkontrolle machen.
- Vorbeugende Impfung gegen FSME.
- Auch bei geringerem Verdacht auf FSME und/oder Borreliose nach einem Zeckenbiss den Arzt aufsuchen.
- Keine auch noch so lieb dreinblickenden Tiere aus dem Ausland mitbringen. Und wenn, dann höchstens mit tierärztlich überwachter Quarantäne.
- Im Garten oder auf dem Balkon Regentonnen mückensicher abdecken. Topfpflanzen so gießen, dass in den Untersetzern nicht für längere Zeit Wasser stehen bleibt.
- An Häusern, Garagen, Schuppen und anderen Gebäuden kontrollieren, ob das Wasser in den Dachrinnen abläuft oder für längere Zeit stehen bleibt. Im letzteren Fall durch den Klempner oder Dachdecker die Dachrinne so ausrichten, dass der Wasserabfluss gewährleistet ist.
- Gartenteiche, die ja angelegt wurden und werden, damit Natur ans Haus kommt, sind bei naturnaher Gestaltung keine Stechmückenzuchten. Denn wo der Tümpel oder Teich wirklich naturnah gestaltet ist, stellen sich etwa die flink über das Wasser gleitenden Wasserläufer (gehören zur Familie der Raubwanzen) ein, und im Wasser selbst leben Rückenschwimmer (ebenfalls eine Raubwanze). Sie haben gemeinsam fast nichts anderes im Sinn, als die Larven der Stechmücken oder auch die dann an der Wasseroberfläche schlüpfenden »fertigen« Insekten zu überwältigen und auszusaugen. Das ist übrigens auch spannend zu beobachten.
- Bei nicht erklärbaren Gesundheitsbeschwerden sollten die vergangenen Tage, Wochen und Monate in Erinnerung gerufen werden, um zu prüfen, ob eventuell Erreger bei einer Urlaubsreise oder bei Spaziergängen in heimischen Gefilden aufgenommen wurden. Unbedingt beim Arztbesuch auf möglichen Verdacht hinweisen, damit Zusammenhänge frühzeitig erkannt und untersucht werden.
- Auf Reisen in die Tropen Mückenschutzmütze mitnehmen, lange Hosen und langärmelige Blusen beziehungsweise Hemden tragen. Achtung: Auf weißer Kleidung sind Plagegeister leichter erkennbar.

In den Tropen außerhalb der klimatisierten Hotels hochgeschlossene Schuhe tragen. Nicht barfuß laufen.
- Frühzeitig die entsprechenden Impfungen vornehmen lassen. Aufgrund der Erderwärmung ist mit einem Anstieg der Häufigkeit von Schadorganismen auch in gemäßigten Breiten und sogar in Nordeuropa zu rechnen.
- Auch in Mitteleuropa bei Spaziergängen und Wanderungen möglichst auf den Wegen bleiben. Wer es liebt, querfeldein die Natur zu erkunden, sollte langbeinige Hosen und langärmelige Hemden und Blusen tragen.
- Kinder nicht zu lange in der prallen Sonne spielen lassen. Das gilt auch im Frühjahr sowie im Spätsommer und im Herbst. Denn die schräg einfallenden Strahlen bei niedrigerem Sonnenstand sind nicht minder gefährlich als im Hochsommer.
- Bei Spaziergängen sollte man von Frühling bis Herbst eine Zeckenzange oder Ähnliches (gibt's in der Apotheke) dabeihaben, um die gefährlichen Plagegeister möglichst rasch so entfernen zu können, dass der Stech- und Saugrüssel nicht unter der Haut verbleibt.
- Ebenfalls fester Bestandteil im Wandergepäck sollten in Zeiten des Klimawandels umweltfreundliche Insektenschutzmittel sein.
- Reiseapotheke:
Die Bundesvereinigung Deutscher Apothekerverbände e.V. empfiehlt, sich eine individuelle Reiseapotheke in »Ihrer« Apotheke individuell zusammenstellen zu lassen. Der Inhalt ist abhängig von der Art der Reise! Wer in den Tropen tauchen geht, braucht andere Inhalte als Wanderer oder Urlauber auf einer Schlemmertour durch die Weinberge. Neben den persönlichen Medikamenten sollen Schmerz- und Fiebermittel, Medikamente gegen Durchfall oder Verstopfung, Erkältungssymptome, Sonnenbrand, Insektenstiche sowie ein Desinfektionsmittel, Verbandszeug, Blasenpflaster und Wund- und Heilsalben mit auf die Reise gehen. Auch Augentropfen, ein Nasenspray und Medikamente gegen Übelkeit gehören in eine Reiseapotheke.

Politik und öffentliche Hand
- Schon in Kindergärten, Kindertagesstätten und Grundschulen muss konsequent im Sinne breiter Gesundheitsbildung und zum Erwerb von Selbstkompetenz auf die Gefahr der Krankheitsinfektionen durch Stechmücken, Zecken & Co. hingewiesen werden. Zur Hygieneaufklärung gehört aber auch, dass Kinder keine Angst vor der Natur bekommen, sondern in Zusammenhängen denken lernen und somit begreifen, dass wir alle auf die Natur angewiesen sind und bestens darin leben können, wenn wir die Grundregeln beachten.
- Die Bildungspläne der Bundesländer müssen gerade im Hinblick auf die Bildungsarbeit in Sachen Klimaschutz, Umweltvorsorge und Gesundheitskompetenz einem Check unterworfen und den neuen Anforderungen angepasst werden.
- Jede Schule, jeder Kindergarten und jede andere Bildungseinrichtung braucht einen Klimaschutzbeauftragten, der über die Zusammenhänge Bescheid weiß und Informationen an Kolleginnen und Kollegen weitergibt. Über den Multiplikatoreneffekt sind so Kinder und Jugendliche auf breiter Ebene erreichbar. Diese Aufklärungsarbeit ist für das Leben in Zeiten des Klimawandels so wichtig wie das Lernen von Lesen, Schreiben und Rechnen.
- In den Schulen sollte das Fach Umwelthygiene und Selbstkompetenz eingeführt werden. Was nützt es schon, wenn Kinder heute über die MINT-Fächer Mathematik, Informatik, Naturwissenschaft und Technik ein Rüstzeug für unsere immer komplexer werdende und von Technologie geprägte Gesellschaft erhalten, aber grundlegende Kenntnisse über potenzielle Gesundheitsgefahren und entsprechende Vorbeugemöglichkeiten nicht kennen?
- Moore, Sümpfe, Seen, Weiher und Auwälder sind bedeutende Lebensräume einer ohnehin hoch bedrohten Tier- und Pflanzenwelt und letzte Naturrefugien in der sonst so intensiv genutzten Kulturlandschaft. Durch das Vorkommen von Stechmücken schützt sich dort die Natur seit Jahrtausenden von selbst. Dass Stechmückenschwärme zur Plage werden, liegt auch daran, dass viele Siedlungen in den vergangenen Jahren der letzten Urnatur immer näher gerückt sind. Gemeinden und Städte als Träger der kommunalen Pla-

nungshoheit sind gefordert, im Bereich von naturnahen Auen keine weiteren Wohn- und Gewerbegebiete mehr auszuweiten. Dies empfiehlt sich ohnehin wegen der Gefahr von Überschwemmungen.
- Gemeinden, Städte und Landkreise sollten zusammen mit Heimatverbänden, Naturschutzorganisationen und der Landwirtschaft Konzepte entwickeln, die eine Beweidung verbuschungsgefährdeter Grünflächen insbesondere in Waldrandnähe vorsehen. Wissenschaftliche Untersuchungen haben ergeben, dass im Bereich regelmäßig beweideter Wiesen- und Weideflächen weit weniger Zecken leben als auf nicht beweideten Flächen. Es wäre gleichzeitig ein Beitrag zum Schutz der Biodiversität, wenn in solchen Gebieten vielfach gefährdete seltene Pflanzenarten wie Orchideen oder Tierarten wie die Heidelerche und verschiedene Reptilien vorkommen.
- Importe von Reifen und anderen Gegenständen (zum Beispiel Holzpaletten), mit denen nicht heimische Insekten und andere potenzielle Überträger von Krankheiten eingeschleppt werden, bedürfen einer stärkeren Handelskontrolle. Es müssen Quarantänequartiere in und an Häfen und Flughäfen zur Prüfung der Unbedenklichkeit eingerichtet werden. Das klingt nach viel Aufwand. Aber wie alle bisherigen Entwicklungen zeigen, ist vorbeugen besser, als die Kontrolle zu verlieren.
- Durch klare Vorschriften und effektive Kontrolle ist die Einfuhr von Haustieren ohne Gesundheitszeugnis und entsprechende Quarantäne zu unterbinden.
- Einreisende, die für längere Zeit oder dauerhaft im Land bleiben wollen, sollten eine Gesundheitsprüfung absolvieren, die sicherstellt, dass sie keine ansteckenden tropischen Krankheiten aufweisen – die dann durch Überträger wie den Tigermoskito oder andere Insekten weitergegeben werden können.

Wirtschaft
- Verantwortung für Produkte ernst nehmen.
- Verbraucherinformation verbessern.
- Selbstkontrolle stärken und ausbauen. Waren (zum Beispiel Holzpaletten), die mit Krankheitsüberträgern (zum Beispiel bestimmte In-

sekten beziehungsweise deren Larven) befallen sein könnten, nicht verwenden und kontrollieren.
- Importfirmen müssen viel mehr als bislang ihre Mitarbeiter sensibilisieren.

Fazit: Wer nicht mitdenkt, aufpasst und vorsorgt, muss leiden.

Urlaub, Unwetter, Unbehagen
Wo und wie machen wir künftig Urlaub?

> »Es gibt nicht zwei Krisen nebeneinander,
> eine der Umwelt und eine der Gesellschaft,
> sondern eine einzige und komplexe
> sozioökologische Krise.«
> Papst Franziskus (geboren 1936)

Ein kalter, klarer Wintermorgen. Allmählich löst die Februarsonne das weite Meer aus Nebelschwaden und Wattewolken auf. Diese hatten bislang den Blick zum stahlblauen Himmel über dem Feldberg im Schwarzwald, dem mit 1493 Metern höchsten Gipfel Deutschlands außerhalb der Alpen, verdeckt. Schon früh am Morgen sind wir aufgestanden und mit den Schneeschuhen durch das noch unberührte Weiß der letzten Nacht heraufgewandert. Unterwegs bewunderten wir die dick mit Schnee gepolsterten, seit alten Zeiten Wind und Wetter trotzenden mächtigen Tannen- und Fichtenbäume. Achim Laber, der Führer unserer Schneeschuhwanderung und einer der ersten Naturschutz-Ranger im Land, erzählt uns bei jeder Verschnaufpause von den Geheimnissen seiner Südschwarzwälder Waldwildnis. Von den Fichtenkreuzschnäbeln etwa, die im Winter brüten, weil es da die fetthaltigen Samen der Fichten und Tannen gibt. Von Wintergoldhähnchen, die in Wipfeln der alten Fichten zu Hause sind und mit ihren lediglich fünf bis sieben Gramm Gewicht und einer Größe von gerade mal neun Zentimetern wie kleine Federbällchen durch das Geäst turnen. Und er erzählte vom bis zu drei Kilogramm schweren Auerhahn, dem massigen Symbolvogel des Schwarzwaldes, der die mit Heidelbeersträuchern bestandenen Nadelwaldlichtungen der etwas tiefer gelegenen Feldbergare-

ale bewohnt und in Lebensgefahr ist, wenn Wanderer oder Skifahrer ausgewiesene Wege und Pfade verlassen und die empfindlichen Vögel stören. Durch solche Störungen nämlich verbrauchen diese Wildhühner bei der Flucht zu viel Energie. Energie, die sie sich mit ihrer kargen Kost, die aus den Triebspitzen von Tannen, Fichten und Heidelbeersträuchern besteht, nicht wieder anfressen können. Achim Laber, gelernter Forstwirt und geborener Südschwarzwälder, erzählt über die Natur und Kultur seiner Heimat so begeistert wie an seinem ersten Ranger-Tag im Jahr 1989.

Mittlerweile haben sich Nebelschwaden und Wolken wie von Zauberhand gesteuert fast ganz aufgelöst, und unser Blick reicht über ein fantastisches Landschaftsmosaik aus Schwarzwald und Rheinebene hinweg bis zum Alpenkamm. Sogar der Säntis in der Schweiz ist als graublaue Landmarke auszumachen. Doch jetzt wird der Blick des sonst stets froh gelaunten Feldberg-Ranger ernst. »Solche Wintertage mit einer Schneelage wie jetzt gerade sind seltener geworden«, erzählt Achim Laber. »Doch noch immer kommen die Massen der Schnee- und Skibegeisterten«, erzählt er. Sie kommen aus dem nahen Freiburg und den umliegenden Regionen des Rheintals, aus dem Elsass oder aus der Nordwestschweiz und natürlich aus den Ballungsräumen rings um Karlsruhe oder Stuttgart. Sie kommen, um hier Ski fahren zu können. Doch das ermöglicht die Natur immer weniger. »Noch in den Siebzigerjahren hatten wir jeden Winter hier oben am Feldberg über mehrere Wochen hinweg eine Schneelage von durchschnittlich bis zu zwei Meter. Vor allem in den Tälern am Titisee oder drunten in Todtnau sind Schneehöhen von über einem halben Meter inzwischen eine absolute Rarität«, sagt Achim Laber.

Betrachtet man die Situation in früheren Jahren, ist es kein Wunder, dass das Feldberggebiet zumindest für Deutschland die Wiege des Skilaufs ist. Im Jahr 1891 wurde in Todtnau der erste Skiklub gegründet, von weit her kamen Touristen, um die sich rasch ausbreitende Wintersportart ebenso zu genießen wie die viel gerühmte Schwarzwaldromantik. Auch die legendären Skiweltmeister der Nordischen Kombination Georg Thoma und der ehemalige Olympiasieger und mehrfache Deutsche Meister im Skiweitsprung Dieter Thoma kommen aus dieser Gegend. Doch die Zeiten, als der Feldberg ein sicheres Skigebiet war und auf den Bergen und Hügeln der gesamten Umgebung die Skilifte heißliefen, sind vorbei. Immer weniger echter Schnee bedeckt die Feldbergkuppe und das umgebende Schwarzwaldgebiet. Die Gemeinde Feldberg setzt deshalb auf Schneekanonen und eine Ausweitung der Infrastruktur. So wurde am beschaulichen Feldberg 2015 eine gigantische Sesselliftanlage eröffnet. Hinzu kam ein Parkhaus, das wie ein massiges Raumschiff aus Star Wars in der sonst zauberhaften Landschaft liegt und mit zwölfhundert Stellplätzen die Massen anlockt. Massen, denen in Zeiten des Klimawandels vorgegaukelt wird, dass die Schwarzwälder Winterwelt weiter existiert wie ehedem. Oft sind die Skikanonen wochenlang – meist nachts – im Einsatz. Wie der Südwestrundfunk berichtete, waren noch um 1996 gerade mal vierzig Schneekanonen im gesamten Schwarzwald im Einsatz, die Schnee für eine Gesamtfläche in der Größe von gerade zehn Fußballfeldern produzieren konnten. Mittlerweile beschneien hundertachtzig Schneekanonen ein Drittel aller Pisten.

Es lebe die Illusion der heilen Winterwelt. Denn nicht nur am Feldberg sind die Zeiten »normaler« Schneewinter vorbei. Auch im Nordschwarzwald, auf der Schwäbischen Alb, in der Rhön und anderen, früher sicheren Skigebieten der Mittelgebirge schlägt der Klimawandel durch. Wie Mahnmale an eine gute alte Zeit verrosten vielerorts die alten, kleinen Liftanlagen in der Landschaft. Sie werden nur noch selten angeworfen. Dies lässt dann für einige Tage die Zweifler am Klimawandel hoffen, es sei bald wieder alles beim Alten.

Auslaufmodell Wintersport

Schnee war gestern. Absurde Fotos zur Eröffnung der Pisten-Gaudi 2019/2020 zeigen das ganze Ausmaß des Wahnsinns. In den Kitzbüheler Alpen etwa wurde für ein schmales Pistenband in 1800 Metern Höhe konservierter Schnee aus dem vergangenen Winter ausgebracht. Der Wahnsinn muss weitergehen, obwohl stabile Winter mit einer planbaren Skisaison selbst in höher gelegenen alpinen Gebieten ein Auslaufmodell sind. Im österreichischen Seefeld – vor allem dank des Winterolympiade-Skizirkus seit 1964 eine der Wintertourismus-Destinationen Nummer Eins – gefährdet Schneemangel Wirtschaft und Wohlstand. Derzeit übernachten in dem kaum dreieinhalbtausend Einwohner zählenden, auch durch die nordischen Wettbewerbe 1976 bekannt gewordenen Ort pro Wintersaison rund eine Million Menschen. Vor allem die rund 280 Kilometer umfassenden Langlaufloipen in und um Seefeld ziehen die Menschen an. Doch der Cashcow-Skizirkus ist mit den warmen Wintern der vergangenen Jahre in Gefahr. Dem will man jetzt mit einem »Snowfarming-Projekt« entgegensteuern. Dahinter steckt nichts anderes als die Produktion von rund 6.000 Kubikmetern Kunstschnee. Produziert und für den nächsten Winter zwischengelagert. Hierfür wird das kostbare Weiß am Hang der Sprungschanze gelagert und unter einer dicken Schicht von Holzhackschnitzeln vor Sonne, Wärme und Regen geschützt. »Das Ziel ist es, Seefeld auch künftig jedes Jahr bis November schneesicher mit optimalen Wettkampfbedingungen zu machen«, erklärte Seefelds Bürgermeister Werner Frießer dem Journalist Frank Schwaibold in den *Stuttgarter Nachrichten*. Auch hier glaubt man, dem Klimawandel ein Schnippchen schlagen zu können. Deshalb hat Seefeld, im Rahmen eines neuen Verkehrskonzepts, noch einen neuen Bahnhof errichtet. 360 Kilometer Wanderwege und Loipen sollen durch Beschneiungsanlagen den Winter über fit gehalten werden. Aber es ist doch nur eine Zeitfrage, bis auch diese Rechnung nicht mehr aufgeht. Wo immer auch die Tourismus-Manager auf klassischen Wintersport und Kunstschnee setzen, ist es eine Mischung aus Hoffen und Bangen ohne echte Alternativen. Klimawandel kennt keine Gnade.

Doch greift der Klimawandel noch weiter um sich: so werden Wirtschaftsstrukturen, die von einem Missverhältnis zwischen Bewohnern und von außen kommenden – aber dringend benötigten – Besuchern abhängig sind, ins Wanken geraten. Irgendwann werden Investitionen unrentabel, Ferien- und Wohnanlagen veralten. Es sind die Klimawandelruinen von morgen. Investoren sollten sich gut überlegen, ob sie in solche Regionen noch Geld pumpen. Denn schnell zieht der verwöhnte Tourismustross weiter. Ob es woanders besser ist? Fakt ist, dass auch die Wintersportbereiche der Gletschergebiete gefährdet sind. Schließlich sind der Rückzug der Gletscher und die immer dünner werdenden winterlichen Schneedecken sichtbarste Zeichen der Auswirkungen des Klimawandels auch in den höheren Alpenregionen. Die mittlere Temperatur stieg etwa in der Schweiz während des 20. Jahrhunderts um 1,35

Grad an. Dieser Wert entspricht dem Doppelten des globalen Mittelwertes. Überall schwindet die Schneesicherheit.[10]

Bei einer angenommenen durchschnittlichen weiteren Erwärmung um 3 Grad Celsius wird damit gerechnet, dass sich die schneesichere Zeit um einen Monat verkürzt und sich die Zone der Schneesicherheit verschiebt. In den zentralalpinen Gebieten rechnet man mit einer Höhenverschiebung um 300 Meter, im voralpinen Bereich sogar um 500 Meter.

Damit gehen allein in der Schweiz die sogenannten schneesicheren Orte von gegenwärtig 84 Prozent auf 44 Prozent zurück. Ähnliche Probleme werden die österreichischen Skigebiete bekommen. Die meisten liegen nämlich unterhalb von 2.500 Metern Höhe. Wintertourismus-Destinationen wie Kitzbühel oder Zell am See liegen sogar nur auf einem Höhenlevel zwischen 600 und 900 Metern. Da die Probleme nicht mehr zu übersehen sind, regt sich allerorten Betriebsamkeit in Sachen Klimaschutz. So spricht der Deutsche Alpenverein von einem »Bergsport der Zukunft«. Überall haben die verschiedenen Alpenvereins-Organisationen die Folgen des Klimawandels direkt vor Augen. Es sind nicht nur die zurückweichenden Gletscher, sondern auch durch das Auftauen des Permafrostes wandernde Fundamente von Hütten und Wegen und Gefahren wegen Blankeis bis zu den Gipfeln, beklagt etwa Rudi Erlacher, Vizepräsident des Deutschen Alpenvereins. So bemüht man sich immerhin dort, wo man Einfluss hat: bei der CO_2-Optimierung von Berghütten und Kletterhallen und bei der Aufklärung im Rahmen von Bildungsprogrammen. Doch die Bergsportler wissen, dass dies nur kleine Tropfen auf siedend heiße Steine sein können, und appellieren an die Politik, endlich zu handeln. Wo heute noch wilde Aprés-Ski-Partys gefeiert werden, heißt es künftig Aprés-Ski-Zirkus. Doch was für die einen der Abschied von geliebten Winterfreuden bedeutet, ist für die anderen der Einstieg in den neuen Klimakatastrophen-Tourismus.

Wo geht's denn hier zur Klimakatastrophe?

Denn es ist wohl »cool«, die Klimakatastrophe im Urlaub »live« zu erleben! Kaum erschienen im Frühsommer 2017 die ersten Fotos der US-Raumfahrtbehörde NASA vom Riss im Larsen-C-Eisschelf, liefen massenweise Urlauberanfragen für eine Reise Richtung Antarktische Halbinsel bei den Spezialveranstaltern auf. Die Folgen des Klimawandels und das Drama im Eis hautnah mitzuerleben, das ist ein Traveller-Traum der Extraklasse! »Ich verstehe die ganze Aufregung nicht«, kommentiert ein problemresistenter Tourist aus Deutschland und behauptet: »Dadurch steigt der Meeresspiegel doch nicht einen Millimeter!« Die Expedition ins Eis will sich der Abenteurer auf keinen Fall entgehen lassen. »Ich war schon überall auf der Welt – aber einen Eisberg in der doppelten Größe Mallorcas persönlich mit auf die Reise ins Meer zu schicken, das ist schon ein Hammer.« Weil die Antarktische Halbinsel an der Abbruchkante Richtung Südamerika weist, schmilzt das Eis hier besonders schnell. Also, nix wie hin! »Ich war schon auf Ross Island«, betont der Polarreisende, der bereits zum dritten Mal an den Südpol startet. Er beklagt, »dass die Hütten der Entdecker Scott und Shackleton dort bald zusammenbrechen« und aufgrund der Witterungseinflüsse »nicht mehr als Touristenattraktion taugen«. Die südlichste Position mit 65° 04` ist längst abgegrast, Landgänge bei den Pinguinen und in Whalers Bay sind für die Reiseweltmeister aus Deutschland ein alter Hut – da kommt so ein frischer Abriss gerade recht. Saison für Saison reisen mehr als fünfunddreißigtausend Menschen in die Antarktis. Am liebsten kommen US-Amerikaner; dicht gefolgt von den Eistouristen aus Deutschland und Australien.

Hauptsache weg:
Die Deutschen sind gern unterwegs

Trotz Klima, Krisen und Katastrophen: Die Reiselust der Deutschen ist ungebrochen: Jeder Deutsche ist im Durchschnitt zwanzig Tage im Jahr auf Tour. Die Tourismusbranche boomt: Rund 77 Prozent aller Bundesbürger packen mindestens einmal im Jahr die Koffer. Das sind über 53 Millionen Menschen. Etwa 70 Prozent sind vom Fernweh gepackt und reisen ins Ausland. Der Deutsche ReiseVerband (DRV) hat für 2016 errechnet, dass der Haupturlaub etwa dreizehn Tage am Stück dauert. Obendrein hängen die Reiseweltmeister aus Deutschland immer häufiger noch zwei, drei Tage für einen Kurztrip übers verlängerte Wochenende dran. Auf die Schnelle mal für einen Einkaufstrip nach New York und Lady Liberty im Gegenlicht fotografieren? Oder doch lieber eine Woche nach Mallorca? Der Trip nach New York ab München belastet das persönliche Klimakonto mit 4240 Kilogramm Kohlendioxid, die Woche Mallorca schlägt ab Düsseldorf mit 720 Kilo zu Buche.

Das Klimagewissen meldet sich nur bei den wenigsten Reisenden. Immerhin steigen 39 Prozent für ihren Urlaub ins Flugzeug. 2016 wurden laut dem Deutschen ReiseVerband knapp 11 Milliarden Euro nur für Flugtickets ausgegeben. Berechnungen zufolge verbläst der Flug nach Mallorca so viel treibhausrelevante Emissionen wie ein ganzes Jahr Autofahren. In großen Höhen heizen die Emissionen der Flugzeuge den Treibhauseffekt stärker an als der Kohlendioxidausstoß am Boden. Experten sprechen vom RFI-Faktor. Die drei Buchstaben stehen für Radiative Forcing Index. Das Flugzeug ist laut Bundesministerium für Umwelt, Naturschutz, Bau und Reaktorsicherheit das klimaschädlichste Verkehrsmittel. Bei einer Fernreise von 16.000 Kilometern – zum Beispiel von Deutschland auf die Malediven und zurück – entstehen tatsächlich fünf Tonnen Kohlendioxid pro Passagier! Um einen vergleichbaren Klimaschaden mit einem Auto zu verursachen, kann man immerhin mit einem Mittelklassewagen 30.000 Kilometer unterwegs sein.

Doch das Sehnsuchts-Transportmittel Nummer eins ist das Kreuzfahrtschiff. Eine Seefahrt, die ist lustig – aber nur für den Menschen. Natur und Klima leiden unter den »Abgasfahnen« der Kreuzfahrtschiffe, die klimaschädlich aus den Schornsteinen dampfen. Viele Luxusliner fahren obendrein mit billigen Schwerölen – der Ausstoß der Rußpartikel ist nicht nur gesundheitsschädlich, sondern auch klimarelevant. Doch die Kreuzfahrtindustrie ist ein boomendes Milliardengeschäft. Die Reedereien versprechen zwar regelmäßig, ihre Umweltbilanz zu verbessern, aber unterm Strich zählt der Gewinn. Für die meisten der über 1,5 Millionen Kreuzfahrer aus Deutschland, die Jahr für Jahr etwa für eine Woche ablegen, ist die Klima-Problematik kaum ein Thema.

Gerade mal fünf Prozent der Reisenden aus Deutschland machen sich mit dem klimafreundlichsten Fortbewegungsmittel – dem Zug – auf die Reise in den Urlaub. Der Deutschen häufigstes und beliebtestes Gefährt ist auch im Urlaub das Auto. Und das ist nicht gerade sauber, aber es ist nach wie vor das beliebteste Fortbewegungsmittel. Immerhin starten 47 Prozent aller Reisenden mit dem Wagen in Urlaub. Auf 100 Kilometer sind mit dem Auto schnell zehn Liter Sprit verfahren. Über 55 Millionen Fahrzeuge sind auf Deutschlands Straßen unterwegs – und es werden immer mehr. Pro Jahr fährt jeder von uns etwa 12 000 Kilometer. Dafür werden über 40 Milliarden Liter Kraftstoff verbraucht. ADAC, Autohersteller und Fahrlehrer bieten zwar ökologische Fahrkurse an, bei denen man lernt, wie man klimafreundlich fährt und dabei Sprit sparen kann, doch der Trend geht gerade wieder in die andere Richtung. Niedertouriges Fahren und umweltfreundliche Motoren sind uncool geworden. Im Stadtverkehr könnte man schon ab Tempo 30 in den dritten Gang schalten, ab 40 km/h in den vierten und ab 50 km/h in den fünften Gang, um hohes Ausfahren der Gänge zu vermeiden und Sprit zu sparen. Doch für die neue Generation der Auto-Poser in ihren verchromten und getunten PS-Schleudern ist das »uncool«.

Wie grün ist Ihr Fußabdruck?

Berechnen Sie doch einmal, wie »grün« Ihr Fußabdruck ist – und wie viel CO_2 Sie persönlich so »verblasen«. Es gibt zahlreiche Plattformen im Internet, die Ihr ganz individuelles Kohlendioxid-Profil berechnen und Ihnen Vorschläge für einen Ausgleich machen. Große Reiseveranstalter wie Hapag-Lloyd Cruises haben auf ihrer Website Klimarechner.
(http://www.hl-cruises.de/unternehmen/umweltmanagement/klimarechner)

Auf dem Klimarechner »Globe Climate« (globe-climate.com) der Stiftung NatureLife-International können Sie entscheiden, in welches Projekt Ihr Geld fließen soll: Wollen Sie naturnahe Wälder in Südafrika aufforsten oder Ihr Geld für ein Teewald-Projekt in China spenden? Auch für Projekte vor der Haustür – wie der Renaturierung von Feuchtgebieten – ist Ihr Geld gut angelegt.

»atmosfair« ist eine gemeinnützige Klimaschutzorganisation (https://www.atmosfair.de/de), die bereits seit 2005 existiert. Es wurden im Rahmen eines Forschungsprojektes des Bundesumweltministeriums Standards entwickelt, um eine freiwillig Klimaschutzabgabe – beispielsweise von Flugpassagieren und Firmen – zu erstellen. Die Anwendung ist denkbar einfach: Man gibt die Flugziele in den Rechner ein, der aufgrund der Daten die Emissionen berechnet. Dann folgt eine Art »Ablasshandel« – man kann eine gewisse Summe spenden, um den »angerichteten Schaden« zu kompensieren. Die Kompensationszahlung für einen Hin- und Rückflug von Frankfurt nach Sydney würde nach diesem Rechner 491 Euro betragen – die CO_2-Emissionen liegen bei 21.276 kg pro Flug und pro Person.

Mobilität schadet dem Klima

So ein Hochwasser wie im November 2019 hat die italienische Lagunenstadt Venedig lange nicht erlebt. Jetzt droht sogar die Aberkennung des Titels Weltkulturerbe. Doch der Spaß geht weiter: Für die Bewohner ist Land-unter, für Katastrophen-Touristen ist das alles eine Gummistiefel-Party mit extra Fun-Faktor. Die Kreuzfahrt-Industrie verspricht »ein einmaliges Erlebnis« – der Untergang dieses einzigartigen Juwels ist ihnen wohl egal. Ganz gleich ob »Heia Safari« in Kenia, Surfen in Kalifornien, Kanu fahren in Kanada oder ein bisschen Kultur in Florenz oder Rom schnuppern: Die Deutschen erkunden die Welt. Sie wollen mal gucken, was die Kängurus in Australien machen, und sich selbst davon überzeugen, dass der Turm in Pisa schief ist. Die einen fahren nur kurz nach Paris, die anderen starten mit dem Auto übers Wochenende von Hamburg in den Harz. Dass Mobilität dem Klima schadet, weiß heute jedes Kind. Reisen belastet das persönliche Klimakonto; weltweit schlägt der Tourismus mit fünf Prozent aller Treibhausgasemissionen zu Buche. Für die Branche ist es das große Geschäft: Allein für gebuchte Reisen gaben die Deutschen nach Angaben des Deutschen Reiseverbandes 2018 rund 68 Milliarden Euro aus.

Tourismus hat viele Gesichter – nur wenige sind sauber. Doch das Fernweh ist stärker als die Vernunft. Wer unterwegs ist, zerstört nicht selten genau das, was er sucht! In Extremfällen ächzen und stöhnen die »Ureinwohner« unter dem Andrang. Für sie bleiben am Ende Abgase und Abfall übrig. In Venedig ist die Stimmung gegen die zehn Millionen Touristen, die Jahr für Jahr über die Lagunenstadt herfallen, längst umgeschlagen. Zur Hochsaison kommen schon mal 14 Millionen Tagesgäste. Ein großer Teil wird von gigantischen Kreuzfahrtschiffen ausgespuckt. Wie eine moderne Plage fallen die »Gäste« über die knapp 55 000 Einwohner Venedigs her. Sie drängen durch die engen Gassen und über die Brücken, belasten das UNESCO-Weltkulturerbe mit Lärm und Müll. Die Kreuzfahrtschiffe verpesten die Luft mit übel riechenden Abgasen. Außerdem beschädigen sie durch den Wellengang die historischen Gebäude.

Auf Bali – einst »Insel der Götter« – toben sich Jahr für Jahr über 5 Millionen Touristen aus. Sie verbrauchen wertvolle Ressourcen und hinterlassen Plastikmüll. Statt der uralten Kultur ruhigen Respekt zu zollen, überschwemmen Sauftouristen etwa den Ort Kuta und verwandeln das Paradies im Indischen Ozean in eine Art balinesischen »Ballermann«.

Überall auf der Welt gleichen sich die Bilder. Auf Mallorca sind es Sangria-Eimer, Currywürste und Schnitzel, in Sölden im Ötztal Bettenburgen, Schneekanonen und Blechkolonnen. Die Schadstoffbelastung der Luft in der Dreitausend-Seelen-Gemeinde erreicht an schönen Skiwochenenden Werte, die man normalerweise nur aus Metropolen kennt.

Doch es regt sich Widerstand. Auf Mallorca und in Barcelona haben die Einwohner die Nase voll. »Tourist go Home« ist immer häufiger auf Protestbannern zu lesen. Der Billig- und Partytourismus ist den Menschen einfach zu viel. Zumal die Wirtschaftsleistung durch diese Art von Massentourismus in den Taschen weniger Profiteure verschwindet.

Afrika ist kein Freiluftzoo für Urlauber

Heia Safari – wie lange noch? Schon mal auf Sansibar eine Gewürztour gemacht? Die Nelkeninsel im Indischen Ozean ist in der Morgen- und Abenddämmerung besonders romantisch. Dann gleiten die Dhaus, die arabischen Segler, an den Stränden vorbei. Die azurblaue See, die schlanken Palmen, der Duft von Frangipani-Pflanzen. Sansibar ist ein Tropenparadies und liegt nur 37 Kilometer vor der Küste Tansanias entfernt.

Von Dar es Salaam aus ist man schnell mit dem kleinen Flugzeug rübergeflogen. Was für ein Abschluss nach einer Safari durch die Serengeti und das Hochland des Ngorongoro-Kraters. Im Wildreservat Tansanias leben die »Big Five« – Elefant, Nashorn, Büffel, Löwe und Leopard – wie in einem Zoo. Als Afrikareisender muss man diese Tiere gesehen haben. Doch wie lange wird es sie noch geben? Das Artensterben schreitet hier in bisher nie gekanntem Ausmaß voran. Es geht schlicht um die Verteilung der Lebensräume. Im Kampf Mensch gegen Wildtier gewinnt der *Homo sapiens* mehr und mehr. Wir sind fruchtbar und mehren uns – und werden so für die Tiere zur biblischen Plage.

Der Big-Bang der Bevölkerungsexplosion ist in Afrika besonders krass: Die Weltbank prognostiziert, dass sich die Zahl der Menschen auf dem afrikanischen Kontinent bis 2050 verdoppelt: dann leben rund 3,8 Milliarden Afrikaner auf der Erde. In Afrika droht sich die Bevölkerung in den nächsten 90 Jahren also zu verdreifachen. Wenn man davon ausgeht, dass ein einzelner Mensch im Durchschnitt pro Jahr 58,6 Tonnen CO_2 emittiert, ist die Klimakatastrophe kaum noch zu stoppen. Mehr Menschen heißt mehr Wasserknappheit und Wüstenbildung – Ursachen, die zur Flucht »Out of Africa« führen, denn die Zerstörung der Ökosysteme sind wesentliche Faktoren für Migration (siehe auch Kapitel »Klima-Killer Mensch«).

Touristen-Traum und Wildtier-Wirklichkeit

Bäche und Flüsse sind ausgetrocknet, viele Wälder sind abgestorben, die Meere vermüllt. An Bilder wie diese haben wir uns schon gewöhnt! Romantische Urlaubsträume findet man heute oft nur noch in den Dokumentationen der Naturfilmer. Die Realität ist von brutaler Ausbeutung geprägt. Die sechste große Aussterbewelle in der Erdgeschichte rollt bereits unaufhaltsam auf die Menschheit zu. Die Rote Liste der gefährdeten Arten wird länger und länger! Jährlich gehen der Erde bis zu achtundfünfzigtausend Arten verloren. 41 Prozent der Amphibienarten sind bedroht, 17 Prozent der Vögel. In den Tropen ist die Biodiversität besonders groß – und die Verluste auch! Die sogenannte Megafauna der Erde – große Landsäugetiere wie Nashörner, Elefanten, Gorillas und Büffel – um nur einige wenige Arten zu nennen – verschwindet in atemberaubender Geschwindigkeit. Über 60 Prozent stehen auf der Roten Liste der bedrohten Arten und sind trotz der ständigen Mahnungen von Natur- und Umweltschützern der Ausrottung ausgeliefert. Nicht nur die Eisbären im hohen Norden verschwinden. William Ripple von der Oregon State University kann mit seinen Kollegen die traurigen Zahlen belegen. Die Bedrohung der großen Landsäuger in Afrika und Südostasien, in Südamerika und in der Arktis scheint kaum mehr aufzuhalten. Außerdem wittern Wilderer das schnelle Geld: für Stoßzähne zahlt der illegale Elfenbeinhandel Unsummen. Je gefährdeter die Art, je größer das Interesse von Sammlern. Geschmacklosigkeiten wie abgehackte Gorillahände als Aschenbecher oder Elefantenfüße als Hocker finden auch heute noch Käufer. So manche »Kuriosität« landet in den Asservatenkammern der Zollämter an internationalen Flughäfen. Vieles wird gehandelt, vieles wird oft aus Not oder »Tradition« schlicht verspeist: Auf den Märkten in Südamerika und Afrika findet »Bushmeat« reißenden Absatz.

In den nächsten dreißig Jahren wird sich der afrikanische Kontinent dramatisch verändern. Dann ist schnell kein Platz mehr für die »Big five« und »Heia Safari«.

In einer Petition haben vierzig anerkannte Wissenschaftler 2016 die »internationale Gemeinschaft« aufgerufen, das Sterben der Großsäuger und die zügellose Zerstörung der Lebensräume zu verhindern. Ihre Handlungsempfehlungen verhallen ungehört. Es ist schwierig, Wildtiere und ihre Ökosysteme zu schützen, wenn handfeste wirtschaftliche Interessen und der Bevölkerungsdruck Priorität haben. Immer mehr Menschen wollen essen und trinken, Auto fahren, Kühlschränke und Waschmaschinen kaufen, Klimaanlagen und Heizungen betreiben, mit Handys telefonieren, in den Urlaub fliegen – kurz gesagt: an westlichem Konsum teilhaben. Schwellenländer wie Indien und China, Staaten in Afrika und Südamerika zerstören dafür ihre Natur gnadenlos. Sie tun, was wir in Mitteleuropa im Mittelalter vorexerziert haben. Aber was weg ist, ist dauerhaft weg. Aussterben heißt: Dieses Tier, diese Pflanze gibt es nicht mehr! So einfach ist das. Und so brutal.

Was die Megafauna für den Menschen bedeutet, bleibt unbeachtet. Elefanten bringen nicht nur Safari-Touristen ins Land, sie sind auch

»Landschaftsgestalter«. Sie schaffen Lebensräume, indem sie u.a. Pflanzensamen verteilen. Doch bevor der Mensch die Zusammenhänge in der Natur verstanden hat, wird er die Megafauna zerstört haben. Die faszinierenden Tiere stehen als Leitarten für ganze Ökosysteme. Wie wichtig zum Beispiel der Regenwald für das globale Klima ist, wurde längst erforscht und darf als bekannt vorausgesetzt werden. Doch die scheinbar hirnlose Handlungsunfähigkeit ist in Wahrheit eng mit der Gier von Großkonzernen verknüpft: Der Tanz ums Goldene Kalb ist wichtiger als das Überleben von Elefanten und Nashörnern. Dass zerstörte Lebensräume das Klima aller Menschen verschlechtern, ist den Protagonisten eines räuberischen Kapitalismus völlig wurscht. Palmölplantagen »füttern« die dicken Bäuche der Industrienationen und versorgen die industriellen Lebensmittel- und Kosmetikkonzerne mit dem Grundstoff für ihre Produkte. Zerstörung von Lebensräumen hat viele unterschiedliche Elemente und viele Gesichter. Damit verbunden ist nicht nur der Untergang der Touristenparadiese.

Oh Island in the Sun

Das Lied von Harry Belafonte ist jetzt über sechzig Jahre alt. 1957 wurde der Inseltraum vertont: Damals waren die Netze der Fischer voll, die Strände strahlend weiß und die Calypso-Lieder tiefsinnig. Die »Insel im Sonnenlicht« – Jamaika – erlebte wie viele andere Tropenparadiese in den folgenden Jahrzehnten einen wahren Tourismusboom. Ein bisschen Rum trinken, ein bisschen Reggae trällern, ein bisschen Ganja rauchen und in die Unterwasserwelt tauchen.

Der Run auf die Tropen hat die Reisewelt nicht nur auf Jamaika verändert. Die Urlauber entdeckten das Meer, über und unter Wasser. Heute übertrumpfen sich die Anbieter in der Tourismusbranche mit Superlativen: Sie beschreiben die Tauchgebiete als atemberaubend, spektakulär und unberührt. Unvergleichlich ist die Vielfalt der Fische, wenn das Ökosystem intakt ist: Kugel- und Trompetenfische, Rochen und Drachenköpfe gleiten wie im Flug an den Tauchern vorüber. Man kann Wale beobachten und Haie füttern wie Haustiere. Der Unterwasserzoo kann für die Tauchtouristen nicht exotisch genug sein. Darf es ein wenig weiter weg sein? Ein bisschen Tonga und Fidschi in der Südsee oder das Great Barrier Reef vor der Ostküste Australiens gefällig? Im Angebot sind auch die Seychellen und Bali. Been there, done that: alles schon gesehen, alles schon gemacht! Neuester Geheimtipps der Diving-Community ist São Tomé vor der Küste Gabuns im Westen Afrikas. Bootstouren lassen sich mit Birdwatching kombinieren – und abends tanzen verkleidete »Ureinwohner« zu den Rhythmen der Trommeln. Die Malediven und das Rote Meer, die Karibik und die Tauchreviere in Asien gehören längst zu den »Planschbecken« der internationalen Tourismusindustrie. Urlaubstraum und Wirklichkeit stehen sich allerdings in krassem Widerspruch gegenüber. Wenn alte Taucher von früher erzählen, wird das dramatische Ausmaß der Zerstörung deutlich.

Weltweit sterben die Korallen

Sie sind viel mehr als nur wunderschöne Tauchreviere: Korallenriffe werden in ihrer bunt-schillernden Artenvielfalt auch als »Regenwälder der Meere« bezeichnet. Meeresbiologen schätzen, dass Riffe Lebensraum für etwa eine Million Tier- und Pflanzenarten bieten. Sie fungieren als Kinderstube für Fische und brechen die Wellen, bevor sie aufs Land treffen. Außerdem sind Riffe aktive Klimaschützer: Korallen binden das Kohlendioxid aus dem Meerwasser und reduzieren so das gefährliche Treibhausgas. Doch Korallen sind auch sensible Wesen: Wenn ihnen zu warm wird, erbleichen sie und sterben. Internationale Wissenschaftler sprechen von »coral bleaching« – der Korallenbleiche. Vor dreißig Jahren nahm das bis dahin weitgehend unbekannte Phänomen richtig Fahrt auf. Die Seuche brach am australischen Great Barrier Reef ebenso aus wie auf den Fidschi-Inseln in der Südsee. Inselstaaten wie die Malediven vor der Küste Indiens und Jamaika in der Karibik waren ebenso von der Korallenbleiche betroffen wie Hawaii und die Bahamas.

Mitte der 90er-Jahre überschlugen sich dann die Ereignisse: In einigen Teilen des Indischen Ozeans waren bis zu 90 Prozent aller Korallen abgestorben. Das Sterben schreitet bis heute ungebremst voran: An den Küsten Kenias sind weit über 80 Prozent geschädigt, die Riffe der Seychellen sind mit über 70 Prozent betroffen. Im Roten Meer und im Persischen Golf ist die Bleiche ebenso angekommen wie in der Südsee und in Neukaledonien. In Australien ist die Sorge um das Great Barrier Reef groß: Das UNESCO-Weltkulturerbe hatte Ende 2016 eine besonders starke Zunahme des Korallensterbens zu verzeichnen. Zwei Drittel der Korallen sind im nördlichsten Teil auf 700 Quadratkilometern abgestorben.

Die Tauchreviere sind jedoch ein Magnet für Touristen, die viel Geld ins Land bringen. Das Riff ist außerdem »Arbeitgeber«: Hotels und Tauchschulen, Ausflugsdampfer und Restaurants bringen Devisen. Rifftouristen lassen mit umgerechnet rund 3,5 Milliarden Euro jährlich allein am Great Barrier Reef die Kassen klingeln. Neben dem ökonomischen Wert ist der Küstenschutz durch die über 2300 Kilometer lange »Barriere« nicht zu unterschätzen.

Ausgebleichte Riffe sehen aus wie Unterwasserfriedhöfe und sind längst Symbol für die katastrophalen Folgen der globalen Klimaerwärmung geworden, die immer weiter fortschreitet. Was den Tod der Korallen auslöst, ist bekannt: Da Riffe sehr empfindlich auf Temperaturschwankungen reagieren, ist eine zu hohe Wassertemperatur tödlich. Schon ein Grad reicht, um die Korallenbleiche anzustoßen. Die Temperaturtoleranz von Korallen liegt zwischen 20 und 30 Grad. Der Mensch treibt die Zerstörung der Riffe obendrein durch Einleitungen von Abwässern und Industriemüll voran. Getreu dem Motto »aus den Augen, aus dem Sinn« werden Chemikalien, Dünger und anderer Dreck immer noch achtlos ins Meer gekippt. Als Folge erkranken die Korallen. Betroffene Riffe erholen sich kaum.

Die Prognosen der Meeresbiologen sind nicht ermutigend. Prof. Ove Hoegh-Guldberg von der Universität Queensland, führender Experte auf dem Gebiet der Korallenbleiche, hat im Auftrag der Umweltschutzorganisation Greenpeace eine Studie veröffentlicht. Er kommt zu dem Ergebnis, dass bis zum Jahr 2100 die meisten Korallen in den Weltmeeren zerstört sein werden. Für den Wissenschaftler ist die Ursache klar: Er sieht die Erwärmung der Ozeane durch den Treibhauseffekt als Hauptgrund für das Korallensterben. In den tropischen Meeren ist die Temperatur in den letzten hundert Jahren durchschnittlich um ein Grad gestiegen – das reicht aus, um das Ökosystem Korallenriff zu zerstören.

Kommen weitere Erwärmungen, etwa durch den El-Niño-Effekt, hinzu, bricht das System komplett zusammen.

Hinzu kommen Plastikmüll in ungeahnten Mengen, Überfischung, tote Meeressäuger durch die riesigen Netze der industriellen Fischerei, Giftstoffe, Schweröl, Chemieabfälle. Der Untergang der Meere scheint nicht mehr aufzuhalten. Was das für den Sehnsuchts-Urlaubsort am Meer bedeutet, kann man sich ausmalen.

Untergangsstimmung im Paradies

Das Meer und seine Küsten bedeuten aber nicht nur Strandurlaub, Bootfahren und Tauchen. Für viele Menschen ist das Meer Heimat. Wenn die Polkappen wie von Klimawissenschaftlern prognostiziert schmelzen, steigt der Meeresspiegel unaufhaltsam. Viele Millionen Menschen leben direkt am Meer. UN-Experten schätzen, dass in dreißig Jahren über 200 Millionen Küstenbewohner ihre Heimat verlieren werden, weil das Meer ihre Häuser zerstört, die Felder überschwemmt, Trinkwasserbrunnen versalzt. Oh, Island in the Sun – die »Paradiese« dieser Erde versinken im Meer! Das große Tauen bedroht die Malediven, wenn das Meer um nur einen Meter ansteigt. Der höchste Punkt dieser kleinen Welt aus zwölfhundert Koralleninseln liegt gerade mal zwei Meter über dem Meeresspiegel. Wohin, wenn das Meer kommt? Nach Indien oder Sri Lanka?

Die Menschen des Pazifikstaates Kiribati haben schon mal vorsorglich als »Klimaflüchtlinge« in Neuseeland angeklopft. Doch dort hat man abgelehnt. Überall im Pazifik herrscht Untergangsstimmung: Die Menschen auf den Cook- und die Marshall-Inseln, Nauru und Niue, Palau und Tuvalu – sie alle sind durch den Anstieg des Meeresspiegels in der Existenz bedroht. Beim Kampf ums Überleben haben sie an die Delegierten der UN-Klimakonferenz appelliert. Die Gesellschaft für bedrohte Völker fürchtet, dass durch den steigenden Meeresspiegel bis 2050 über 8 Millionen Menschen ihre Inselheimat verlieren. Küstenregionen von Papua Neuguinea sind ebenso von Überflutung gefährdet wie Vanuatu und Kiribati. Sechzehn pazifische Inselstaaten sind höchst alarmiert – Lösungen sind nicht in Sicht.

Die Klimaopfer von morgen siedeln heute am Meer und in den Uferzonen großer Flüsse. Megacitys mit vielen Millionen Menschen wie Bangkok, Bombay, Kalkutta, Karatschi, Schanghai, Hongkong und Jakarta liegen am Meer oder an Flüssen, die vom Meer beeinflusst sind. Auch Tokio, die Golfküste des US-Staats Louisiana und New York, das schlagende Businessherz Amerikas, sind vom steigenden Ozean bedroht. Selbst Länder wie die Niederlande kämpfen mit dem steigenden Meeresspiegel, denn die Hälfte des Staates liegt unterhalb des Meeresspiegels. Aber auch ländliche Regionen sind betroffen. So siedeln viele Millionen Menschen verstreut auf kleine Städtchen, Dörfer und Splittersiedlungen im südostasiatischen Raum im Bereich von Küstenstreifen, die oft nur zwischen einem und drei Kilometer breit sind. So etwa auf vielen Inseln der Philippinen oder Indonesiens. Steigt der Meeresspiegel und können die ohnehin degradierten Mangrovengürtel den Fluten, die bei immer häufigeren Taifunen an Land getrieben werden, nicht mehr standhalten, so gibt es letztlich kein Ausweichen. Denn das Landesinnere besteht oft aus steilen Hügeln und Bergen, die ohnehin nur schwer zu bewirtschaften sind. Wie sollen die Menschen dort Häuser und andere Infrastruktur errichten? Sie werden zur Abwanderung gezwungen sein und landen letztlich in den Megacitys, die zwar über größere Flächen verfügen, aber ebenfalls vom Anstieg des Meeresspiegels bedroht sind. Ein Teufelskreis!

Schön schrecklich – eine Reise in die Klima-Zukunft

Die Psychologen sprechen bei Katastrophentourismus von »Sensation seeking«, die Branche redet von »dark tourism«. Mallorca ist langweilig, die Nordsee fad. Also geht die Horrorreise in die Geisterstadt von Tschernobyl, zu den Tsunamistränden im Indischen Ozean und zur Besichtigung von Ground Zero nach New York. Killing Fields in Kambodscha und Touren durch die Favelas in Brasilien sind längst Schnee von gestern. Schon mal schmelzende Gletscher und verhungernde Eisbären gesehen? Die Klimakatastrophe live und in Farbe erleben, das ist der letzte Schrei. Also geht die Reise in die Arktis. Wer es sich leisten kann, fährt jetzt an die Pole, dorthin, wo man heute noch sehen kann, was morgen schon weg ist. Wenn einem dann noch ein halb verhungerter Polarbär vor die Linse läuft, hat sich der Trip gelohnt. Von Spitzbergen aus kann es losgehen.

Eisbären ohne Eis

Für die Eisbären in der Arktis wird es bereits eng: Der Lebensraum schmilzt ihnen unter den Pranken weg. Eisbären brauchen – wie der Name schon sagt – Eis, um zu überleben. Mit dem Schwinden der arktischen Eisflächen durch den Klimawandel sind die großen Landsäuger immer häufiger gezwungen, ins Wasser zu gehen und zu schwimmen. Das ist kräftezehrend, denn die Strecken zwischen den Eisflächen werden größer. Forscher haben über Sendehalsbänder siebzig Eisbären über Jahre verfolgt und festgestellt, dass die Tiere manchmal tagelang schwimmen müssen, bevor sie wieder festes Eis unter den Pfoten haben. Die längste Distanz lag bei rund 400 Kilometern. Die Folgen sind dramatisch: Viele Tiere sind klapperdürr und ausgemergelt, denn tägliche Schwimmetappen von bis zu 100 Kilometern im eiskalten Meerwasser kosten viel Energie, die durch die Nahrungsaufnahme und die Kalorien nicht abgedeckt ist. Außerdem jagen Eisbären ihre Hauptnahrung – die Robben – auf den Eisflächen und nicht im Wasser. Schwimmend gelingt es ihnen kaum, die wendigen Tiere zu erbeuten. Am einfachsten ist es für sie, an Eislöchern zu warten, bis die Robben zum Atmen auftauchen. Doch ohne Eisflächen keine Eislöcher ...

Die Eisbären sind durch den Klimawandel vom Aussterben bedroht. Mehr noch, sie sind längst zum Symboltier der Klimakatastrophe geworden. Derzeit wird die Population nur noch auf zwischen sechzehn- und dreißigtausend Individuen geschätzt, und der Bestand wird Prognosen zufolge in den nächsten Jahrzehnten weiter schrumpfen. In vierzig Jahren soll es etwa ein Drittel weniger Eisbären geben als heute.

Die Probleme der Polarbären sind vielfältig: Die Raubtiere brauchen enorme Mengen an Nahrung, um genügend Fettreserven aufzubauen. Robben und Walrosse stehen deshalb auf ihrem Speiseplan ganz oben. Zur Not fressen sie auch Fisch, und sie verschmähen selbst Vogeleier, Enten und Gänse nicht, obwohl das für die massigen Tiere allenfalls Häppchen sind. Ein wohlgenährter männlicher Polarbär bringt bis zu 800 Kilo auf die Waage. Mit Fisch allein ist dieses Gewicht nicht zu halten. Der Hunger treibt Eisbären immer häufiger an den Rand der Siedlungen am Polarkreis. Dort durchwühlen sie den Müll auf der Suche nach etwas Fressbarem. Leider kommt es dabei auch zu unangenehmen Begegnungen zwischen Mensch und Eisbär. Vor allem an der Hudson Bay lungern die Bären häufig in der Nähe von Siedlungen herum und warten darauf, dass das Meer endlich zufriert. Aus dem stolzen Robbenjäger ist ein Resteverwerter und Müllschlucker geworden – aber auch ein Fotomotiv für Touristen, die »Nähe zur Natur« suchen.

Der Stoffwechsel der Eisbären ist zwar auf monatelanges Fasten eingestellt – in Notzeiten fressen sie sogar Algen und Seetang –, doch letztendlich stehen die massigen Tiere am Ende der Nahrungskette und sind als Räuber auf eine fetthaltige Fleischversorgung angewiesen. Außerdem haben sich Schadstoffe in der Nahrungskette angereichert und landen so im Magen der Eisbären. Und die Robben? Auch sie haben Probleme. Die flinken Schwimmer haben nur dann Fett auf den Rippen, wenn es genügend Fisch zu fangen gibt. Doch die Überfischung durch industrielle Fangflotten macht ihnen zu schaffen. So greift eins ins andere. Am Ende ist der Eisbär das Opfer des Klimawandels. Ohne Eis gibt es am Nordpol auch keine Eisbären mehr.

Eiskalt erwischt

Was heißt das alles für das Klima weltweit? Was bedeutet das für unser Wetter in vielen Tausend Kilometern Entfernung? Es kann zu einem ungeahnten, sich selbst verstärkenden Dominoeffekt werden; global droht das Wetter überall auf der Welt in Unordnung zu geraten, wenn das arktische Eis schmilzt. Für Laien mag es paradox klingen, doch ein offenes Arktismeer kann zu extremen Kälteeinbrüchen in Europa und den USA führen. Die Gesamtzusammenhänge und ihre Auswirkungen reichen bis hoch in die Troposphäre: Dort bewegt sich ein Luftband, der Jetstream, von Westen nach Osten. Dieses Luftband wirkt für die eisige Luft aus der Arktis wie ein Hindernis. Die Barriere hält den Menschen in Europa und Nordamerika normalerweise die arktische Kälte vom

Leib. Wissenschaftler des Pacific Northwest National Laboratory im amerikanischen Richland (US-Staat Washington) vermuten, dass die Schwächung des Jetstreams mit für extreme Kälteeinbrüche verantwortlich ist. Wetterextreme sind heute keine Seltenheit mehr. Eiskalte Winter in Nordamerika – ausgelöst durch die eisigen Luftströme, die ungebremst aus der Arktis einfallen – entstehen durch ein Phänomen, das die Wetterberichte in den Medien als »Polarpeitsche« popularisiert haben. Je kleiner die Meereisfläche im September ist, welche die Barents- und Karasee bedeckt, desto größer ist die Wahrscheinlichkeit, dass eisige arktische Luftmassen bis nach Nordamerika und Europa strömen. Die Folgen: Weniger Eis in der Arktis – mehr eisige Winter. Noch ist es für wissenschaftlich haltbare Voraussagen zu früh, doch Klimatologen rechnen in Zukunft mit immer heftiger werdenden Wintereinbrüchen.

Klassischer Urlaub – ein Auslaufmodell

Ob Fernreisen als Katastrophentourismus, Wanderferien und Wellnesstage irgendwo in Zentraleuropa oder Badeurlaube an den Küsten rund um das Mittelmeer: Urlaub, wie wir ihn kennen, wird bald der Vergangenheit angehören. Zumindest wird überall der Klimawandel spürbar sein. In Südspanien, weil die intensive Landwirtschaft der vergangenen fünfzig Jahre zur Produktion von Erdbeeren und anderen Früchten für die Gegenden nördlich der Alpen die Grundwasservorräte leer gepumpt hat, weil das Wasser immer knapper wird und jetzt salziges Meereswasser in die leeren Speicher sickert. Rund ums Mittelmeer, wo sich statt mediterraner Pflanzenpracht allmählich Wüste ausbreitet und die Strände von Plastikmüll und anderem Unrat überschwemmt werden. Und in den Bergen, wo die Hänge abzurutschen drohen.

Vielleicht wird in Zukunft mehr gewandert. Längst gibt es Spezialveranstalter für Rad- und Wandertouren. Man bewegt sich klimafreundlich durch die Urlaubstage und muss trotzdem nicht auf »Balkonien« seine Freizeit verbringen. Sind gigantische überdachte Spaßbäder die Zukunft des Familienurlaubs? Schon jetzt sind es Tausende, die etwa die Center Parcs in Deutschland, den Niederlanden sowie in Belgien und Frankreich besuchen. Da wird mit Erlebnisbädern wie »Aqua Mundo«, als tropische Schwimmbäder gelockt. In den Prospekten und Internetpräsentationen heißt es dann etwa: »Umgeben von tropischer Atmosphäre unter Palmen und umrandet von exotischen Pflanzen, geht es mit hoher Geschwindigkeit durch die Strömung des wilden Flusses. Enge Kurven und spektakuläre Stromschnellen sorgen für ein aufregendes Wasserabenteuer.« Solche Wildwasserbahnen oder »Crazy River« gibt es etwa in der Bispinger Heide, im Park Nordseeküste sowie in De Eemhov in der Anlage De Huttenheugte sowie allen französischen Center Parcs. Oder wie wäre es mit dem Waterplay House? Es ist nach Angaben der Center-Parc-Betreiber »... ein Abenteuer-Wasser-Spielplatz mit Wasserfällen, Rutschen und Wasserkanonen und einer riesigen Wippe mit 900 Liter Wasser ...«

Überhaupt geht es oftmals um das Wasser. So auch bei den Anlagen unter dem Titel »Villages Natures«. Das sind riesengroße Anlagen aus Stahl, Glas, sowie Innen- und Außenwasserbecken. Sie bieten Zugang zu »Fünf Erholungswelten«. Dazu gehört die Aqualagoon, die Belle-Vie-Farm oder die Bereiche Forests of Legends, Extraordinary Gardens und Lakeside Promenade. Heile Welt also. Oder besser gesagt verrückte Welt? Ist ja alles machbar, da braucht uns der Klimawandel, braucht uns die Zerstörung der Natur überhaupt nicht zu interessieren? Schaffen wir uns doch einfach Ersatznatur und gaukeln wir uns wie in einem Endzeitfilm vor, dass wir Allwetter-Urlaubsparadiese haben, in die wir für ein paar Tage verschwinden, um dann wieder in der Realität zuzusehen, wie die Welt vor die Hunde geht. In den Beschreibungen der »Extraordinary Gardens« heißt das dann etwa so: »Erwecken Sie Ihre Sinne und entdecken Sie die von Menschenhand erweiterten Reichtümer der Natur auf spielerischen und idyllischen Routen ...«

Ist das alles Ironie oder Agonie einer Tourismusindustrie, die noch nicht erkannt hat, dass sie im Sterben liegt?

Was wir tun können, was sich ändern muss

Jeder Einzelne
- Das eigene Urlaubsverhalten auf den Prüfstand stellen. Öfter mal auf eine Flugreise verzichten und stattdessen heimische Natur und Kultur kennenlernen.
- Urlaubsreisen mit dem Zug organisieren.
- Klima- und Umweltcheck bei der Auswahl des Urlaubsorts und ggf. des Reiseveranstalters
- Informieren Sie sich (im Reisebüro oder beim Fremdenverkehrsamt) gezielt über die Klima- und Umweltsituation und Klima- und Umweltschutzmaßnahmen, die in dem von Ihnen ausgewählten Urlaubsort eingeleitet wurden. Fragen Sie, wie es unter anderem mit der Müllentsorgung oder der Abwasserklärung aussieht. Die nachfolgende Checkliste soll die Fragestellung erleichtern. Vielleicht werden Sie keine oder nur unbefriedigende Antworten erhalten. Doch wenn immer mehr Urlauber beharrlich nachfragen, werden demnächst in den Katalogen nicht nur Luft- und Wassertemperaturen angegeben, sondern auch konkrete Klima- und Umweltdaten.
- Ermuntern Sie Hotel- und Gaststättenbesitzer zu einem klima- und umweltfreundlicheren Betrieb. Lob kann Wunder wirken. Auch die Besitzer der Quartiere freuen sich, wenn die Urlauber es anerkennen, dass sie sich Mühe gegeben haben, etwa ein »plastikfreies« Frühstück anzubieten. Geben Sie durchaus auch praktische Anregungen, aber denken Sie daran: Man muss immer etwas Geduld aufbringen, nicht alles ist gleich »perfekt«.
- Lassen Sie Ihr Fahrzeug, so oft es geht, stehen und erkunden Sie die Gegend mit dem Rad oder zu Fuß. Sind Sie eigentlich mit einem möglichst umweltfreundlichen Verkehrsmittel angereist?
- Kompensieren Sie Ihren CO_2-Fußabdruck und den Ihrer Familie, indem Sie Projekte zur Schaffung von CO_2-Senken unterstützen; etwa unter:
  - http://globe-climate.com/
  - https://www.atmosfair.de/de
  - http://de.myclimate.org/de/

- https://www.primaklima.org/
- https://www.climatepartner.com/

Politik und öffentliche Hand
- Keine Förderung mehr für klimaschädliche Tourismusanlagen wie Schneekanonen, energiefressende Wintersporthallen und auch keine Steuererleichterungen für energiefressende »Erlebnisbäder«
- Sanften Tourismus fördern
- Kinder kritisch erziehen

Wirtschaft
- Die Tourismusindustrie verhält sich noch lange nicht klimafreundlich. Dies zeigt der boomende Bau und Einsatz von Kreuzfahrtschiffen mit einem viel zu hohen Energieverbrauch und der Nutzung von umwelt- und klimafeindlichem Schweröl. Wirksame Abgastechnik ist die Ausnahme.
- Tourismusunternehmen müssen sich einer konsequenten Klima- und Nachhaltigkeitsprüfung unterziehen.

Fazit: Der Tourismus darf den Ast nicht absägen, auf dem er sitzt. Klimaschutzprojekte können den Verzicht auf das Reisen nicht ersetzen, aber einen durchaus wirkungsvollen Beitrag leisten, das Aufkommen von CO_2 und anderer klimaschädlicher Gase zu kompensieren.

Kluge Vorsorge statt blindes Vertrauen
Wie wir uns auf kleine und große Katastrophen besser vorbereiten können

> *»Früher oder später, aber gewiss immer,
> wird sich die Natur an allem Tun des
> Menschen rächen, das wider sie selbst ist.«*
> Johann Heinrich Pestalozzi (1746–1827)

Der Schock des wohlhabenden Hamburger Unternehmers – nennen wir ihn Herr Schmidt – war groß: Sein Millionärsfreund, ein Bauunternehmer aus Nordrhein-Westfalen, hat auf seinem Grundstück einen privaten Bunker angelegt. 90 Quadratmeter unter der Erde für sich und seine Familie! In der Nobelfestung, die von außen nur mit Insiderwissen erkennbar ist, gibt es elektrisches Licht, das im Bunker selbst erzeugt werden kann, ein Abwassersystem, eine Atemluft-Aufbereitungsanlage, Spezialausrüstungen für Kletterer und Bootsführer sowie Werkzeuge, etwa für Schreiner, Klempner und Elektriker. Medikamente und ein kleiner »Krankensaal« mit Sterilisator und Operationsbesteck gehören ebenfalls zur Luxusausstattung des privaten Bunkers. Waffen samt Munition zur Selbstverteidigung werden von dem Multimillionär wie ein Staatsgeheimnis gehütet. Die Lebensmittelvorräte und das Trinkwasser reichen mindestens ein halbes Jahr für vier Personen. »Alles für alle Fälle; wenn die Klimakatastrophe zuschlägt…!.« Um in jeder Hinsicht gerüstet zu sein, hat dieser Freund sogar einen Jagdschein gemacht, damit er legal Waffen besitzen darf. Auf die Frage von Herrn Schmidt, was der Freund denn zu tun gedenke, wenn andere Menschen versuchen, in seinen Bunker zu gelangen, fiel die Antwort ehrlich und knapp aus: »Dann schieße ich. Am Ende ist sich eben jeder selbst der

Nächste.« Für ihn zählen nur Familienmitglieder ersten Grades zur »Bunker-WG«; bereits für die Lebenspartner der Tochter und des Sohnes sowie die Freunde des Bauunternehmers ist kein Platz im Bunker vorgesehen.

Der Erbauer des Bunkers will anonym bleiben. Nur so viel noch: »Ich bin kein Einzelfall.« Er kennt »Kunden«, die sich bei BSSD (Bunker-Schutzraum-Systeme Deutschland) mit dem Nötigsten haben ausstatten lassen. Bei BSSD gibt es »Zufluchtsorte für Individuen als auch Familien, welche auf das Beste hoffen, indem sie sich auf das Schlimmste vorbereiten« (Werbung des Anbieters). Genauer gesagt: »Wir produzieren in unserem Werk bei Berlin Hightech-Bunker ...« für Menschen, die die »Sicherheit selbst in die Hand nehmen«. Bunkergröße, Komfort und Benutzerfreundlichkeit variieren je nach dem Investitionsvolumen des privaten Bunker-Bauherrn: Eingrabungstiefe, Zufuhr- und Filtersystem gibt es in unterschiedlichen Standards.

Es gibt »Mini-Bunker« für eine kleine Familie mit Bett, Basis-NBC-Ausstattung (gegen Nuklearwaffen, biologische und chemische Kampfstoffe), Luftfiltration, Tresen mit Waschbecken, Komposttoilette, Regalen für die Essenslagerung, Wasserdruckpumpe, 12-Volt-LED-Beleuchtung und ein Solargenerator-Ladesystem für die Batterieversorgung.

»Der General« ist dagegen die Luxusausgabe: ein massiver Bunkerkomplex für die verwöhnte Schutzgemeinschaft. Ein All-inclusive-Bunker mit Fitnessräumen, Lounge-Bereich und edler Küchenausstattung. Natürlich sind die Türen schusssicher, das Wasser unter der Dusche schön warm und die Betten Kingsize. Es gibt eine Entgiftungseinheit und jede Menge Stauraum. Vertraulichkeit und Geheimhaltung haben beim Bau der Anlage »höchste Priorität« – wer will schon unerwünschte Besucher vor seinem Bunker stehen haben?! Sie glauben das nicht? Angeboten werden Bunker unter anderem unter www.bunker-kaufen.com. Das ist die Website von BSSD Bunker.

Be prepared!

Nicht jeder kann sich einen eigenen Bunker mit einer Grundversorgung für sechs Monate leisten, aber mehr und mehr Menschen fangen an, sich im Rahmen ihrer Möglichkeiten auf die Folgen des Klimawandels ganz praktisch vorzubereiten. Eine relativ neue Bewegung, die ihren Ursprung wie so manches in den USA hat, ist jetzt auch in Deutschland angekommen: Die Menschen nennen sich »Prepper«. Das Wort leitet sich vom englischen Motto »be prepared« – sei vorbereitet – ab. Es umschreibt das Ziel der Prepper. Man will im Wortsinn auf alles vorbereitet sein. Dafür bunkern Prepper oft sogar in ihren eher bescheidenen Etagenwohnungen, in Kellern oder in eigens dafür angemieteten Lagerstätten Wasser und Lebensmittel, Medikamente, Handwerkszeug, Zelte und Decken. Man ist gerüstet bis hin zum aufblasbaren Schlauchboot für die Flutkatastrophe. Gaskocher und Generatoren sollen bei einem Zusammenbruch der öffentlichen Stromversorgung helfen, Trinkwasservorräte in Kanistern den Durst löschen, wenn kein Wasser mehr aus dem Hahn fließt. Für die Körperhygiene gibt es Feuchttücher, für kleine und große »Geschäfte« das Kompost-WC. Mit Angeln oder Pfeil und Bogen wollen sich die Prepper im »Fall der Fälle« (Über-)Lebensmittel beschaffen, wenn die Vorräte zur Neige gehen. Prepper trainieren für Kriege und Klimafolgen, Krankheiten und andere Katastrophen. Die Tropenstürme »Irma« und »Harvey«, die im September 2017 über die Karibik und Florida hinwegzogen und eine Schneise der Verwüstung angerichtet haben, bestärkten die Prepper in ihrer Hamstermentalität. Epidemien oder Eiseskälte, Hurrikane oder Hungersnöte – man will überleben und allem trotzen. Ganz gleich ob Tsunamiwellen oder Terroranschläge, Lebensmittelknappheit oder Luftverschmutzung: Prepper trotzen Tod und Teufel mit Tütensuppen und Trinkwasseraufbereitungsanlagen.

Sind wir nicht zu sorglos?

Zugegeben, manches was der Prepper-Bewegung zugeschrieben wird, mag übertrieben sein. Und vieles klingt witzig oder gar nicht mehr witzig, sondern nach abseitigen Verschwörungstheorien. Aber sind wir nicht alle viel zu sorglos? Erinnern wir uns doch ganz einfach an Starkregen-, Hochwasser- und Sturmereignisse der letzten zehn Jahre. Ob diese auf den Klimawandel zurückzuführen sind oder nur deshalb so verheerende Folgen in der jeweiligen Region hatten, weil Naturgesetze von Planern, Bauherren und Verantwortlichen in Politik und Verwaltung nicht beachtet wurden, sei dahingestellt. Ob Flüsse über die Ufer treten und ganze Dörfer überschwemmen oder sintflutartiger Regen binnen kürzester Zeit in Großstädten Tiefgaragen, Keller und Straßenunterführungen volllaufen lässt, bedeutet für die Betroffenen zum einen Gefahr für Leib und Leben und zum anderen den Verlust von Vermögenswerten.

Bislang wurde Katastrophenopfern in Deutschland, in der Schweiz und Österreich stets schnell geholfen. Ob es um die Evakuierung von Menschen ging, deren Häuser unter Wasser standen, das spätere Auspumpen von Kellern oder – was viel wichtiger ist – die Versorgung mit frischem Wasser und Nahrungsmitteln: Sofort stehen Helfer der Feuerwehren, des Deutschen Roten Kreuzes, des Technischen Hilfswerks oder anderer Organisationen des Katastrophenschutzes und der Ersten Hilfe parat. Da werden Wassertanks vorgefahren, Lebensmittelpakete verteilt und die Menschen in Turnhallen, Schulen, Kindergärten oder anderen Notunterkünften untergebracht. Es werden Decken und Ersatzkleidung ausgegeben und Kranke mit den wichtigsten Medikamenten versorgt. Wenn das alles nicht hilft, sind die Soldaten der Bundeswehr zur Stelle. Was aber ist, wenn sich sogenannte Jahrhundertkatastrophen immer häufiger ereignen? Wer hilft, wenn die Helfer selbst betroffen sind? Was geschieht, wenn bisherige Jahrhundertereignisse ständig unseren Alltag bestimmen? Ist es nicht unverantwortlich, sich nur auf andere zu verlassen und nach dem Motto zu leben: Irgendwer wird es schon richten? Es wird Zeit, den sonst genialen Satz von John F. Kennedy, wonach der Einzelne nicht immer danach fragen soll, was der Staat für ihn tut, sondern was er selbst für den Staat tun kann, umzudrehen. Im Falle der Katastrophenvorbeugung würde dies heißen, dass sich der Einzelne selbst vorbereitet und nicht einfach nur darauf wartet, dass ihm im Fall der Fälle schon irgendwie geholfen wird.

Das fängt bei der Versicherung an. Es ist nicht einzusehen, dass Haus- und Wohnungsbesitzer nicht verpflichtet sind, sich gegen Elementarschäden wie Hagel, Starkregen, Sturm oder Überschwemmung und anderes zu versichern, und dass nach entsprechenden Katastrophen ganz einfach nach dem Staat und damit nach Steuergeldern gerufen wird. Dabei bestand beispielsweise in Baden-Württemberg bis zum Jahr 1994 die Verpflichtung zur sogenannten Elementarschadensversicherung. Abgeschafft wurde die sinnvolle Regelung auf Druck der Europäischen Union, weil diese gegen das Staatliche Versicherungsmonopol vorgehen wollte. Viele Immobilienbesitzer behielten ihre Versicherungen auch nach der Abschaffung der Versicherungspflicht bei. Ein Glück etwa für Betroffene in der ehemaligen freien Reichsstadt Reutlingen und der durch die Outlet-Center rund um die Firma BOSS bekannt gewordene Stadt Metzingen. Dort und in der näheren Umgebung zerstörte ein Hagelsturm im Juli 2013 Tausende Dächer und zertrümmerte Rollläden sowie teilweise Fenster und Solaranlagen. Weil die Dächer nicht zeitnah abgedichtet werden konnten – woher sollten die Handwerker so schnell zu Hunderten und Tausenden Häusern kommen? –, drang Regenwasser in die Gebäude ein und führte zu erheblichen Folgeschäden, die manche Gebäude unbewohnbar machten. Glück im Unglück hatten die Versicherten; weniger glücklich war es für die Versicherungen. Es war mit einem Gesamtschaden – der teilweise auch Bayern betraf – mit 3,6 Milliarden Euro das bislang größte Schadenseinzelereignis in Deutschland. Man hätte freilich damit rechnen können: Wetteraufzeichnungen aus dem 19. Jahrhundert weisen bereits auf eine Anfälligkeit der Region für Hagel, Starkregen und lokale Stürme hin. Und es ist damit zu rechnen, dass sich solche Ereignisse durch die weitere Klimaerwärmung gerade in anfälligen Gegenden verschärft wiederholen können. Bei entsprechender Risikoabschätzung hätten sich die Versicherungen selbst besser rückversichern können.

Dass solche Schadenssummen zu höheren Versicherungsgebühren führen, steht auf einem anderen Blatt. Klimawandel kostet! Dafür würden bei einer besseren Versicherungsdichte oder staatlicher Vorgabe die von der Allgemeinheit über Steuergelder getragenen »Hilfsfonds« entlastet. Weshalb Bund und Länder keine Versicherungspflicht für Elementarschäden einführen – die Angebote könnte man dem freien Markt überlassen –, ist unter diesen Umständen vollkommen unverständlich.

Vorbereitet sein ist eine Bürgerpflicht

Andere Vorkehrungen sind ebenso wichtig wie die richtigen Versicherungen. Gerade für Menschen, die in potenziellen Hochwasser- oder Sturmgebieten leben, ist es unabdingbar, sich entsprechend auszurüsten. Also ganz einfach vorbereitet zu sein, um auch ohne Supermarkt und Hilfsgüter für einige Tage allein auskommen zu können. Hätten die Gebäudebesitzer und Verwalter nach einem Hagelschaden ein paar Planen zur Hand, wie man sie aus der Landwirtschaft kennt, wären Folgeschäden durch eindringendes Regenwasser vermeidbar. Eine stabile 10 x 15 Meter große Plane kostet rund 200 Euro. Was sind gemessen am Schaden schon fünf solcher Planen, die zwar scheinbar nutzlos herumliegen, aber im Ernstfall Folgeschäden verhindern und viel Geld und Ärger sparen können?

Andere Vorkehrungen sind noch günstiger, etwa in Gebieten mit Überschwemmungsgefahr. Das bedeutet nicht, dass man gleich Boote bereithalten sollte. Aber was ist mit Ersatztreibstoff, um bei Evakuierungen, wie sie in jüngster Zeit kurz hintereinander am Mississippi, in Florida und anderen Regionen vorkamen, schnell und sicher die Gegend verlassen zu können? Es ist doch Irrglaube, zu meinen, dass im Fall der Fälle an den Tankstellen – deren Netz gerade in den ländlichen Räumen in den vergangenen Jahren ohnehin stark ausgedünnt wurde – noch entsprechend Sprit zu bekommen ist. Und wenn nach Stürmen Leitungsnetze zusammenbrechen und der Strom knapp wird oder ganz ausbleibt, funktionieren die Tankstellen ohnehin nicht mehr. Und auch Elektroautos helfen dann nicht viel weiter.

Lassen wir zunächst aber die Mobilität beiseite und denken nur an die Selbstversorgung mit Wärme und Licht und vor allem mit Essen und Trinken. Seit mehr als siebzig Jahren leben wir in Mitteleuropa in Frieden und relativer Sicherheit. Und wir alle wollen, dass dies so bleibt. Dennoch ist es kein Fehler, dass wir uns Gedanken darüber machen, wie wir uns für etwaige Notfälle besser vorbereiten. Oft genügen schon kleine Maßnahmen gegen solche Notfälle, die in Zukunft häufiger auftreten werden.

Es muss ja nicht immer die ganz große Katastrophe sein. Da reicht schon ein Hitzesommer wie im Jahr 2003, der zu den schwersten Naturkatastrophen Europas in der jüngeren Geschichte gerechnet wird. Zweiundsiebzig Sommertage mit Temperaturen über 25 Grad (so die Statistik in München) sorgten für qualvolle Tage und Nächte. Allein in Deutschland starben damals rund siebentausend Menschen durch die Hitze – in Europa waren es über fünfunddreißigtausend Hitzetote. Die lang anhaltende Trockenheit führte zu Ernteausfällen, die Elbe bei Dresden führte 2003 so wenig Wasser wie nie zuvor. Atomkraftwerke in Bayern und Baden-Württemberg mussten vom Netz genommen werden, weil das Kühlwasser zu warm war. Eberhard Faust, Klimaforscher der Münchener Rück, betonte in einem Interview mit der *Frankfurter Allgemeinen* (2006): »In Deutschland kann das Wasser knapp werden!« Er hält eine Zunahme solcher Hitzeereignisse in Zukunft für sehr wahrscheinlich. Allein für Süddeutschland wird eine Verdoppelung der heißen Tage bis zum Jahr 2050 Realität werden. Für viele Regionen vor allem in Ostdeutschland wird Wasser, so Eberhard Faust, bereits Mitte unseres Jahrhunderts eine knappe Ressource sein (siehe auch Kapitel »Wasser ist Leben«).

Schon das Nachdenken darüber, dass sich Katastrophen als Auswirkungen des Klimawandels nicht immer nur in den Alpen, an der Nordsee, oder an den großen Flüssen abspielen, hilft, sensibler zu werden und nicht einfach in den Tag hinein zu leben.

Jenseits einer Katastrophenhysterie, in deren Nähe man die amerikanischen Preppers vermuten könnte, und jenseits der naiven Sorglosigkeit gibt es viele Möglichkeiten für jeden Einzelnen, sich wieder Kompetenzen anzueignen, die noch bis in die 50er-Jahre hinein über Jahrhunderte hinweg für alle selbstverständlich waren. Hand aufs Herz: wann haben Sie letztes Mal selbst im Freien ein Feuer gemacht? Nein, nicht mit dem Grillanzünder und auch nicht mit der vorbereiteten Holzkohle aus dem Supermarkt. Könnten Sie im Fall der Fälle – denken Sie nur daran, wie schnell auch ein Handyakku leer ist – bei einer Evakuierung die Himmelsrichtung bestimmen? Doch fangen wir einfach mal bei den Siedlungen an.

Klima-WG trotzt der Katastrophe

Als Alternative zur Prepper-Bewegung könnte gerade in großen Städten vor allem ältere Menschen eine »Klima-Schutz-WG« helfen: Das sind Wohngemeinschaften, die ihre Mitglieder nach Fähigkeiten auswählen. Miete zahlen allein reicht nicht: Jeder muss sich bei den »Bewerbungsgesprächen« mit einer Ausbildung oder Form von Besitz wie Ackerland, Jagdgewehr oder Segelboot in die Gemeinschaft einbringen. Die ideale Klima-Schutz-WG besteht aus Land- oder Hauseigentümern mit einem Trinkwasserbrunnen oder einer Zisterne auf dem Privatbesitz, die möglichst viel Ackerland, Wald und Weiden, Obstbäume und Nutzvieh besitzen, um selbst Lebensmittel anzubauen und zu produzieren. Dafür braucht die ideale WG natürlich erfahrene Landwirte und gute Gärtner, die sich mit dem Anpflanzen von Obst und Gemüse sowie Viehhaltung auskennen. Auch Jäger zur »Fleischbeschaffung« sind heiß begehrt. Für Krankheitsfälle werden oft Ärzte oder zumindest Pfleger mit einer Notfallausbildung gern genommen. Handwerker sind unentbehrlich! Immer mehr Menschen werden in Zukunft diese Form der Zweckgemeinschaft bilden, um den Auswirkungen der Klimakatastrophe zu begegnen. Parallel dazu beherrschen immer weniger Menschen die einfachsten Überlebensmaßnahmen. Basiswissen in puncto Selbstversorger ist zwischen SUV-Fahren und Supermarkt, Couch und Computer in den letzten 50 Jahren ganz einfach auf der Strecke geblieben. Erst wenn die Annehmlichkeiten unserer Zivilisation nicht mehr funktionieren, hat das Fehlen bestimmter »altmodischer« Fähigkeiten dramatische Auswirkungen. Wissen Sie noch, wie man Wasser findet, einen Baum fällt und ein Messer schärft oder welche Wildfrüchte essbar sind und wie man Nahrung konserviert? Man muss kein Einsiedler oder Trapper sein, um die Grundzüge dieser Fähigkeiten zu erwerben.

Mit wachsenden Veränderungen des globalen Klimas steigen auch die Zukunftsängste. Was passiert, wenn die wohlstandsverwöhnten Mitteleuropäer plötzlich ihre Komfortzone verlassen und auf »Überlebensstrategien« zurückgreifen müssen? Wie sichere ich Vorräte vor Schädlingen, Feuchtigkeit, Hitze und Verderben? Was sollte ich pro Person an Trinkwasser und Lebensmitteln im Haus haben, wenn die Versorgung plötzlich zusammenbricht? Die Verunsicherung in der Bevölkerung war groß, als die Bundesregierung im August 2016 empfahl, »einen individuellen Vorrat an Lebensmitteln für zehn Tage« einzubunkern. Quasi als Selbstschutz für den Notfall. Konkret wurden für die »ersten fünf Tage« jeweils zwei Liter Trinkwasser pro Person und pro Tag empfohlen. Dabei war es noch in den 60er-Jahren des letzten Jahrhunderts üblich – der 2. Weltkrieg war ja noch in Erinnerung –, Vorräte zu halten. »Aktion Eichhörnchen« hieß das damals. Lange Zeit kollektiv verdrängt, scheint jetzt das Thema private Notfallvorsorge zumindest bei manchen staatlichen Stellen wieder mehr in den Blickpunkt zu rücken. Das Bundesamt für Bevölkerungsschutz und Katastrophenhilfe (siehe Info-Kasten: Gut versorgt …) hat jedenfalls einen umfangreichen Ratgeber entwickelt, den jeder kennen und vor allem beachten sollte (www.bbk.bund.de).

Gut versorgt für vierzehn Tage

Zwei Wochen vergehen schnell, doch im Katastrophenfall können vierzehn Tage eine Ewigkeit dauern. Hochwasser, Sturm oder Schneefall können schnell die üblichen Versorgungswege lahmlegen. Am Ende trägt jeder für sich und seine Familie selbst die Verantwortung. Um mit dem Nötigsten gut versorgt zu sein, müssen vor allem die Wasservorräte gesichert werden. Dabei gilt zu bedenken, dass auch für die Zubereitung von Lebensmitteln wie Nudeln, Reis oder Kartoffeln Trinkwasser benötigt wird. Alkoholfreies Bier und Säfte sind als durststillende Kalorienlieferanten zu empfehlen.

Im Vorratsschrank sollten pro Person 5 kg Grundnahrungsmittel wie Brot, Nudeln, Reis und Kartoffeln gelagert werden. Gemüse und Hülsenfrüchte (6 kg) halten am besten in Gläsern und Dosen, Nüsse und getrocknetes Obst (4 kg) sind länger lagerfähig. Fertiggerichte wie Ravioli, Suppen und Fischkonserven gehören ebenso zur Vorratshaltung wie Kekse, Schokolade, Haferflocken, Kaffee und Tee, Knäckebrot und Zwieback und lange haltbare Teigwaren sowie Öle. Tiefkühlkost verdirbt nach dem Auftauen recht schnell, hilft also nur, solange der Strom nicht ausfällt. Auch Eier und Milchprodukte sind nur sehr begrenzt haltbar. Alle Details finden Sie unter: www.bbk.bund.de

Vorbereitet sein und hoffen,
dass nicht kommt, was kommen kann

Wer einen klassischen Grill besitzt, der noch mit Holzkohle funktioniert, kann sich auch dann ein warmes Essen zubereiten, wenn der Strom ausgefallen ist. Dafür braucht es nicht mal Töpfe und Pfannen. Kartoffeln kann man einfach so in die Glut legen und mit den Fingern aus der verkohlten Schale pulen. Fische oder Fleisch kann man – wie bei den Cowboys im Wilden Westen – auch über einem offenen Feuer einfach auf angespitzte Astgabeln spießen und vorsichtig im richtigen Abstand übers Feuer halten. Gemüse wird in mehrere Schichten frischer Blätter gewickelt und dann am Rand des Feuers in die Glut gelegt. Aber Achtung: Niemand sollte – selbst bei unwirtlichsten Witterungsbedingungen – auf die Idee kommen, einen Holzkohlegrill im Haus zu betreiben. Eine tödliche Kohlenmonoxidvergiftung kann die Folge sein.

Aufmerksam sollte man auch sein, wenn man eine Feuerstelle im Freien anlegt. Um keinen Brand auszulösen, muss die Feuerstelle mindestens zwei Meter von Baumstämmen, Bäumen etc. entfernt sein, sodass sich auch durch Funkenflug nichts entzünden kann. Der Platz wird weiträumig von allem gesäubert, was brennbar ist, und mit Steinen eingegrenzt. Zum Feuermachen eignen sich trockenes Gras, Laub oder Baumrinde. Darauf kommen dünne Zweige, dann größere Holzstücke. Alles muss locker aufeinander liegen, damit von überall Luft an die Flamme kommen kann.

Wenn es nicht zu windig ist, wird das Feuer von der Windseite her entfacht. Ideal wäre es, wenn ein volles Feuerzeug bzw. ein Zündholzvorrat im Haus wären. Fehlt so etwas, muss man erfinderisch sein und Funken schlagen oder mit einer Lupe oder durch Reibung Feuer erzeugen. Das alles ist mühsam und oft gerade in Stresssituationen wenig erfreulich. Da ist es schon sinnvoller, sich mit einigen Packungen Sturm- oder sogar wasserfesten Streichhölzern einzudecken.

Bei dieser Gelegenheit sei auch gleich erwähnt, dass in jeden Haushalt eine leistungsfähige Taschenlampe (gern per Solarzelle oder anderweitig aufladbar oder noch besser: eine Dynamolampe) und ein Vorrat an Kerzen gehören. Schon bei einem kürzeren Stromausfall hilft das Licht einer Kerze, sich im Haus zurechtzufinden und Panik zu vermeiden.

Wasser finden und aufbereiten

In Krisenzeiten ist Wasser wertvoller als Gold. Ein Vorrat (10 Liter Trinkwasser pro Person sollten immer im Haus sein) ist deshalb wirklich wichtig. Wenn das nicht reicht oder wenn der Vorrat unerreichbar ist, kann man mit Plastikplanen vor allem während der Nacht oder bei Nebel Tau und Regenwasser auffangen. Um Verdunstungswasser aufzufangen, hängt man durchsichtige Plastikbeutel über Äste oder Erdlöcher. Grundwasser in geringer Tiefe findet man dort, wo Gras oder Schilf und Binsen wachsen. Schnee und Eis müssen immer erst geschmolzen werden, bevor man sie trinken kann, und eigentlich sollte man sie dringend mindestens zehn Minuten lang abkochen, um sich keine Krankheiten zu holen. Das gilt für jedes verschmutzte Wasser. Doch hat man in der Not einen Kochtopf dabei? Und hat man genügend Brennmaterial für ein Feuer? Für die chemische Entkeimung von Wasser gibt es Mittel wir Micropur oder Romin. Man bekommt sie bei Globetrotter-Ausrüstern, und sie gehören unbedingt in den Notfallrucksack – genauso wie Kopien von Personalausweis, Reisepass und anderen wichtigen Dokumenten.

Fische fangen

Wohlgemerkt, wir sprechen hier vom Katastrophenfall! Denn unter normalen Alltagsbedingungen ist Angeln ohne Angelschein in Deutschland, Österreich und der Schweiz verboten, und das ist auch richtig und sinnvoll. Im Notfall jedoch sollte man wissen, wie man sich Nahrung beschafft. Dazu braucht man einen Stock, eine möglichst unsichtbare und reißfeste Schnur, einen Haken und Steinchen, mit denen man Haken und Köder im Wasser absenkt. Als Köder eignen sich Würmer, Insekten oder Essensreste. Hat man tatsächlich einen Fisch gefangen, muss er sofort mit einem kräftigen Schlag auf den Kopf betäubt und mit einem Messerstich hinter den Kopf getötet werden. Alles andere wäre

Tierquälerei. Wenn der Fisch dann tot ist, schlitzt man den Bauch auf, um ihn auszuweiden. Man beginnt bei der Afteröffnung und schneidet bis zum Kopf. Die Eingeweide fallen dann fast von allein heraus. Man kann sie als Fischfutter ins Wasser werfen. Auf einem Rost direkt über der sanften Glut wird aus dem Fang eine Delikatesse.

Übrigens braucht man für all das unbedingt ein Messer. Ein gutes Taschenmesser oder ein Jagdmesser gehört also auch in den Notfallrucksack.

Jagen mit Pfeilen und Steinen

Die zweite wichtige Möglichkeit, sich Nahrung zu beschaffen, ist die Jagd mit Pfeil und Bogen oder mit der Steinschleuder. Für einen Bogen braucht man einen dünnen, etwa 1,2 Meter langen Zweig: astfrei, völlig gerade und nicht dicker als 2 Zentimeter. Er wird so vorbereitet, dass man in Kerben an den Enden die Sehne einspannen kann. Sie kann aus gedrehtem Hanf sein, notfalls auch aus einem Stück Bindfaden. So entsteht eine Jagdwaffe, wie sie bereits in der Altsteinzeit mit Erfolg angewendet wurde.

Für die Pfeile braucht man gerade Zweige, die vorn etwas schwerer sind als hinten und mit Hühner- oder Gänsefedern stabilisiert werden. Hinten braucht der Pfeil eine Kerbe, vorn sollte er angespitzt sein. Zum Schießen wird die Sehne so weit zurückgezogen, bis der Daumen den Wangenknochen berührt. Man muss einen Bogen immer »entspannt« aufbewahren und mit Leinöl vor Feuchtigkeit schützen.

Für eine Steinschleuder wird ein langer Streifen Leder oder Stoff gebraucht. In der Mitte muss eine kleine Ausbuchtung sein, die wie ein Beutel aussieht. In diesen Beutel legt man den Stein. Dann nimmt man beide Enden der Schleuder in die Hand und schwingt das Leder, bis es ausreichend schnell ist. Lässt man jetzt ein Ende los, fliegt der Stein mit großer Wucht aus der Schleuder seinem Ziel entgegen. Am besten eignen sich glatt gewaschene, runde Steine, die man leicht am Strand oder im Flussbett findet.

Die Technik erfordert allerdings viel Übung. Wer ungeschickt ist, kriegt den Stein selbst auf den Kopf. Diese primitive »Waffe« ist zwar ein beliebtes Jungenspielzeug, aber sie sind nicht ungefährlich und auch zu Verteidigungszwecken brauchbar.

Schlafen unter freiem Himmel

Glücklich, wer im Notfall ein Zelt hat. Noch glücklicher, wer in regelmäßigen Abständen übt, es aufzubauen – dann klappt es auch im Fall der Fälle. Wenn man jedoch ohne Zelt im Freien übernachten muss, sollte man sich ein trockenes Plätzchen im Wald oder am Rand eines Feldgehölzes suchen. Auf Freiflächen und Wiesen wie auch an tiefer gelegenen Plätzen wird man leichter nass. Und wer in einer Notsituation nass wird, der friert und wird viel schneller entkräftet. Zunächst wird der Schlafplatz gegen die Bodenkälte isoliert, damit man nachts nicht so leicht friert. Tannenreisig und Fichten, auf die man dann Heu oder Laub schichtet, eignen sich hervorragend als »Matratze«. Wenn es regnet, findet man in dichtem Buschwerk oder unter einem Dach aus Tannen- oder Fichtenreisig Schutz. Mit großen Laubbaumzweigen und Farn kann man das Notdach komplettieren. Als Bettdecke dienen große Äste mit Laub oder dichtes Strauchwerk.

Einen Kompass bauen

Es kann von entscheidender Bedeutung sein, die Himmelsrichtungen zu bestimmen. Das geht mithilfe des Sonnenstandes, aber nur tagsüber und nur, wenn die Sonne auch scheint. In allen anderen Fällen braucht man einen Kompass, den man sich aus einem Stück Eisendraht oder einer Nähnadel leicht selbst bauen kann – wenn man einen Magneten hat. Man reibt Draht oder Nadel eine Weile lang immer in der gleichen Richtung an dem Magneten. Dabei wird die Nadel magnetisiert und zeigt fortan in Richtung Nord-Süd, wenn man sie an einem dünnen Bindfaden aufhängt. Übrigens: Auf Landkarten ist der Norden immer oben! Und noch ein Tipp, wenn sonst gar nichts mehr geht: Ameisenhaufen im Wald sind immer nach Süden ausgerichtet.

Bäume fällen, Brennholz auswählen

Der Umgang mit Holz erfordert Wissen und besondere Fähigkeiten. Dabei ist die Geschicklichkeit des Handwerkers gefragt. Schreiner, Tischler, Drechsler und Bootsbauer arbeiten alle mit Holz – und doch sind es sehr unterschiedliche Arbeitsweisen, Techniken und Ansprüche an das Material und die Qualität des Holzes, um die jeweiligen Erwartungen zu erfüllen. Sind die Baumärkte wegen der Klimakatastrophe geschlossen, sind Erfahrung und Erfindergeist gefragt. Dabei mangelt es den meisten Menschen heute bereits am schlichten Einmaleins der Holzbearbeitung.

Mit dem Fällen eines Baumes fangen für viele die Schwierigkeiten bereits an. Ist der Baum schräg gewachsen, muss man ihn zur Neigungsrichtung hin fällen. An der Seite, in die der Baum fallen soll, schlägt man mit der Axt eine V-förmige Kerbe. Die Tiefe der Kerbe entspricht etwa einem Drittel der Dicke des Stammes. Dann wird auf der gegenüberliegenden Seite eine zweite Kerbe eingeschlagen. Sie muss etwa eine Handbreit über der anderen Kerbe liegen. Hier knickt der Stamm ab. Beim Fällen unbedingt auf umstehende Bäume achten, damit der gefällte Baum nicht in den Ästen hängen bleibt. Niemand darf in Fallrichtung stehen, sondern immer seitlich. Das Holz eines frisch gefällten Baumes kann man nicht sofort verarbeiten, es muss mindestens ein Jahr lagern. Damit sich keine Insekten (vor allem Borkenkäfer) einnisten können, muss die Rinde entfernt werden. Auch der Zeitpunkt des Fällens ist für die Qualität des Holzes wesentlich.

Generell gilt »Winterholz«, dass im Dezember und Januar gefällt wird, als gutes Bau- und Werkzeugholz. Es soll möglichst kurz nach Neumond gefällt werden. Brennholz fällt man nach der Wintersonnenwende und Pfahlholz für Bootsstege an warmen Sommertagen. Man muss es sofort verbauen. Holz hat ganz unterschiedliche Eigenschaften. Wer sie kennt, ist klar im Vorteil. So eignet sich die Weißbuche für ein schönes Feuerchen als vorzügliches Brennholz. Es bildet sich eine sehr gute Glut. Rotbuche und Walnussbaumholz haben einen hohen Heizwert und eignen sich hervorragend für ein Kochfeuer. Sommerlinde ist zwar leicht entflammbar, hat aber einen schlechten Heizwert. Tannenholz bildet zwar nur eine mittlere Glut, dafür aber wenig Rauch. Rosskastanien werden zwar gern als Brennholz genommen, aber es entstehen leicht Funken, und die Pappel ist zwar leicht entflammbar, bildet aber wenig Glut und hat nur einen geringen Heizwert. Fichten verbrennen mit viel Rauch.

Wer Holz bearbeiten will, braucht das richtige Handwerkszeug und muss damit umgehen können. Jemand, der gut mit Holz umgehen kann, ist als Mitglied in einer Klima-Schutz-WG sicherlich begehrt.

Seife sieden

Seife kann man ganz leicht selbst herstellen. Sie wird aus pflanzlichen oder tierischen Fetten hergestellt. Das Fett wird zunächst in der gleichen Menge Wasser gekocht. Nachdem sich die Flüssigkeit abgekühlt hat, kann man das Fett auf der Wasseroberfläche als feste Schicht abheben. Nun löst man ein Teil Natron (notfalls Backpulver) in sechs Teilen Wasser auf und gibt die gleiche Menge Fett hinzu. Diese Mischung lässt man etwa drei Stunden lang köcheln und gibt zum Schluss ein Teil Salz dazu und gießt sie in eine Form. Wenn die Lauge jetzt abkühlt, wird sie fest. Etwa 24 Stunden später ist die Seife ausgehärtet und kann mit einem Messer oder einer Drahtschlinge in Stücke geschnitten werden.

Kerzen herstellen

Wer auf Kerzen als einzige Lichtquelle angewiesen ist, hat einen hohen Verbrauch. Ein großzügiger Vorrat sollte also im Haus sein. Wachskerzen oder neue Kerzen aus Resten kann man leicht herstellen, indem man einen saugfähigen Docht immer wieder in flüssiges Wachs taucht oder indem man den Docht in einer länglichen Form (leere kleine Konservendose) befestigt und das flüssige Wachs hineingießt. Den Docht muss man dann allerdings festhalten, bis das Wachs fest wird, oder oben so befestigen, dass er in der Mitte bleibt.

Heilen mithilfe der Natur

Einige wichtige Heilmittel, die man hierzulande in der Natur findet und die helfen, wenn sonst nichts mehr hilft:

Kamille ist die Mutter aller Heilpflanzen. Als Tee wirkt Kamille schmerzstillend, fördert die Verdauung und heilt Magen-Darm-Probleme. Außerdem löst Kamillentee Krämpfe. Die ausgekochten Blüten heilen Entzündungen und Wunden. Einfach unter dem Verband auf die Wunde legen.

Spitzwegerich ist ebenfalls ein gutes Wundheilmittel. Man zerquetscht die Blätter und legt sie auf die Wunde. Der Saft des Spitzwegerichs hilft auch gegen Durchfall.

Schafgarbe kann man ebenfalls bei Magen- und Darmbeschwerden anwenden. Stiel, Blüten und Blätter werden getrocknet und als Tee aufgebrüht.

Pfefferminze ist wie die Kamille ein altbewährtes Heilmittel. Als Tee aufgebrüht hilft Pfefferminze gegen Kopfschmerzen und Verdauungsprobleme. Der Tee löst auch Krämpfe und wirkt bei entzündetem Zahnfleisch.

Holunder lindert Erkältungskrankheiten und wirkt fiebersenkend. Man kocht einen Tee aus den Blüten. Achtung: Die rohen Beeren sind giftig!

Huflattich hilft gegen Geschwüre. Die Blätter werden zu Mus zerstampft und frisch auf Wickel gegeben.

Welche Wildpflanzen kann man essen?

Es klingt leicht grotesk, aber wissen wir heute noch, was wir in der »Wildnis« unserer Wälder, Felder und Fluren – also der weitgehend gezähmten Natur – essen können? Als die Wissenschaftlerin Prof. Dr. Dr. Anette Otte von der Universität Gießen mit einer Gruppe Biologiestudenten im ersten Semester eine Feldbegehung durchführte, konnten die jungen Leute Mangold nicht von Tabak unterscheiden.

Und wie ist es mit Wildpflanzen? Sind wir nicht alle speisetechnische Wildnisanalphabeten? Gut, da sind die Beeren, die in manchen Jahreszeiten verspeist werden können. Etwa die wilden Himbeeren im Wald oder auch die wilden Erdbeeren (diese wenn möglich vor dem Verzehr waschen; es gibt die Gefahr, dass die Eier des Fuchsbandwurms an den Gewächsen haften). Doch wer weiß noch, dass die wunderschön aussehende Tollkirsche nicht essbar ist? Und wie ist das mit Pilzen? Welche sind essbar?

In manchen wärmeverwöhnten Wäldern, etwa in Rheinland-Pfalz und Baden-Württemberg, gedeihen Esskastanien, auch Maronen genannt. Roh schmecken sie nicht besonders; im Feuer geröstet sind sie sehr lecker.

Eher bitter sind Eicheln, doch noch während der letzten beiden Weltkriege wurden sie gemahlen und zum Strecken bzw. als Ersatz für Mehl verwendet. Im Spätsommer und Frühherbst finden wir mit etwas Glück Haselnüsse, wenn uns nicht Haselmaus und Siebenschläfer zuvorgekommen sind.

Bleiben noch die Wildkräuter: Sauerklee, Gundermann, Spitz- und Breitwegerich, Brunnenkresse, Gänsefingerkraut, Hirtentäschel, Giersch, Löwenzahnblätter, Sauerampfer, die Blätter der Schafgarbe, Blätter und Blüten vom Gänseblümchen und natürlich – am besten wie Spinat zubereitet – die Brennnessel. Als Salat sind auch die Blätter der Knoblauchrauke verwendbar. Alltag in vielen Küchen ist heute der Bärlauch. Doch können wir ihn vom giftigen Maiglöckchen und von der ebenfalls giftigen Herbstzeitlosen unterscheiden?

Wer also vorbauen will, der beschäftigt sich mit essbaren Pflanzen. Viele dieser Kräutlein sind nicht nur als Salat, sondern auch als Basis für Tee geeignet. Auch die Wurzeln beziehungsweise Knollen mancher einheimischer Wildpflanzen sind essbar. Wissen um wildes Essen ist im Notfall Gold wert.

Erste Hilfe in der Wildnis

Auf jeden Fall sollte man sich Grundkenntnisse in Erster Hilfe aneignen und eine Notfallapotheke anlegen. Zur Grundausrüstung gehören Sonnenschutzmittel, Wunddesinfektion, Verbände, Pflaster, Pinzette, Nadeln und Insektenschutz. Und noch eines kann hilfreich sein: eine gute Landkarte. Denn das Handy versagt schnell.

Um im Notfall Hilfe holen zu können, gibt es ein paar wirksame Tricks: Mit einem Spiegel kann man Blinkzeichen geben. Auch große Feuer fallen auf. Man kann drei Feuer entzünden, die im Abstand wie ein Warndreieck brennen. In allergrößter Not kann man auf freiem Feld ein SOS-Zeichen mit Steinen auslegen, das von der Luft aus gesehen werden kann. Bei kleineren Notfällen reicht es, wenn man Tücher an Stöcken wie eine Fahne befestigt und damit winkt. Um sich akustisch bemerkbar zu machen, nimmt man am besten eine Trillerpfeife mit.

Viele Helfer kennen das sogenannte »Alpine Notsignal«. Es ist leicht zu merken und kann mit allen möglichen Hilfsmitteln (Rufen, Pfeifen, Trommeln, Sichtzeichen …) gegeben werden. Eine Minute lang alle zehn Sekunden ein Zeichen (also sechs Zeichen), dann eine Minute Pause. Wieder eine Minute lang alle zehn Sekunden ein Zeichen, wieder eine Minute Pause. Und so weiter. Die Antwort sieht genauso aus oder hört sich genauso an, aber man gibt alle zwanzig Sekunden ein Zeichen (also drei pro Minute). Wer ein solches Notsignal empfängt (hört oder sieht), sollte unbedingt antworten und dann helfen oder Hilfe anfordern.

Der lebenswichtige Blick aufs Wetter

Nicht nur in den Zeiten des Klimawandels – aber jetzt mehr denn je – sollte man über die Zeichen der Natur, also über Wind und Wetter und alles darum herum Bescheid wissen.

Basiswissen rund um das Wetter hat viel mit Naturbeobachtung zu tun. Es gibt viele Phänomene rund ums Wetter, und die meisten lassen sich leicht erklären. Tulpen schließen ihre Blüten, wenn es Regen gibt, und die Zapfen von Nadelbäumen öffnen sich, wenn es warm und sonnig wird. Frösche haben von Luftdruck keine Ahnung, aber bei Sonnenschein klettern sie hoch hinauf in Sträucher und Büsche, um dort ihre Insektennahrung zu finden – bei Regen suchen sie dagegen am Boden. Auf einem ähnlichen Prinzip beruht die Beobachtung der Schwalben. Bei schönem Wetter fliegen sie hoch, weil die Insekten von der Warmluft in die Höhe getragen werden. Bei schlechtem Wetter halten sich Insekten unten im Schutz vom Bäumen und Sträuchern auf. Sie können bei feuchtem Wetter außerdem schlechter fliegen. Dann jagen die Schwalben im Tiefflug.

Vögel verraten generell sehr viel über das Wetter, und dies sogar überregional. Ist es im Norden Skandinaviens sehr kalt, überwintern »fremde« Vogelarten bei uns. Diese »Wandervögel« gelten zu Recht als Vorboten für große Kälte. Fressen Vögel im Herbst besonders viel, steht ein kalter Winter oder eine lange Regenperiode vor der Tür.

An Bäumen kann man die vorherrschende Windrichtung erkennen: Die Äste geben dem Wind nach und wachsen leicht krumm. Auch Bäume erzählen so, woher der Wind weht. In Deutschland herrschen Nordwest-Winde vor. Das ist die Wetterseite. Deshalb haben frei stehende Bäume häufig eine leichte Neigung in die entgegengesetzte Südost-Richtung. Auf der Wetterseite sind die Äste nicht so gut gewachsen, weil sie ständig dem Wind trotzen müssen. Sie sind an dieser Seite außerdem häufig mit Moos bewachsen. Die Baumrinde ist an der Wetterseite meistens gröber.

Der Wind
Gerade in Zeiten des Klimawandels, in denen wir mit extremeren Wetterereignissen rechnen müssen, kann besseres Wissen um das Wetter helfen, böse Überraschungen, wie Schäden am Hab und Gut oder gar um die eigene Gesundheit besser einschätzen zu können. Das alles klingt lapidar, gehört aber als Wissensgrundlage zur Selbstkompetenz jedes Einzelnen. Warme Luft steigt nach oben und dehnt sich aus. Die Moleküle in der Luft bewegen sich schneller. Treffen warme und kalte Luft aufeinander, entsteht Wind. Die Temperaturunterschiede bringen kräftig Bewegung ins Wetter. Tagsüber erwärmt sich das Land stärker als Wasserflächen wie Seen oder das Meer. Es entsteht ein Wind, der vom Meer her aufs Land weht. Denn die warme Luft vom Land steigt auf, die kühle Luft vom Wasser strömt nach. Nachts ist es genau umgekehrt: Das Land kühlt schneller ab als große Wasserflächen. Es entsteht ein Wind, der jetzt vom Land aufs Meer weht. Das nennt man ablandiger Wind. Weht der Wind vom Meer aufs Land, spricht man von auflandigem Wind.

Ein Tornado entsteht, wenn feuchtheiße und kalte Luft aufeinanderprallen und sich immer schneller drehen und rotieren. Wie ein Staubsauger schlägt plötzlich der Rüssel eines Tornados auf dem Erdboden auf und saugt alles an, was sich ihm in den Weg stellt. Zurück bleibt eine Schneise der Verwüstung. Ein Tornado dreht sich mit der unvorstellbaren Geschwindigkeit von bis zu 600 Stundenkilometern. Im Innern toben Gewitter und zucken Blitze, weil dort extrem niedriger Druck herrscht.

Man hat bei Tornados in den USA schon bis zu 1000 Stundenkilometer gemessen. Doch auch bei uns werden Tornados immer häufiger und die Zerstörungskraft dieser plötzlich auftretenden »Windhosen« ist erheblich.

Der britische Admiral Sir Francis Beaufort (1774–1857) hat die unterschiedlichen Windstärken in eine Skala eingeteilt. Seither wird die Windstärke in Beaufort (Bft) gemessen, die Windgeschwindigkeit in Stundenkilometern (km/h).

- Bei null Beaufort herrscht absolute Windstille, Rauch würde gerade nach oben aufsteigen
- 1 Beaufort ist ein sehr leichter, kaum spürbarer Windzug.
- 2 Beaufort sind leichter Wind, bei dem die Blätter sich sanft in den Zweigen wiegen.
- 3 Beaufort ist schwacher Wind, der auch die Zweige der Bäume leicht bewegt. Die Windgeschwindigkeit liegt jetzt zwischen zwölf und 19 km/h.
- 4 Beaufort werden als mäßiger Wind bezeichnet. Die Geschwindigkeit erreicht bis zu 28 km/h, und der Wind wirbelt Staub auf. Dünne Äste geraten in Bewegung.
- 5 Beaufort sind als frischer Wind in der Skala vermerkt. Auf Binnengewässern bilden sich leichte Schaumkronen. Die Windgeschwindigkeit beträgt jetzt bis zu 38 km/h.
- 6 Beaufort gelten (bei Geschwindigkeiten bis zu 49 km/h) als starker Wind. Große Äste mit schwerem Laub geraten in Bewegung. Man hört ein Pfeifen, wenn der Wind um die Ecke braust.
- 7 Beaufort gelten als steifer Wind. Bei bis zu 61 km/h geraten jetzt selbst Bäume ins Wanken. Wer im Freien unterwegs ist, spürt beim Gehen deutlichen Gegenwind.

- 8 Beaufort bezeichnet man als stürmischen Wind. Jetzt brechen Zweige ab, Laub wird aus den Bäumen gerissen. Bei bis zu 74 km/h hat man Schwierigkeiten, gegen den Wind anzugehen.
- 9 Beaufort stehen für Sturm. Die Windgeschwindigkeit erreicht jetzt bis zu 88 km/h. Die ersten Dachziegel fallen auf die Straße, dicke Äste brechen ab.
- 10 Beaufort stehen mit einer Windgeschwindigkeit bis zu 102 km/h für schweren Sturm. Jetzt werden Bäume entwurzelt und Dächer abgedeckt. Es ist gefährlich, das Haus zu verlassen. Selbst Erwachsene kommen nur schwer gegen den Sturm an.
- 11 Beaufort werden im Binnenland außerhalb von Gebirgsregionen nur sehr selten gemessen. Auf dem Meer bilden sich bei dem orkanartigen Sturm mit Spitzengeschwindigkeiten bis zu 117 km/h hohe Wellenkämme. Überall liegt Gischt in der Luft.
- 12 Beaufort bezeichnet man als Orkan. Jetzt liegt die Windgeschwindigkeit bei bis zu 133 km/h. Für stärkere Winde auf See schließt sich die Saffir-Simpson-Hurrikanskala an. Bei einem Hurrikan wurden schon 450 km/h gemessen.

Wolken – Schäfchen oder Federn aus Eis

Wenn die Luft das Wasser mit auf die Reise in den Himmel nimmt, verdunstet es. Dabei verändert das Wasser seine stoffliche Form: Aus dem flüssigen Element wird ein gasförmiges. Wasserdampf heißt bei den Meteorologen übrigens Luftfeuchtigkeit! Diese hängt wiederum von der Temperatur ab. Je wärmer es ist, desto schneller verdunstet das Wasser. Wolken bestehen aus vielen Wassertröpfchen, die die Luft mit nach oben genommen hat. In einem Jahr verdunsten gut 45.000 Kubikmeter Meereswasser. Ein Teil davon regnet später wieder auf die Erde nieder. Da drei Viertel der Erde vom Meer bedeckt sind, ist es kein Wunder, dass die Ozeane für unser Wetter extrem wichtige Faktoren sind. Meeresströmungen wie der Golfstrom oder der Sankt-Lorenz-Strom entscheiden, ob wir ein Land bewohnen können oder alles unter einer eisigen Schicht liegt. Der Golfstrom bringt beispielsweise warmes Wasser aus dem Golf von Mexiko mit vor die europäischen Küsten und befördert es bis weit nach Norwegen. Nur deshalb sind dort hoch im Norden die Seehäfen eisfrei.

Wettervorhersage mithilfe der Wolken

In 2000 bis 5000 Metern Höhe heißen die Wolken Altocumuli oder auch Schäfchenwolken. In dieser Höhe mischen sich Eiskristalle mit Regentropfen. Wenn man die »Herde« am Morgen sieht, sind Schauer gewiss. Es gibt weiße und graue Schafe; beide künden Regen an. Je grauer und dichter die Schäfchen, desto schlechter wird das Wetter. Rotten sich die kleinen Schäfchen gar zu einer Wolkenherde zusammen und bilden dabei eine einförmige, verdichtete Schicht, wird das Wetter immer schlechter. Fällt jetzt auch noch der Luftdruck, hält der Regen lange an. Große, sehr lang gezogene, ausgewachsene Schafe sind hingegen Mischwolken, die schönes Wetter versprechen.

Wolken, die in zwei Kilometern Höhe dünne Haufenschichten bilden und wie überdimensionale Walzen den Himmel bügeln, bringen gemeinhin schönes Wetter. Diese dünnen Haufenwolken heißen Stratocumulus. Wenn sie gleichförmig grau sind und dicke Schichten bilden, bringen sie Nieselregen. Sammeln sich unter dieser Stratocumulus-Decke obendrein Haufenwolken, die sich auch noch auftürmen, gibt es Regen. Mächtige Cumuli sind dagegen Schönwetter-Haufenwolken, die im Sommer wie Wattebäusche über den Himmel segeln und dabei gern ihre Form ändern. Wer in den Himmel schaut und seiner Fantasie freien Lauf lässt, kann dabei allerlei Gestalten erkennen: den Hund des Nachbarn, Gespenster und Drachen, Delfine und Zwerge. Am Abend lösen sich die Wolkengebilde auf, weil die Luft vom Boden nicht mehr warm genug aufsteigt. Rotten sich die Cumuluswolken zu gigantischen Blumenkohlköpfen zusammen, droht ein kurzer Schauer.

Sie sehen aus wie der zarte weiße Hochzeitsschleier einer Braut im Wind: Cirruswolken. Manchmal erinnern sie auch an verlorene Vogelfedern oder einen ausgefransten Stofffetzen. Diese zarten, zerrissenen Gebilde bestehen aus Eiskristallen und befinden sich in 6000 bis 10.000 Meter Höhe. Früher hieß es: Wenn der Himmel gezupfter Wolle gleicht, regnet es bald. Cirruswolken sind Vorboten für schlechtes Wetter.

Cirrocumuluswolken sehen aus wie das Wattenmeer, wenn sich die Nordsee zurückgezogen hat: Sie sind geriffelt wie ein Waschbrett und künden ein Gewitter an.

Gewitterwolken sind leicht zu erkennen: Sie stehen wie ein Amboss drohend am Himmel. Diese Riesen heißen Cumulonimbus. Oben stoßen sie an die Troposphäre. Beim Anstoßen bildet sich die Platte des Ambosses. Hängen schwarze Cumulonimbuswolken wie schwere Beutel vom Himmel, gibt es Hagelschauer und Gewitter sowie Sturmböen.

Liegen die Wolken wie Rauchschwaden am Himmel, kann man von Niederschlagsnebel reden. Aus diesem Hochnebel fallen keine dicken Tropfen, aber es nieselt, und zwar oft stundenlang. Die Wolken liegen im Stratus. Ziehen sie dicht über den Erdboden, spricht man von Nebel.

Verdunkeln Nimbostratuswolken den Himmel, gibt es im Sommer Dauerregen und im Winter Schnee. Scheint die Sonne milchig durch eine leicht durchsichtige Wolke, die immer dichter wird und sich schließlich in eine graue Wand verwandelt, regnet es spätestens am nächsten Tag. Die völlig formlosen Wolken heißen Cirrostratus und kündigen ein Tief an.

Wenn ein Gewitter droht

Gewitter entstehen in hoch aufquellenden Haufenwolken, die bis in zehn Kilometer Höhe reichen. Sie sind unten flach und quellen immer weiter auf. Blitze entstehen durch Reibung. Bei einem Gewitter reiben sich in der Wolke durch die Auf- und Abwinde alle möglichen Moleküle, Wassertröpfchen und Eiskristalle, Staub- und Graupelteilchen aneinander. Es entstehen Spannungsdifferenzen. Die Moleküle zerreißen, brechen und laden sich dabei elektrisch auf. Es kommt zu Entladungen. Übersteigen die Spannungsdifferenzen drei Millionen Volt (durch unsere Steckdose fließen 220 Volt!) pro Meter, löst das die Entladung aus. Eine solche Entladung reicht, um die Initialzündung zu einer Kettenreaktion zu geben. Und diese Reaktion löst dann den Blitz aus. Ein Blitz ist also quasi ein gigantischer Kurzschluss.

Während Sie diesen Text lesen, toben über tausendachthundert Gewitter auf der Erde; mehr als vierundvierzigtausend Blitze zucken durch die Atmosphäre. Blitze sind bis zu 30.000 Grad heiß, bewegen sich mit 300 Kilometern pro Sekunde und dauern weniger als eine Tausendstelsekunde. Dabei wird eine Stromstärke bis zu 400.000 Ampere frei. Eine ganz normale Haussicherung fliegt schon bei 16 Ampere heraus. Die meisten Blitze bleiben aber in den Wolken, nur jeder zehnte erreicht die Erde. Blitze dehnen die Luft so schnell aus, dass die Schallmauer durchstoßen wird. Den »Überschallknall«, der dann erfolgt, hören wir als Donner. Da sich Licht schneller bewegt als der Schall, sehen wir den Blitz, bevor es donnert. Der Schall des Donners folgt mit einer Geschwindigkeit von drei Sekunden pro Kilometer. Das ist wichtig, wenn man beurteilen will, wie weit das Gewitter noch entfernt ist und wie viel Zeit einem bleibt, um Schutz zu suchen (oder die wichtigsten Elektrogeräte vom Netz zu trennen). Hört man den Donner nach sechs Sekunden, ist das Gewitter noch zwei Kilometer weit entfernt.

Was wir tun können, was sich ändern muss

Jeder Einzelne
- Jeder sollte seinen Versicherungsschutz im Hinblick auf Überschwemmungen, Feuer, Hagel und andere Elementarschäden überprüfen und gegebenenfalls anpassen. Das gilt vor allem für Besitzer von Häusern, Wohnungen und Gewerbeimmobilien. Vermeiden Sie aber Doppel- und Überversicherung, das hilft Geld sparen.
- Dauervorräte in der Wohnung überprüfen und so ergänzen, dass mindestens für zwei Wochen Proviant und Trinkwasser für alle Bewohner zur Verfügung stehen. Halbjährlich das Ablaufdatum kontrollieren, Konserven verbrauchen und durch neue ersetzen.
- Fluchtwege erkunden und einprägen. Vor allem Städter sollten sich nicht darauf verlassen, Stadt- und U-Bahnen sowie Busse benutzen zu können. Auch können Straßen verstopft und Unterführungen überschwemmt sein. Jeder braucht einen persönlichen Fluchtnotfallplan, wie er aus seinem Stadtviertel, seiner Stadt oder seiner Gemeinde »entkommt«. Dieser persönliche Fluchtplan sollte alternative Wege in verschiedene Richtungen mit dem Auto und auch zu Fuß umfassen.

Genauso wichtig ist es, mögliche Ziele zu kennen. Wo kann ich in welcher Entfernung bei Verwandten oder Bekannten unterkommen? Natürlich helfen die Katastrophenkräfte bei entsprechenden Ereignissen und organisieren in Zusammenarbeit mit Städten, Gemeinden und Landkreisen Schlaf- und Versorgungsmöglichkeiten in Turnhallen, Kindergärten und so weiter. Doch sollte man selbst wissen, wohin man fliehen könnte.

- Licht rettet Leben! Bei nächtlichem Stromausfall ist es elementar, eine Notbeleuchtung zu haben. Halten Sie an den wichtigsten Stellen Taschenlampen mit einer Dynamobatterie bereit. So sind Sie nicht auf Batterien – die vielleicht leer wären – angewiesen. Auch kein Fehler ist es, eine Stirnlampe, wie man sie von Campingausrüstungen kennt, bereit zu halten. Allerdings muss hier immer die Batterie gecheckt werden. Stirnlampen ermöglichen im Falle einer Gefahr, dass man beide Hände frei hat.
- Ein einfaches batteriebetriebenes Radio gehört ebenso in den Notvorrat wie Lebensmittel und Trinkwasser. Es liefert unter Umständen lebenswichtige Informationen und hellt eventuell mit etwas Musik auch die Stimmung auf. Prüfen Sie die Batterie und die wichtigsten Frequenzen regelmäßig und halten Sie Ersatzbatterien bereit.
- Was die Kommunikation angeht, sollte man sich vergegenwärtigen, dass Handyakkus nicht ewig halten, Auflademöglichkeiten unter Umständen fehlen und das Handynetz bei Überlastung schnell zusammenbrechen kann. Außerdem sind bei einem weiträumigen kompletten Stromausfall auch die Telefone »weg«.
- Kinder zur Achtsamkeit erziehen. Gerade in Zeiten, wo scheinbar für alles und jeden gesorgt wird, sollten Eigenverantwortung und Selbstkompetenz großgeschrieben werden.
- Hausbesitzer sollten sich mit Planen ausrüsten, die zumindest zwei Drittel der vorhandenen Dachfläche umfassen und im Notfall schnell zum Einsatz kommen können, damit nach Hagel- und/oder Sturmschäden kein Wasser eindringen kann.
- Ebenfalls sollten in ausreichender Menge größere stabile Klarsichtfolien vorhanden sein, um kaputte Fenster zumindest notdürftig ersetzen zu können.

- Zumindest für Häuser, die ein bis vier Wohnungen umfassen, schadet es auch nicht, einige Dachlatten, Nägel, Schrauben und entsprechendes Werkzeug vorzuhalten. Nach einem schweren Unwetter sind sämtliche Zimmerleute, Schreiner, Installateure und andere Handwerker schnell überlastet, weil dann alle alles wollen, obwohl dies gar nicht zu bewerkstelligen ist. Dasselbe gilt natürlich für Hausverwaltungen bei größeren Immobilienobjekten.

Politik und öffentliche Hand
- Nach dem Motto »Hilfe ohne Handy« muss künftig verstärkt in Kindergärten und Schulen Hilfe zur Selbsthilfe vermittelt werden. Das Wissen um Was? Wann? Wo? Und wohin? ist so wichtig wie die Grundfähigkeiten Lesen, Schreiben und Rechnen.
- Da durch den Klimawandel mit mehr und intensiveren Extremwetterereignissen – oft lokaler oder regionaler Art – gerechnet werden muss, ist eine generelle Versicherungspflicht von entsprechendem Vermögen unabdingbar.
- Feuerwehren, Einheiten des Technischen Hilfswerks und des Deutschen Roten Kreuzes leisten bislang schon eine vorbildliche Öffentlichkeitsarbeit gerade auch bei Jugendlichen. Diese Arbeit muss von den Kommunalverwaltungen sowie Bund und Ländern noch stärker unterstützt werden, damit Kinder und Jugendliche wenigstens ein- oder zweimal in ihrer Schulzeit aktive Aktionstage nach dem Motto »Wie retten wir richtig« erleben.
- Die Behörden und Organisationen mit Sicherheitsaufgabe (BOS) – dazu gehören Polizei, Feuerwehr, Rettungsdienste, Katastrophenschutz, Zivilschutz und andere – sind als Institutionen zur Gefahrenabwehr in Zusammenarbeit mit den Verwaltungen in Bund, Ländern und Gemeinden für vielerlei Situationen des Katastrophenschutzes vorbereitet.[11] So ist es in den vergangenen Jahren etwa bei Hochwasser stets gelungen, schnell Unterkunftsmöglichkeiten für Betroffene bereitzustellen und Helfer für technische Maßnahmen wie Dammabsicherungen, Evakuierungen und so weiter zusammenzuziehen. Diese Arbeit wird jedoch in »Normalzeiten« viel zu wenig der Bevölkerung vermittelt. Gerade mit Blick auf Schlechtwetterereignisse

durch den Klimawandel sollten hier die verschiedenen Organisationseinheiten die Bevölkerung in Übungen einbeziehen.

Wirtschaft
- Ob groß oder klein: alle Betriebe sollten ihre Sicherheitsbeauftragten als wichtige interne Multiplikatoren stärker als bislang auch in Sachen Gefahren durch die Auswirkungen des Klimawandels sensibilisieren.
- In gefährdeten Bereichen – etwa hochwassergefährdeten Gebieten – sollten in den Betrieben regelmäßig Katastrophenübungen durchgeführt und sichere Wege zu Schutzräumen beziehungsweise für die Flucht aufgezeigt werden.

Fazit: Das Unmögliche ist wahrscheinlicher geworden. Kluge Menschen sorgen vor.

Essen 4.0 – wie essen wir in der Zukunft?
Landwirtschaft, die das Land krank macht

>*»Alles, was die gesunde Natur tut, ist göttlich«*
>Friedrich von Schiller (1759–1805)

Es ist, als wäre die Zeit stehen geblieben. Am stahlblauen Himmel gaukeln Rotmilane, unterhalb der mit Laubwäldern bedeckten Geländekuppen grasen auf den blumenbunten Weiden der Talhänge wie in uralten Zeiten Kühe. Von irgendwoher krähen Hähne aus einem der verstreut in die Landschaft eingebetteten Weiler. Da und dort ist eine einsame Burg oder ein mächtiges Schloss Zeugnis davon, dass hier einst bedeutende Salzstraßen durch das Land führten. Hohenlohe, jene Landschaft ganz im Norden des heutigen Baden-Württemberg, die schon Eduard Mörike im 19. Jahrhundert als »eine besonders zärtlich ausgeformte Handvoll Deutschland« bezeichnet hat, ist Landschaft wie aus dem Bilderbuch. Nur das eine oder andere Windrad steht wie ein Ausrufezeichen für den Willen zum Klimaschutz und zur Erzeugung erneuerbarer Energien in der Landschaft. Idylle pur also.

Doch mit der war es an einem Frühsommertag 2016 binnen weniger Minuten vorbei. Plötzlich war alles anders, die Idylle wandelte sich zum Inferno. In der Nacht zum 29. Mai 2016 hatte es in Braunsbach im Landkreis Schwäbisch Hall heftig geregnet, und es geschah, womit niemand – auch in den Jahrhunderten davor – gerechnet hätte: Die Wassermassen nahmen solche Ausmaße an, dass der idyllische Ort am Grund des tief eingeschnittenen Kochertals von Schlamm- und Geröllmassen sowie entwurzelten Bäumen überschüttet wurde. Die Fernsehbilder und Amateuraufnahmen glichen den fast schon zur Gewohnheit gewordenen Filmre-

portagen von Bergrutschen in Alpendörfern oder von Schlammlawinen in Südamerika und Asien. Vom einen auf den anderen Moment waren Autos weggeschwemmt und Häuser unbewohnbar, Gaststätten und andere öffentliche Einrichtungen unbenutzbar. Nicht nur in Braunsbach, sondern auch in anderen Dörfern im verträumten Hohenlohe zwischen der alten freien Reichsstadt Schwäbisch Hall im Süden und dem Hohenloher Residenzstädtchen Langenburg mit seinem mächtigen Schloss im Norden. »Nie hätte ich geglaubt, dass so etwas passiert« sagt Roland Bauer, in Stuttgart-Bad Cannstatt aufgewachsener und weit in der Welt herumgekommener, renommierter Fotograf. Der Idylle wegen war er einst mit seiner Frau Andrea von der Industriemetropole Stuttgart in das Hohenlohische gezogen, wo seine Frau ein altes Bauernhaus geerbt hatte. Jetzt war das Erdgeschoss nahezu bis zur Decke voll mit Schlamm, Steinen, Ästen und anderem Material. Die dicken Sockelwände aus mächtigen Muschelkalkquadern waren verdrückt, und das Gebäude drohte einzustürzen. Nicht nur die Bauers mussten ihre normale Arbeit stehen und liegen lassen und vergessen, dass es nach dem Inferno wieder einen schönen Sommer gab. Sie mussten Hand anlegen wie viele andere Menschen in Braunsbach und den benachbarten Tälern, damit aus den Schlammmassen nicht ein betonartiges Konglomerat wird, welches nicht mehr so schnell entfernt werden konnte. Sie mussten schauen, dass Infrastruktur wieder aufgebaut und Zugänge passierbar gemacht wurden. Während der Aufräumarbeiten kam Roland Bauer ins Grübeln. Bald wurde ihm klar, dass es immer schon einmal Starkregen gegeben hat, und er war sich auch bewusst, dass die Klimaforscher für den deutschen Südwesten heftigere Extremwetterereignisse vorhergesagt haben. Eine solche Sturzflut hätte er sich nicht vorstellen können. Aber die Landschaft, die scheinbare Idylle hatte sich in den vergangenen Jahren dennoch geändert. Auf den Hochflächen, wo es früher verschiedene Grundstücks- und damit Nutzungsgrenzen gab, wo sich verschiedene Fruchtfolgen abwechselten, dehnen sich heute monotone Mais- und Weizenäcker auf den fruchtbaren Böden aus, so weit das Auge reicht. »Keine Hecken, keine Baumreihen, keine Feldraine, die den Wasserabfluss und den Schlammabtrag verhindern könnten«, so Bauer. Die Idylle ist also längst nicht mehr das, was sie einmal war. Dabei ist Bauer wie viele andere nachdenkliche Menschen keiner, der die gute alte Zeit beschwört und technischen Fortschritt ablehnt. Ganz im Gegenteil! Aber er hat wie so viele Menschen in Hohenlohe und in anderen Gegenden Mitteleuropas erlebt, dass die Natur mit den Auswirkungen des Klimawandels jederzeit und überall in Form von Wetterextremen zuschlagen kann. Verstärkt wird all das durch die Auswirkungen der industriellen Landwirtschaft. Und die wird immer mehr zum Zukunftsproblem unserer Gesellschaft.

Die Landwirtschaft steht weltweit vor der größten Herausforderung der Geschichte: Wie ist es zu schaffen, die prognostizierte Anzahl von 9 Milliarden Menschen zu ernähren und gleichzeitig Rohstoffe für Energie auf dem Acker anzubauen? Intensives Ackern fördert Erosion, zudem belasten Düngemittel und Pestizide Böden, Grundwasser, Artenvielfalt, ja die ganze Umwelt immer mehr. Ursprüngliche Natur wird monotonen Ackerflächen geopfert. Im In- und Ausland! Beispiel Soja: Einst als Tierfutter oder allenfalls in der asiatischen Küche bekannt, surft die Hülsenfrucht gerade auf der Vegetarier- und Veganerwelle. Die Pflanze gilt als Tausendsassa: Sie liefert Proteine, ist massentauglich und vielseitig verwendbar. Aber sie vernichtet eben auch Regenwälder! In den letzten fünfzig Jahren hat sich die Produktion von 27 auf über 320 Millionen Tonnen vervielfacht. Die globale Anbaufläche ist mittlerweile so groß wie Frankreich, Deutschland, Belgien und die Niederlande zusammen, Tendenz steigend. Riesige Monokulturen werden mit dem Breitbandherbizid Glyphosat behandelt, damit die Bohne wachsen kann.

Gleichzeitig wächst auf Deutschlands Äckern Energie in Form von Mais und Raps, und dies meist in Monokulturen, so weit das Auge reicht. Für Wildtiere ist die Feldflur kein Lebensraum mehr, sondern eine Wüste, so grün sie uns auch vorkommen mag. Auch die erosionsgefährdeten Flächen werden mit Glyphosat und anderen Chemikalien besprüht. Sogenannter Pflanzenschutz, der eine Pflanzenart schützt und alle anderen vernichtet.

Beim Essen Klima schützen?

Eine Ursache dieser umwelt- und klimagefährdenden Landwirtschaft ist vor allem in Mitteleuropa der Hang der Menschen zu billigen Lebensmitteln. Dies führt zu immer größeren Ackerflächen, Ausräumung der Landschaft, Überdüngung der Äcker und immer mehr klimaschädlichem Stickstoffeinsatz. Erosion und Artenverarmung greifen um sich. Es gibt – noch zarte – Gegentrends. Doch einige regionale Initiativen zur Entwicklung biotopreicher, auf vielfältige Strukturen bedachter Landwirtschaft konnten an der Misere bislang nichts ändern. Ähnliches gilt – so positiv die Grundidee zu bewerten ist – für Klima-Kochbücher und ähnliche Gimmicks. Für jedes Rezept werden darin die ungefähren CO_2-Werte angegeben. Kochen gegen die Erderwärmung ist gerade ein Trend. In den jeweiligen Kochbüchern erfahren klimafreundliche Esser etwa, wie sich Kohlendioxid einsparen lässt und wie hoch die Emissionswerte ihrer Spaghetti bolognese sind. Im Internet finden achtsame Esser außerdem »CO_2-Rechner«.[12]

Wie und was wir essen, ist in der Tat fürs Klima nicht unbedeutend: Überblickt man die gesamte Wertschöpfungskette von Agrarprodukten, bis sie am Ende als Mahlzeit auf dem Teller landen, kommt eine erhebliche »nahrungsbedingte Freisetzung von Treibhausgasen« zusammen. Mit relativ großen individuellen Abstufungen – wer viel Fleisch und Käse isst, hat einen größeren »Fußabdruck«. Und biobewusste Esser leben teilweise klimafreundlicher als Billigkäufer. Es macht schon viel aus, dass Bioprodukte nicht mit chemischen Düngemitteln angebaut und dass sie regional erzeugt werden.

Im konventionellen Ackerbau werden allein deshalb viel mehr Treibhausgase frei. Ein großer Teil dieser Treibhausgabe entstehen durch die landwirtschaftliche Erzeugung, gefolgt von Handel und Transport. Auf der Liste der klimaschädlichen Lebensmittel stehen Butter, Käse, Wurst und Fleischwaren ganz weit oben. Bei Milchprodukten hängt die schlechte Klimabilanz mit der Rinderhaltung zusammen. »Schuld« sind die Kühe, die unser Klima kaputt-pupsen. Bei der Verdauung von Gras entsteht in Milliarden Kuhmägen das Klimagas Methan. Pro Kuh rechnen Klimaexperten mit 235 Liter Methangas am Tag. Und das richtet in der Atmosphäre viel mehr Schaden an als Kohlendioxid (CO_2). Dabei ist die Tierhaltung nicht generell zu verdammen. Sie gehört seit Jahrtausenden zur Ernährung und Kultur von uns Menschen. Die Frage ist einfach: wie viel ist genug? Und so manche in Jahrhunderten gewachsene Kulturlandschaft, wie wir sie aus Deutschland, Österreich, der Schweiz,

Luxemburg und vielen anderen Regionen Europas kennen, würde ohne Weidetierhaltung ganz schnell der Vergangenheit angehören. Man denke nur an die Wacholderheiden und Magerrasen mit ihren Beständen an Orchideen, einer bunten Insektenwelt und selten gewordenen Vogelarten wie Heidelerche und Baumpieper. Solches Naturerbe kann nur bei fortdauernder Beweidung mit Schafen und Ziegen erhalten werden. Und auch Weideflächen für Rinder – wenn diese nicht zu dicht gehalten werden – sind wichtige CO_2-Senken und wertvolle Biotope in der Kulturlandschaft. Sie beherbergen ebenfalls eine wertvolle Tier- und Pflanzenwelt.

Essen für den Klimaschutz ist eigentlich gar nicht so kompliziert: Wer frische Ware regional einkauft und nach dem Saisonkalender lebt, hat weniger CO_2 auf seinem persönlichen Klimakonto und spart obendrein Geld. Generell gilt: Auf Flugimporte verzichten, regional einkaufen, weniger Fleisch und weniger tierische Produkte wie Eier, Butter, Käse essen, möglichst oft Bio kaufen.

Trotzdem: Am wirkungsvollsten ist nach Ansicht vieler Klimawissenschaftler der Verzicht beziehungsweise die Reduktion tierischer Lebensmittel. Denn um ein Kilo Käse herzustellen, braucht man circa 8 Liter Milch. Das macht unterm Strich 8,5 kg CO_2. Auf ein Kilo Butter kommen sogar 23,8 kg CO_2, auf Rindfleisch 13,3 kg und auf Rohwurst 8 kg. Zum Vergleich: Frisches Gemüse steht auf der Liste der klimaschädlichen Lebensmittel mit 150 Gramm CO_2/kg ganz weit unten.

Wie diese hohen Werte zustande kommen? Um Gras in Steaks zu verwandeln, müssen oft Futtermittel wie Soja angebaut werden. Das passiert vor allem in Südamerika. Dort befinden sich heute Sojaplantagen, wo einst Regenwald stand. Und dann muss das Viehfutter ja auch noch zum Trog der Tiere nach Europa transportiert werden. Die Erzeugung von Futterpflanzen kostet also jede Menge fossile Energie, vor allem für den Transport. Wird das Fleisch dann obendrein tiefgekühlt, erhöht sich das CO_2-Konto noch einmal um ein Kilogramm.

Während ein Kilogramm frisches Rindfleisch auf 13 500 Gramm CO_2 kommt, verbraucht die gleiche Menge tiefgekühlt noch einmal knapp 1000 Gramm CO_2 mehr. Tiefkühlen kostet Energie – und verbrauchte

Energie verschlechtert wiederum die Klimabilanz. Ohne Ausnahme schneiden Biolebensmittel und frische Ware im Klima-Vergleich besser ab als konventionelle, hoch verarbeitete Lebensmittel. Doch Vegetarier und Veganer sind nicht automatisch die besseren Klimaschützer. Auch für die Herstellung von Tofu – eine der Hauptgrundlagen vieler vegetarischer Gerichte – wird Soja benötigt. Und auch für diese Sojaproduktion und die dafür notwendigen Ackerflächen wird in Afrika und Südamerika sowie Teilen Asiens Regenwald abgeholzt. Außerdem werden viele vegetarische Erzeugnisse als Halbfertig- oder Fertiggerichte angeboten. Sie sind in Kunststoff eingeschweißt, mit Geschmacksstoffen auf »Wurst« oder andere Lebensmittelimitataromen getrimmt und daher in der Öko- und Klimabilanz ebenfalls problematisch.

Letztlich läuft es immer wieder auf den einen Punkt hinaus: Was dem Klima, unseren Lebensgrundlagen und damit uns selbst hilft, ist frische Ware, die nicht zu weit transportiert wird. Bei frischer Ware muss man allerdings auch auf die Saison achten, denn kommt das Gemüse im Winter aus einem beheizten Treibhaus, ist das schlecht für die Klimabilanz. Und je reiner und unverarbeiteter ein Lebensmittel, desto reiner kann auch das Klimagewissen sein: Ein Kilogramm frische Kartoffeln liegt bei 200 Gramm CO_2, tiefgekühlte Pommes hingegen bei 5,7 Kilogramm CO_2. Fertiggerichte sind bei Weitem nicht so klimafreundlich wie frische Ware, denn jeder industrielle Verarbeitungsschritt wie Gefriertrocknen, Pasteurisieren und sonst wie Haltbarmachen und »Veredeln« kostet viel Energie. Auch Konservenobst ist eine CO_2-Sünde, denn die Herstellung der Dose ist energieaufwendig.

Bei Getränken bewähren sich Mehrwegverpackungen aus Glas oder Kunststoff (PET-Flaschen). Während eine 1-Liter-Leichtglasflasche 56 Gramm CO_2 verbraucht, liegt die Getränkedose bei 365 Gramm.

Ein wichtiges Thema ist auch die Verpackung von Lebensmitteln. Bei der Herstellung von einem Kilo Alufolie werden neun Kilo CO_2-Emissionen frei. Die Deutschen sind mit einem Jahresverbrauch von 38 Kilogramm große Alufans und Verpackungsweltmeister. Aber Müll ist ein großes Klimaproblem. Jeder Bundesbürger hinterlässt im Laufe eines Jahres 500 Kilo Abfall. Wenn der verbrannt wird, entstehen dabei 500 Kilo Kohlendioxid. Auch unser zunehmendes »Open-Air-Futtern«

im Stil der vor allem in den Städten weitverbreiteten »To go«-Kultur ist klima- und umweltfeindlich. Um nur noch ein Beispiel zu nennen: In Deutschland werden pro Stunde 320.000 Einwegkaffeebecher verbraucht. Das macht im Jahr fast drei Milliarden Becher! Und dabei ist das Müllproblem nur die eine schmutzige Seite der Medaille; die Pappbecherproduktion verbraucht auch noch jede Menge fossile Energie. So machen die CO_2-Emissionen nur für die in Deutschland pro Jahr verbrauchten Becher über 83.000 Tonnen aus. Für die meist aus Polystyrol bestehenden Deckel kommen noch mal 28.000 Tonnen CO_2 dazu.

Vom Winde verweht
Überall auf der Welt gehen fruchtbare Böden verloren: 11 Millionen Quadratkilometer Land gelten bereits als geschädigt. In China spülen Flüsse das Ackerland weg und Stürme legen blanken Boden bloß. Im Mittleren Westen der USA wurde bereits 1935 aus dem »Brotkorb« Amerikas und fruchtbarem Farmland eine »Dust Bowl« – eine leere Staubschüssel. Es kam viel zusammen: Regen blieb aus, der wertvolle Mutterboden wurde durch Stürme weggeblasen. Geschätzte 800 Millionen Tonnen Mutterboden gingen verloren. Die Geschichte der Erosion im Mittleren Westen und ihre Folgen könnte für uns heute eine Warnung sein. Damals wurde der empfindliche Boden mit Rindern überweidet. Die Tiere sollten Fleisch liefern, doch der Prärieboden ließ sich nicht einfach so in Weiden verwandeln. Die klimatische Veränderung gab dem Raubbau durch die Farmer den Rest.

In Deutschland ist der Ackerbau Hauptursache für die Bodenerosion. Die Universität Hannover misst seit der Jahrtausendwende auf repräsentativen Ackerflächen in Niedersachsen, wie schnell der Boden erodiert. Demnach gehen bis zu 3,2 Tonnen pro Hektar im Jahresdurchschnitt verloren. Es ist Ackerkrume, die unwiederbringlich verloren ist.

Irrsinnige Transporte

Auch der Transport von Lebensmitteln ist ein wesentlicher Faktor: Nordseekrabben werden in Marokko gepult, weil dort die Arbeitsstunden billiger sind. Dann werden sie per Flugzeug nach Deutschland zurückgebracht. So hat jede Krabbe 7000 Flugkilometer auf dem Konto, bevor sie auf dem Teller landet. Auch tropische Früchte wie Mango und Papaya kommen im Jet nach Deutschland. Wir essen Erdbeeren und Spargel im Winter, ohne nachzudenken. Tiefgekühltes Lammfleisch wird aus Neuseeland eingeflogen und hat bei der Ankunft 50 Mal so viel Treibhausgase verpulvert wie bei der Erzeugung. Gleichzeitig bemühen sich Touristiker, Naturschützer und verantwortungsvolle Bürgermeister in verschiedenen Regionen, die Schafhaltung zur Bewahrung einmaliger Kulturlandschaften aufrechtzuerhalten. Oft fehlt es aber an der Vermarktung, da die Konsumenten billiges Fleisch aus Übersee gegenüber der heimischen Ware bevorzugen. Das killt Kulturlandschaft und Klima gleichermaßen. Doch auch bei regionalen Lebensmitteln muss man genau hinschauen. Wer deutsche Äpfel außerhalb der Saison im Sommer kauft, tut dem Klima keinen Gefallen. Die Lagerung der Äpfel verbraucht viel Energie im Kühlhaus – und das ist wiederum schädlich fürs Klima.

Billigessen kommt dem Klima teuer zu stehen

Ein großes Problem ist vor allem in Deutschland der von der Lebensmittelwirtschaft und dem Lebensmitteleinzelhandel gepflegte und von der Politik nicht gestoppte Wahn, dass Lebensmittel fast nichts kosten dürfen. Aldi, Lidl, Rewe und Co überbieten sich Woche für Woche mit Sonderangeboten und Niedrigpreisen. Das erhöht den Druck auf die Landwirtschaft zur billigen Produktion. Die ist nur durch weitere Technisierung und erheblichen Chemieeinsatz auf größeren Flächen mit immer größeren Maschinen in der Lage, die billigen Ausgangsmaterialien zu erzeugen. Billignahrung wird also mit vielen Problemen für Natur, Umwelt, Mensch und Klima erkauft. Es ist eine teuflische Spirale: Verbraucher wollen günstige Preise, und diese günstigen Preise führen Verbraucher zu verkehrtem, klimaschädlichem Konsum.

Herausforderung Wissenserosion – Klimaschutz durch Wissen

Eine der Ursachen liegt sicherlich darin, dass der Mensch vergisst, was er isst. Wer kennt und erkennt noch die auf unseren Äckern reifenden Getreidesorten, die Gerste mit ihren langen Grannen oder den Hafer mit seinen wogenden Rispen? Wer weiß, wozu die verschiedenen Getreidesorten verwendet werden? Wie macht man einen Kartoffelsalat? Oder wer geht noch mit den Eltern oder Großeltern zum Äpfelauflesen und erhält so ganz nebenbei Informationen über die Tiere auf der Obstwiese und die Wildpflanzen am Wegesrand? Viele Schülerinnen und Schüler kennen heute mehr Handy-Apps als Vogelstimmen und mehr Automarken als Pflanzenarten. Immer weniger junge Menschen können von eindrucksvollen Naturerlebnissen berichten oder kennen typische heimische Nutzpflanzen und Nutztiere. Ähnliches gilt auch für ökologische Zusammenhänge und Kreisläufe.

Gerade in der Generation der Heranwachsenden wird die Wissenserosion in Sachen Natur, Landschaft, Landwirtschaft und Ernährung ganz besonders deutlich. Die zunehmende Naturentfremdung und die schwindenden Kenntnisse in weiten Bereichen des Natur- und Alltagswissens haben Auswirkungen auf das Klimagewissen unserer Gesellschaft. Aber warum ist es so schlimm, wenn Kinder sich in der Natur nicht mehr so gut auskennen, dafür aber mit Technik oder Internet? Die Antwort ist einfach: Der Wissensverlust ist Ursache für andere Probleme oder für den Mangel an Problemlösungen. Fachkenntnisse und -wissen sind nämlich ebenso wie persönliche emotionale Erfahrungen Grundvoraussetzungen für die Ausbildung eines Bewusstseins – für Umweltbelange, für gesunde Ernährung, für die vielfältigen Zusammenhänge und Vernetzungen in der Natur und somit auch für nachhaltige Entwicklung. Gerade von diesem Bewusstsein hängt ganz maßgeblich die Motivation und Bereitschaft einer Person ab, entsprechend zu handeln. Nachhaltigkeit braucht also das Problembewusstsein und die Handlungskompetenz des Einzelnen.

Ansätze hierfür bietet Essens- und Umwelterziehung. Diese sollte in eine nachhaltige Schulverpflegung integriert werden. Dabei kann es nicht allein darum gehen, den Hunger zu stillen. Es geht auch darum, Themen der Ernährung, der Nachhaltigkeit, der Umweltvorsorge und des Klimaschutzes zu verbinden. Es geht darum, die zahllosen Verknüpfungen zwischen unserem Essen, der landwirtschaftlichen Erzeugung, der Landschaft, der Natur, dem Klimaschutz oder dem Erhalt der biologischen Vielfalt aufzuzeigen. Es geht darum, durch eine umfassende Aufklärung letztendlich die Selbstkompetenz bei Kindern und Jugendlichen zu stärken. Wie in vielen Bereichen der Umweltvorsorge können wir auch beim Klimaschutz mit Innovation und Technik viel erreichen, stoßen aber meist an den Punkt, wo auch die Menschen ihr Verhalten ändern müssen. Eine gewisse Einsicht ist gerade beim Klimaschutz (der beim nachhaltigen Konsum beginnt) unabdingbar: Unsere schützenswerte Natur muss erst einmal als solche erkannt, verstanden und geschätzt werden. Wenn wir nicht schon unseren Kindern und Jugendlichen eine Beziehung zu Natur und Umwelt vermitteln, finden wir künftig auch keine Erwachsenen mehr, denen Klimaschutz, Naturschutz, Umweltvorsorge, biologische Vielfalt und nachhaltige Entwicklung am Herzen liegen und die sich dafür engagieren.

Dabei spielen auch unsere Lebensgewohnheiten eine Rolle: mit dem Smartphone oder dem iPad noch schnell eine SMS oder eine E-Mail verschicken, eine neue App runterladen und nebenher ein paar Bissen Fertigpizza oder Döner – so oder ähnlich sieht vielerorts die Mittagspause der Schüler aus. Falsche Ernährung und Bewegungsmangel führen dazu, dass immer mehr junge Menschen übergewichtig sind. Die Sportmedizinerin Christine Graf von der Deutschen Sporthochschule in Köln warnt vor dem Bewegungsmangel bei Kindern. Sie fürchtet einen Teufelskreis von schlechten motorischen Fähigkeiten bis hin zu schweren Erkrankungen wie Diabetes. Jedes fünfte Kind in Deutschland ist zu dick – Tendenz steigend. Wie kann man dem Problem begegnen? Unsere Gesellschaft wird hier vor große Herausforderungen und Anstrengungen gestellt. Schließlich bedingt die Ernährungssituation von heute ganz maßgeblich die Gesundheitsausgaben von morgen. Der Auftrag der Ernährungserziehung wird inzwischen immer mehr den Schulen überlassen. In der Tat sieht die Ernährungssituation im

Schulalltag oft schlecht aus: Manch Jugendlicher greift in der Pause lieber zu Burger, Schokoriegel oder Chips als zu Vollkornbrot und Apfel. Und vielen Kindern wird nicht mal eine Pausenvesper mitgegeben. Wir brauchen deshalb nicht nur eine andere Ernährungserziehung, sondern auch die Verknüpfung mit Klimakompetenz. Die Herausforderungen sind global so gewaltig, dass mit den grundsätzlichen Themen – und hier stehen unsere Essgewohnheiten ganz vorne – begonnen werden muss.

Werden Obstbäume bald im Dezember blühen?

Wie sich der Einfluss von Witterung, Wetter und Klima auf die jahreszeitliche Entwicklung und vor allem auf die Wachstumsphasen von Pflanzen und Tieren auswirkt, nennt die Wissenschaft »Phänologie«. Der Begriff geht auf das Altgriechische zurück und bedeutet so viel wie »ich erscheine«. Phänologie verbindet Biologie und Klimatologie. Wer das Geschehen in der Natur aufmerksam beobachtet, hat sicher bemerkt, dass sich die Jahreszeiten zu verschieben scheinen. Das war schon nach der Jahrtausendwende zu bemerken: Der Beginn der Kirsch-, Zwetschgen- und Apfelblüte verlagerte sich immer weiter nach vorne im Jahr. In Baden-Württemberg etwa blühen die Obstbäume im Vergleich zu 1989 mittlerweile dreizehn Tage früher. Kommt es dann (was häufig der Fall ist) zu Spätfrösten, erfrieren die Blüten so wie 2017. Schreitet die Entwicklung voran, dann werden Obstbäume bald im Dezember blühen. Landschaft und Landwirtschaft im Klimastress!

Landwirtschaft, Klimawandel und Landflucht

Weltweit sind die Herausforderungen noch weit größer. In vielen Ländern geht es nicht darum, was und wie die Menschen essen, sondern ob sie überhaupt etwas zum Essen haben. »Wenn tatsächlich die durchschnittliche Erderwärmung über 2 Grad ansteigt, werden zusätzlich Hunderte von Millionen Menschen in Armut und Hunger rutschen. Welche sicherheits- und weltpolitischen Konsequenzen das hat, kann man sich ja nur zu leicht vorstellen«, so Martin Frick, Klimadirektor der Welternährungsorganisation der Vereinten Nationen (FAO) mit Sitz in Rom. Nach Ansicht des Landwirtschaftsexperten wird der Anstieg der Erdtemperatur die Landwirtschaft in allen Bereichen der Erde mehr treffen als jeden anderen Bereich der Wirtschaft. Das sehen auch viele andere Wissenschaftler, Umweltverbände und Hilfsorganisationen wie Brot für die Welt und Misereor, Stiftung Weltbevölkerung und IOM (Internationale Organisation für Migration) so. Alle Szenarien deuten darauf hin, dass Ackerflächen, die nur wenig über dem Meeresspiegel liegen, versalzen – so etwa im Nildelta oder in Bangladesch. Trockenperioden und lang anhaltende Dürren vernichten Ernten oder führen dazu, dass in Gebieten, in denen bisher noch Landwirtschaft betrieben wurde, kein Ackerbau mehr möglich ist. Wo es nichts zu essen gibt und auch das Wasser fehlt, sind die Menschen gezwungen abzuwandern.

Dem wollen Bauernverbände und Wissenschaftler verschiedenster Disziplinen durch Bioökonomie begegnen. Das Zauberwort für die Verknüpfung verschiedener Disziplinen wie Land- und Forstwirtschaft, Gartenbau, Tier- und Pflanzenzüchtung, Fischerei und Aquakulturen sowie Nahrungsmittelindustrie und Bereiche der Holz-, Chemie- und Pharmaindustrie und der Ernährungswirtschaft wird ganz unterschiedlich interpretiert. Der Vorteil ist sicherlich die interdisziplinäre Zusammenarbeit. Doch wie soll dieser eigentlich vernünftige Ansatz funktionieren, wenn ganze Ackerbauregionen kollabieren?

Die Elite der Agrarwissenschaftler ist gespalten. Während die einen meinen, durch gentechnische Veränderungen Pflanzen züchten zu können, die auch in trocken-heißen oder eben besonders kalten Gebieten existieren können, und Agroindustrien wie Syngena, Monsanto, Bayer Crop Science, Dupont, DowAgroSciences und BASF darauf spekulieren, alles »machen« zu können, setzen andere darauf, über Jahrtausende durch gezielte Anpassung entstandene und bewährte Vielfalt etwa von Reis, Hirse, Weizen und anderen Getreidesorten zu erhalten und unabhängige regionale Produktionskreisläufe wieder aufzubauen. In den vergangen Jahrzehnten wurde nicht nur viel Wissen, sondern wurden auch unendliche Naturwerte vernichtet. So gab es früher weltweit etwa viertausend Kartoffelsorten – davon sind heute rund zweihundert in

Deutschland zugelassen. Im Supermarkt findet man vielleicht zwei oder drei, auf einem guten Biomarkt auf dem Land auch einmal fünf Sorten. Das Gleiche gilt für Reis, Mais, Tomaten und viele andere Nahrungsmittel. Aus einer ungeheuren Vielfalt ist durch die Abhängigkeit der Bauern von der globalen Agrarindustrie eine Art »Einheitsbrei« geworden.

Überall wurden Menschen von Märkten in einer unheilvollen Allianz aus Saatgutmonopolisierung und Düngemittel- und Pflanzenschutzmittel-Missionierung abhängig gemacht und letztlich ihrer Freiheit beraubt. Werden solch unheilvolle Entwicklungen nicht durchbrochen, kann es nicht gelingen, die Menschen wenigstens dort, wo es die Umweltbedingungen erlauben, in ihrer angestammten Heimat als freie, unabhängige Bauern zu halten. Das aber ist Grundvoraussetzung, um die jetzt schon absehbaren Wellen von Umwelt- und Klimaflüchtlingen nicht noch mehr anschwellen zu lassen (siehe auch Kapitel »Klima-Killer Mensch«).

Andere Wissenschaftler setzen vor allem in den Städten auf Etagen-Pflanzenbau und -Tierproduktion. Ihnen schweben Hochhäuser vor, bei denen in geschlossenen Systemen Nahrungspflanzen, Fische, Hühner und andere Tiere zur Lebensmittelerzeugung in vernetzten Systemen gehalten werden. Der Kot der einen Etage wird zum Dünger der anderen. Das klingt interessant, wird jedoch kaum ausreichen, um künftig mehr als neun Milliarden Menschen zu ernähren. Auch blenden solche Modelle aus, dass Landwirtschaft über Jahrtausende hinweg eine Produktion in der Natur war und mit dieser in vielfältigen Verflechtungen steht. Es fällt schwer, sich mit dem Gedanken zu befassen, dass Nahrungsmittelproduktion vollkommen hochtechnisiert und abgeschirmt von der Natur stattfindet. Auch wenn es Ansätze mit Aquakulturen – etwa Scampi, die in Salzwasser in geschlossenen Hallen bei München großgezogen werden und andere Beispiele – schon gibt.

Ist das die Kapitulation vor dem von den Industrienationen selbst verursachten Krieg gegen Kulturen und Klima? Es ist schon seltsam, wie sehr die unheilvolle Allianz aus industrialisierter Landwirtschaft und chemischer Industrie von der Politik national wie international verschont wird.

Klimawandel bedroht Saatgut-Archiv
Es sollte ein sicheres Depot und Archiv von Saatgut werden. Auf der Inselgruppe Spitzbergen wurden im »Global Seed Vaul« bei Minusgraden Pflanzensamen aus der ganzen Welt eingelagert. Damit soll eine Möglichkeit geschaffen werden, bei Naturkatastrophen oder auch nach Kriegen auf das wertvolle genetische Material zurückzugreifen. Doch nicht einmal das »ewige« Eis ist sicher. Wie die Deutsche Presseagentur im Mai 2017 meldete, ist nach starken Regenfällen und der Schneeschmelze aufgrund der Hitzewelle in einem der Zugangstunnel Wasser entdeckt worden. Zwar ist noch kein Saatgut beschädigt worden, aber die Verletzlichkeit des sorgfältig gewählten Standortes für die als sicher geltende Gendeponie wird offenkundig. Es ist ganz einfach auf unserem Planeten nichts mehr, wie es war.

Was wir tun können, was sich ändern muss

Jeder Einzelne
- Bürger können Klimapolitik mit dem Einkaufskorb machen: Achten Sie auf Bioprodukte und TransFair-Artikel.
- Informieren Sie sich über ökologischen Landbau und nachhaltige Landwirtschaft (siehe auch Adressen im Anhang des Buches).
- Bedenken Sie, dass die Industrie beim Thema »Grüne« Gentechnik massive Eigeninteressen hat, bei denen es um sehr viel Geld geht. Prüfen Sie deshalb immer die Quelle Ihrer Informationen.
- Beteiligen Sie sich an der gesellschaftlichen Diskussion. Schreiben Sie Leserbriefe, gehen Sie zu Podiumsdiskussionen oder wenden Sie sich an Bundestags- und Landtagsabgeordnete an Ihrem Wohnort oder die Eruopaabgeordneten in Straßburg und Brüssel.
- Wählen Sie Restaurants aus, von denen Sie wissen, dass hier noch echt und mit heimischen Erzeugnissen gekocht und regional eingekauft wird. Das hilft Klima und Körper. Kritisch zu sein hilft auch, Ihre Gesundheit und den guten Geschmack zu schützen.
- Verzichten Sie selbst, wo immer möglich, auf »Convenience Food«. Wenn Sie an einer Himalaya-Expedition teilnehmen, wird das

kaum möglich sein, aber im täglichen Leben ist es einfacher, als man glaubt.
- Anonyme Zutaten haben meist einen problematischen CO_2-Fußabdruck. Hierzu informieren auch Verbraucherverbände, Initiativen wie Food Watch und Slow Food, Natur- und Umweltverbände und deren zahlreiche regionale und lokale Organisationen.
- Setzen Sie sich dafür ein, dass es in den Schulen wieder richtigen Koch- und Geschmacksunterricht gibt. Heranwachsende müssen in die Lage versetzt werden, sich selbst auch ohne Fertigprodukte zu versorgen. Kochen Sie mit Ihren Kindern. Vermitteln Sie Koch- und Klimakompetenz.
- Geben Sie Ihren Kindern keine Fertigprodukte als Schulfrühstück mit und vermitteln Sie ihnen auch so den vernünftigen Umgang mit Essen.
- Beim Einkauf sollten Sie sich bewusst sein, dass der Griff zur Fertignahrung intensiver Landwirtschaft und Massentierhaltung Vorschub leistet. Dieser hat negative Auswirkungen auf das Klima. Solange Grundprodukte nicht aus ökologischer Landwirtschaft stammen, wird sich daran wohl nichts ändern. Deshalb gilt die Empfehlung: Wo immer es geht, Bioprodukte kaufen. Das ist die beste »Rundum-Garantie« für nachhaltige klimaverträgliche Landwirtschaft und gesunde Ernährung.
- Wählen Sie, wo immer möglich, Produkte der Saison aus regionaler Erzeugung. Sie unterstützen damit landschaftliche Vielfalt und helfen, Tierleid zu vermeiden.
- Wenn sie die Möglichkeit haben, kaufen Sie direkt beim Bauern ein. Regionale Einkaufsmöglichkeiten erfahren Sie bei den Gemeinden, Städten und Landkreisen, Verbraucher- und Naturschutzorganisationen. Weitere Adressen erhalten Sie von den im Anhang dieses Buches genannten Stellen und Organisationen.
- Fordern Sie auch im Supermarkt »echte« Frische aus heimischer Produktion, die keine langen Transportwege mit hohem CO_2-Ausstoß hinter sich hat. Je mehr Verbraucher entsprechende Fragen und Forderungen stellen, desto eher wird sich etwas ändern.
- Protestieren Sie gegen Massentierhaltung! Bei dieser wird oft Futter

eingesetzt, das auf Flächen erzeugt wurde, für die Regenwald und andere grüne Lungen zerstört wurden. Außerdem hat dieses Futter lange Transportwege hinter sich.
- Schreiben Sie an die Bundeslandwirtschaftsministerin, an den Landwirtschaftsminister Ihres Landes sowie an Ihre Landtags- und Bundestagsabgeordneten! Fordern Sie mehr Unterstützung für die Biobauern!
- Fordern Sie die Europaabgeordneten auf, für eine Änderung der politischen Rahmenbedingungen der Landwirtschaft zu sorgen!

Politik und öffentliche Hand
- In den Schulen muss dringend durchgängig Kochunterricht (wieder) eingeführt werden, der Selbstkompetenz vermittelt und aufzeigt, wie das Essverhalten mit Klimaschutz, Umwelt- und Daseinsvorsorge zusammenhängt.
- Die Ganztagesverpflegung an Kindergärten, Schulen, Universitäten und anderen öffentlichen Einrichtungen ist nach Nachhaltigkeitskriterien auszurichten. Wichtig sind kurze Wege bei den Zutaten sowie die Verwendung regionaler und saisonaler Produkte.
- Eine radikale Änderung der bislang schon verfehlten Landwirtschaftspolitik in der Europäischen Union und auch in den Mitgliedsländern ist dringend erforderlich. Weg von der Förderung klima- und umweltfeindlicher Massenproduktion und Hinwendung zu einer nachhaltigen, am Lebendigen orientierten Landwirtschaft
- Die Vernichtung von Lebensmitteln zur Stabilisierung von Marktpreisen muss gesetzlich verboten werden.
- Massive Besteuerung beziehungsweise generelles Verbot umweltschädlicher Chemikalien und chemischer Düngemittel
- Förderung des Biolandbaus

Wirtschaft
- Kein Investment in nicht nachhaltige Agrarproduktion. Klimacheck von Geldanlagen und Beteiligungen
- Hinwendung zur Produktion von Lebensmitteln statt mehrfach verarbeiteten lebensfeindlichen »Nahrungsmitteln«

- Verzicht auf Plastikverpackungen, die zum größten Teil auf Erdölbasis hergestellt werden, Entwicklung von Alternativen – zum Beispiel das »Natural Branding« von Lebensmitteln voranbringen[13]

Fazit: Durch die Entfremdung der Verbraucher vom Anbau ihrer Lebensmittel hat sich eine klimafeindliche Konsumentenhaltung entwickelt. Wir müssen wieder bewusster essen. Lebensmittel müssen wieder als wertvoll gesehen werden. Lebensmittel sind Mittel zum Leben – und keine Wegwerfprodukte! Es gilt, unserem »täglichen Brot« wieder mehr Achtung zu schenken.

Zwischen sengender Sonne und Sturmzeiten
Von der Notwendigkeit einer neuen Stadtstrategie

»In der Hoffnung, den Mond zu erreichen,
vergisst der Mensch die Blumen,
die zu seinen Füßen blühen.«

Albert Einstein (1879 – 1955)

Putzig sieht sie aus, die kleine grüne Wand, und sie lebt sogar! An der stark befahrenen Straße, die sich im Laufe der Jahrzehnte zur Stadtautobahn entwickelt hat, wurde das rund zwei Mal zwei Meter große Gestell installiert. Zwei kleine, zur Installation gehörende Bänke sollen zum Verweilen einladen. Den Leuten, die sich da vielleicht ausruhen wollen, ist Unterhaltung garantiert. Denn sie können den ganzen Tag und fast die ganze Nacht hindurch auf die Zigtausend Autos blicken, mit denen sich deren Besitzer auf vier Fahrspuren durch die alte Residenz- und Garnisonsstadt Ludwigsburg quälen. Vielleicht bekommen sich ausruhende Passanten sogar ein wenig frische Luft. Denn die Wand ist nicht nur grün, sie lebt! Mit Moosen bepflanzt, tut sie den Augen gut. Aber die Moose haben über ihre beruhigende Funktion hinaus noch eine andere Aufgabe: Sie sollen Feinstaub binden und die Luft filtern.

Sicherlich haben es da einige Leute gut gemeint. Gepriesen wird das grüne »Modul« mit seinen 1.682 einzelnen Moospflanzen als »City-Tree«. Zum »Stadt-Baum« gehört auch eine kleine Solaranlage. Ihre Sensoren steuern ein Bewässerungssystem mit integriertem Wassertank. Ob der Ci-

ty-Tree die Menschen auf den gegenüberliegenden Bänken erfreut? »*Der Kampf gegen Feinstaub beginnt in Ludwigsburg – erst einmal nur mit Mooswänden in der Größe von Flachbildschirmen ...*« schreiben die Stuttgarter Nachrichten *ironisch. Natürlich handelt es sich zunächst um ein Forschungsprojekt. In Stuttgart wurden auf 100 Metern Länge Mooswände aufgestellt. Sie sollen Feinstaub ebenso schlucken wie andere Schadstoffe. Kann Moos an der Wand die Lösung sein? Oder ist das Ganze letztlich nur Ausdruck von hilflosem Aktivismus an Straßen, die bei bestem Willen noch lange ein hohes Verkehrsaufkommen haben werden? Es geht nicht darum, die Verantwortlichen für solche* »*Lösungen*« *der Lächerlichkeit preiszugeben. Auch in anderen Städten wird mit diesen grünen Elementen experimentiert. Schließlich engagiert sich die rund 87.300 Einwohner zählende Barockstadt Ludwigsburg mitten in der rund 5,3 Millionen Einwohner zählenden Metropolregion Stuttgart seit Jahren mit großer Konsequenz für Nachhaltigkeit. Dafür wurde sie auch mit dem Deutschen Nachhaltigkeitspreis gewürdigt. Nein, es geht um etwas anderes. Es geht um die Hilflosigkeit, mit der in unserer Gesellschaft versucht wird, die Luft reinzuhalten, Umweltqualität zu sichern und Lebensqualität zu erhöhen. Und es geht auch um die fehlende Konsequenz, es mit dem Grün ernst zu meinen – auch dort, wo allzu oft ökonomische Argumente ökologische und stadtklimatologische Erfordernisse im Keim ersticken.*

Denn während solche Umwelt- und Klimaschutzdekorationsstücke für teures Geld Städte »bereichern«, wird der urbane Raum vor allem in den prosperierenden Stadtagglomerationen Tag für Tag mit Beton und Asphalt zubetoniert. Das fängt im Kleinen an und vernichtet im großen Stil natürliche Klimaregulatoren. Während Mooswände zur Bindung von Feinstaub und zum Filtern der Luft aufgestellt werden, kratzen Hausmeister, Gärtner und Hausbesitzer das letzte bisschen Grün aus den Fugen und Ritzen der Gehwege, Plätze und befestigten Anlagen. Auch Löwenzahn, Gänseblümchen und andere Überlebenskünstler zwischen Beton und Asphalt haben keine Chance. Ist das nicht grotesk? Schlimmer noch wirkt sich die weiter ungebremste Nachverdichtung in den Städten aus. Weil immer mehr Menschen in Städten mit ihrem reichhaltigen Freizeit- und Kulturangebot wohnen wollen, ist Nachverdichtung das große Stichwort. Und so werden nicht nur in Stuttgart, München und Hamburg alte Häuser abgerissen, Tiefgaragen gebuddelt und mal mehr, mal weniger gut designte Wohnblocks dorthin geklotzt, wo zuvor noch eine Linde stand oder eine Eiche für frische und saubere Luft sorgte. Parkartige Gärten ohne deutschen Einheitsrasen und klimaschädlichen Stickstoffdünger schrumpfen zusehends, obwohl sie jahrzehntelang die Lebens- und Umweltqualität der Menschen in den Städten verbessert haben. Dabei geht es nicht um einen Garten, der versiegelt wird – es ist die Summe aller Anti-grün-Pflegekampagnen! Es ist die wilde Ecke, die fehlt. Es ist der Pflasterbelag der Hofeinfahrt, der öffentliche Platz und die gerupften Beete, aus denen Moose, Flechten und Unkräuter penibel entfernt werden. Alle dieser Maßnahmen zusammen beeinflussen das Stadtklima – da können auch angelegte grüne Wände mit Moosmodulen nicht helfen.

So werden unsere Städte zunehmend lebensfeindlicher, weil ihnen die kleinen und großen grünen Lungen genommen werden. Und das geht zu Lasten des Stadtklimas – und am Ende zu Lasten des Menschen, etwa in Zeiten extremer Hitze. Es ist nachgewiesen, dass entsprechende Grünbestände je nach Struktur der Stadt einen erheblichen Teil der Hitze abpuffern können. Darauf weist selbst das Bundesministerium für Umwelt, Naturschutz und nukleare Sicherheit zusammen mit verschiedenen Fachbereichen im Aktionsplan der Deutschen Anpassungsstrategie an dem Klimawandel des Bundes hin. Das heißt, unter heißen Sommertagen, die wir in der Stadt wie in einer gigantischen Sauna bei entsprechender Extremhitze künftig öfter erleben werden, leiden immer mehr Menschen. Denn immer mehr Menschen zieht es in die Städte – und vor allem alte Menschen sind anfälliger gegen Hitze und an Leib und Leben gefährdet.

So wird für Karlsruhe im deutschen Südwesten mit einer Zunahme der heißen Tage auf mehr als das Doppelte bis zum Jahr 2050 gerechnet. Und schon 2013 wurden dreiundfünfzig derartige Hitzetage mit Temperaturen über 30, zwölf davon mit über 35 Grad, registriert.

Von den Auswirkungen des Klimawandels werden gerade Stadtbewohner immer häufiger betroffen sein. Städte sind anfällig für Überhitzung. Das bedingen die Strukturen aus Beton, Steinen, Ziegeln, Asphalt,

Glas und Stahl.. Trotzdem zieht es immer mehr Menschen in die Stadt. Seit den 90er-Jahren ist ein verstärkter Trend gerade auch in Deutschland, Österreich und der Schweiz zum Wohnen in der Stadt erkennbar. Heute leben in Deutschland rund drei Viertel der Einwohner in Städten oder in sogenannten Verdichtungsräumen, also Gebieten mit stadtähnlicher Struktur.

Wie überleben wir in der Großsauna Stadt?

Nicht nur in Mitteleuropa ist der Trend in die Stadt ungebrochen. Die weltweite Entwicklung sieht ähnlich aus. Die Vereinten Nationen prognostizieren, dass in dreißig Jahren zwei Drittel der Menschen in Städten leben werden. Landflucht ist in vielen Regionen Afrikas, Südostasiens und Südamerikas auch eine Folge des Klimawandels. Heute leben mehr als die Hälfte der Menschen weltweit zwischen Glas, Stahl und Beton.

Wenn alles gut funktioniert, ist das Leben in der Stadt bequem und hat viele Vorteile: Es gibt ein abwechslungsreiches Kunst- und Kulturangebot, Ärzte und Krankenhäuser sind schnell erreichbar, Arbeitsplätze, Schulen und Kindergärten befinden sich vor Ort. Wo das öffentliche Verkehrsnetz funktioniert, garantiert es Verbindungen in alle Himmelsrichtungen. Ausgebaute Radwege und öffentliche Transportmittel wie Bus und Bahn helfen Normalbürgern, Staus zu umfahren. Die ganz Reichen – wie heute schon in Rio de Janeiro, Tokio, Hongkong, Bangkok und New York üblich – steigen in den Hubschrauber oder bald in autonom gesteuerte Großdrohnen, um zur Arbeit zu fliegen.

Doch wie wirkt sich der Klimawandel auf das Leben in der Stadt aus? Ist die klimafreundliche Stadt eine autofreie Stadt? Lassen sich Lärm- und Abgasbelastung in Städten überhaupt spürbar reduzieren? Wie sieht das soziale Zusammenleben in den Metropolen aus? Gibt es in Zukunft völlig neue Mietmodelle mit gemeinschaftlicher Nutzung der Wohnfläche durch mehrere Mieter? Oder sind es eher dörfliche Strukturen innerhalb der urbanen Gebiete, die Geborgenheit garantieren und eine eigene Infrastruktur unterhalten, um das Zusammenleben angenehm zu gestalten? Wie ist das Arbeitsleben organisiert? Setzt sich eine Work-Life-Balance mit Homeoffice-Tagen durch, damit die Unternehmen teure Büromieten einsparen können? Oder wird es Stadtquartiere geben, die von Unternehmen eigens für ihre Mitarbeiter erbaut werden und wie Wohn-Work-Module funktionieren? Kann es sein, dass Arbeitnehmer sich irgendwann in »Schichten« nicht nur den Arbeitsplatz, sondern auch den Wohnraum teilen?

Klingt absurd? Viele Modelle sind heute schon – so oder ähnlich – irgendwo auf der Welt Realität. So etwa das »temporäre Wohnen« in den Großstädten Tokio, New York und São Paulo. Dort ist es längst üblich, dass sich zwei Mietparteien eine Wohnung teilen, denn Wohnungen sind in Metropolen schon heute Mangelware und für viele Menschen nicht mehr bezahlbar. Überall in den Städten schießen die Immobilienpreise in ungeahnte Höhen. Auch die Kosten für »klimarelevante« Ausgaben wie Energie für Warmwasser, Strom, Heizung oder Kühlung lassen sich in unterschiedlichen Formen des Zusammenlebens reduzieren. Schon heute lassen wir uns von Apps den Weg durch den Stadt per Navi weisen, das Wetter vorhersagen und ein Flugticket buchen. Welche Rolle spielen Apps in puncto Klimawandel in der Stadt der Zukunft? Die digitalen Möglichkeiten scheinen unbegrenzt. Doch wie lange funktionieren Handys und Bordcomputer bei Stromausfall?

Hitzestau – wenn die Stadt zur Todeszone wird

Der Büroalltag ist für Eva (Name geändert) unerträglich. Seit über drei Monaten herrschen auch in Hamburg Temperaturen um die 30 Grad. Der Regen bringt keine Abkühlung, sondern tropische Schwüle. Die Luftfeuchtigkeit liegt über 80 Prozent und belastet den Kreislauf der dreiundvierzigjährigen Angestellten. »Wir sind angehalten, im Business-Outfit mit Blazer und Bluse zu erscheinen«, sagt die Kundenbetreuerin. »Schon morgens um 9 Uhr sammelt sich der Schweiß unter meinem Make-up.« Um sich zwischendurch rasch Kühlung zu verschaffen, geht Eva einfach hin und wieder in die Tiefgarage. In ihrer Firma gibt es nur in der Chefetage klimatisierte Räume. Was Eva nicht weiß: In den Arbeitsverträgen neuer Kolleginnen und Kollegen ist die Ausstattung der Büros mit einer mobilen Air-Condition-Einheit als Sonderleistung Vertragsbestandteil wie der Dienstwagen und die Höhe des Urlaubsgeldes. Die Nachrüstung mit Frischluftgeräten in einzelnen Büros führt aber zu permanenter Unzufriedenheit in der Belegschaft. Schon mehrfach hat Eva beim Chef vorgesprochen. »Er hat wenig Verständnis«, klagt sie. Dabei steigen die Krankmeldungen gerade in den nicht klimatisieren Büros während der Sommermonate sprunghaft an. »Mein Hausarzt stellt den Schein nur noch aus, wenn ich kurz vor dem Zusammenbruch stehe«, sagt sie. Die Ärzte sind angehalten, Arbeitsunfähigkeitsbescheinigungen aufgrund der anhaltenden Hitze nur in schweren Fällen auszustellen. Das Büro, in dem Eva arbeitet, hat große Fenster und ist direkt unter einem Flachdach untergebracht, auf das die Sonne im Hochsommer gnadenlos herunterknallt.

Der Betriebsrat verhandelt bereits seit über zwei Jahren über die Anbringung von Verdunklungsrollos oder wenigstens hitzeabweisenden Sonnenschutzvorhängen in den betroffenen Büroräumen. »Ich sitze den Tag über lieber in einer dunklen Höhle als in einem Brutkasten«, sagt Eva verzweifelt. Auch eine Bepflanzung auf dem Flachdach wird unter Kollegen diskutiert, aber aus Kostengründen lehnt die Geschäftsführung diese Lösung noch immer ab.

»Wenn ich nach Hause komme, ist es ein wenig erträglicher«, sagt die Dreiundvierzigjährige. »Ich kann die Fenster öffnen und querlüften.« Außerdem hängt sie feuchte Bettlaken im Zimmer auf einen Wäscheständer und nasse Baumwollhandtücher über die Küchenstühle. Den Trick hat Eva von ihrer Großmutter. Der Luft wird Wärme entzogen, während die Tücher trocknen. Experten sprechen bei dem Vorgang von Verdunstungskälte. Ein kleiner Ventilator bringt durch Luftzirkulation ebenfalls etwas Erleichterung. »Aber alles ist unterm Strich betrachtet nur ein Tropfen auf den heißen Stein«, klagt die alleinerziehende Mutter von zwei Kindern. Die Teppiche hat sie im Sommer aus der Wohnung verbannt. Sie wirken wie eine Wärmedämmung und halten die Hitze in den Räumen. Elektrogeräte – die ja auch im Stand-by-Modus Wärme abgeben – nimmt Eva von der Steckdose, bevor sie das Haus verlässt. Sie lüftet nur frühmorgens und abends, wenn die Außentemperaturen etwas kühler sind als die verbrauchte Zimmerluft. Tagsüber sind die Vorhänge zugezogen und die Rollos heruntergelassen. Eva tut alles, um die Hitze nicht ins Haus zu lassen. Denn ist die Wohnung erst aufgeheizt, wird es fast unmöglich, die Temperatur wieder zu senken. Der Kühleffekt bleibt bei langen Hitzeperioden eher dürftig. Laut Deutscher Energie-Agentur lässt sich die Sonnenbestrahlung durch eine »Innenbeschattung« um maximal 25 Prozent reduzieren. Doch der Blendschutz kann nur dann seine volle Wirksamkeit entfalten, wenn das Material hell ist. Eine Klimaanlage kann sich Eva wegen des hohen Energieverbrauchs nicht leisten. Mit den Außentemperaturen klettern auch die Preise von mobilen Kleingeräten, die einzelne Zimmer ohnehin nur dürftig herunterkühlen. Abgesehen davon sind Klimaanlagen Stromfresser. Ein mittelgroßes Raumklimagerät verbraucht im Monat etwa so viel Strom wie die Gefriertruhe das ganze Jahr über.

Der hier beschriebene Alltag ist keine Zukunftsschreckensvision, sondern konkrete, belastende Gegenwart. Ist es da nicht fast schon komisch, dass zwischen Bremerhaven und Berchtesgaden die Moderatoren der Wetterberichte in Rundfunk und Fernsehen noch immer jede Sonnenstunde bejubeln? Es werden sicher Zeiten kommen, in denen die wütenden Proteste der Zuschauer gegen das naiv-fröhliche Kommentieren von Temperaturen über 30 Grad für eine Wandlung der Wetterberichte sorgen.

Für Wissenschaftler gibt es keinen Zweifel mehr: Ursache der europaweiten Hitzewellen war im Jahr 2017 und in den Jahren davor die globale Erderwärmung. Das Climate Central World Weather Attribution Programm (WWA) erklärt: Extreme Sommer wie 2017 werden in Zukunft keine Ausnahme bleiben – sie werden zur Regel! Die Wahrscheinlichkeit für Hitzewellen habe sich verdoppelt. Forscher des Teams von WWA sprechen ein niederschmetterndes Fazit aus: Selbst durch eine strenge Reduzierung des Ausstoßes von Kohlendioxid ließen sich die negativen Folgen nicht mehr bremsen.

Die Ausnahme wird zur Regel

Tage wie der im Folgenden beschriebene werden wir künftig also öfter als bislang erleben: Schon seit vier Wochen hat es nicht geregnet. Zwar sind immer wieder einzelne Wolken aufgezogen; doch die haben sich in der sengenden Spätsommersonne schneller in Dampf aufgelöst, als sie gesichtet wurden. Die Luft ist zum Schneiden, und längst sind die sonst so beliebten Biergärten und Weinlauben menschenleer. Wo früher schon mittwochs die dauerfröhlichen Radiomoderatoren sonnige Party- und Freizeittipps fürs Wochenende verkündigt und Gartenlokale als Lokation empfohlen haben, herrscht gähnende Leere. Das nur 50 Kilometer von München entfernte Ammerseegebiet – ein beliebtes Ausflugsziel, um der Hitze in der Stadt zu entgehen – hat ein Mückenproblem! Die Biergärten bleiben trotz der heißen Temperaturen leer. Die schwüle und drückende Luft wirkt auf die Blutsauger wie ein Fortpflanzungskatalysator: Die Gäste fliehen vor den Mückenschwärmen, obwohl viele Wirte zum Bier gleich diverse Mückenschutzmittel im Angebot haben. Die Uferrandzonen sind perfekte Brutstätten für Mücken. In kurzen Abständen legt eine einzige Mücke zwischen 80 und 200 Eier. In städtischen Parkanlagen reichen Zierteiche oder die Untersetzer von Blumenkübeln als Brutstätte für die Entwicklung vom Ei über das Larvenstadium bis zur Verpuppung und letztlich zum geschlüpften Insekt aus. Nach zweiwöchigem Larvenstadium schlüpft bereits die nächste Generation der Plagegeister, die sich wiederum rasant vermehren. Geht die Temperatur hoch, wirken die tropischen Temperaturen zusätzlich wie ein Brutbeschleuniger für den Mückennachwuchs.

Die weiblichen Mücken brauchen die Eiweiße im Blut, um Nachwuchs in Form von Stechmückeneiern »erzeugen« zu können. Nur wer sich auf die Stechangriffe gut vorbereitet, kann sich besser schützen. Die Angst vor Krankheitserregern durch tropische Arten wie die Tigermücke nimmt gerade in Städten zu. Immer mehr Menschen klagen über allergische Reaktionen nach Stichen. »Es ist doch ein Horror, wenn man der Stadt nicht einmal in lauen Sommernächten entkommen kann«, sagt eine Wirtin am Ammersee. Allen Vorurteilen zum Trotz: Blutgruppe, Alter und Geschlecht der Opfer sind den Quälgeistern ziemlich egal. (Siehe auch Kapitel »Wenn das Klima krank macht«)

Auch im sonst eher kühlen Hamburg und in Hannover sind die Grünanlagen ausgedörrt und müssen bewässert werden. Es sieht an vielen Stellen der Parkanlagen so aus, wie man es sonst nur aus südlichen Ländern kennt. Irgendwo an einem Plätzchen der zur Steppe verbrannten Anlage zirpen die Grillen. Aus Gullys und anderen Schächten entweicht bestialischer Gestank, weil es an Regenwasser zum Durchspülen der Abwasserrohre fehlt. In diesen Rohren hängt der sonst so sorglos hinuntergespülte Wohlstandshaushaltsmüll aus Essens- und Toilettenresten mit anderem Unrat fest. Die glitzernden Einkaufsmeilen in den Städten bleiben menschenleer. Nur klimatisierte Shopping Malls werden hauptsächlich zur Abkühlung von wenigen Besuchern genutzt. Wo zwischen Mitternacht und Morgengrauen früher die Nachtschwärmer unterwegs waren, um die neusten Partydrinks zu testen, herrscht tote Hose. Es ist einfach viel zu heiß, um sich gepflegt zu betrinken. Auch in der Nacht steht die Luft. Die Menschen lechzen nach Wasser, die Supermärkte sind schnell leer gekauft. Wenn der Nachschub ausbleibt, nützt auch ein »24-Stunden-Betrieb« nichts. Die großen Lebensmittelketten ordern Mineralwasser; doch im Hochsommer sind die Zentrallager oft leer. Die Abfüllanlagen hinken dem Verbrauch hinterher. In einigen Supermärkten werden nur kleine Mengen Wasser an die Kunden verkauft. »Wir hatten wahre Hamsterkäufe, weil die Kunden sich vermehrt Vorräte angelegen«, sagt der Verkaufsleiter eines großen Nettomarktes in Hamburg. Doch was passiert erst, wenn die Versorgung in der Stadt nicht mehr gewährleistet ist? Solche Tage wird es also in Mitteleuropa viel öfter geben als noch in den 80er- oder 90er-Jahren. Die Ausnahme wird zur Regel.

Wenn Städte nicht mehr funktionieren

Wie gesagt: Solange das Leben in der Stadt einigermaßen reibungslos funktioniert, ist es ausgesprochen angenehm. Doch was ist, wenn die Stadt nicht mehr funktioniert? Wenn die Straßen nach lang andauerndem Starkregen überschwemmt sind? Wenn die Stromversorgung durch den Ausfall von Kraftwerken unterbrochen ist? Lang anhaltende Hitzeperioden führen schnell zu einem Mangel an Kühlwasser in den Kraftwerken …

Städte sind besonders empfindlich, wenn es – aus welchen Gründen auch immer – zu einem Stromausfall kommt. Ohne Strom funktionieren auch Klimaanlagen und Kühlschränke nicht. Und »kein Strom« kann im Notfall auch »kein Trinkwasser« bedeuten. Gerade die Haushalte in Städten haben wenig Platz für Vorräte, und viele Städter nehmen es mit der Vorratshaltung auch nicht so ernst. Man kann doch immer und überall und zu jeder Zeit einkaufen! Doch im Katastrophenfall sind die Supermärkte schnell leer. Wenn die Logistik zusammenbricht, weil die Lkw die Lager der Geschäfte nicht mehr füllen können, kommt es zu Engpässen. Und dann? Dann kann das bislang scheinbar so sorgenfreie Leben in den Städten sehr schnell unangenehm werden (siehe auch Kapitel »Kluge Vorsorge statt blindes Vertrauen«).

Während länger andauernder Hitzeperioden werden die Sanitätsfahrzeuge der Rettungsdienste künftig pausenlos im Einsatz sein. Die meisten Notfallpatienten sind über siebzig, und es gibt viele Senioren in den Städten. Gerade ältere Menschen leiden bei der Dauerhitze an Kreislauf- und Atemwegsbeschwerden sowie Dehydrierung. Für immer mehr Opfer des städtischen Hitzestaus wird die Lage schnell lebensbedrohlich. Eine erste Vorahnung, wie dramatisch die Situation aus dem Ruder laufen kann, gab es bereits im Jahr 2003, als die damalige Hitzewelle Europa im August wochenlang im Klammergriff hielt. Dieses Jahr mit der lang anhaltenden Hitzewelle soll für über siebzigtausend Tote in Europa verantwortlich gewesen sein – es war die bisher schlimmste Hitzekatastrophe in Europa. Zumindest was das kollektive Gedächtnis unserer Gesellschaft sowie die Aufzeichnungen in den Geschichtsbüchern anbelangt.

Betroffen davon sind nicht nur Risikogruppen wie Alte und Kranke. Auch Gesunde erleiden Zusammenbrüche durch Hitzschlag, Atemprobleme und Hyperthermie, also eine Überwärmung des Körpers. Unser Organismus wird mit längerer Belastung bei Temperaturen über 30 Grad nur schwer fertig. Die Gefäße weiten sich, die Durchblutung nimmt zu, und die Wärmeregulierung ist bei steigender Luftfeuchtigkeit schnell überfordert. Der Körper kann bei hoher Luftfeuchtigkeit einfach weniger Hitze durch das Schwitzen abgeben. Deshalb ist feuchtschwüle Luft besonders belastend.

Die erste Hitzewelle des Jahres 2017 hat in Athen schon im Frühsommer zu Stromausfällen geführt. Bereits in den frühen Morgenstunden waren die Temperaturen in der Griechenmetropole auf über 30 Grad geklettert. Die Reaktion der Menschen war logisch: Sie drehten ihre Klimaanlagen hoch, und zwar früher als sonst. Als das Thermometer dann im Laufe des Tages Werte von bis zu 44 Grad anzeigte, brach in einigen Stadtteilen Athens die Stromversorgung komplett zusammen. Die sonst eher träge Stadtverwaltung öffnete klimatisierte Gebäude als Aufenthaltsort für Passanten, damit sie zwischendurch Schutz vor Sonne und Hitze finden konnten.

Überall auf der Welt heizt uns der Klimawandel ein. Der Londoner Flughafen Heathrow erlebte am 25. Juli 2019 den heißesten Tag seit mehr als vierzig Jahren: Das Thermometer war auf über 36 Grad geklettert. Im US-Bundesstaat Arizona konnten auf Grund der Hitze zeitweise keine Flugzeuge verkehren. Auf den Start- und Landebahnen war der Asphalt geschmolzen, gerissen oder hatte Blasen gebildet. Spanien hatte 2017 den heißesten Frühling seit Beginn der Wetteraufzeichnungen, und in Australien fielen Tausende Flughunde wegen Überhitzung bei 42 Grad tot aus den Bäumen. Das klingt eher komisch als dramatisch, aber diese Tiere sind als Bestäuber vieler Pflanzen und damit für die Fortexistenz der jeweiligen Arten unentbehrlich! In Grönland sorgte milder Frühlingsregen für eine überraschende Eisschmelze. In anderen Teilen der Welt verwandeln sich Städte in höllische Glutöfen: In Ahvaz, einer Stadt im Südwesten des Iran, wurde die höchste jemals im Juni in Asien gemessene Temperatur verzeichnet: Mit 53,7 °C erreichte die Millionenstadt einen traurigen Weltrekord. Die hohe Luftfeuchtigkeit von über 90 Prozent in der iranischen Stadt Bandare-e Mahshahr legte das Leben in den Straßen bei ähnlichen Temperaturen lahm. Im Mai 2017 ächzte auch die Millionenstadt Turbat in Pakistan unter 53,5 Grad: Weltrekord für den Monat Mai. So unterschiedlich die Kulturen auch sein mögen, in Sachen Klimawandel sitzen wir alle unter derselben sengenden Sonne.

Energiefresser Stadt

Beim Trend zur weltweiten Erwärmung ist kein Ende in Sicht. Heißt das, viele Städte werden in Zukunft unbewohnbar? Wie viel Hitze kann ein Mensch überhaupt ertragen? Die tödlichen Hitzewellen, die Forscher bis zum Jahr 2100 vorhersagen, werden vor allem das Leben in den Städten bedrohen. Auch in Deutschland machen außergewöhnlich hohe Temperaturen gepaart mit Wetterextremen wie Starkregen und Sturm das Leben in Städten beschwerlich. Kaum war im Jahr 2017 der kalendarische Sommeranfang eingeläutet, registrierte der Deutsche Wetterdienst in Offenbach den »heißesten Tag«: Die Menschen in Andernach in Rheinland-Pfalz stöhnten unter Spitzentemperaturen von 37,1 Grad, in Köln herrschten 37 Grad, und Trier lag mit 36,7 Grad auf dem dritten Platz.

Klimamodelle der unterschiedlichsten wissenschaftlichen Einrichtungen prognostizieren, dass wir uns an noch mehr Hitzeperioden und eine signifikante Zunahme von Wetterextremen gewöhnen müssen. Je nach Szenario[14] wird der durchschnittliche Temperaturanstieg zwischen einem Grad und vier Grad Celsius (Bezugspunkt ist der Mittelwert der Periode 1986–2005) betragen. Der nach Schätzungen der UN errechnete Anstieg der Weltbevölkerung auf 9,6 Milliarden Menschen bis zum Jahr 2050 – das sind 2,4 Milliarden Menschen mehr als noch 2014 – lässt in diesem Zusammenhang nichts Gutes erwarten. Gerade in sogenannten Schwellenländern schießen Megastädte wie Pilze aus dem Boden; nicht ohne Grund lautet der Begriff für das Phänomen »mushrooming«. Nach Angaben der Vereinten Nationen leben schon heute über eine halbe Milliarde Menschen in Megastädten wie São Paulo, Peking, Manila und Johannesburg.

Per Definition übersteigt die Einwohnerzahl von Megastädten die Zehn-Millionen-Grenze. Weltweit existieren bereits über dreißig solche Megastädte, und der Trend des ungebremsten Wachstums schreitet voran. Nicht zuletzt, weil unter den herrschenden Klimabedingungen auch das Leben auf dem Land nicht mehr lebenswert ist. Trinkwasserquellen versiegen, fruchtbarer Ackerboden wird vom Winde verweht. Klimarelevante Veränderungen des Lebensraums sind gerade in sogenannten Entwicklungsländern natürliche Fluchtursachen. Das war schon vor Jahrhunderten und Jahrtausenden so – nur dass damals viel weniger Menschen auf der Erde lebten. Großstädte wirken anziehend. Trotz all der Probleme ist die Sterblichkeitsrate massiv gesunken, die Fortpflanzungsrate dagegen steigt. Der Zuzug sorgt in vielen Ländern für »Wildwuchs« an den Peripherien der Megastädte. Unkontrollierbare »Siedlungsgebilde« an den Außenrändern der Städte – die Favelas in Brasilien,

Townships in Südafrika, Ashwaiyat in Ägypten und Slums in Indien – sind die Folge. In der Fachsprache heißen diese baulichen Armutsgeschwüre auch »Informelle Siedlungen«.

Mit der Bevölkerungsexplosion ist ein gigantischer Natur- und Ressourcenverbrauch verbunden. Mehr Menschen bedeuten auch mehr Energieverbrauch und noch mehr Wärmestau zwischen Beton, Asphalt und Glas. Mutter Erde wird in den nächsten dreißig Jahren ins Schwitzen geraten.

Energiefresser Stadt – der Blackout droht

Städte sind wahre Energiefresser – und Energie wird in der Regel noch immer mit klima-kritischen Methoden erzeugt. Wenn in den Städten also künftig nicht radikal gegengesteuert wird, um sie klimafreundlicher und damit für Menschen erträglicher zu gestalten, wird es immer häufiger zum Kollaps kommen. Dann helfen auch Klimaanlagen nicht mehr weiter. Die Anlagen verbrauchen nämlich nicht nur jede Menge Strom; sie erzeugen obendrein Abwärme, die nach draußen geleitet wird und die Probleme noch verstärkt. Bei extremen Wetterlagen ist die Aufheizung der Städte durch Hunderttausende Klimaanlagen ein nicht unwesentlicher Faktor. Ein »Black-out« in einer Großstadt kann jedoch schnell zu bürgerkriegsähnlichen Situationen führen. Und bei einem Stromausfall ist auch die Versorgung mit Trinkwasser gefährdet, denn die Pumpen in den Wasserwerken arbeiten ja mit Strom.

Dagegen können auch erneuerbare Energien nur bedingt helfen, denn der grüne Strom muss oft von weither transportiert werden. Auch sind erneuerbare Energien (noch) schlecht zu speichern. Gerade in Großstädten gibt es nicht genug Flächen für Wind- und Solarenergie. Nach Ansicht von Gerhard Stryi-Hipp vom Fraunhofer-Institut für Solare Energiesysteme (ISE) in Freiburg müssten deshalb »Gebäude zu Energieerzeugern« werden. Dächer und Fassaden bieten sich für Photovoltaik und Solarwärme geradezu an. Die Energiequellen der Städte müssen künftig direkt vor Ort erschlossen werden. Zukunftsvision ist die Stadt, die sich selbst mit Energie versorgt. Aber geht das? Und selbst wenn es geht, wie lange dauert es, bis dieses Ziel erreicht ist? Die Verwirklichung dieses Traums erfordert Änderungen im gesamten Energiesystem. Nicht nur das: Jeder Städter (die Leute im ländlichen Raum natürlich auch) muss energiesparend leben. Aber vom Sparen, von der Drosselung des Energiekonsums wird kaum noch geredet. Dabei gibt es hier und dort im Kleinen auf Stadtteilebene durchaus positive Beispiele (siehe auch Kapitel »Energie – aber wie?«).

Wie aus einem Bunker ein Blockkraftwerk wird
Auf der Suche nach Lösungen spielt in Hamburg ein alter Flakbunker aus dem Zweiten Weltkrieg eine große Rolle. Der halb verfallene graue Betonklotz wurde in ein Ökokraftwerk verwandelt und liefert seit 2013 Strom und Wärme für ein Wohngebiet im Stadtteil Wilhelmsburg. Das Blockkraftwerk wird aus drei Quellen gespeist: Sonne, Biomethan und die Abwärme eines Industriebetriebes. Damit lassen sich bereits heute neunhundert Wohnungen versorgen. Auf dem Dach des Bunkers wurde eine Solarthermieanlage installiert, die Sonnenenergie einfängt, während über ein Rohrsystem die Prozesswärme der 300 Meter entfernten »Nordischen Oelwerke« in das System eingespeist wird. Im »Bauch« des Bunkers schlägt das speichernde »Energie-Herz« der Anlage: In einem Großpufferspeicher befinden sich zwei Millionen Liter Wasser mit Temperaturen über 50 °C. Hier wird die Wärme quasi »gebunkert«. Der dicht bewohnte Hamburger Stadtteil Wilhelmsburg kann so für die Wärmeversorgung mit erneuerbarer Energie beliefert werden. Noch ist die Umwandlung des Bunkers in ein Blockkraftwerk nicht abgeschlossen: Ziel ist, in Zukunft 22.500 Megawattstunden Wärme und fast 3.000 Megawattstunden Strom zu erzeugen. Damit könnten dreitausend Haushalte mit Wärme und tausend mit Strom versorgt werden. Davon profitiert unter dem Strich auch unser Klima: Gegenüber einer konventionellen Energieerzeugung lassen sich nämlich 95 Prozent Kohlendioxid im Jahr einsparen. Der Energie-Bunker lockte bereits Ingenieure und Techniker aus aller Welt nach Hamburg-Wilhelmsburg. Das Modell dieser lokalen Energieversorgung soll künftig auch in anderen Städten Schule machen.

Die Versorgung mit Energie wird in den Städten früher oder später zum Luxusgut werden. Es scheint ein Teufelskreis zu sein: Ohne Kernkraft und Kohle, Wind- und Solarenergie gibt es keinen Strom für Millionen Fernseher, Kühlschränke und Lampen in den Wohnungen. Schlägt der Klima-Hammer aber zu – mit niedrigen Wasserständen in den Flüssen oder Mangel an Wind für die Windkraftanlagen –, besteht die Gefahr, dass in der Stadt plötzlich das Licht ausgeht. Das betrifft nicht nur Entwicklungs- und Schwellenländer. Im Februar 2017 – dem Hochsommermonat auf der Südhalbkugel – mussten im Süden Australiens ganze Städte und Kommunen vom Stromnetz getrennt werden. Eine Hitzewelle mit Temperaturen über 40 Grad legte die gesamte Region lahm. Die Ursache war eine lang anhaltende Flaute – die Windkraft als Energiequelle ging ausgerechnet in dem Moment in die Knie, als der Strombedarf durch die laufenden Klimaanlagen exorbitant anstieg.

Solche (noch harmlosen) Auswirkungen der Klimaveränderungen beeinflussen die politische Diskussion rund um Ressourcen zur Energiegewinnung ganz erheblich.

Stürmische Zeiten – Land unter in der Stadt

Klimaleugner reden von »Wetter« und wiederholen gebetsmühlenartig: »Das hat es immer schon gegeben.« Gleichzeitig malen Klimawarner bereits die Apokalypse der Erwärmung an die Wand. Tatsache ist, dass in vielen Teilen Mitteleuropas auch in den Jahren 2015, 2016 und 2017 die Wetterextreme ihre hässliche Fratze gezeigt haben. Erst stöhnten große Gebiete unter tropischen Temperaturen, dann litten die Menschen unter Stürmen und Starkregen. Städte sind empfindliche Gebilde, wenn es um Naturkatastrophen geht. Oft ist sogar der Weg aus der Stadt »verbaut«. Asphaltschäden auf Autobahnen – sogenannte Blow-ups – sorgen im Sommer immer häufiger für Behinderungen, Staus und Unfälle. Rekordtemperaturen lassen die Asphaltdecke einfach aufplatzen.

Doch das ist nur die eine, die heiße Seite. Die andere zeigt sich in Form von Stürmen und Starkregen. Wie schnell eine Stadt durch heftige Wetterextreme beeinträchtigt, ja, lahmgelegt werden kann, erlebten die Menschen im Frühsommer 2017 in Berlin und Hamburg. In der Elbmetropole war es zunächst brütend heiß – dann verdunkelte sich der Himmel über der Hansestadt zur Mittagszeit innerhalb von Minuten schlagartig. Schwere Sturmböen stoppten den Bahnverkehr: Zwischen Hamburg und Hannover, Kiel und Bremen fuhren die Züge der Bundesbahn zeitweise nicht mehr. Der Verkehr war auf mehreren Strecken komplett eingestellt worden. Umgestürzte Bäume hatten die Strecken blockiert. Und über den Dächern im Hamburger Stadtteil Bramfeld baute sich zum Entsetzen der Anwohner ein Tornado auf.

Starkregen- und Sturmwarnungen gehören in deutschen Städten bereits zum Alltag. Sie sind ebenfalls Folgen der Hitze und des Klimawandels. Ende Juni 2017 erwischte es dann die Bundeshauptstadt Berlin besonders heftig: Stundenlanger Starkregen setzte weite Teile des Stadtgebietes förmlich unter Wasser. U-Bahn-Schächte liefen voll, Straßen verwandelten sich in reißende Flüsse. Die Feuerwehr ordnete am 29. Juni um 12.37 Uhr den Ausnahmezustand an und appellierte an die Berliner: »Bleiben Sie zu Hause!« Über 300 Liter Niederschlag pro Quadratmeter fielen vom Himmel – so viel wie seit über hundert Jahren nicht. Nichts ging mehr. Flüge auf den Flughäfen Tegel und Schönefeld fielen aus, der Busverkehr wurde eingestellt, Straßen waren nicht mehr befahrbar, Miethäuser wurden von den Wassermassen unterspült. Die Berliner nahmen es teilweise mit Humor. Im Internet kursierten witzige Handyfilme: Man sah fröhliche Berliner in Schlauchbooten sitzen und Surfer in den Straßen kleine Kunststücke vorführen. Über eine Frau, die beim Überqueren der Straße plötzlich im Gully versank, lachte die schadenfrohe Internetgemeinde – der Dame ist wie durch ein Wunder nichts passiert.

Fakt ist: Regen kann auf versiegelten Flächen nicht so gut abfließen wie auf Grünflächen. In Großstädten ist das bei Starkregen eine Herausforderung für die Feuerwehr. Die städtischen Strukturen sind einfach zu komplex und nicht auf »Dauerkatastrophen« ausgerichtet. Das fängt bei den zahlreichen Unterführungen und Tiefgaragen an und setzt sich bei windanfälligen Stromzuleitungen und nicht mehr beherrschbarem ÖPNV fort. Da hilft auch alle Digitalisierung nicht weiter. Was hilft es, über das Handy zu erfahren, dass alle Helfer beschäftigt sind und man sich gedulden soll, wenn einem das Wasser bis zum Hals steht? So auch wieder am 18. Januar 2018, als der Orkan Friederike über Großbritannien, die Niederlande, Belgien, Deutschland und Italien hinwegfegte. Es sei das schwerste Sturmtief seit dem Orkan Kyrill im Jahr 2007, sagten die Meteorologen. Für fast einen kompletten Tag war Deutschland lahmgelegt. Zur Schreckensbilanz gehörten Todesfälle, umgestürzte Bäume und umgeworfene Lastwagen, zerdrückte Autos, beschädigte Häuser und Gewerbehallen. Im Osten waren eine Zeit lang Tausende Haushalte ohne Strom, und die Deutsche Bahn sah sich gezwungen, den kompletten Fernverkehr stillzulegen. Nichts ging mehr; Hunderttausende Menschen »strandeten« an den Bahnhöfen, von wo aus es für sie kein Weiterkommen mehr gab. Klar, dass auch binnen kürzester Zeit keine Mietwagen und Taxis mehr zur Verfügung standen.

Sogenannte Jahrhundertorkane, das zeichnet sich ab, werden künftig im Abstand von wenigen Jahren unser Leben prägen. Es bleibt nichts anderes übrig, als dass wir uns darauf einstellen. Jeder Tag im Winterhalbjahr kann zum Orkantag werden. Und jeder Tag im Sommerhalbjahr ist ein potentieller Hitze- oder Überschwemmungstag. Katastrophenereignisse – seither die Ausnahme – bestimmen zunehmend unseren Alltag.

Heiße Pflaster, kühle Dächer

Wie sieht also das Leben in den Städten der Zukunft aus? Eines ist klar: Die Kommunen müssen handeln, damit der Alltag lebenswert bleibt. Privatleute müssen ebenfalls die Initiative ergreifen und für Krisenfälle vorsorgen. Einige clevere Geschäftsleute wittern bereits außergewöhnliche Einnahmequellen in Zeiten des Klimawandels. Jens hat eine heute vielleicht noch fiktiv erscheinende Idee zu einem Start-up-Unternehmen: Er will künftig gleich neben öffentlichen WC-Häuschen einen Art Kühlcontainer aufstellen. Für einen Euro öffnet sich die Tür in die »Kältekammer«, in der hitzegeplagte Mitmenschen bei 14 Grad für eine halbe Stunde »cool« verweilen können. Er hat seiner Bank bereits einen Businessplan vorgelegt. Der junge Bauingenieur denkt sogar an Übernachtungscontainer für besonders heiße Nächte. »Wir müssen Katastrophenszenarien aufmerksam betrachten und unsere Schlüsse daraus ziehen«, sagt er. Seit die ersten Tornados über Hamburg hinweggezogen sind, plant er außerdem »Tornado-Schutzräume« für die Bevölkerung.

Denn Tatsache ist, dass es im Hochsommer in den Städten auch nach Sonnenuntergang kein Hitzefrei gibt. Angesichts dieser Erkenntnis propagierte der ehemalige amerikanische Energieminister Steven Chu 2009 bei einem Treffen mit Nobelpreisträgern, man soll alle Dächer weltweit weiß streichen, wie das in den traditionellen Siedlungen rund ums Mittelmeer schon seit Langem der Fall ist. Ortsnamen wie Casablanca in Marokko oder Beinamen wie »Die weiße Stadt« von Ostuni im süditalienischen Apulien zeugen davon. Stadtplaner nehmen sich auch die weiß getünchten Dörfer im südspanischen Andalusien oder auf den griechischen Inseln zum architektonischen Vorbild. Mithilfe von Kalk soll die Hitze draußen bleiben.

Sind die Städte der Zukunft also weiß? Oder können flächendeckende Dachbegrünungen und öffentliches Grün wie in Parkanlagen helfen, die Folgen des Klimawandels zu dämpfen? In den Straßenschluchten amerikanischer Großstädte suchen an überhitzten Sonnentagen schon jetzt immer mehr Menschen Abkühlung. Dort könnte Jens mit seiner »coolen« Containeridee punkten. Gesundheitswissenschaftler der Columbia University in New York haben ermittelt, dass die Sterbefälle durch extreme Hitze in den letzten drei Jahrzehnten stark angestiegen sind. Seit Marilyn Monroe in dem Billy-Wilder-Film *Das verflixte 7. Jahr* 1955 über dem U-Bahn-Schacht in der Lexington Avenue in Manhattan ihr weißes Kleid flattern ließ und dabei Abkühlung suchte, hat sich die Welt weiter aufgeheizt. Die Hinweise auf Handlungsoptionen sind eindeutig: Wärmebilder, die mit Infrarotkameras aufgenommen wurden, zeigen, dass sich bebaute Flächen viel stärker aufheizen als grüne Areale. Vor allem asphaltierte Flächen und dunkle Dächer stechen bei den Aufnahmen im Infrarotbild im wahrsten Sinne des Wortes als »Hotspots« hervor. In Kalifornien setzt man deshalb auf die Bepflanzung von Straßen mit grünen Inseln. Außerdem müssen neue Wohnhäuser seit 2014 »cool roofs« aus hellen Baumaterialien und Anstrichen aufweisen. Die Dächer sollen die Sonnenstrahlen reflektieren. Auch in Chicago und im kanadischen Toronto setzt man auf reflektierende Dächer und Grünflächen. Und selbst New York pflanzt Bäume: Die Aktion »MillionTreesNYC« will mit Millionen Bäumen das Klima in Big Apple verbessern. Dabei denken die Planer nicht nur an das Klima, sondern auch an die Lebensqualität: Bäume spenden Schatten und produzieren Sauerstoff, und Glücksforscher wissen, dass Bäume die Menschen insgesamt zufriedener machen. Die niederländische Hafenstadt Rotterdam kann schon heute mit über 650 000 Bäumen trumpfen. Auf jeden Einwohner kommt damit ein Baum. Wäre das eine Lösung auch für deutsche Städte?

Pflanzen gegen die Klima-Krise

Ist die Zukunft der Städte also grün oder weiß? Oder beides? Noch scheiden sich die Geister. In Hongkong etwa sollen Dachgärten mit Hochbeeten, in denen Gurken, Tomaten, Zucchini und Kräuter wachsen, die Temperaturen reduzieren und den Menschen obendrein frische Lebensmittel bieten. Mit einer gewissen Verzögerung ist der Dachbegrünungstrend auch nach Deutschland herübergeschwappt. In der Hansestadt Hamburg und in Baden-Württemberg will man künftig im Namen des Klimaschutzes die Bauherren mit ins Boot holen: Sie sollen die Dächer begrünen. Mit der Dachbegrünung sind jedoch Folgekosten verbunden, die sich auf Hausbesitzer wie Mieter gleichermaßen auswirken. Pflanzen – auch wenn sie auf Dächern wild wachsen – brauchen Pflege. Da müssen Profis her, denn der Hausherr kann nicht eben mal einfach aufs Dach steigen, um Unkraut zu jäten. Auch das verursacht Kosten. Firmen des Garten- und Landschaftsbaus freuen sich allerdings über neue Einnahmequellen.

In Mailand steht das wunderschöne »Bosco Verticale«-Hochhaus. Die Fassade ist mit achthundert Bäumen und über fünftausend Sträuchern bewachsen. Pflanzen ranken an der Fassade in die Höhe – alles Grün zusammengenommen kommt auf etwa einen Hektar Wald. Ein bisschen erinnert das Konzept an eines der mysteriösen antiken Weltwunder: die Hängenden Gärten der Semiramis in Babylon. Noch ist das faszinierende Baukonzept mit den großzügigen Balkonen und einem Quadratmeterpreis von 9000 Euro ein Hochhaus der Reichen.

Barbara Hendricks (SPD) – als Bundesministerin für Umwelt, Naturschutz, Bau und Reaktorsicherheit im Kabinett Merkel (CDU) und damit auch als Bauministerin in Amt und Würden – verkündete vor den Bundestagswahlen 2017 noch überzeugt, dass »… die Stadtentwicklungspolitik sich in den kommenden Jahren viel stärker den Anforderungen des Klimaschutzes und der Klimaanpassung stellen« muss. In diesem Sinne soll »eine Durchgrünung« von Dächern und Fassaden bis zum Jahr 2020 deutlich erhöht werden. Dafür sollen auch Fördergelder fließen. Es ginge ja um nicht viel weniger als die Verbesserung der Luftqualität und den Klimaschutz. Pflanzen verwandeln schließlich Kohlendioxid in Sauerstoff – und der ist in vielen Städten knapp. Doch noch ist von der Idee aus Berlin bei den meisten Bürgermeistern, Stadträten und Stadtplanern nicht viel angekommen. Wettbewerbe und Ausschreibungen zur Neugestaltung von Stadtquartieren gewinnen immer noch Architekturbüros, die auf nüchterne Fassadengestaltung mit Granit und Beton setzen. Das wenige Grün ist nicht mehr als ein Dekofarbtupfer in der Monotonie zwischen angrenzenden Büroblocks. Dabei ist längst bewiesen: Grün macht glücklich!

Andreas Meyer-Lindenberg vom Zentralinstitut für Seelische Gesundheit in Mannheim hat den Zusammenhang zwischen psychischen Problemen und dem Leben in der Stadt analysiert. Sein Fazit: Städter leiden überdurchschnittlich häufiger unter Depressionen. Welche Rolle das Stadtleben dabei spielt und welche Faktoren ausschlaggebend sind, ist noch völlig unerforscht. Dass bei den Versuchspersonen erhöhte Spiegel an Stresshormonen nachgewiesen wurden, ist hingegen Fakt. Ist es sozialer Stress, die Enge oder die Isolation? Vielleicht eine Mischung aus allem? Einsam in der Masse zu sein macht traurig. Wer Menschen im Grünen trifft, mit ihnen plaudert oder grillt, erholt sich besser und kann das Leben in der Stadt genießen. Mehr Grün bedeutet weniger Stress, weniger Depressionen und mehr Glücksgefühl. Grünflächen in Großstädten bauen nachgewiesenermaßen Stress ab.

In Deutschland geht Düsseldorf mit gutem Beispiel voran; die Großstadt hat eine Gründach-Kartierung. Selbst Tiefgaragen sind in der nordrhein-westfälischen Landeshauptstadt – von oben betrachtet – schön grün. Grüne Dächer sollen Regenwasser speichern und durch die Verdunstung heiße Sommertage und Nächte erträglicher machen. Die Pflanzen auf den Dächern nehmen dabei Kohlendioxid und Luftschadstoffe auf. Außerdem sind sie Lebensräume für Wildtiere wie Insekten und Vögel.

Mit dem Klimaschutz vor der eigenen Haustür – respektive auf dem eigenen Dach – anzufangen klingt ideal. Doch hilft das alles auch dem Weltklima? Sicherlich lässt sich mit diesen Maßnahmen das »Mikroklima« – zwischen den Häusern einer Stadt – ein wenig beeinflussen. Im Hinblick auf das Weltklima lohnt der Aufwand sicher nicht. Aber es geht um das Überleben in überhitzten Städten und die mögliche Absenkung sommerlicher Hochtemperaturen. Da immer mehr Menschen in städtischen Strukturen leben, bekommt die in den 80er-Jahren propagierte und mittlerweile vergessene Stadtbegrünung jetzt als urbane Klimahygiene eine neue Bedeutung. Allerdings dürfen die Städte nicht allzu sehr in die Höhe wachsen. Denn was passiert nach Sonnenuntergang? Die Pflanzen auf den Dächern geben Wärme ab. Was oben wächst, bringt nach Berechnungen der Wissenschaftler den Menschen ein paar Stockwerke tiefer kaum etwas. Der Abkühlungseffekt verpufft, bevor das Straßenniveau erreicht ist. Deshalb gehört die generelle Stadtdurchgrünung zur Strategie gegen Hitzestress.

Städte widerstandsfähig machen

Nicht nur Klimaschützer sprechen von Resilienz, wenn es darum geht, dass wir uns auf die Auswirkungen des Klimawandels einstellen. Resilienz steht für Widerstandsfähigkeit und die Fähigkeit, mit Krisen fertigzuwerden. Für die Stadt der Zukunft sieht hier auch der renommierte Architekt und Städteplaner Prof. Dr. Steffen Lehmann, ordentlicher Professor für nachhaltigen Städtebau und Architektur an der University of Portsmouth in England, diverse Herausforderungen. Vor dem Hintergrund der Umweltkrise, des demografischen und strukturellen Wandels, des weltweit wachsenden sozialen Gefälles und steigender Energiepreise spricht Lehmann – der zuvor an der University of Newcastle in Australien tätig war – gar von einem Wendepunkt der Zivilisation. »In den Städten entscheidet sich, ob wir die Herausforderungen dieses Wendepunkts meistern werden; das Zeitfenster ist nicht groß«, so Lehmann. Er verfolgt einen pragmatischen Ansatz und betont, dass im Gegensatz zu vielen anderen Ländern etwa in Asien die Städte in Deutschland und anderen europäischen Ländern bereits gebaut sind und die Neubaurate gerade bei einem Prozent liegt. Als Herausforderung sieht er in erster Linie die Fortentwicklung der urbanen Räume zur kompakten, nutzungsdurchmischten, vor allem zur polyzentrischen Stadt, in die neue Mobilitätskonzepte integriert sind. Lehmann sieht keinen Widerspruch zwischen Verdichtung und notwendiger Freiraumerhaltung. »Dichte, Vielfalt, Urbanität und Stadtgrün sind keine Gegensätze mehr. Es kann sogar mehr Landschaft entstehen. Dies soll mit der konsequenten Erhaltung und Neuschaffung von Grünbereichen und deren Vernetzung mit verdichteten Wohnquartieren im Sinne einer Stadt der kurzen Wege gelingen.« Lehmann spricht von neuen Wohnformen, die schon deshalb gebraucht werden, weil die Bevölkerung altert und bezahlbarer Wohnraum knapp wird. Von seiner eigenen Zunft erwartet Lehmann, verstärkt ganzheitlich und nachhaltig zu arbeiten und das Energiemanagement und Klimaschutz zum Schwerpunkt der integrierten Stadtentwicklung zu machen und stärker auch die Politik in die Verantwortung zu nehmen. Dies wiederum gebe auch internationale Impulse, gerade weil die demografischen und wirtschaftsstrukturellen Voraussetzungen komplex und die administrativen Verfahren vielfältig und die rechtlichen, ökologischen und umwelttechnischen Standards sehr hoch sind. Deshalb seien Lösungen aus Deutschland im internationalen Vergleich besonders wertvoll, meint der Städteplaner und spricht vom »grünen Urbanismus«, der mit polyzentrischen Satellitenzentren die Siedlungen weniger anfällig mache als monozentrisch organisierte Städte.

Eigeninitiative führt zum Großstadtdschungel

Tatsächlich wünschen sich viele Städter grüne Erholungsinseln und sehen in Parkanlagen einen echten Mehrwert inmitten urbaner Lebensräume. Mehr Grün ist auch gut für Körper und Seele. Laut einer Forsa-Umfrage aus dem Jahr 2015 erklärten 94 Prozent der Befragten, dass Grünflächen bei ihnen positiv auf Körper und Seele wirken. Drei Viertel gaben an, dass sie sich mehrmals in der Woche in Grünanlagen aufhalten – viele der Befragten treiben dort Sport. Städter fühlen sich wohler, wenn sie sich im Grünen erholen können. Die Erkenntnis ist keineswegs neu: Schon 1722 erschien das Buch *The City Gardener* des englischen Botanikers Thomas Fairchild (1667–1729). Er wollte gegen die Luftverschmutzung in London mit Parks und Gärten zum Wohle der Menschen das Großstadtklima verbessern. Sein Credo: Viele kleine grüne Inseln als Oasen für geplagte Städter sind effektiver als große Parkanlagen. Das fand fast dreihundert Jahre später auch die Technische Universität Berlin heraus, die den Kühleffekt von städtischem Grün untersucht hat. In der Betonwüste der Großstädte helfen viele grüne Mini-Oasen von der Größe eines Fußballfeldes. Selbst Fassaden sollen aus diesem Grund bepflanzt werden.

Doch heute ist ein grünes – und damit gesundes – Wohnumfeld häufig noch eine Frage des Geldbeutels. Wer es sich leisten kann, wohnt am Stadtrand im Grünen oder in den alten Villen mit den großen, für die Natur so segensreichen Gartenanlagen. Exklusive Altbauwohnungen sind durch dickes Mauerwerk geschützt und heizen sich nicht so schnell auf wie die dünnen Wände der Neubauten. Wer arm ist, muss den Staub an den Haupt- und Schnellstraßen schlucken und Hitze und Lärm ertragen. Dadurch sinkt die Lebensqualität ganz erheblich. Mittlerweile hat auch die Politik begriffen, dass Umwelt und Soziales häufig verzahnt sind. Im Sommer 2016 hat sich die Umweltministerkonferenz der Länder dafür ausgesprochen, Umweltbelastungen »in Abhängigkeit vom sozialen Status« zu minimieren. Die Bundesregierung will in den nächsten Jahren 50 Millionen Euro investieren, damit die Städte grüner werden.

Leider wird häufig anders gehandelt als geplant. Mit dem Zustrom von Flüchtlingen verloren viele Städte wertvolle Grünflächen, die innerhalb kürzester Zeit in Bauland für Wohnanlagen und Containerdörfer verwandelt wurden. Es bildeten sich Initiativen, und plötzlich hieß es: Öko gegen Soziales. Schnell hatten sich die Prioritäten wieder verschoben. Auch die zunehmende Nachfrage nach Bauflächen in den wirtschaftsstarken Großstädten wie München, Stuttgart, Frankfurt und Hamburg lässt grüne Gedanken bei Stadtoberen schnell verblassen. Wenn dann noch wegen der Nachfrage die Mieten explodieren – in München lag die Durchschnittsmiete pro Quadratmeter Wohnfläche 2017 schon bei 17 Euro –, rutscht die Herausforderung Klimawandel in der Rangfolge vordringlicher Aufgaben schnell nach hinten.

Doch während manche Politiker am grünen Tisch wertvolle Zeit verplempern, wird in einigen Kommunen bereits in Eigeninitiative gehandelt. Ein neuer Begriff aus dem Anglo-Amerikanischen hat sich in Deutschland etabliert: *urban gardening*. Die Städter haben den Garten entdeckt. Zwischen Beton, Stahl und Asphalt gibt es Stadtgartenprojekte, Bepflanzungen auf Brachflächen und Renaturierungsaktionen, um mehr Grünflächen in urbanen Räumen zu schaffen – eine Bewegung, die bereits in den 1970er-Jahren in den USA aufkam. Stadtökologie mit Bürgern als freiwillige Gärtner und Nutznießer gibt es unter dem Begriff »Essbare Stadt« bereits im rheinland-pfälzischen Andernach, im westfälischen Minden, im hessischen Kassel und in der bayerischen Landeshauptstadt München. Über achtzig Städte machen vom hohen Norden bis in den Süden Deutschlands mittlerweile begeistert mit. Selbst tropische Früchte wie Orangen und Zitronen wachsen in Gewächshäusern, an Stadtmauern ranken sich Weintrauben hoch, vor dem Rathaus gedeihen Kräuter in Blumenkästen, und in der Fußgängerzone reifen Tomaten und Paprika. Urban Gardening ist mehr als städtisches Gärtnern: Säen, Jäten und Ernten werden vor allem in Berlin zum sozialen Projekt – der öffentliche Gemüsegarten wird zur Begegnungsstätte der Kulturen.

Gärtnern für Wohlbefinden und Klima – Balkon und Fassade werden zu kleinen Oasen

Jeder kann auch ganz individuell zum Gärtner in der Stadt werden: Sonnenterrassen eines Einfamilienhauses eignen sich ebenso gut wie der Balkon im zehnten Stock. Nachbarschaftsprojekte auf Spielplätzen und Brachflächen sind ebenso wichtig wie ein blühendes Stückchen Erde zu Füßen eines Straßenbaumes. Wer beim cleveren Gärtnern etwas für Wildbienen, Schmetterlinge und Vögel tun will, verzichtet auf Geranien und Züchtungen mit gefüllten Blüten in den Balkonkästen: Insekten brauchen Nektar und Pollen! Wachsen in den Blumenkästen blaue Glockenblumen, gelbes Leinkraut und weiße Löwenmäulchen, finden die Bienen reichlich Nahrung. Kräuterkästen versorgen Hobbyköche mit frischen und gesunden Gewürz- und Küchenkräutern. Fürs

Näschen gedeihen Levkojen, Hornveilchen und Schleifenblumen in duftenden Balkonkästen.

In Berlin sind so manche Grasdächer eher aus Versehen durch Samenflug entstanden. Erst siedeln sich Flechten auf den Dächern an, dann folgen Moose. Eine Pflanzendecke auf dem Dach hat viele Vorteile. Ist es heiß, wirkt das Pflanzendach kühlend, bei Kälte isoliert es und hält die Innenwärme. So ganz nebenbei reduzieren sich so die Energiekosten. Dachbegrünung ist aber beileibe keine Erfindung der Neuzeit. Grasdächer gab es schon um 1000 n. Chr. in Island und Skandinavien. Die Bewohner wussten vor allem im Winter den Effekt zu schätzen. Der Wärmeverlust verringert sich erheblich; wenn es draußen bitterkalt ist, bleibt es unter dem grünen Dach länger warm. Moderne Fassadenbegrünungen können – je nach Dicke und Pflanzenart – Energieeinsparungen bis zu 30 Prozent bringen. Dächer aus Blech und Teerpappe heizen sich im Sommer extrem auf und senken bei extremer Kälte die Temperatur in kürzester Zeit auf bis zu minus 28 Grad. Wer im Dachgeschoss wohnt, weiß, wie unerträglich die Sommerhitze ist. Auf einem Dach ohne Bepflanzung kann die Temperatur um bis zu 100 Grad schwanken! Die Temperaturunterschiede auf grünen Dächern liegen dagegen bei maximal 35 Grad. Die Ursache ist einleuchtend: Dunkle Dächer heizen sich stärker auf. Doch grüne Dächer haben noch einen weiteren Vorteil: Sie filtern Schadstoffe – vor allem Feinstaub – aus der Luft. Auch der Lärmschutz ist nicht zu unterschätzen. Bewachsene Fassaden dämpfen Geräusche und schlucken einen Teil des Verkehrslärms – für lärmgeplagte Städter ein wesentlicher Vorteil. Gewächse wie Efeu bilden mit den Jahren dicke Polster, die wie eine Lärmschutzwand wirken.

Städtische Immobilien auch für Wildtiere

Auch Menschen in Metropolen haben eine tiefe Sehnsucht nach Natur. Davon profitieren auch die Wildtiere. In den Städten und damit in unmittelbarer Nähe des Menschen ist die Vielfalt der Pflanzen tatsächlich wildtierfreundlicher als in der ausgeräumten Agrarlandschaft mit den monotonen Maisfeldern vor den Toren der Stadt. In Gärten, Parkanlagen und auf Friedhöfen finden Wildtiere Nahrung, Nistplätze und Deckung. Ursprünglich waren etwa die Singdrosseln und Amseln Waldvögel – doch heute fehlt den Vögeln vielerorts der gesunde Mischwald, weshalb sie in die Städte abgewandert sind. Wer »grün« wohnt, tut viel für Wildtiere und kann die Stadt zu einer tierischen Oase machen. Häufig reichen ein Reisighaufen, eine wilde Ecke im Garten, strukturreiche Hecken und eine Wildblumenwiese, um (Über-)Lebensraum zu schaffen. Jedes Haus kann mit Tieren als Untermieter zum Biotop werden. Das wird immer wichtiger, denn die Wohn- und Lebensverhältnisse der Wildtiere werden weltweit schwieriger; der Artenschwund schreitet in nie da gewesenem Tempo voran. So können Klimaschutz, Stadthygiene, Lebensqualität und praktischer Artenschutz zusammenkommen.

Gewaltige Herausforderungen für Kommunen und kommunale Unternehmen

Die Schaffung, Erhaltung und Unterhaltung von Grünanlagen sind bei aller Problematik wohl noch die gegenwärtig geringste Herausforderung, die der Klimawandel für das städtische Management mitbringt.

Da ist einerseits die Verbesserung der Umweltsituation und andererseits die Aufrechterhaltung der Infrastruktur. Gerade bei der Vermeidung von Umwelt- und Klimabelastungen fordern die Kommunen mehr Beistand. »Der Bund muss die Städte bei der Umsetzung der Maßnahmen zur Anpassung an den Klimawandel noch stärker unterstützen«, fordert der Präsident des Deutschen Städtetages Markus Lewe, Oberbürgermeister in Münster. »Risiken für die Bürgerinnen und Bürger und die kommunale Infrastruktur werden durch extreme Wettersituationen weiter steigen. Die Städte halten die Einhaltung der beschlossenen europäischen und nationalen Emissionsreduktionsziele, eine Reform des Emissionshandelssystems sowie eine weitere Eindämmung der Emissionen aus dem Verkehrs- und Gebäudebereich für unabdingbar. Sie erarbeiten viele Maßnahmen zur Anpassung an den Klimawandel. Die hierfür häufig erforderlichen zusätzlichen Investitionen können durch die Städte allein nicht aufgebracht werden. Die Förderung der Städte über die Nationale Klimaschutzinitiative ist weiterhin erforderlich«, fordert Lewe. Das ist natürlich die Basis, um weitere Klimabelastungen zu vermeiden. Doch die Klimaanpassung bringt noch mehr Herausforderungen für die kommunalen Unternehmen mit sich. Das sind die Einrichtungen, deren Dienste wir alle wie selbstverständlich nutzen, ohne uns der dahinterstehenden Aufgaben, Logistik und benötigter Finanzen bewusst zu sein. Dazu gehören die von Landkreisen, Städten und Gemeinden getragenen Unternehmen der Energie- und Wasserversorgung sowie der Abfallwirtschaft und der Stadtreinigung. Sie sind im Verband kommunaler Unternehmen e. V. (VKU) zusammengeschlossen. Der Verband repräsentiert über tausend Mitgliedsunternehmen mit rund 235.000 Beschäftigten und einem Umsatzerlös von 95 Milliarden Euro.

Die Energie- und Wasserversorgung ist angesichts der Klimaveränderungen für Städte und deren kommunalen Unternehmen eine gewaltige Herausforderung. »Wir übernehmen Verantwortung für die Auswirkungen des Klima- und Ressourcenschutzes direkt vor Ort und setzen auf ein ausgewogenes Verhältnis von Versorgungssicherheit, Kosteneffizienz und Klimaschutz«, sagt die Hauptgeschäftsführerin des Verbandes und ehemalige CDU-Staatssekretärin im Bundesumweltministerium sowie im Bundesverkehrsministerium, Katherina Reiche. Klimaschutz vor Ort sieht Katherina Reiche nicht als Selbstzweck, sondern als wirtschaftliche Notwendigkeit, da Kommunen auch mit ihren finanziellen Ressourcen haushalten müssen. Für einen besseren Schutz von Menschen und Sachwerten vor den sich abzeichnenden Klimafolgen werden die kommunalen Unternehmen individuelle Strategien entwickeln. Für Reiche gehören dazu Konzepte zur Anpassung von Entwässerungssystemen und eine konsequente Ressourcenwirtschaft. Auch klimafreundliche Mobilität oder Erzeugungstechnologien wie Kraftwärmekopplung und die Investition in erneuerbare Energien müssten Teil der Klimaanpassungsstrategie sein.

Wirksame Vorsorge und Anpassungskonzepte sind nach Auffassung von Reiche am besten als gemeinsame Aufgaben aller kommunalen Akteure vor Ort umzusetzen. »Die kommunale Verwaltung und kommunale Unternehmen sind für mehr Eigenverantwortung und konkrete Mitwirkungspflichten genauso gefragt wie die private Wirtschaft und ihre Bürgerinnen und Bürger«, argumentiert Reiche. Sie plädiert für die Gründung lokaler Netzwerke und investiver Maßnahmen in klimasensible Infrastrukturen. »Langfristig verlässliche Rahmenbedingungen können es den Kommunen ermöglichen, die richtigen Entscheidungen für Klimaschutz und Anpassungsmaßnahmen zu treffen und Investitionen in die dafür erforderliche Infrastruktur auszulösen.« Damit plädiert Reiche indirekt für verlässliche Rahmenbedingungen durch die Politik des Bundes und der Länder. In der Tat hat die Bundespolitik bislang weder in Sachen Energieversorgung noch beim Verkehrsmanagement der Wirtschaft und der Kommunen klare und verlässliche Verfahren vorgegeben. Trotz vieler Pläne und Programme sieht die deutsche Klimafolgenpolitik eher aus wie ein Reparaturbetrieb.

Stadtkinder der »Generation Grün« suchen Wege aus dem Klima-Chaos

Erinnern Sie sich? Vor allem in deutschen Städten lag Grün plötzlich voll im Trend! Mit Birkenstockschuhen, Dinkelsuppe und eingekochtem Quittengelee startete Familie Grünkern vor dreißig Jahren auf dem Fahrrad ins vermeintliche grüne Paradies. Damals schockierte das Reaktorunglück in Tschernobyl mit dem ersten Fallout über Deutschland die Menschen. Pilze und Milch waren wegen der Belastung durch Cäsium 137 von der Einkaufsliste gestrichen. Später waren die Rinder wahnsinnig (BSE). Umweltsünden überall. »Atomkraft, Nein Danke!« stand auf den Bannern der »Generation Grün«. Mit Sonnenkollektoren und Regenwassernutzungsanlagen, missionarischem Eifer und Verzicht gingen die Eltern auf ihren Nachwuchs los. Sie predigten Umweltschutz, engagierten sich für die »Dritte Welt« und hatten eine Wurmkiste für den Bioabfall auf der Veranda stehen. Man trank Tee statt Tequila, aß Tofuburger statt den BigMac von McDonald's, strickte Pullover und forderte Vorfahrt für Frösche. Die Umweltaktivisten von Greenpeace waren die Helden der Generation Grün. Man war ganz selbstverständlich gegen Walfang, das Abholzen der Regenwälder, Genmais und Kinderarbeit in Indien.

Warum haben die ökologischen Belehrungsversuche grüner Eltern bei ihrem Nachwuchs nicht gefruchtet? Warum sind wir heute nicht weiter? Die Grünen von einst sind für so manche grau geworden; ihre asketischen Ziele scheinen mehr und mehr zu verblassen. Doch die Kinder der Generation Grün protestieren auf ihre Art gegen den Lebensstil der Eltern. Sind sie deshalb eine »Generation der Gleichgültigen«? Ein Leben in Walle-Walle-Kleidern auf Streuobstwiesen oder eine Zukunft als Ökobauer scheint für die meisten jedenfalls nicht erstrebenswert. Doch nicht alle wollen »Superstar« bei Dieter Bohlen und »Next Topmodel« bei Heidi Klum werden. Die Grünen sind als Partei der Eltern für manche jungen Leute die »neuen Spießer« in der Parteienlandschaft und mit ihrem Programm nur bedingt wählbar. Dass der Klimawandel dennoch viele deutsche Jugendliche bewegt, zeigt das »Nachhaltigkeitsbarometer« von Greenpeace (http://www.greenpeace.de/themen/mitmachen/umweltbildung/jugend-als-motor-der-energiewende). Danach sind 92 Prozent für die Energiewende. Und so blühen statt Frust und Verdruss gerade in Städten kleine Oasen des Umdenkens auf.

Umweltbildung spiegelt sich nicht nur auf der Internetseite der Regenbogen-Schlauchbootfahrer wider. Auch auf den Seiten großer Städte – wie z.B. dem »Hamburger Bildungsserver« – finden sich Verlinkungen zu klimarelevanten Themen. Man erfährt, wie sich Strom und Wasser sparen lassen, kann über den CO_2-Rechner des Umweltbundesamtes seinen persönlichen Verbrauch einordnen. Speziell Jugendliche fühlen sich vom »Klimaaktivist«[15] angesprochen. Und es gibt bundesweit Bildungsangebote zu allen relevanten Themen rund um den Klimaschutz, Naturbewahrung und Entwicklung.

Auch viele junge Leute von heute wollen nur einen kleinen »ökologischen Fußabdruck« hinterlassen: Sie essen weniger Fleisch als die Elterngeneration, fahren häufiger mit dem Fahrrad und achten vermehrt auf Bio- und Fair-Trade-Produkte. Doch wenn es um das geliebte Smartphone geht, wird das Klimawissen rasch ausgeschaltet. Natürlich sollte es möglichst das neueste Modell sein, das gerade erst in den Geschäften zu haben ist! Dabei fressen Extrafunktionen wie die Kamera und der MP3-Player mehr Strom als früher Papas Handy. Das mag klimafreundlicher sein, ist aber total »out«. Dass schon bei der Produktion der Geräte Treibhausgase anfallen, wird ausgeblendet. Auch das ständige Surfen im Internet und die Filmchen auf YouTube schaden dem Klima. Eine Suchanfrage verbraucht etwa so viel Strom, wie eine Energiesparlampe in einer Stunde verbrennt.

Wer allein lebt, hinterlässt einen größeren »Fußabdruck«
Städte sind Hochburgen für das Leben als Single. Die Zahl der Ein-Personen-Haushalte wächst. Man denkt bei dem Wort »Single« zunächst an junge Leute, doch in Städten leben auch immer mehr Senioren allein in einem Haushalt. Die Hauptstadt der Singles ist Berlin, dicht gefolgt von Hamburg und München. Doch auch in Bremen, Aachen, Rostock und Greifswald nimmt die Versingelung der Gesellschaft zu. Auf dem Land leben weitaus weniger Menschen in Ein-Personen-Haushalten. Die sogenannte Stadtkultur hat für das Klima noch andere Nachteile: Singles leben bei Weitem nicht so klimafreundlich wie Familien oder Wohngemeinschaften. Denn wenn mehrere Menschen gemeinsam in einer Wohnung oder einem Haus leben, verbrauchen sie pro Kopf weniger Strom als ein einzelner Mensch in einem Singlehaushalt. Das ist logisch, denn auch für eine Person wird gekühlt, gewaschen, gekocht und vor allem geheizt. Gerade beim Heizen und für die Warmwasseraufbereitung wird in privaten Haushalten die meiste Energie verbraucht: nämlich knapp 90 Prozent.

Metropolen sind Müllmonster
Städte und ihre Bewohner sind Müllerzeuger Nummer Eins! Die Menge an Müll, die die Menschen seit der Erfindung vom Plastik produziert haben, sprengt alle Vorstellungen: Über 9 Milliarden Tonnen Plastikabfälle verdrecken die Erde – 2050 sollen es weit über 13 Milliarden Tonnen sein. Das meiste davon fällt in Städten an: dort halt, wo viele Menschen leben, wohnen, arbeiten. Es gibt Kunststoffe, die viele Hundert Jahre brauchen, um zu verrotten. Kunststoffmüll lagert nicht nur auf Deponien oder wird verbrannt: Plastikmüll verdreckt die Landschaft, wird an die schönsten Strände der Erde gespült oder von Fischen gefressen. Forscher der University of Georgia und der University of California haben errechnet, dass heute bereits 6,3 Milliarden Tonnen als »Müll«

auf Deponien lagern (79 %) oder verbrannt wurden (12 %). Lediglich knapp zehn Prozent wurden wiederverwerte. Jeder Durchschnittsdeutsche ist mit 618 Kilo Haushalts- und Verpackungsmüll an der Verschmutzung unserer Erde beteiligt.

Die Wegwerfgesellschaft schadet mit ihrem Verhalten dem Klima ganz gewaltig. Die Erde ächzt unter dem Dreck, den die Menschen achtlos wegwerfen. Der Umgang mit Abfall nimmt gerade in Städten ständig zu. Kaum steigen die Temperaturen, quillen die Papierkörbe und Mülltonnen über. Plastiktüten und Folien, Aluschalen und Burgerboxen werden zum wachsenden Problem. Der Vermüllung der Innenstädte kann nur mit großem Aufwand begegnet werden. Längst hat sich die Wissenschaft des Themas angenommen. Das Phänomen wird als »littering« (aus dem Englischen: litter = Müll) bezeichnet. Es gibt Studien der Humboldt-Universität in Berlin, die den Verschmutzern und ihrem Verhalten auf die Finger geschaut hat. Entschuldigungen wie: »Das machen doch alle«, sollen das Fehlverhalten erklären. Liegt es an schlechter Erziehung? Oder hat die Verantwortung für das eigene Verhalten abgenommen? Am Ende von Großveranstaltungen gleicht die Lokation aus der Luft betrachtet einer Müllkippe. Gerade bei Events, die unter freiem Himmel stattfinden, bleibt der Dreck einfach in der Landschaft liegen. Dass jede Einwegverpackung bei der Herstellung wertvolle Ressourcen wie Erdöl, Holz, Mineralien und Erze verbraucht hat, macht vielen Verbrauchern kein schlechtes Gewissen. Für die Herstellung dieser Ex-und-hopp-Produkte wurde Energie verbraucht, die meist aus Kohle, Öl oder Gas stammt. Dabei entsteht das Treibhausgas Kohlendioxid. Abfalltrennung und Recycling sind wichtig, um sogenannte Primärrohstoffe einzusparen.

Gerade in Trendstädten wie Berlin, Hamburg und München bewegt sich in puncto Müll etwas in die richtige Richtung. Unter dem Motto »Leihen und tauschen statt kaufen« werden Konsumgüter geteilt statt individuell genutzt. Warum einen eigenen Rasenmäher kaufen, wenn man das Gerät mit dem Nachbarn gemeinsam nutzen kann? Was als »Car-Sharing« in vielen Städten Schule gemacht hat, ist jetzt immer häufiger auch bei anderen Gebrauchsgütern möglich. Zahlreiche Großstadtinitiativen setzen auf »Tausch-Geschäfte«: Vom Akkuschrauber bis zum Zylinder kann man mittlerweile alles leihen und tauschen. Paddelboote und Campingkocher für den Ausflug, Skier und Boxhandschuhe, Werkzeuge für die Renovierung des Hauses sowie Karnevalskostüme und Designergeschirr für die große Gesellschaft sind im Angebot. Leihen statt kaufen spart nicht nur Geld, sondern auch Klimagase. Daneben gibt es »Reparatur-Dienste« für kaputte Gebrauchsgegenstände, die sonst weggeworfen würden. Kleine Ansätze sind das, die das Leben in den Städten besser und lebenswerter machen können – auch wenn sie am generellen globalen Müllproblem nicht viel ändern.

Neue Wege für Stadt-Land-Beziehungen

Ob in der seit alters her vermögenden Rhein-Main-Region, ob im Erfinder- und Technologiegürtel der Metropolregion zwischen Tübingen, Stuttgart und Heilbronn oder im von hanseatischem Understatement-Reichtum geprägten Hamburg, nicht anders in Zürich oder Wien; Großstadt hat Konjunktur. Und die Menschen, die dort leben, wollen – auch wenn sie nicht über entsprechendes Eigentum verfügen – günstig wohnen. Günstig und gleichzeitig nah am kulturellen Angebot, zu dem sie nicht nur Museen und Theater, sondern auch Restaurants, Cafés, Kneipen, Bars und Biergärten zählen.

Das könnte schwierig werden. Der Wahn des ungebremsten Wachstums wird langfristig betrachtet die Städte in Zeiten des Klimawandels ungemütlicher und für die Gesundheit gefährlicher machen. Aber wer denkt schon langfristig, wenn er im Hier und Jetzt etwas haben will? Längst hat es die stets wohlmeinende, aber letztlich doch unehrlich auf Konsens programmierte Politik aufgegeben, den Leuten reinen Wein einzuschenken und deutlich zu sagen, dass man nicht alles an derselben Stelle haben kann. Wie soll das funktionieren, günstigen Wohnraum zu schaffen, ohne ständig nachzuverdichten? Mit jedem alten Garten, mit jeder Grünanlage, die mittlerweile auch in den Gemeinden und Städten der Speckgürtel der Großstädte dem »Baudruck« geopfert werden, zerstört man, was die Menschen eigentlich suchen: Leben und Wohnen in einem lebenswerten urbanen Raum. Viele Chancen wurden vertan. Doch die Frischluftzellen, die kleinen und großen grünen Lungen der

Städte werden, wie die geschilderten Beispiele zeigen, geopfert. Viele Chancen, die Städte klimafit zu machen, wurden vertan. Da nützt es auch nichts, wenn im einen oder anderen neuen Wohnbunker Erdwärme eingesetzt, eine Solaranlage installiert oder Kraftwärmekopplung genutzt wird. All diese Maßnahmen sind gut gemeint und einzeln betrachtet richtig, aber in der Gesamtabwägung gegenüber dem Erhalt und der Erweiterung von Grünbeständen eben nur der Versuch von Sekundärklimaschutz. Hier fällt ein Baum, dort wird eine Grünfläche zugebaut, und an anderer Stelle verschwindet städtische Wildnis unter Asphalt und Beton für Parkplätze. Gleichzeitig sollen die Zentren der Städte zum Verweilen und Bummeln einladen. Dort werden Autos – vom Lieferverkehr abgesehen – verbannt und ein paar Dekobäumchen und Wechselflor gepflanzt. Wenig effektive Maßnahmen zur Verdeckung der eigentlichen Probleme.

Es gibt allerdings eine große Allianz aus allen politischen Richtungen. Den meisten CDU- und FDP-Vertretern in den Städten kommt der Baudruck gelegen, da so die Wirtschaft brummt. Der SPD, den Linken und Grünen sind vielfach scheinbar günstige Wohnungen, mit denen sie ihre Klientel verbinden, mehr wert als Flächen, die Auswirkungen des Klimawandels mildern. Zugegeben, verdichtete Bauweise ist im Hinblick auf den Energieverbrauch in vielem effizienter, als wenn jeder sein Einfamilienhaus im Grünen sucht. Doch bei dieser Betrachtungsweise wird allzu oft der ländliche Raum außen vor gelassen. Während die letzten Grünareale nach und nach geopfert werden, verkommt oft wenige Kilometer entfernt – also noch im Umfeld der Ballungszentren – alte, kaum mehr genutzte Bausubstanz. Gebäude, in denen auch Energie steckt, verfallen, werden abgerissen.

Energie etwa, die beim Brennen der Ziegel verbraucht wurde; Energie, um Sand, Kies und Zement zu fördern, Beton zu binden. Obendrein steckt »menschliche« Energie in alter Bausubstanz – die Energie der Hände Arbeit, um Häuser, Ställe und Scheunen zu bauen. Ist es wirklich eine Zumutung, das alles vor dem Verfall zu retten? Besser wäre es, das Umland der Städte zu revitalisieren und alten Baubestand zu optimieren. Bei »kulturellem Bedarf« können die Menschen doch in die Städte pendeln! Wer soll den »billigen« Wohnraum in den Städten denn noch finanzieren? Das Bauen in Städten mit explodierenden Grundstückspreisen ist nun mal nicht umsonst zu haben. Kein Wunder, dass allen Anreizen zum Trotz die Investoren für sozialen Wohnungsbau ausbleiben. Selbst die öffentlich-rechtlichen Baugesellschaften müssen feststellen, dass sich die Vorhaben nicht rechnen.

Deshalb brauchen wir mehr denn je eine Aufwertung und Belebung der ländlichen Räume, einen Ausbau öffentlicher Beförderungssysteme, die Ansiedlung kleiner und mittelständischer Betriebe in ländlichen Gebieten und eine Abkehr von der reinen Großstadtfixierung. Beispiele dafür gibt es schon, etwa im nur scheinbar abgelegenen Schwarzwald, wo das Land Baden-Württemberg über Jahrzehnte hinweg zusammen mit den Kommunen massiv die Ansiedlung von Fachhochschulen, anderen Kompetenzzentren und mittelständischen Unternehmen gefördert hat. Dazu gehören Städte wie Freudenstadt, Villingen-Schwenningen, Furtwangen und Bad Dürrheim.

Solche Regionalisierung macht Siedlungssysteme letztlich bei Klima- und anderen Krisen stabiler, weil sie unabhängiger und ein Stück weit autark sind. Wir brauchen ganz einfach flexiblere, überblickbare Siedlungsstrukturen. Eine Regionalisierung darf jedoch nicht dazu führen, dass letzte Naturräume mit dem altbekannten Arbeitsplätzeargument nun auch noch geopfert werden. Infrastruktur kann nämlich auch gestärkt werden, wenn ein Ausgleich dafür stattfindet, dass Kommunen in abgelegeneren Gebieten den Ballungsräumen quasi frische Luft, CO_2-Reduktion, Wassererneuerungsgebiete, Naherholung und nicht zuletzt Lebensraum für die Tier- und Pflanzenwelt zur Verfügung stellen.

Nach der gegenwärtigen Gesetzgebung im Hinblick auf das Gewerbesteuer- oder Einkommensteueraufkommen profitieren nur Kommunen, die viel zahlungskräftiges Gewerbe oder Einwohner – möglichst auch wieder mit entsprechend hohen Einkommen – anziehen. Dieses Steuerrecht muss dringend geändert werden, wie schon im Jahr 2008 der damalige Präsident des Umweltbundesamtes, Prof. Dr. Andreas Troge, forderte. Doch die Politik traut sich nicht. In den Städten fährt man gut mit der bisherigen Situation; der ländliche Raum hat in vielen Gegenden Deutschlands, Österreichs und der Schweiz nach wie vor kaum eine Lobby. Und der ganz fern abgelegene ländliche Raum – also jene dünn besiedelten Gebiete, wie man sie im Hessischen, in Sachsen-Anhalt und Mecklenburg-Vorpommern, in Brandenburg, vor allem aber in den Regionen nahe der polnischen Grenze rund um Neubrandenburg findet – hat offenbar keine politische Relevanz.

Was wir tun können, was sich ändern muss

Jeder Einzelne
- Die Stadt oder die Gemeinde ist kein anonymes Gebilde, sondern wird von demokratisch gewählten Vertreterinnen und Vertretern regiert und verwaltet. Mitwirken ist angesagt. Mischen Sie sich ein, besuchen Sie Sitzungen des Stadt- oder Gemeinderates und seiner Ausschüsse. Bringen Sie Forderungen vor und haken Sie nach. Lassen Sie sich nicht vertrösten. Kandidieren Sie für Gremien.
- Viele Bürger nehmen erst dann zur Kenntnis, dass negative Entwicklungen ihre Umgebung beeinflussen, wenn die Baumaschinen anrücken. Dabei gehen viele Vorhaben auf längere Planungen zurück. Die über einen Zeitraum von meist zehn bis fünfzehn Jahre geltenden Flächennutzungspläne werden in der Ausstellungsphase von den Bürgern kaum wahrgenommen. Deshalb gibt es nur wenige Einwendungen; es werden nur selten Vorschläge eingebracht.
- Viele Menschen kümmern sich erst dann um ihre eigenen Lebensgrundlagen, wenn Veränderungen anstehen. Doch dann ist es oft schon zu spät. Überall gibt es Heimat-, Umwelt- und Naturschutzverbände, die Sachverstand bündeln und diesen mittlerweile hoch professionell in Verwaltungen und politischen Gremien einbringen. Machen Sie mit!
- Viele Bürgerinnen und Bürger wissen nicht, dass es ein Recht auf Akteneinsicht gibt.
- Erkundigen Sie sich, woher Ihr kommunales Unternehmen Wasser bezieht und wie es mit der Energieerzeugung bestellt ist. Durch einen Wechsel des Energieversorgers oder des Tarifs kann jeder Einzelne zur Nutzung regenerativer Energien beitragen.
- In vielen Städten gibt es sehr engagierte Menschen in den Grünflächenämtern und Stadtgärtnereien. Fragen Sie nach, wo Sie Baumpa-

tenschaften übernehmen können und wo es Möglichkeiten gibt, bei der Pflege und Erhaltung von Grünbeständen mitzuwirken.
- Hausbesitzer und Hausverwaltungen sollten ihre Immobilien umfassend einem Klimacheck unterziehen. Vielerorts gibt es kommunale oder Landesförderungen für entsprechende Energieberatungen und auch für Sanierungsmaßnahmen. Die Programme werden ständig weiterentwickelt. Fördergelder werden oft über die KFW (Kreditanstalt für Wiederaufbau) oder über die jeweiligen Landesbanken vergeben. Auch dort gibt es fachliche Beratungen.
- Nicht nur Haus- und Grundbesitzer, sondern alle sollten angesichts potenzieller Sturm-, Hochwasser- oder Hitzezeiten ihren Versicherungsstatus überprüfen.
- Im (Vor-)Garten dem Grün den Vortritt lassen und Stein- oder Kiesbeete vermeiden

Politik und öffentliche Hand
- Grünbestände müssen als lebendige Infrastruktur betrachtet und geschützt werden. Städte müssen innerhalb ihrer Grenzen Flächenbilanzen aufstellen und festschreiben, dass kein weiterer Boden, keine weitere Grünstruktur mehr unter Beton und Asphalt verschwindet.
- Städte und Gemeinden müssen entsprechend der lokalen und regionalen Klimamodelle ihre Siedlungspolitik auf den Prüfstand stellen. Wie sieht es mit Frischluftschneisen aus, wie mit der Erweiterung von Grünanlagen, und wie kann alter Gebäudebestand optimiert werden, ohne immer gleich die Abrissbagger einzusetzen, gebundene Energie zu vernichten und mit viel Energie neue Strukturen zu schaffen?
- Viel mehr als bislang muss Bürgerwissen – auch als Citizen Science bezeichnet – in langfristige Stadtplanung sowie auch bei kurzfristigen Maßnahmen einbezogen werden. Das Wort Bürgerbeteiligung hat zwar in den letzten Jahren durch vielerlei Protestbewegungen zumindest theoretisch einen neuen Aufschwung erfahren. Jedoch wird viel zu oft an alten Konzepten festgehalten.
- Der Regionalplanung muss ein größerer Stellenwert als bislang eingeräumt werden. Es gilt, einen besseren Ausgleich zwischen Stadt

und Land zu finden, den ländlichen Raum attraktiver zu gestalten, ohne die natürlichen Ressourcen zu gefährden, und eine attraktive Anbindung an die städtischen Metropolen zu schaffen. Autarke, überblickbare Kommunen sind weniger anfällig als Megastädte.

- Kommunen im ländlichen Raum muss für die von ihren Gebieten ausgehenden Wohlfahrtsleistungen für die Städte wie saubere Luft, Wassererneuerungsgebiete, Naherholung und anderes ein Ausgleich gewährt werden. Das jetzige System der Kommunalfinanzierung ist dafür nicht tauglich, weil es Städten mit vielen Menschen, hohen Durchschnittseinkommen und einer großen Zahl von Gewerbe- und Industriebetrieben immer mehr finanzielle Manövriermasse zukommen lässt, während Kommunen in den ländlichen Räumen abgehängt werden.
- Die internationale Zusammenarbeit muss viel stärker als bislang durch Beratungsleistungen zu ökologisch vertretbaren, nachhaltigen Stadtentwicklungen in Entwicklungs- und Schwellenländern dazu beitragen, dass dieselben Fehler wie in den 60er- und 70er-Jahren in Europa dort nicht wiederholt werden.
- Dasselbe gilt für die nachhaltige Entwicklung ländlicher Räume. Diese gilt es etwa in Südostasien, Afrika oder Südamerika so zu stärken, dass weitere Landflucht vermieden wird.

Wirtschaft
- Es ist eine vordringliche Aufgabe der Wirtschaft, ganzheitliche Konzepte der Integration und Verflechtung von Gewerbe und Wohnen zu entwickeln.
- Klimaschutzinvestitionen gerade auch im Ausland müssen als Chance gesehen werden. Hier kann bei gleichem finanziellen Aufwand Erhebliches für das Klima geleistet werden. Trotzdem sind die Anstrengungen in Deutschland, Österreich und der Schweiz wegen der Vorbildfunktion für andere Länder sehr wichtig.

Fazit: Städte brauchen eine umfassende Klimaanpassungsstrategie, die alle Lebenslagen berücksichtigt.

Wasser ist Leben
Selbstverständliches neu denken, schützen und schätzen

> ... und die Menschen werden vergehen vor Furcht
> und in Erwartung der Dinge, die kommen sollen
> über die ganze Erde; denn die Kräfte der Himmel
> werden ins Wanken kommen.
>
> Die Bibel, Lukasevangelium 21,26

Es war im Sommer 2003, als das Wasser richtig knapp wurde. Eine Hitzewelle von noch nie gekannten Ausmaßen hatte im Juli und August fast ganz Europa im Klammergriff. Das Hoch Michaela gilt als eine der opferreichsten Naturkatastrophen der letzten vierzig Jahre. Geschätzte siebzigtausend Todesopfer und volkswirtschaftliche Schäden in Höhe von rund 11 Milliarden Euro waren die Folge. In Paris zeigten die Thermometer über 39 Grad, im sonst regnerisch kühlen England wurden 32 Grad registriert, und zum ersten Mal verzeichnete man im Schweizer Kanton Graubünden fast 42 Grad. Entlang des Oberrheins zwischen Karlsruhe und Freiburg im Breisgau waren es 40,2 Grad. Der höchste Wert wurde im spanischen Córdoba mit unglaublichen 46,2 Grad registriert.

Wie überall hatte die mörderische Hitze auch in Deutschland zu einer enormen Nachfrage nach Mineralwasser geführt. Ungeachtet der Tatsache, dass man in Deutschland, Österreich und der Schweiz unbedenklich auch Leitungswasser trinken kann, haben es sich die meisten Menschen in den vergangenen dreißig Jahren angewöhnt, kistenweise Sprudel und stilles Wasser nach Hause zu schleppen. Doch jetzt wurde zum ersten Mal auch solches Wasser knapp. Viele Supermärkte bekamen gar nicht so schnell Wasser geliefert, wie ihre Kunden kaufen wollten. Erstmals ging zumindest abgefülltes Wasser zur Neige. Um künftigen Lieferschwierigkeiten vorzubeugen, kaufte als Konsequenz aus der Klimadurststrecke das genossenschaftlich organisierte Unternehmen Edeka Südwest mit Sitz im badischen Offenburg kurzerhand zwei Sprudelfirmen samt deren Quellen auf. So etwas sollte nicht noch einmal passieren. Schließlich muss man ja für die Zukunft gerüstet sein.

Doch was ist, wenn Wasser noch knapper wird? Dann nämlich, wenn Flüsse wie in jenem Sommer 2003 oder auch 2015 oder 2017 so wenig Wasser führen, dass Kraftwerke heruntergefahren werden müssen, weil das Kühlwasser knapp wird? Lassen wir an dieser Stelle einmal die Frage der Sicherstellung von Energie beiseite. Hier soll es darum gehen, ob wir auch noch künftig genug zu Trinken haben.

Fakt ist, dass wir seither einen Hitzesommer nach dem anderen hatten; nicht so extrem wie 2003, aber immerhin so, dass die Grundwasservorräte nicht in dem Maße erneuert wurden, wie dies früher üblich war. Viele Menschen sind aber genau auf solche Grundwasservorräte angewiesen. Entlang des Rheins und anderer Flüsse korrespondiert das sogenannte Uferfiltrat mit dem Flusswasser. Und genau diese Ressource ist bei weiteren Trockensommern und Niedrigwasserständen nicht mehr gesichert. Gleiches gilt für abgelegene Gebiete fern der großen Flüsse. Mehr Sicherheit scheinen die Menschen dort zu haben, wo Trinkwasser aus Gewässern wie dem Bodensee bezogen wird. Rund 5,5 Millionen Menschen in der Schweiz, in Österreich, Bayern und Baden-Württemberg erhalten ihr Wasser aus dem »Schwäbischen Meer«. Der Hauptzufluss des vor zehntausend Jahren als gigantisches Überbleibsel des Rheingletschers entstandenen Gewässers kommt aus dem Tomasee in Graubünden. Dort entspringt auf 2.345 Metern Höhe der Alpenrhein, der den Bodensee speist. Doch was ist, wenn die Gletscher immer weiter schmelzen, wenn das Wasser auch in den Alpen knapper wird? Keine Sorge!, sagen Gewässerkundler. Schließlich ist der Bodensee bis zu 254 Meter tief und enthält 48 Kubikkilometer Wasser. Ein gewaltiger Wasservorrat, aus dem die Bodenseewasserversorgung jährlich gerade einmal 0,13 Kubikkilometer entnimmt. Selbst wenn die Menge in einem Jahr einmal nicht komplett nachgefüllt würde, wäre der Vorrat auf lange Sicht gesichert. Kostbares Nass, das auf einer Distanz von rund 280 Kilometern in die Metropolregion Stuttgart-Heilbronn und weiter Richtung Norden bis in die Bereiche des südlichen Odenwalds gepumpt wird. Über 320 Städte und Gemeinden erhalten so ihr Trink- und Brauchwasser.

Wenn das Wasser knapp wird – Klimawandel erleichtert Kriminalität

Auch ich profitiere von dem hervorragenden Bodenseewasser und bade beim täglichen Duschen indirekt im Schwäbischen Meer. Selbst wenn die Alpengletscher vollends abschmelzen, Alpenrhein und andere Zuflüsse zu kümmerlichen Rinnsalen verkümmern – der Bodensee wird uns noch lange mit seinem hervorragenden Wasser als gigantische Reserve zur Verfügung stehen. Alles in Butter also? Vielleicht auf den ersten, rein am Wasservorrat orientierten Blick. Denn was passiert, wenn Terroristen Fernwasserleitungen als Ziel ihrer Attacken auf unsere Gesellschaft auswählen? Dann bricht binnen kürzester Zeit die Wasserversorgung für Mensch und Industrie in einer der wichtigsten Wirtschaftsräume Europas zusammen.

Klimawandel macht uns anfällig für Kriminalität. Nicht nur die Folgen des Klimawandels erfordern deshalb eine lückenlose Überwachung der Pipelines. Bevor mit dem Aufbau der Bodensee Wasserversorgung im Jahr 1954 begonnen wurde, hingen die Gemeinden rund um den See sowie entlang des Neckars und seiner Zuflüsse von örtlichen Wasserversorgungsanlagen ab. Die wiederum wurden von den Wasservorräten der Talauen und damit vom Uferfiltrat gespeist. Zum Glück wurden viele der lokalen Trinkwasserbrunnen nicht aufgegeben, sondern für Notfälle aufrechterhalten.

Trotzdem: Es gibt keine Entwarnung! Und zwar gleich aus einer ganzen Reihe von Gründen. Zum einen treibt die intensive Landwirtschaft den Nitratgehalt des Wassers so hoch, dass es vielerorts nicht mehr bedenkenlos als Trinkwasser genutzt werden kann. Zum anderen werden durch lang anhaltende, sich wiederholende Trockenperioden die Grundwasservorräte schnell schwinden. Auf den ersten Blick mag das alles nichts mit dem Klimawandel zu tun haben; und doch: Die Lage ist angesichts immer komplizierter werdender Strukturen und unterschiedlicher Einflüsse sehr ernst zu nehmen. Sorglosigkeit gefährdet Sicherheit.

In der Hansestadt Hamburg blickt man sorgenvoll ins Jahr 2035: In einem Statusbericht zur Trinkwasserversorgung heißt es, dass es spätestens dann eng werden könnte mit der Trinkwasserversorgung. Hamburg? Alster und Elbe »umarmen« mit Kanälen und Seitenarmen die Millionenstadt von allen Seiten. Auch der Himmel über Hamburg ist oft verhangen, und was die Regenmenge angeht, liegt Hamburg im oberen Drittel der deutschen Großstädte. Und doch soll es Wasserknappheit in der Hafenstadt geben?

Rechnerisch ist das durchaus möglich. Jedenfalls will der Versorger »Hamburg Wasser« vorbeugen. Ein Lösungsansatz ist der Zugriff auf private Brunnen, um dort Grundwasser zu fördern. Noch immer klingen die »Sicherheitsabschläge« – so der Fachbegriff der Wasserwerker – beruhigend. So wurden 2015 rund 120 Milliarden Liter in Hamburg verbraucht – die Verbrauchsprognose lag bei 133 Milliarden Liter. Trotzdem sei man ständig auf der Suche nach neuen Standorten, um Grundwasser zu fördern.

Dabei darf man nicht außer Acht lassen, dass jeder Brunnenbetrieb einem Alterungsprozess unterworfen ist. Es kommt zu Sedimentablagerungen oder zur Versalzung des Grundwassers. Hamburg Wasser unterhält vierhundertfünfundsiebzig Brunnen. Davon müssen einige in den nächsten Jahren durch neue ersetzt werden. Die Bevölkerung in der Hansestadt wächst. Und je dichter besiedelt eine Stadt ist, desto mehr Trinkwasser wird benötigt. Das klingt wie eine Milchmädchenrechnung – doch der Satz enthält eine gewisse Dramatik. Wie die Eigentümer von geeigneten Brunnen in Zukunft reagieren, bleibt abzuwarten. Wasser kann zur »Kapitalanlage« von großem Wert werden. Ein »Allgemeingut« als Investitionsobjekt? Schon heute wird an der Börse mit Brunnen spekuliert und viel Geld verdient. Was, wenn der Eigentümer sein Wasser selbst nutzen will? Kommt es dann zu Enteignungen?

Damit das »Lebens- und Überlebensmittel Nummer 1« auch künftig zur Verfügung steht, darf das in Deutschland den Kommunen zustehende Recht der Wasserversorgung nicht aufgeweicht und Wasser nicht wie in anderen Ländern zum Spekulationsgut werden. Die Wasserbevorratung muss angesichts des Klimawandels viel stärker als bislang neu gedacht und gesichert werden.

Wir brauchen Wassernotfallpläne

Was heißt das konkret? Für die von den Städten und Gemeinden getragenen Wasserversorgungsunternehmen bringen die absehbaren Auswirkungen des Klimawandels gewaltige Herausforderungen mit sich. Sie alle müssten jetzt Wassermangel-Notfallpläne aufstellen. Was passiert, wenn Fernwasserleitungen wegen verbrecherischer oder terroristischer Anschläge nicht genutzt werden können? Stehen ausreichend Reserve-Trinkwasserbrunnen zur Verfügung? Wie sieht es mit der Wasserqualität aus? Wie wird mittel- bis langfristig mit »Brunnenvergiftern« umgegangen – z.B. mit dem Einsatz von Chemie in der Industrie und Landwirtschaft? Was ist aus den längst eingeführten Grenzwerten geworden? Werden sie eingehalten? Wie sieht es mit der Rückhaltung von Regenwasser aus? Müssten Wasserversorgungsunternehmen nicht überall in den Ballungszentren große Regenrückhaltebecken aufbauen? Wir brauchen Anlagen, die nicht nur Überschwemmungen bei Starkregen verhindern, sondern auch als Großzisternen in Notzeiten zur Verfügung stehen. Denn wenn es nach Hitze- und Dürreperioden regnet, kann das Wasser nur schlecht in die ausgedörrten Böden eindringen. Die Folge: Es fließt viel zu schnell ab. Ungeachtet der dann an den Mittel- und Unterläufen der Flüsse entstehenden Hochwassergefahr müssten bereits in den Siedlungen Rückhaltemöglichkeiten für Trink- und Brauchwasser geschaffen werden. Hier sind die Städte und Gemeinden als Träger der Bauleitplanung gefordert. Es müsste eine rechtlich verbriefte Regelung geben, dass schon beim Bau und der Sanierung von Wohn- und Gewerbeimmobilien Zisternen angelegt werden.

Setzt sich der bisherige Trend fort – und leider spricht nichts dagegen –, muss sowohl für extreme Hochwasser als auch für Trockenzeiten geplant werden. Das hat enorme Auswirkungen für die Sicherheit der Wasserversorgung, aber auch für die Kanalisation in Dörfern und Städten. Viele sind zu klein bemessen, um große Wassermassen aufzunehmen. Trinkwassersicherheit, Hochwasserschutz, Landwirtschaft und Energieproduktion sind gleichermaßen betroffen! Regionale Wassernotfallpläne müssen all diese Faktoren einbeziehen.

Kommt der Wassernotstand in den Alpen?

Noch dringender sind Wassermanagementpläne für die europäischen Alpenregionen und die anderen großen Gebirgsketten der Erde. Forschungsergebnisse zeigen, dass die Gletscherregionen in den europäischen Alpen zu den vom Klimawandel am schwersten betroffenen Gebieten der Erde gehören. Ein großer Teil der heute noch existierenden Gletscher wird in weniger als vierzig Jahren verschwunden sein. Seit 1850 – am Ende der sogenannten »kleinen Eiszeit« war der letzte Höchststand erreicht – hat sich die Anzahl der Gletscher bereits auf etwa fünftausend halbiert. Und die existierenden Gletscher haben seitdem etwa die Hälfte ihrer Masse verloren. Über 90 Prozent sind heute kleiner als einen Quadratkilometer, und sie schmelzen immer schneller.

Spätestens jetzt müssten Anpassungsstrategien für die Alpenregion gerade auch im Hinblick auf die Rückhaltung von Wasser im Mittelpunkt der Bemühungen stehen. Nach Angaben des Bundesumweltministeriums ist nämlich in den Alpen mit einer doppelt so starken Erwärmung wie im Bundesdurchschnitt zu rechnen. Längst ist nicht mehr nur der Wintersport betroffen, die Haupteinnahmequelle vieler Alpentäler. Ist das Eis erst einmal geschmolzen, fehlt der Zustrom der Gletscherbäche und Flüsse für die Alpentäler. Dann sieht es mit der Produktion sauberer Energie aus Wasserkraftwerken in den Alpen düster aus. So musste schon 2007 der italienische Energiekonzern Enel seine Stromproduktion um ein Fünftel drosseln, als in den norditalienischen Stauseen besonders niedrige Pegelstände verzeichnet wurden.

Hinzu kommen die Veränderungen durch das Verschwinden der Alpengletscher und das Auftauen der Permafrostböden auf die Tier- und Pflanzenwelt sowie auf den von der Alpenidylle abhängigen Tourismus. Und wird das Trinkwasser knapp, so geraten auch ganze Landwirtschaftssysteme in Gefahr. Dies zeigt das Beispiel Obstbau im Vinschgau in Südtirol. Jeder zehnte Apfel, der in Europa verspeist wird, kommt aus dieser Region. Für Apfelplantagen braucht man durchschnittlich 2.000 Millimeter Niederschlag pro Quadratmeter. Im Vinschgau fallen aber nur 500 Millimeter – der Rest des Wassers kommt von den Gletschern. Noch. Bleibt der stete Wassernachschub aus, hat der Obstbau in dieser Region keine Zukunft mehr.

Noch schlimmer wirkt sich der Wassermangel für die Menschen aus, die entlang der großen Flüsse leben, die sich aus Alpenzuflüssen speisen. Rund 40 Prozent des Wasserbedarfs in Europa werden über Rhein und Rhône, Donau und Po durch die Alpen gespeist. Kommt es zu Niedrigwasserständen oder gar zum Austrocknen der Flüsse, fehlt es nicht nur am Trinkwasser, sondern an vielen Stellen müssen Kraftwerke gedrosselt oder vom Netz genommen werden. Ganz gleich, ob es sich um Kohle- oder um Atomkraftwerke handelt: Fehlt das notwendige Kühlwasser, stehen die Turbinen still. Kein Strom heißt im Übrigen auch kein Leitungswasser, denn die Pumpen brauchen Elektrizität. Und diese Vorstellung ist nicht allzu weit hergeholt. »Wenn 2075 die Sommer so trocken und heiß sind wie der Hitzesommer 2003, dann würden von Juli bis August Rhein und Rhône trockenfallen«, mahnte der Glaziologe Wilfried Haeberli von der Universität Zürich und dem World Glacier Monitoring Service (WGM) schon vor Jahren.

Kampf ums Wasser

Verglichen mit den Nöten der Menschen in anderen Weltregionen sind das alles Luxusprobleme. Denn während die Bewohner der reichen Länder Möglichkeiten haben, sich auf die veränderten Umweltbedingungen mit technischem Know-how und finanziellen Mitteln einzustellen, sehen die Zukunftsaussichten in anderen Regionen weit düsterer aus. Ein kleiner Vorgeschmack bevorstehender Katastrophen wurde Anfang 2018 bekannt, als in der südafrikanischen Großstadt Kapstadt das Wasser knapp wurde. Die Folgen der schlimmsten Dürre seit Jahrhunderten ließen die Trinkwasserversorgung kollabieren. Zunächst versuchte die Stadtverwaltung mit Bußgeldern gegen Wasserverschwender vorzugehen und rationierte den Wasserverbrauch. Am meisten litten die Armen, die sich kein teures Trinkwasser kaufen konnten. Noch während dieses Buch geschrieben wurde, blickten alle ängstlich auf die »Stunde Null«, die im April 2018 erwartet wurde: den Augenblick, in dem die Stadt das Wasser abstellt. Damit wären über 4,5 Millionen Menschen in Kapstadt ohne öffentliche Trinkwasserversorgung. Nur unter Aufsicht des Militärs gäbe es dann das kostbare Nass an zweihundert zentralen Verteilungspunkten. Kapstadt gehört zu den am besten entwickelten Städten Afrikas! Was in anderen Städten unseres Nachbarkontinents in einer ähnlichen Situation passieren würde, bleibt der Fantasie überlassen.

Oder eben auch nicht: Der verzweifelte Kampf um das tägliche Wasser hat ja längst begonnen! Es geht nicht um die Nomaden und Oasenbewohner in der Sahara oder in der Wüste Gobi. Es geht auch nicht um die von Versteppung und Verwüstung bedrohten Regionen im Nahen und Mittleren Osten oder in den Savannengebieten Afrikas. Dort stehen den Menschen Konflikte und Kriege um das Wasser bevor – wenn sie nicht schon im Gange sind.

Ein Wasserwald mitten im Grünen

Und in anderen Regionen der Erde? Es geht auch um Menschen, die mitten im Grünen leben. Grün jedoch nur bei oberflächlicher Betrachtung. Mit Friedhelm Göltenboth, Honorarprofessor der Universität Hohenheim bei Stuttgart und Tropenexperte der Umweltstiftung Nature-Life-International, bin ich in dem abgelegenen Dorf Lam Trache in der Provinz Quang Binh im dünn besiedelten Grenzgebiet zwischen Vietnam und Laos unterwegs. Dort gibt es keine Supermärkte mit Dutzenden Mineralwassersorten und anderer Getränke in den Regalen und Kühlschränken. Nur kleine Kioske, wie man sie oft in Südostasien findet, offerieren in Halb-Liter-Plastikfläschchen abgefülltes, für uns schal schmeckendes Trinkwasser. Dabei wäre uns jetzt in der mörderisch schwülen Hitze nach dem langen Fußmarsch ein Weizenbier lieber. Oder wenigstens ein ordentlicher Sprudel – so wie wir ihn daheim in Dutzenden Marken kaufen können. Doch das uns überaus gastfreundlich angebotene schale Nass ist für die Menschen in den kleinen Dörfern ein absolutes Luxusgut. Sie haben nicht das Einkommen, abgefülltes Mineralwasser zu kaufen – selbst wenn es das gäbe. Die Menschen brauchen Wasser zum Waschen und Baden sowie um das Gemüse in den kleinen, liebevoll gepflegten Gärtchen zu bewässern. Dabei fehlt es in dieser Region nicht am Regen: Die Umgebung präsentiert sich sattgrün. Doch der Boden nimmt das Wasser nicht auf. Schuld sind unsachgemäße Aufforstungen mit Baumarten, die Wasser »schlucken« und den Grundwasserspiegel senken. Schuld sind auch die Waldvernichtungen durch Entlaubung mit dem Dioxin Agent Orange durch die Amerikaner und die katastrophalen Abholzungen während des Vietnamkrieges (1965–1975).

Unseren freundlichen Führer, der scheinbar mühelos den Hang hochsteigt, hat diese Situation nicht abgeschreckt. Da er seine ländliche Heimat nicht verlassen wollte, beschloss er eines Tages, einen Wasserwald anzulegen. Dabei geht es darum, durch das Anpflanzen einheimischer Baumarten unterschiedlichen Alters den Boden vor Verdunstung zu schützen und ein Erneuerungs- und Rückhaltegebiet für das Wasser zu schaffen. Hoang Huu Phuoc hatte ganz einfach begriffen, dass er etwas tun muss, wenn er für sich und seine Familie die Versorgung mit Wasser langfristig sicherstellen will.

Doch Hoang Huu Phuoc konnte nicht einfach Büsche und Bäume pflanzen: Er hatte ganz andere Hindernisse zu überwinden. Der gesamte Hang oberhalb seiner Ansiedlung war übersät von den Hinterlassenschaften des Vietnamkrieges. Bei jedem einzelnen Baum und jedem Strauch, den er pflanzen wollte, bestand die Gefahr, dass Minen, Blindgänger und andere Sprengsätze explodieren. Doch davon ließ sich der heute 60-Jährige nicht beirren. Er entwickelte ein System, mit Metalldetektoren die weit über den Hang verstreuten potenziellen Explosionskörper zu identifizieren. Anschließend grub er in einem Sicherheitsabstand von Hand zunächst eine senkrechte Grube in den Boden; dann arbeitete er sich waagerecht in Richtung des gefährlichen Kriegsmülls vor und entfernte so vorsichtig die grausigen Hinterlassenschaften eines sinnlosen Krieges. Dies viele Dutzend Mal. Erst nach der schweißtreibenden Beseitigung der Minen konnte der Wasserwaldpionier nach und nach Bäume und Sträucher pflanzen. Dafür mussten Querrillen im Gelände gezogen werden, damit das Wasser nicht zu schnell abläuft und stattdessen in den Boden eindringt, damit die Bäume entsprechend versorgt werden. So entstand über Jahre hinweg ein Wasserwald. Ermuntert durch das Beispiel, fangen mittlerweile auch andere Dorfbewohner an, Hangbereiche zu renaturieren, um Wasser als ihre Überlebensquelle Nummer eins sicherzustellen.

Das kleine Beispiel zeigt, was einzelne Menschen trotz widriger – ja lebensgefährlicher – Umstände für ihre eigene Klimazukunft leisten können. Und viele solcher Beispiele können zusammengenommen neue Wege aufzeigen und so nach und nach Fehler korrigieren. Menschen haben im ländlichen Raum eine Zukunft, wenn sie nicht gezwungen sind, in die Megastädte abzuwandern.

Risikozone Himalaya ...

Nicht nur in Vietnam sind Menschen auf das teilweise schon fragile Wassereinzugsgebiet des Himalayas angewiesen. Die Gletscher des Himalayas, der auf einer Fläche von drei Millionen Hektar von Eis bedeckt ist, speisen mit ihrem Schmelzwasser nicht nur den Mekong, sondern auch den Jangtse, den Ganges und viele andere große Flüsse Asiens. Auf diesem höchsten Gebirgsmassiv der Erde befindet sich somit – neben der Arktis und Grönland – einer der größten Eiskörper und damit Süßwasserspeicher überhaupt.

Doch auch im Himalaya und seinen Grenzregionen ist die Gletscherschmelze bereits im Gang. Setzt sie sich im bisherigen Maß fort, stehen nicht wie in Europa der Obstbau und die Vergnügungen einer Spaßgesellschaft auf dem Spiel, die Skilaufen will, sondern die Existenz von vielen Millionen Menschen: in Indien, Nepal, China, Pakistan, Bhutan und Myanmar. Schmelzen die Eis- und Schneemassen, kann es zu einer Rückkoppelung kommen, die für Mensch und Natur gleichermaßen gefährlich ist: Die Reduzierung von Schnee und Eis hat eine Reduzierung der Reflexion der Sonneneinstrahlung zur Folge. Irgendwann ist ein kritischer Punkt erreicht; Wissenschaftler sprechen vom Kippen des Klimasystems. Aus starken Veränderungen im System resultieren abrupte Klimaveränderungen, unumkehrbare Prozesse und in der Folge langfristige, noch stärkere Klimaänderungen. Das besonders Dramatische daran: Wenn der Kipppunkt in einem natürlichen System erreicht ist, kann das Gleichgewicht nicht mehr wiederhergestellt werden. Möglicherweise pendelt sich die Natur im Laufe von Jahrtausenden wieder ein, doch für die Menschen ist es dann zu spät.

Es besteht die Gefahr, dass abrupte, drastische Klimaänderungen die Anpassungsmöglichkeiten der menschlichen Gesellschaft überfordern oder sogar übersteigen. Das gilt besonders für Fälle, in denen die Änderungen nicht mehr umkehrbar sind. Dabei können sich verschiedene Faktoren gegenseitig verstärken. So wird zum Beispiel der Kipppunkt der Gletscherschmelze beschleunigt, wenn sich der indische Monsun abschwächt und es weniger Niederschläge gibt. Geringere Niederschläge bedeuten weniger Schneefall auf den Gletschern, was wiederum zu einer Verringerung des Gletscherzuwachses und damit zum Gletscherschwund führt. Das hätte einen drastischen Wassermangel aufgrund des geringeren oder gar ganz ausbleibenden Schmelzwassers aus dem Himalaya zur Folge.

... und weltweit

Auch in anderen Gebieten der Erde hat die Gletscherschmelze dramatische Folgen. In Peru ist der Quelccaya-Gletscher auf dem Rückzug. Nach Berechnungen von Wissenschaftlern wird es die größte Eiskappe der Tropen im Jahr 2100 wohl nicht mehr geben. Für Hunderttausende von Menschen in Peru ist das Gletscherwasser jedoch die einzige Quelle für Trinkwasser. In Tansania verschwindet die Eiskappe des Kilimandscharo. Was für die ersten europäischen Entdecker des Schwarzen Kontinents noch ein Wunder war – mitten in den Tropen einen eisbedeckten Berg zu sehen –, gehört bald der Vergangenheit an: Seit 1912 sind über 80 Prozent der Eiskappe geschmolzen. Der Kilimandscharo, eines der Wahrzeichen Afrikas, verliert seinen ursprünglichen Charakter. Auch der »Glacier National Park« im US-Bundesstaat Montana muss um seinen Namen fürchten. Als der amerikanische Präsident William Howard Taft 1910 den Nationalpark eröffnete, gab es hier noch über hundertfünfzig Gletscher. Mittlerweile sind davon weniger als fünfunddreißig übrig.

Überall, wo die Wassersicherheit schwindet, muss lokal und regional sowie national schon jetzt Vorsorge getroffen werden. Nach Informationen der Welthungerhilfe haben schon jetzt 3,5 Milliarden Menschen täglich keinen sicheren Zugang zu einer Wasserquelle, sauberem Trinkwasser sowie angemessenen Hygiene- oder Sanitäranlagen.

Wir brauchen eigentlich einen Weltwasserplan. Darin muss auch vorausschauend Vorsorge getroffen werden, wohin die Menschen ausweichen können, wenn sie wegen Wassermangel ihre Heimat verlassen müssen. Das wäre eine wichtige Aufgabe der Vereinten Nationen, die jedoch schon mit der Friedenssicherung in den verschiedenen Brennpunkten der Welt überfordert sind. Dabei ist Wassersicherung immer auch Friedenssicherung.

Sicherheitsrisiko Wassermangel
Der Wissenschaftliche Beirat der Bundesregierung Globale Umweltveränderungen (WBGU) hat sich eingehend mit den Folgen der Wasserknappheit und dem Klimawandel als Sicherheitsrisiko beschäftigt und regionale Schwerpunkte aufgezeigt:[16]
- Nordafrika: Migrationsdruck und politisches Krisenpotenzial steigen infolge zunehmender Dürren und Wasserknappheit bei gleichzeitig hohem Bevölkerungswachstum, zusätzlich erschwert durch eine Verringerung landwirtschaftlicher Potenziale und geringe politische Problemlösungskapazitäten.
- Sahelzone: Die Klimaerwärmung verursacht zusätzlichen Umweltstress und Gesellschaftskrisen (Wasserknappheit, Ernteausfälle, Dürren) in einer schon heute durch schwache Staaten geprägten Region (zum Beispiel Somalia, Tschad), Bürgerkriege (zum Beispiel Sudan, Niger) und große Flüchtlingsströme.
- Südliches Afrika: Das wirtschaftliche Potenzial dieser Region, in der die meisten Länder zu den ärmsten Gesellschaften der Welt gehören, könnte durch den Klimawandel weiter geschwächt werden. Die Bedingungen für die soziale Sicherheit könnten sich verschlechtern und die Leistungsfähigkeit der Staaten überfordern.

- Zentralasien: Gletscherschwund und übermäßige Erwärmung verschärfen Probleme der Wasserversorgung und der Landwirtschaft und führen zu Verteilungsproblemen in einer Region, die durch politische und soziale Spannungen, die Erstarkung islamistischer Bewegungen, Bürgerkriege und Auseinandersetzungen um den Zugang zu Ressourcen (Wasser, Energie, Boden) gekennzeichnet ist.
- Indien, Pakistan, Bangladesch: Die Wasserversorgung von Millionen Menschen ist durch die Gletscherschmelze im Himalaya-Gebiet gefährdet. Veränderungen des Monsuns haben negativen Einfluss auf die Landbewirtschaftung. Wirbelstürme und Meeresspiegelanstieg bedrohen Lebensräume am bevölkerungsreichen Golf von Bengalen. Die damit verbundenen Dynamiken erhöhen das gesellschaftliche Krisenpotenzial in einem Gebiet, das heute schon durch grenzüberschreitende Konflikte (Indien/Pakistan) sowie instabile Regierungen (Bangladesch/Pakistan) und islamistische Bewegungen gekennzeichnet ist.
- China: Bereits existierender Umweltstress (Luft und Gewässer, Gefährdung der Böden) wird infolge der Zunahme von Hitzewellen und Dürrephasen und damit einhergehender Verwüstung und Wasserknappheit in vielen Teilen des Landes erhöht. Tropische Wirbelstürme und der Anstieg des Meeresspiegels gefährden die bevölkerungsreiche und wirtschaftlich wichtige Ostküste. Durch das Modernisierungstempo, durch Umweltprobleme, Sozialkrisen und die Folgen des Klimawandels könnten die Steuerungskapazitäten der Regierung überfordert werden.
- Karibik und Golf von Mexiko: Die wirtschaftlichen und politischen Problemlösungspotenziale der Region – hier vor allem Zentralamerikas – könnten überstrapaziert werden.
- Andenregion und Amazonien: Ein nicht auszuschließender Kollaps des Amazonasregenwalds und die beschleunigte Gletscherschmelze in den Anden könnten den Naturraum Südamerika massiv verändern – mit unabsehbaren wirtschaftlichen und gesellschaftlichen Folgen.

Der WBGU hat bei seinen Analysen sechs Gefährdungen internationaler Stabilität und Sicherheit identifiziert:
- Mögliche Zunahme der Zahl schwacher und fragiler Staaten als Folge des Klimawandels
- Risiken für die weltwirtschaftliche Entwicklung
- Wachsende Verteilungskonflikte zwischen Hauptverursachern und Hauptbetroffenen
- Gefährdungen der Menschenrechte und der Legitimation der Industrieländer als »Global Governance«-Akteure
- Induzierung und Verstärkung der Migration
- Überforderung klassischer Sicherheitspolitik

Was wir tun können, was sich ändern muss

Jeder Einzelne
- Persönlichen Wassernotfallplan erstellen
- Jeder Haushalt sollte mindestens für zwei Wochen den Bedarf an Trinkwasser in Flaschen zu Hause haben. Schwierig wird dies in kleinen Wohnungen. Wo der Platz nicht reicht, können sich Hausbewohner zusammentun und etwa in der gemeinsam genutzten Waschküche oder im Kellerraum Vorräte anlegen.
- Jeder sollte wissen, woher das Wasser in seiner Gemeinde oder Stadt kommt.
- Bei den Gemeinde- und Stadtverwaltungen beziehungsweise den kommunalen Wasserversorgungsunternehmen und Stadtwerken nachfragen, ob es einen Plan B gibt, der über das Abschalten von einzelnen Wasserversorgungssträngen und entsprechende Umleitungen hinausgeht, und welche Pläne es gibt, die Wasserversorgung sicherzustellen, wenn die normale Grundversorgung knapp wird.
- Wer ein eigenes Haus oder einen eigenen Garten hat, sollte dringend eine Zisterne zum Sammeln von Regenwasser anlegen, sodass er darauf zurückgreifen kann, wenn das Trinkwasser knapp wird und auch in den Lebensmittelgeschäften der Nachschub ausbleibt. Es sollte dann allerdings abgekocht werden. In der Apotheke gibt es au-

ßerdem Entkeimungstabletten (zum Beispiel Micropur). Vorrat anlegen!
- Zumindest während des Sommers können Getränkeflaschen auch auf Balkonen und Terrassen gelagert werden.
- Wasserwissen aneignen – wo gibt es was? Wie kann ich mir und meiner Familie bei Wasserknappheit helfen?
- Entwicklungshilfe- und Umweltorganisationen unterstützen, die ganzheitlich und an die jeweiligen Lebensbedingungen der Menschen sowie die ökologische Situation angepasste Projekte entwickeln. Allzu lange wurden zum Beispiel Wasserpumpen nach Afrika geliefert und installiert, was dazu führte, dass manche Clans ihre Viehbestände übermäßig erhöhten. Dies führte zu Überweidung und in der Folge wieder zu Wassermangel. Ein teuflischer Kreislauf.
- Keinen Urlaub machen, wo für Hotelburgen in ohnehin ariden Gebieten Wasser vergeudet wird.
- Auch im Urlaub Wasser sparen.
- Auf Hotelbetreiber und Reiseveranstalter einwirken, dass verantwortungsvoll mit der knappen Ressource Wasser umgegangen wird.
- Auf Europa- und Bundestagsabgeordnete einwirken, damit die nachhaltige Entwicklungszusammenarbeit massiv verstärkt wird.

Politik und öffentliche Hand
- Auch wenn scheinbare Sicherheit der Wasserversorgung gegeben ist, brauchen Städte und Gemeinden einen Wasserkrisenplan. Ein Handlungskonzept B und C also, um für Krisenzeiten gerüstet zu sein.
- Bau und Unterhalt von kommunalen Trinkwasserzisternen
- Alle noch vorhandenen örtlichen Wasserschutzgebiete und Wasseraufbereitungsanlagen müssen für Notzeiten geschützt, aufrechterhalten und konsequent überwacht werden. Wasserschutzgebiete dürfen nicht zugunsten von Neubauplanungen geopfert werden.
- Wo die Nitratwerte zu hoch sind, muss die intensive Landwirtschaft gestoppt werden. Daran arbeiten Behörden der Wasserwirtschaft und des Umweltschutzes seit Jahren mit großen Mühen, aber oft gegen den energischen Widerstand der Landwirtschaftslobby und auch mancher Bürgermeister und kommunaler Mandatsträger, die wegen

der Realisierung von Baugebieten manches Wasserschutzgebiet aufgeben wollen.
- Unterstützung von internationalen Partnergemeinden und Partnerregionen durch Städte, Gemeinden und Landkreise bei der Erstellung von Wassermanagementplänen
- Verbindliche Auflagen für geplante Neubauten von Privat- und Gewerbeimmobilien zur Anlage von Trink- und Brauchwasserzisternen
- Wasser »in der Landschaft halten«. Bäche und Flüsse vor allem in den Oberläufen renaturieren, damit bei starkem Regen das Wasser über die Ufer treten und die Grundwasservorräte auffüllen kann, statt im Bereich der Mittel- und Unterläufe Hochwasser zu verursachen.
- Wasser in der Landschaft halten, indem Moore und andere Feuchtgebiete renaturiert werden.
- Ausweisung ausreichend breiter Gewässerrand-Schutzstreifen, auf denen keine Düngemittel oder Agrarchemikalien ausgebracht werden dürfen.

Wirtschaft
- Massives Engagement von Ingenieurbüros, Firmen für Wasserversorgungs-, Reinigungs- und Entsorgungs- / Klärtechnik sowie Planungsbüros für Regional- und Stadtentwicklung in Schwellenländern. Gerade für die Umwelttechnik ergeben sich vor Ort erhebliche ökonomische Chancen, ökologische Herausforderungen zu meistern.
- Wirtschaft und Wissenschaft müssen sich gemeinsam mit den öffentlichen Entwicklungshilfe-Institutionen wie KFW / GIZ / DEG für Großprojekte engagieren, in Entwicklungs- und Schwellenländern großflächig Wassersicherung durch reichhaltige Wasserwälder fördern und wegkommen von Einzelprojekten.
- Banken müssen Investments einem Tauglichkeitscheck in Sachen Klimaschutz und Wassermanagement unterziehen, da es sonst ein böses Erwachen geben kann.

Fazit: Wasserwissen wird wichtiger!

Energie – aber wie?
Nichts wird bleiben, wie es war und ist

> *»Der Klimawandel ist eine Schicksalsfrage
> für die Menschheit.«*
> Angela Merkel, Bundeskanzlerin (geboren 1954)

So schnell bringt Volker Angres nichts aus der Ruhe. Auch in sonst hektischen Situationen wirkt der 1956 geborene Leiter der ZDF-Umwelt-Redaktion, als würde er nach Feierabend bei einer guten Flasche Wein sitzen. Und so wird er auch nicht so schnell unruhig, wenn nach langatmigen Konferenzen und nicht enden wollenden Diskussionen nur wenige konkrete und fassbare Ergebnisse herauskommen. An solche Situationen musste sich der gelernte Bankkaufmann und Magister der Publizistik und Politikwissenschaften im Laufe der Zeit gewöhnen. Denn er hat an vielen UN-Klimakonferenzen teilgenommen. Ob aus Kyoto, Marrakesch, Buenos Aires, Warschau, Cancun,, Durban oder Paris: Für die ZDF-Zuschauer war Angres Beobachter und Analyst. Er berichtete über nervtötende Verhandlungen, über das zähe Ringen um die Wege der Verringerung des viel zu hohen CO_2-Ausstoßes und das Eindämmen anderer Schadstoffe. War die Ergebnislage auch noch so dünn, der Vollblutjournalist fand immer noch den einen oder anderen Hoffnungsschimmer. Den brachte er im Heute Journal *oder in anderen Sendungen besser auf den Punkt als viele Politiker. »Solange die Entscheidungsträger noch miteinander reden, solange das eigentliche Ziel des Klimaschutzes nicht ad acta gelegt wird, ist noch nichts verloren. Auch wenn die Zeit knapp wird«, sagt Angres bei einem Neujahrsspaziergang durch die Weinberge Rheinhessens, direkt vor den Toren seiner Wahlheimat Mainz.*

Der stets gut gelaunte Hannoveraner wird nachdenklich. Es ist viel zu warm an diesem Tag und in dieser Jahreszeit. Die Wettervorhersagen künden von noch höheren Temperaturen in den nächsten Wochen, von Stürmen und Überschwemmungen. »Nicht auszudenken, wie es hier mitten in Deutschland aussehen wird, wenn nichts geschieht. Wenn es der Staatengemeinschaft wegen nationaler Egoismen nicht gelingt, den jetzt schon nicht mehr aufhaltbaren Anstieg der Durchschnittstemperatur wenigstens auf zwei Grad zu begrenzen. So wie es beim Weltklimagipfel in Paris im Dezember 2015 endlich beschlossen wurde«, sagt Angres und zeigt auf die uns umgebenden Weinreben. »Wird der Saft in den Beeren von Riesling oder Grauburgunder verkochen, wenn es wärmer wird? Was passiert mit unseren Kulturlandschaften, in denen wir während unserer Freizeit unterwegs sind? Vertrocknen im Sommer regelmäßig Bäche und Flüsse und bekommen wir statt bunten Wäldern bald Buschland wie in Südeuropa? Entstehen in unseren Metropolen Gettos von Klimamigranten?«

Es sind viele Fragen, die Volker Angres beschäftigen und mit denen er sich nicht nur während der Weltklimakonferenzen auseinandergesetzt hat. Trotz aller Probleme, trotz der Langwierigkeit des internationalen Klimaschutzprozesses sieht Angres eine nicht mehr aufzuhaltende Bewegung. Seit der UN-Konferenz für Umwelt und Entwicklung in Rio de Janeiro 1992 sind die Auswirkungen des Klimawandels mittlerweile deutlicher zu spüren. Deshalb sind wissenschaftliche Zweifel, dass menschliche Aktivitäten den Klimawandel dramatisch beschleunigen, immer geringer geworden. Einhundertvierundsiebzig von einhundertsiebenundneunzig möglichen Vertragsparteien haben mittlerweile das UN-Klimaschutzabkommen der Pariser Klimakonferenz 2015 unterzeichnet. »Selbst wenn die USA aussteigen, ist die Bewegung trotz noch vieler Probleme nicht mehr aufzuhalten«, sagt Angres. So habe sich zunächst von der europäischen Öffentlichkeit unbemerkt in den USA eine veritable Klimaschutzbewegung ausgebildet. Eine, die den Aktivitäten von Greenpeace & Co. nach Ansicht von Angres durchaus ebenbürtig ist. »Denn kaum ein Beobachter hätte nach der Ankündigung des amerikanischen Präsidenten Trump es für möglich gehalten, dass sich unterhalb der vom Weißen Haus gesteuerten Politik zahlreiche Bundesstaaten klimapolitisch selbstständig machen. Das wäre in etwa so, als wenn bei uns die Ministerpräsidenten von Nord-

rhein-Westfalen und Brandenburg verbindlich den Ausstieg aus der Kohle verkünden würden«, lacht Angres. An der Spitze der Bewegung steht Kaliforniens Gouverneur Jeff Brown. Der Sonnenstaat an der Pazifikküste gilt schon seit Langem als Musterbeispiel in Sachen Umweltschutz. Kalifornien ist jetzt auch der US-amerikanische Vorkämpfer zum Erreichen der selbst gesetzten Klimaschutzziele, nämlich die Reduktion der Treibhausgase um 26 bis 28 Prozent bis 2025 auf Basis des Jahres 2005. Angres: »Brown hat potente Mitstreiter: Gouverneure und Senatoren, eintausenddreihundert große amerikanische Unternehmen sowie hundertzehn Städte und Kommunen. Nimmt man all diese Partner wirtschaftlich zusammen, ergibt sich die drittgrößte Volkswirtschaft der Welt. Damit steht hinter den ungewöhnlichen Klimaaktivisten mehr als die Hälfte der US-amerikanischen Wirtschaftskraft. Der Wille, effektiven Klimaschutz zu betreiben, ist dadurch auch in den USA ungebrochen und bezieht sich auf alle relevanten Sektoren: Umbau der Stromversorgung auf regenerative Quellen, Elektromobilität und spritsparende Verbrennungsmotoren, energieeffiziente Gebäude und der zielgerichtete Einsatz kohlenstoffarmer Technologie. Und auch international ergeben sich neue, vorher so noch nie da gewesene Allianzen...«

Angres, der die Klimaverhandlungen im Spannungsfeld zwischen Verbohrtheit und Visionen erlebt hat, bezeichnet die Kooperation zwischen Jeff Brown und Baden-Württembergs Ministerpräsident Winfried Kretschmann als wirklich richtungsweisend. Mit der Klimainitiative »under2MOU« (Unter zwei Grad Memorandum of understanding) arbeiten mittlerweile zweihundertfünf Städte und Regionen aus dreiundvierzig Ländern und allen Kontinenten zusammen. Sie repräsentieren die wichtigsten Industrieregionen und letztlich 1,3 Milliarden Menschen mit einem Bruttosozialprodukt von 30 Billionen US-Dollar – das sind rund 40 Prozent der globalen Ökonomie – zusammen. »Die Under2 Coalition darf hinsichtlich ihrer psychologischen Wirkung in die einzelnen Mitgliedsregionen und Länder hinein nicht unterschätzt werden«, unterstreicht Angres. Es gehe jetzt nicht mehr darum, dass man handeln wolle, sondern nur noch um das Wie.

Die regionen-, staaten- und parteienübergreifende Erkenntnis, dass die Klimaerwärmung nur bei konsequenter Decarbonisierung erreicht wer-

den kann, liegt auch einem deutschen Firmenbündnis – vertreten von der »Stiftung 2 Grad – Deutsche Unternehmen für den Klimaschutz« – zugrunde. Der Appell für einen ökologischen Kurswechsel wurde unter anderem von den Dax-Konzernen SAP, Siemens, Deutsche Telekom, Deutsche Börse, Aldi Süd, Metro und Tchibo unterzeichnet. Selbst Energiekonzerne, die noch vor wenigen Jahren an ihrer Klima-Saurierpolitik festhielten, wie EON und EnBW, haben sich der Initiative angeschlossen. Es handelt sich um einen branchenübergreifenden Verbund, der vierundfünfzigtausend Beschäftigte allein in Deutschland und einen weltweiten Umsatz über 350 Milliarden Euro repräsentiert.

Nun ist Papier geduldig, aber Klimawandel verzeiht keine Geduld. Die Abrechnung der Erde ist nicht zu vertagen, sondern erfolgt unmittelbar im Hier und Jetzt. Deshalb müssen den Ankündigungen konsequente praktische Schritte folgen. Die Chancen dazu sieht der Analytiker Angres durchaus realistisch. Die Wirtschaft sei auch in anderen Bereichen wach geworden. So habe sich auch die Allianz von Investments in fossile Energieträger verabschiedet. Schon heute sei Strom aus erneuerbaren Quellen kostengünstiger als Strom aus Kohle-, Gas- und Kernkraftwerken, wenn tatsächlich alle Kosten betrachtet werden. Volker Angres: »Was fehlt, sind jedoch politische Rahmenbedingungen, die so ausgerichtet sind, dass auch die Verbraucherinnen und Verbraucher davon profitieren können.«

Es ist dunkel geworden, wir haben die jahrhundertealte Reblandschaft hinter uns gelassen und eine Weinstube angesteuert. Dort wollen wir für den eigenen Körper für Energienachschub sorgen und freuen uns auf ein gutes Essen mit einem Glas Wein. Wir sind uns einig, dass in der Tat schnell drastische Maßnahmen ergriffen werden müssen, um das Klimaschutzziel einer Begrenzung der Erderwärmung auf durchschnittlich zwei Grad zu erreichen. Das bedeutet nämlich, die Treibhausgasemissionen aus der fossilen Energieerzeugung bis 2050 auf null zu senken. »Wenn die Welt das nicht schafft, dann sind es nicht nur zwei, sondern drei oder sogar vier Grad Erwärmung. Und weil wir hier von Durchschnittstemperaturen reden, heißt das für viele Länder etwa in Afrika einen Anstieg von sechs oder acht Grad. Das würde diese Regionen unbewohnbar machen«, sagt Volker Angres und fordert deshalb mehr Effizienz im Klimaschutz und massive Investments im Ausland. Viel zu wenig werde in Politik und

Wirtschaft darüber nachgedacht, wie Klimaschutz schneller und effizienter gelingen könnte. Seine Argumente sind einleuchtend: »Jeder kann zwar selbst etwas für den Klimaschutz tun. Dies ist natürlich richtig und schadet auch nicht. Also mehr öffentliche Verkehrsmittel nutzen, Ökostrom nutzen, weniger Fleisch essen, Videokonferenzen statt Geschäftsreisen und dergleichen mehr. Die Effekte, die sich daraus ergeben und sich zum Schutz des Klimas auswirken, sind allerdings äußerst gering«, argumentiert der Umweltjournalist. »Das liegt unter anderem daran, dass es bisher nicht gelungen ist, Massenbewegungen daraus zu machen. Der Fleischkonsum ist nicht wesentlich gesunken, wir haben mehr Individualverkehr und das Image vieler öffentlicher Verkehrsmittel ist mies. Wenn man dann noch betrachtet, dass Deutschland nur mit rund 2,3 Prozent zum weltweiten Treibhausgasausstoß beiträgt, ist es eigentlich sowieso egal, was wir hier machen. Politisch allerdings nicht, da will Deutschland Vorbild sein und beispielsweise allen zeigen, dass das hochindustrialisierte Land die Energiewende hinkriegt. Faktisch müssen dagegen ganz große Räder gedreht werden. Bei uns hieße das, Ausstieg aus der Kohleverbrennung. Das bringt 100 Millionen Tonnen CO_2 pro Jahr, die Klimaziele 2020 würden erreicht. Darin steckt nun das Erfolgskonzept für wirklichen Klimaschutz: Überlegen, wo eine zu investierende Million am meisten bringt. Bei uns in Deutschland oder besser in Indien oder Südafrika? Export des deutschen technischen Klimaschutz-Know-hows ist ein Weg, um anderen Ländern zu helfen, auf klimaneutrale Techniken umzusteigen. Natürlich will jeder Investor Sicherheit haben, er will auch ein Ergebnis sehen. In der Exportwirtschaft gibt es so eine Absicherung, nämlich Hermes-Bürgschaften für Exporte in unsichere Länder. Zahlt der Käufer nicht, springt die Versicherung ein. Das brauchen wir auch für Klimaschutztechniken. Damit sie ganz schnell dort eingesetzt werden können, wo der Klimaschutzeffekt am größten ist.«

Wir dürfen uns nicht zurücklehnen

Mit Angres bin ich mir einig, dass trotzdem jeder Einzelne gefordert ist. Und so trinken wir auf den gesunden Menschenverstand. Schließlich geht es darum, eine zukunftsfähige Gesellschaft zu entwickeln. Da darf es kein Innehalten beim Klimaschutz geben. Aber das ist gar nicht so einfach. Denn der Mensch liebt einfache Antworten auf komplizierte Fragen. Und so hieß es sofort nach dem schweren Reaktorunfall im japanischen Kernkraftwerk Fukushima »Atomkraft, nein Danke«! Von einem Augenblick auf den anderen vollzog die einst als »Klimakanzlerin« gefeierte Angela Merkel die Kehrtwende und verpflichtete auch die eigene Partei gegen das Grimmen vieler zum Atomausstieg. Eine durchaus verständliche Reaktion. Als in Japan am frühen Nachmittag des 11. März 2011 die Erde bebte, kam es zu einer Kette schwerster Störfälle. Die nukleare Katastrophe in dem Kernkraftwerk Fukushima Daiichi führte in drei Reaktorblöcken zur Kernschmelze! Radioaktives Material verseuchte die Umgebung und gelangte ins Meer, 170 000 Menschen mussten evakuiert werden. Nach langem Leugnen der Verantwortlichen, was das Ausmaß und den Schweregrad der radioaktiven Verseuchung betraf, konnte nach Tagen nicht mehr wegdiskutiert werden, was geschehen war. Die japanische Atomaufsichtsbehörde musste die »Höchststufe 7« eingestehen. Das bedeutet nach der internationalen Bewertungsskala ein »katastrophaler Unfall«. Die Strahlenbelastung wird noch Jahrzehnte später zu Todesfällen durch Krebserkrankungen führen.

Aber der (längst überfällige) Ausstieg aus der problematischen Kernenergie und die Notwendigkeit, auf fossile Energieträger wie Kohle, Öl und Gas zu verzichten bedeutet letztlich nichts anderes, als den kompletten Umbau des Energiesystems. Nicht nur für Deutschland ist das eine Mammutaufgabe. Die Ziele und Maßnahmen dafür wurden von der Staatengemeinschaft bei der Weltklimakonferenz 2015 in Paris definiert und beschlossen. Doch mit der Decarbonisierung geht es nicht so voran wie erforderlich. So kritisiert Prof. Dr. Claudia Kemfert vom Deutschen Institut für Wirtschaftsforschung, zugleich Mitglied im Sachverständigenrat für Umweltfragen: »Mit der bisherigen Umweltpolitik sind die Ziele des Pariser Weltklimaabkommens, zu der sich die Bundesregierung verpflichtet hat, nicht zu schaffen.« Gegenüber dem Online-Magazin *Energie & Management Power News* argumentiert Kemfert, dass bei den erneuerbaren Energien heute vor allem die Früchte der Vergangenheit geerntet würden, während bei der Energieeinsparung im Gebäudesektor viel zu wenig passiert sei. Auch bei der Verkehrswende würde es vollkommen hapern. »Die Kohlendioxidemissionen steigen wieder, statt zu sinken«, kritisiert Kemfert. Und sie steht mit dieser Kritik nicht allein.

Die Welt bekommt den Hitzeburnout – doch Energiesparen ist uncool

Trotz vieler Appelle und Broschüren von Umweltbehörden und -verbänden, trotz Tausender Möglichkeiten scheint »die« Klimaschutzstrategie Nummer Eins in Vergessenheit geraten zu sein: Energieeinsparung. Bei allen Diskussionen um die richtigen Wege zur Erreichung der Klimaschutzziele findet Energieeinsparen in den Medien kaum noch statt und gilt gerade bei Jugendlichen als uncool. Ganz selbstverständlich werden alle möglichen IT-Geräte genutzt, obwohl auch diese einen großen CO_2-Fußabdruck haben, wird anonymes Junkfood konsumiert, das kreuz und quer über Hunderte von Kilometern durch die Gegend transportiert wird. Ganz selbstverständlich werden Waren zuhauf über das Internet bestellt, angeschaut und bei Nichtgefallen zurückgesandt, um gleich wieder die nächsten paar Dutzend Schuhe, Hemden oder Bücher »bequem von der Couch aus« zu bestellen. Paketdienste verzeichnen »Dank« des Onlinehandels deshalb enorme Zuwächse. Alleine der zur Deutschen Post gehörende Paket- und Brief-Express-Dienst DHL rechnete vor Weihnachten 2017 mit Paketmengen von bis zu 8,5 Millionen Sendungen. Pro Tag wohlgemerkt! Hinter jedem Paket, hinter jeder bequemen Bestellung steht zumindest auf den letzten Strecken eine individuelle Anfahrt. Hinzu kommen durch den Onlinehandel auch weitere Paketdienste wie Hermes, UPS, DPD, GLS und andere. Während die Kleintransporter – gesteuert von schlecht bezahltem und stets unter Tempostress stehendem Personal – zunehmend die Straßen verstopfen, stirbt der Einzelhandel, die Innenstädte vergammeln, Fachgeschäfte verschwinden und nur noch Billigketten können überleben. Auch in den Dörfern verschwinden, die letzten, vom »Struktur- und Generationenwandel« der Gesellschaft noch übrig gebliebenen Läden.

Doch nicht nur durch den Verzicht auf Bequemlichkeit – sofern dies in unserer von Wohlstandsverwahrlosung gekennzeichneten Gesellschaft überhaupt möglich ist – kann Energie eingespart werden, sondern in vielen anderen Bereichen: Von Anlagen zur Kopplung von Strom und Wärme über neue Heizungspumpen, effiziente Stromgeräte, Mineralwasser aus der Heimat statt aus Süditalien bis zum Verzicht auf Autofahrten gibt es viele Möglichkeiten, die nur genutzt werden müssen.

Viel Wind, kaum Gegenwind

Klimaschutz um jeden Preis? Wenn das Reizwort »Klima« fällt, geht es immer auch um die »richtigen« Lösungen. Die Reaktion der Politiker in Deutschland auf den Reaktorunfall in Fukushima war zunächst aktionistisch und wohl auch nicht bis ins letzte Detail durchdacht. Die einfachste aller Antworten lautete: Erneuerbare Energien – und zwar sofort! Man setzt dabei vor allem auch auf Windkraft. Wenn die ambitionierten Pläne zu einer Verdreifachung der Windenergie verwirklicht werden, drehen sich am Ende in Deutschland durchschnittlich alle paar Kilometer die Rotoren eines Windkraftwerks.

Dass Windenergie auch mit einer erheblichen Landschaftszerstörung und Landverbrauch verbunden ist, wird von vielen Befürwortern ebenso ignoriert wie die Gefahr für Fledermäuse und verschiedene Vogelarten. Die Kritiker wiederum wollen nicht erkennen, dass Windkraftanlagen irgendwann wieder problemlos abgebaut werden können, wenn es Alternativen gibt. Und zwar leichter als ein Atomkraftwerk – so argumentiert unter anderem der für seine pragmatischen Ansichten bekannte grüne Ministerpräsident Baden-Württembergs, Winfried Kretschmann. Wenn die von der Politik vorgegebenen Ziele der Energiewende 2050 erreicht werden sollen, müssen bis dahin weitere fünfundfünfzigtausend Windkraftanlagen im Land gebaut werden. So eine Studie des Freiburger Fraunhofer-Instituts für solare Energiesysteme zur hundertprozentigen Versorgung Deutschlands mit erneuerbaren Energien. Um die Strommenge eines typischen Kohlekraftwerks durch Windkraft zu erzeugen, wird eine Fläche von 500 Quadratkilometer benötigt – das ist die Größe der Hansestadt Hamburg. Aber daran führt wohl kein Weg vorbei, wenn wir den Kohleausstieg schaffen wollen.

Ein Problem ist dabei die »Dunkelflaute«: Da Energie nur schwer gespeichert werden kann und in Deutschland an fünfzig bis hundert Tagen im Jahr Windstille herrscht, müssen die veralteten und durchaus umstrittenen österreichischen Ölkraftwerke, polnischen Steinkohlekraftwerke oder französischen und tschechischen Kernkraftwerke die deutsche Stromversorgung aufrechterhalten. Denn auch wenn kein Wind weht, wollen die Städter in heizungsintensiven Wintern warme Wohnungen haben und den *Tatort* sehen, während Fußballfans im Stadion nebenan das Spiel bei Flutlicht verfolgen und der stromgetriebene ICE in den Bahnhof einfährt.

Die Herausforderung liegt in der Energiespeicherung. Was bislang als kaum lösbar angesehen wurde, hat zumindest im Hügel- und Bergland auch bei der Windenergie beachtliche Potenziale. Das zeigt sich jetzt mitten im beschaulichen Naturpark Schwäbisch-Fränkischer Wald bei der rund 70 Kilometer nordöstlich von Stuttgart gelegenen Stadt Gaildorf. Dort entstand ein Windpark, der aus vier Windrädern mit Nabenhöhen zwischen 155 bis 178 Metern und Rotorblattlängen von über 65 Metern besteht. Es ist die bislang höchste Binnenland-Windkraftanlage auf der Welt. Doch das allein wäre – abgesehen von der gigantischen Größe – noch keine nennenswerte Neuerung. Die technologische Innovation, die im Dezember 2017 in Betrieb genommen wurde, verbindet einen leistungsstarken Windpark mit einer als Naturstromspeicher bezeichneten Wasserbatterie. Die Anlage ist auf die Erzeugung von zehn Gigawattstunden Strom jährlich ausgelegt. Dies reicht für zehntausend Vier-Personen-Haushalte und damit fast für die gesamte Stadt Gaildorf und ersetzt rund 30.000 Tonnen Braunkohle. Als Wasserspeicher dienen die 40 Meter hohen Windradsockel mit 16,8 Metern Durchmesser, die wiederum in Außenbecken mit 63 Metern Durchmesser stehen. Diese Speicherbecken korrespondieren als Oberwasserbecken mit einem 200 Meter tiefer im Tal gelegenen Pumpspeicherkraftwerk und dem Unterbecken. Gibt es ein Überangebot an Strom, wird Wasser vom Unterbecken in ein Oberbecken gepumpt, wie man es auch von Pumpspeicherkraftwerken in den Alpen kennt. Gibt es plötzlich Strombedarf, schießt das Wasser in das Unterbecken zurück und treibt Turbinen an. Neu ist die Speicherung von Wasser im Sockel der Windkrafträder. »Das Speicherkonzept agiert extrem flexibel und kann innerhalb von 30 Sekunden zwischen Stromproduktion und Speicherung wechseln«, schwärmt Josef Knitel von der Max-Bögel-Wind AG mit Sitz im bayerischen Sengenthal im Landkreis Neumarkt in der Oberpfalz. Mancher mag sich daran stören, dass das Projekt mit einem Kostenvolumen von 25 Millionen Euro mit 7,5 Millionen vom Bundesumweltministerium gefördert wurde. Wenn man aber bedenkt, was in den vergangenen Jahrzehnten an Fördergeldern und Steuererleichterungen in die heute als Fehlinvestition erkannte Atomkraft gesteckt wurde, sind diese Gelder gut angelegt. Überhaupt hat es sich gezeigt, dass zur Ankurbelung erneuerbarer Energien Anschubförderungen die technologische Entwicklung schneller voranbringen.

Wächst der Strom für die Stadt im Wald?

Nachwachsende Rohstoffe und erneuerbare Energien sind Lieblingsbegriffe vieler Klimaschützer. Europaweit kommen gut 50 Prozent der erneuerbaren Energien aus der Holzverbrennung. Strom wächst also einfach so im Wald! Doch Wälder sind vor allem Lebensräume. Bäume, die über hundert Jahre alt sind, gibt es in Deutschland kaum noch. Auf den gesamten Waldbestand berechnet, machen Naturwaldreservate gerade einmal 0,3 Prozent der Fläche aus. Bäume in Deutschland dürfen längst nicht mehr alt werden. Sind sie siebzig Jahre alt, kommt der Harvester und haut sie um. Der Bedarf an Energieholz erhöht so den Druck auf den Wald, der ohnehin mehr und mehr zur Monokultur verkommt.

Das heißt: Nur wenn Pellets hauptsächlich aus dem Abfallholz der Sägewerke stammen, sind sie als erneuerbare Energie akzeptabel. Denn nicht nur an den deutschen Wald wird im Namen des Klimaschutzes die Axt angelegt. Die Holzindustrie blickt längst nach Osteuropa, wo Raubbau weitgehend unbeachtet bleibt. Polen und die Slowakei, Rumänien und die Ukraine verlieren Waldflächen, die unter anderem für die Holzenergie vernichtet werden. Die Karpaten etwa sind ein einzigartiges Urwaldgebiet mit Luchsen und Bären, doch die Holzindustrie sieht darin »nachwachsende Rohstoffe«. Selbst Einschläge in Schutzgebieten wie dem Poloniny-Nationalpark in der Slowakei sind heute keine Ausnahme mehr.

Neue Wege zur erneuerbaren Energie
Energieäcker in kahlen Feldfluren

Die Bayerische Landesanstalt für Wald und Forstwirtschaft hat im Fachmagazin *Science of the Total Environment*[17] gemeinsam mit der Abteilung Holzforschung an der Technischen Universität München Ergebnisse zu »klimafreundlichem Brennholz« veröffentlicht. Darin steht auch die klare Aussage »... dass Holz nicht pauschal als klimaneutral gelten kann«. Energieholz aus nachhaltiger Forstwirtschaft mag wesentlich klimafreundlicher sein als fossile Brennstoffe, aber wirklich »sauber« ist die Lösung nicht. Holz wird auch im Klimaschutzplan 2050 des Bundesministeriums für Umwelt- und Naturschutz, Bau- und Reaktorsicherheit nicht mehr als völlig klimaneutral angesehen, was vom Sachverständigenrat für Umweltfragen begrüßt wurde. Dennoch kann »Abfallholz« in Form von Pellets oder Holzschnitzeln, die aus »normalem« Durchforstungs- bzw. Abfallholz stammen, einen wesentlichen Beitrag leisten, um wesentlich schädlichere fossile Brennstoffe wie Kohle, Öl und Gas zu ersetzen. Das wäre etwa in Form sogenannter Niederwald-Energieäcker möglich. Anstatt mit sinnlosem Mineraldünger- und Chemieeinsatz monotone Maisflächen anzubauen, die Feldhase, Rebhuhn und Feldlerche sowie vielen anderen Tieren keinen Lebensraum mehr bieten, wären sogenannte Kurzumtriebsstrauch- und Baumbereiche, wie man sie aus den artenreichen Niederwäldern noch vor zweihundert Jahren kannte, eine Bereicherung für die Kulturlandschaft. Zugleich würde später nur das CO_2 freigesetzt, das durch das Aufwachsen der Gehölze eingebunden wird. Dies erfordert aber von den oft zu sehr an statischen Modellen haftenden Naturschützern ein neues Denken. Wir brauchen eine strategische Neuausrichtung, die sich am Gesamtnutzen für das Ökosystem und nicht an segmenthafte Betrachtung orientiert. Solche kleinen Energiewälder wären regional gesehen ein besserer Weg für sogenannte Biomassenerzeugung als die Maismonokulturen. Während der Aufwuchsphase solcher kurz- und mittelfristigen »Umtriebswälder« bieten sich für vielerlei Tierarten der Feldfluren wichtige Versteck- und Nahrungsgebiete. Investoren dürfen aber nicht Gefahr laufen, dass die Flächen dann nach ein paar Jahren dahingehend naturschutzrechtlichen Bestimmungen unterliegen, dass sie nicht mehr abgeholzt werden dürfen. Mehr Flexibilität würde Biotopvernetzung und Klimaschutz positiv befeuern.

Für neue Wege, die Energieerzeugung und Naturschutz besser vereinen, plädiert auch Dr. Wolfgang Zehlius-Eckert von der Allianz-Stiftungsprofessur am Lehrstuhl für Strategie und Management der Landschaftsentwicklung der TU München-Weihenstephan. Seiner Meinung nach läuft der Ausbau der erneuerbaren Energien Gefahr, sich zu diskreditieren, wenn er »allzu linear auf die technische Umsetzung der Energiewende gedacht wird«. Der angemessenen Berücksichtigung des Natur- und Landschaftsschutzes und der betroffenen Akteure komme eine zentrale Rolle für die politisch-moralische Legitimation der Energiewende zu, so Dr. Zehlius-Eckert: »Sie wird also darüber entscheiden, ob die Zukunft in Energielandschaften Fluch oder Segen für Natur und Landschaft sein werden.«

Grüne Energie als Todesfalle für Wildtiere?

Der Ausbau der Windenergie in Deutschland schreitet voran, denn Städte sind wahre Energiefresser. »Wildtiere und ihre Lebensräume bleiben dabei auf der Strecke«, sagen Artenschützer. Wie dramatisch sich der Konflikt zwischen Windenergie und Artenschutz in Deutschland zuspitzt, soll die Studie »Windenergie im Lebensraum Wald« von Dr. Klaus Richarz, die im Auftrag der Deutschen Wildtier Stiftung entstanden ist, zeigen. Die Studie beschreibt die aktuelle Entwicklung von Windenergieanlagen (WEA) im Wald und die dadurch entstehende Gefahr für den Artenschutz. Gerade in bisher unzerschnittenen und wenig erschlossenen Waldgebieten beeinträchtigen Bau, Betrieb und die Wartung von Windenergieanlagen das Überleben von Wildtieren ganz erheblich, sagt Dr. Klaus Richarz. Der renommierte Biologe hat zweiundzwanzig Jahre lang die Staatliche Vogelschutzwarte für Hessen, Rheinland-Pfalz und das Saarland geleitet. Was der Ausbau der Windenergie für die Zukunft von Rotmilan und Schreiadler, Schwarzstorch und heimischen

Fledermausarten (die größtenteils auf der Roten Liste stehen) bedeutet, werde zu oft ignoriert, so bemängelt er. Schon heute töten Windenergieanlagen rund zweihundertfünfzigtausend Fledermäuse und über zwölftausend Greifvögel pro Jahr. Die Liste der gefährdeten Arten in der Studie liest sich wie das »Who is Who« im Vogelreich: Zu den Kollisionsopfern zählen u.a. Wespenbussard, Seeadler, Baum- und Wanderfalke, Waldschnepfe und Uhu. Vögel werden von den Rotoren erschlagen, während Fledermäuse meist auf der Rückseite der Anlagen im Unterdruck sterben, weil ihre Lungen platzen. Die Verträglichkeitsprüfungen für Windenergieanlagen wurden deshalb verschärft und viele Bauanträge für Windkraftanlagen nicht genehmigt.

Generell müssen auch andere Lösungen verfolgt werden. Denn was Deutschland durch die Stilllegung aller heimischen Kohlekraftwerke an Treibhausgasen einsparen will, wird in chinesischen Großstädten innerhalb von drei Monaten in die Luft geblasen. Über Emissionszertifikate lässt sich weltweit kein Gramm Kohlendioxid einsparen. Während die Industrieländer ihren CO_2-Ausstoß reduzieren, produzieren China und Indien immer mehr klimarelevante Treibhausgase. Gerade Entwicklungsländer setzen auf den Bau von Kohlekraftwerken, denn der fossile Energielieferant ist dort spottbillig. Während Deutschland für etwa 2,5 Prozent der weltweiten CO_2-Emissionen verantwortlich ist, liegt China mit 29 Prozent ganz weit vorn. Das Handelssystem mit CO_2-Zertifikaten führt außerdem dazu, dass an einem anderen Ende der Erde mehr CO_2 ausgestoßen werden darf. Unterm Strich heißt das: Wir vernichten Deutschlands Natur und können das Klima doch nicht allein retten. Der einzige Weg ist deshalb der weltweite Kohleausstieg und massives Investment in die Erhaltung intakter Tropenwälder und die Wiederaufforstung naturnaher Wälder.

Wohin geht die Autoreise?

Verkehrsexperten prophezeien das Ende des Individualverkehrs in den Städten der Zukunft. Das Auto in seiner heutigen Form habe ausgedient. Auch wenn die Autokonzerne mit Technologien zur Kraftstoffminimierung Fortschritte machen, effiziente Antriebe bauen und aerodynamisch das Letzte herausholen, bleibt das Verbrennen von Benzin und Diesel eine Belastung für das Klima und für die Umwelt. Wie wichtig »umweltfreundliche« Autos sind, zeigt der Skandal um manipulierte Abgaswerte, der zunächst den VW-Konzern 2015 und in der Folge auch andere Unternehmen erschüttert hat. Sind Autofahrer also per se Klimasünder?

Leider haben sich Fahrgemeinschaften in Privatwagen in den letzten Jahrzehnten nicht wirklich durchgesetzt. Wenn Autos unterwegs sind, sitzt oft nur eine Person im Wagen. Dennoch ist es Fakt, dass Autos im Durchschnitt 23 Stunden am Tag irgendwo geparkt herumstehen und die Städte verstopfen. Künftigen Generationen wird diese Art der individuellen Fortbewegung im städtischen Raum irgendwann sicherlich sehr lächerlich vorkommen. Mit etwa zehn Prozent sind Autos an den Umweltbelastungen und den globalen CO_2-Emissionen beteiligt, doch der totale Verzicht aufs Auto ist längst noch nicht angesagt. Andererseits gibt es Menschen, die sich etwa ein teures Auto leisten, aber wenig damit fahren. Allzu oft wird vergessen, was die Käufer eines großen Mercedes, Audi, BMW oder eines schnellen Porsche allein schon an Mehrwertsteuer bezahlen. Bei einem 120.000 Euro teuren 911 sind das rund 22.800 Euro. Geld, mit dem Staat und Gesellschaft vieles finanzieren können. Oft fahren die Besitzer der rollenden Statussymbole aber nur wenig. Deren Ökobilanz ist – auch wenn es nicht in das politische Arm-Reich-Klischee passt – vielfach besser als die von Leuten, die mit ihren alten Kisten – aus welchen Gründen auch immer – ständig unterwegs sind. Klimaschutz taugt einfach nicht zum Klassenkampf.

Andere Probleme werden angesichts solcher gesellschaftspolitischer Diskussionen gerne verdrängt. So ging vor einigen Jahren ein Aufschrei durch die Medien. Von »vollen Tanks und leeren Tellern« war die Rede. Es ging um »Biosprit«: Die Getreidepreise vor allem in Entwicklungsländern schnellten in die Höhe, weil die Nachfrage nach sogenanntem Biotreibstoff stieg. An den Tankstellen zapfen Autofahrer guten Gewissens Treibstoffe, die aus Zuckerrohr, Mais und Ölsaaten produziert werden. Lässt die Mobilität der Reichen in den Städten die Armen auf dem Land in armen Ländern hungern? Für 100 Liter Ethanol müssen in einem energieaufwendigen Verfahren 200 Kilogramm Mais in Alkohol umgewandelt werden. 200 Kilogramm Mais enthalten 700 000 Kalorien. Davon könnte ein erwachsener Mensch ein ganzes Jahr leben.

Fressen die »sauberen« Motoren den Armen die Lebensmittel weg? Mit steigender Weltbevölkerung wächst jedenfalls die Nachfrage nach Nahrung und Energie; auch in China und Indien, in Brasilien und Mexiko wollen die Menschen satt werden und mobil sein. Die Lösung des Energieproblems ist sicher irgendwann auch eine Frage von Krieg und Frieden.

Hinzu kommt, dass Zuckerrohr, Mais und Palmöl in Entwicklungsländern auf sogenannten agroindustriellen Flächen wachsen. Um die Anbauflächen zu schaffen, werden Urwälder vernichtet, seltene Tier- und Pflanzenarten wie die Orang-Utans in Indonesien oder der Jaguar in Brasilien verlieren ihren Lebensraum. Wie Heuschrecken fressen sich die Produzenten von Rohstoffen für Biosprit durch unberührte Landschaften und roden, was ihnen unter die Macheten und Maschinen kommt. Allein im Süden des brasilianischen Bundesstaates Minas Gerais wurden schon vor über zehn Jahren weit mehr als 300.000 Hektar mit Zuckerrohr bepflanzt – Land, auf dem vorher Nahrungsmittel angebaut und Vieh gezüchtet wurde. Damit aus den Auspuffen der Autos in der westlichen Welt »klimafreundliche« Treibstoffe kommen, werden auch heute überall in den armen Ländern der Erde Menschen ihres Ackerbodens beraubt und intakte Regenwälder vernichtet. Monokulturen für Treibstoffpflanzen basieren auf Raubbau. Es ist ein Teufelskreis: Um vermeintlich das »Klima zu retten«, werden die letzten Regenwälder geopfert. Mit ihnen gehen der Menschheit unwiederbringlich Tiere und Pflanzen wie der Orang-Utan auf Borneo und Sumatra in Indonesien und die grünen Lungen des Planeten verloren.

Trotzdem, allmählich bewegt sich etwas in Richtung klimafreundliches Mobilitätskonzept. Stichwort »Car-Sharing«: Bereits 1988 wurde in Berlin »Stadtauto« gegründet. Damals war es noch ungewohnt, sich ein Auto mit Fremden zu teilen. Heute ist Car-Sharing in allen großen Städten Deutschlands längst selbstverständlich, und die Tendenz ist steigend! Die Unternehmen heißen »car2go«, »Drive-now« oder »book-and-drive«, und ihre Wagen stehen dort, wo der letzte Kunde sie gerade abgestellt hat. Das System funktioniert über eine Handy-App. Es gibt allerdings auch Stationen, an denen die Fahrzeuge abgeholt werden können. Der Bundesverband CarSharing e.V. hat Anfang 2017 neueste Zahlen veröffentlicht. Danach nutzten 2017 bundesweit über 1,7 Millionen Menschen bei rund hundertfünfzig deutschen Car-Sharing-Anbietern die Angebote. Im Vergleich zu 2016 ist das ein Wachstum von 36,1 Prozent! Angebote gibt es bereits in rund sechshundert Städten und Gemeinden; mehr als siebzehntausend Fahrzeuge stehen zur Verfügung. Car-Sharing ist längst auch umweltpolitisch relevant, denn der Trend geht von Fahrzeugen mit einem Verbrennungsmotor hin zu elektrisch betriebenen Wagen.

Und es tut sich noch mehr. Eher in einer Reaktion auf den gesellschaftlichen Druck als aus eigener Erkenntnis steuern die Automobilunternehmen um. Schwarze Zahlen könne man nur noch mit grünen Technologien schreiben, unterstrich Daimler-Chef Dieter Zetsche bei einem Nachhaltigkeitsdialog seines Konzerns und kündigte an, dass man sich künftig nicht mehr als reiner Automobilproduzent, sondern als Anbieter integrierter, nachhaltiger Mobilitätskonzepte verstehe. Früher unvorstellbar, gehen jetzt die »Erzkonkurrenten« Daimler und BMW beim Car-Sharing zusammen. Der Markt für solche Modelle scheint ökonomisch attraktiver zu werden …

Gesunder Menschenverstand statt ideologischer Zeitverschwendung

Wer mit dem gläsernen Aufzug die Eingangshalle des Mercedes-Benz-Museums in Stuttgart-Bad Cannstatt hinauffährt, um an den Beginn der Ausstellung zu gelangen, hört beim Aussteigen zunächst galoppierende Pferdehufe und steht dann plötzlich vor einem leibhaftigen ausgestopften Schimmel. Dann sind die Geräusche eines Motors zu hören, und kurz darauf steht man vor dem »Urauto«, das 1886 von Carl Benz entwickelt wurde. Von einer zu drei Pferdestärken. Die beiden Exponate markieren eine Zeitenwende der Industrie- und Weltgeschichte, die einerseits vielerlei Segen – individuelle Mobilität, Schaffung von Arbeitsplätzen, Erleichterung von Arbeit und vieles mehr – mit sich brachte. Andererseits bedeutet die Nutzung fossiler Energien in Form von Benzin- und Dieselkraftstoff Umweltverschmutzung und Klimagefährdung.

Doch die Suche nach Alternativen gestaltet sich schwierig. Leider sind allzu oft Kämpfe um Deutungshoheiten im Spiel. Dogmatismus überlagert Realismus und gesunden Menschenverstand. Und so jagen Politik wie Medien beim Thema umweltfreundlicher Verkehr die Verbraucher ständig in neue, vermeintlich heilsversprechende Lösungswege. Zurück bleiben verunsicherte Bürger und eine seltsam sprach- und hilflose und im gesellschaftlichen Diskurs fast schon erstarrte Automobilindustrie. Jahrelang hat man die Bürger dazu aufgefordert, Autos mit verbrauchsärmeren Dieselmotoren zu kaufen, um CO_2 einzusparen. Dann wiederum gilt der Diesel als Umweltfeind Nummer eins, und es wird nur noch von der Elektromobilität geredet. Woher der scheinbar saubere Strom kommen soll, scheint egal zu sein. Und auch Elektroautos verstopfen Straßen und Städte und wirbeln Feinstaub auf. Feinstaub, der viel zu oft mit den gefährlichen Stickoxiden in Verbindung gebracht wird.

Doch Feinstaub hängt so gut wie gar nicht vom Verkehr ab, weil er zum großen Teil natürlich verursacht wird und im Tagesverlauf von der Sonneneinstrahlung erwärmt wird. »Die Sonne erwärmt den Boden, warme Luft steigt auf, kühlt ab und sinkt wieder zu Boden. Durch diese Walze wird auch Feinstaub aufgewirbelt, wenn der Boden trocken ist«, sagt der Dresdner Professor Matthias Klinger, Leiter des Fraunhofer-Institutes für Verkehrs- und Infrastruktursysteme Dresden. Beim gesamten Hype um die Elektromobilität wird oft außer Acht gelassen, dass zwar die Innenstädte sauberer werden, es aber nichts bringt, wenn die Energie – wie etwa in China – in Kohlekraftwerken erzeugt wird, die nicht nur CO_2, sondern viele andere umweltschädliche Abgase in die Atmosphäre pusten.

Stammt die Energie für die Elektromobilität aus erneuerbaren Quellen, muss dennoch beachtet werden, dass auch die Produktion der Batterien für die E-Autos enorm viel Rohstoffe und Energie verschlingt. Rohstoffe, die oftmals unter fragwürdigsten Bedingungen gefördert werden, kritisiert der Journalist Klaus Köster im Leitartikel »Willfähriges Deutschland« in den *Stuttgarter Nachrichten*. Auch die Entsorgung der Batterien wird viel zu wenig beachtet wie der erforderliche Bau für die Stromnetze, die für die überregionale Verteilung von Windstrom gebraucht werden.

Statt in klimapolitische Sackgassen zu laufen, sollte sich unsere Industriegesellschaft die verschiedenen – teilweise schon seit Längerem entwickelten – Optionen offenhalten. So etwa den Einsatz der Brennstoffzellentechnologie, die Entwicklung synthetischer Treibstoffe und die Weiterentwicklung verbrauchsarmer Motoren. Dabei ist zu berücksichtigen, dass die einmal gewonnene »Freiheit« durch den Individualverkehr auf der Erde wohl nicht so schnell aufgegeben wird. »Auch mit dem Dogma des generellen Tempolimits von 30 oder 40 km/h in den Städten – wie immer wieder gefordert wird – sollte Schluss gemacht werden«, argumentiert Prof. Matthias Klinger vom Fraunhofer-Institut für Verkehrs- und Infrastruktursysteme in Dresden, »da ein solches Tempolimit in der Stadt sehr viel mehr Schadstoffe verursachen würde. Die optimale Auslegung der Motoren liegt an den Arbeitspunkten 50 und 120 km/h. Auch die in den 70er-Jahren vertretene Philosophie: ›Ich muss den Verkehr nur ausreichend ändern, dann steigen alle auf Bus und Bahn um‹ hat sich nirgendwo bewahrheitet. Was wir brauchen, ist ein vernünftiger Verkehrsmix aus individuellem und öffentlichem Verkehr«, so Klinger gegenüber den *Dresdner Neuesten Nachrichten*.

Letztlich sollte durch klare und nicht ständig über den Haufen geworfene Vorgaben der Politik erreicht werden, klimaschonende Fahrzeuge und andere Systeme zu entwickeln. Es sollte dann auch in anderen Bereichen so findigen Ingenieuren überlassen bleiben, wie sie diese Ziele möglichst zeitnah erreichen. Stärker als bislang müssen Zielkorridore benannt und es muss ganzheitlicher gedacht werden. So hat der Sachverständigenrat für Umweltfragen bereits 2012 einen Paradigmenwechsel in der Verkehrsplanung gefordert, weg von einer nachfrageorientierten und reaktiven Planung, hin zu einem Angebots- und zielorientierten Ansatz. In welche Richtung die Reise mit unseren Automobilen auch geht, ändert nichts an der Tatsache, dass der Planet die Emissionen aus dem jetzigen, ständig wachsenden Verkehrsaufkommen nicht mehr länger verträgt.

»Öffis« müssen attraktiver werden

Über den öffentlichen Nahverkehr wird generell viel gejammert. Die Liste der Beschwerden ist lang: Die Preise sind vielfach zu hoch, das Streckennetz zu löcherig, Bus und Bahn in der Rushhour überfüllt. Obendrein nerven Verspätungen und ungünstige Umsteigezeiten die Nutzer. Doch gerade in Städten sind »die Öffis« für ein schnelles Fortkommen nicht zu toppen. Während Autofahrer im Stau stehen, kommen Nahverkehrnutzer in der Regel ohne großartige Unterbrechungen ans Ziel. In der Regel lassen sich durch öffentlichen Nahverkehr viele Probleme lösen. Diese Form der Mobilität ist zuverlässig, emittiert gemessen an der Anzahl der transportierten Personen weniger Schadstoffe als Autos. Bei durchschnittlicher Auslastung (28 Personen) verfährt ein Linienbus in der Innenstadt laut Verband der Automobilindustrie gerade mal 1,2 Liter Diesel pro Person auf 100 Kilometer. Doch das »Umsteigen« auf den öffentlichen Nahverkehr fällt - trotz all der Vorteile - vielen Bundesbürgern nach wie vor schwer. Das Auto ist und bleibt der Deutschen liebstes Fortbewegungsmittel - auch wenn Autobenutzer im Durchschnitt über achtunddreißig Stunden im Jahr im Stau stehen. Etwa 11.000 Kilometer legt der deutsche Autofahrer im Jahr zurück. Unterm Strich sind das etwa 60 Prozent aller Wege. Dabei dauert der Weg zur nächsten Bushaltestelle im Schnitt gerade sechs Minuten zu Fuß. Andererseits kennen wir alle die hoffnungslos überfüllten Züge und Busse. Da steht Mensch an Mensch, und mancher riecht nicht so, dass man gerne neben ihm steht. Hinzu kommen in den Abendstunden pöbelnde und betrunkene Zeitgenossen. Öffentlich zu fahren ist unsicher geworden. Viele fühlen sich nicht mehr wohl. Das muss sich ändern. Auch Sicherheit und Ordnung hat letztlich mit Klimaschutz zu tun. Nur wenn sich Menschen sicher und wohl fühlen, werden sie öffentlich fahren.

Aber wie können Städte und Gemeinden ihre »Öffi-Flotten« optimieren? Es gibt bereits zahlreiche Nahverkehrskonzepte und umweltfreundliche Flotten. Neue Technologien wie der Hybridantrieb, Wasserstoff und Brennstoffzelle machen Busse immer sauberer. Vom Autoverkehr abgetrennte Busspuren sorgen für Pünktlichkeit. Ebenerdiges Ein- und Aussteigen erleichtert den Zutritt. Wachsender Individualverkehr in den Städten ist das schlagkräftigste Argument.

Das Konzept der sauberen Busse setzt sich überall in den Städten durch. Die Hauptstadt geht mit leuchtend-gelbem Beispiel voran. Die Berliner Verkehrsbetriebe (BVG) setzen dabei auf Erdgas. 2017 war der erste Testbus unterwegs. Beim BVG heißt es: alternative Technologien sollen vorangetrieben werden. Dabei sollen auch Elektrobusse eine Rolle spielen, die ihre Batterien an Haltestellen aufladen können. Wenn das gelingt, lasse sich viele klimarelevante Stickoxide einsparen. Immerhin legen die Berliner Busse der BVG im Jahr über 90 Millionen Kilometer zurück. Das Ziel ist hoch gesteckt: Bis 2050 wollen die Berliner Öffis klimaneutral unterwegs sein. Doch die Frage bleibt, woher der Strom kommt. Innenstädte mit sauberer Luft bedeuten noch lange nicht, dass die Klimabilanz stimmt. Denn im deutschen Strommix steckt noch viel aus klimafeindlicher Kohleverstromung stammende Energie.

In Hamburg geht man trotz Widerstand in der Bevölkerung noch einen Schritt weiter: Die Hafenstadt wird zur Fahrradstadt! Bis Ende 2018 sollen 280 Kilometer Fahrradstraßen und Radwege saniert, ausgebaut und neu angelegt werden. Kostenpunkt: 33 Millionen Euro. Dafür wurde eigens die Position der »Radverkehrskoordinatorin« geschaffen. Auch an Abstellplätze an den U- und S-Bahn-Haltestellen ist gedacht. Das sogenannte »Bike&ride«-Programm will die Zahl der Fahrradständer von 16.000 auf 28.000 erhöhen. Ein Modell ist längst zum Erfolgsmodell geworden: »StadtRad« ist ein Radverleihsystem. Innerhalb eines Jahres werden über 2,4 Millionen Räder ausgeliehen. Dennis Thering, CDU-Bürgerschaftsabgeordneter und Verkehrsexperte der CDU, betont in einem Interview im *Hamburger Abendblatt*: »Die Förderung des Radverkehrs ist ein wichtiger Baustein für die Zukunft der Mobilität in einer Millionenmetropole wie Hamburg.« Die Bereitschaft in der Stadt mit dem Rad zu fahren, hängt sicher vom Ausbau der Radwege ab. Und von der topografischen Struktur. Das Ganze funktioniert nur in weitgehend flachen Städten wie Hamburg, Hannover, Berlin, München oder Freiburg.

Wie wir beim Wohnen Geld sparen und das Klima schützen
In den meisten Wohnungen läuft der Stromzähler auch dann, wenn die Bewohner schlafen. Denn viele Geräte sind auch nachts hellwach: Sie

arbeiten im Stand-by-Modus. Wer die Stereoanlage und den Fernseher nie ganz ausschaltet, wer Netzteile am Stromnetz hängen lässt, hat am Ende eines Abrechnungsjahres im Durchschnitt zusätzliche rund 85 Euro auf der Stromrechnung. Akkus verbrauchen auch dann Strom, wenn sie »leer« in der Steckdose hängen. Kleine, heimliche Stromfresser verzehren im Jahr viele Milliarden Kilowattstunden und kosten alle Bundesbürger viele Milliarden Euro. Gedankenlosigkeit kursiert: unser Geld ist Umweltqualität! Der Verbrauch entspricht nämlich der Leistung von zwei Großkraftwerken. Generell gilt: Auch die roten Lämpchen löschen! Das spart obendrein viel Geld: Fernseher, Stereoanlage, DVD-Player, Satellitenreceiver, PC und Laptop kosten allein wegen des Stand-by-Betriebs bis zu 130 Euro im Jahr. Jedes eingeschaltete Gerät ist mit einer CO_2-Belastung verbunden. Mit einer Mehrfachsteckdose, die über einen Netzschalter verfügt, lassen sich alle Geräte komplett abstellen. Auch alte Elektrogeräte liegen den Verbrauchern und dem Klima kräftig auf der Tasche. Moderne Geräte, die das Euro- oder Energieeffizienz-Label tragen, sind sparsamer.

In den meisten Haushalten in Deutschland wird heute auf Elektroherden gekocht. Dabei liegt die durchschnittliche Jahresemission in einem 4-Personen-Haushalt bei 388 kg CO_2. Wer auf Glaskeramikfeldern kocht, spart im Vergleich zu Gusseisenplatten bis zu 20 Prozent. Außerdem heizen die Platten schneller auf. Induktionskochfelder sind sogar noch ein wenig günstiger im Verbrauch, doch sie sind in der Anschaffung sehr teuer. Kein Elektroherd erreicht jedoch die Klima-Vorteile eines Gasherdes. Beim Kauf von Geräten auf das EU-Label achten. Gibt es beim Herd einen Stand-by-Modus, ist die Klimabilanz gleich wieder schlechter.

Umluftbacköfen verbrauchen bis zu 40 Prozent weniger Strom als Öfen mit Ober- und Unterhitze. Bei integrierten Backraumteilern kann man sparen, wenn man nur kleine Mengen backen will. Das Vorheizen von Backöfen ist übrigens nur bei empfindlichem Teig nötig. Vorheizen verbraucht bis zu 20 Prozent mehr Energie. Um Energie zu sparen, nie den Ofen unnötig öffnen. Übrigens: Wer nur mal eben schnell Brot toasten will, sollte dafür nicht den Backofen nehmen: Er verbraucht vier Mal so viel Energie wie der Toaster! Um Energie und damit CO_2 beim

Kochen einzusparen, helfen ein paar Verhaltenstipps. Dabei spielt der richtige Deckel auf dem Topf eine wichtige Rolle. Wer 1,5 Liter Wasser ohne Deckel kocht, liegt mit 510 Gramm CO_2-Ausstoß schlecht im Rennen. Liegt der Deckel exakt auf, spart man bis zu 30 Prozent Energie ein. Auch wenn Töpfe für die Herdplatte zu klein sind, der Topfboden Beulen hat und uneben auf der Platte steht, wird zu viel Strom verbraucht. Die Topfunterseite muss trocken sein: Tanzende Wassertropfen verzögern die Wärmeleitung. Nur wenn der Topf nicht größer oder kleiner als die Herdplatte ist, ist der Energiefluss perfekt. Um beim E-Herd die Restwärme zu nutzen, die benutzte Platte früh genug abstellen.

Die idealen Spartöpfe sind übrigens Dampf- oder Schnellkochtöpfe: Mit ihnen lassen sich bis zu 60 Prozent des üblichen CO_2-Ausstoßes vermeiden, denn die Garzeit verkürzt sich ganz erheblich und liegt oft bei wenigen Minuten.

Wer nur Wasser zum Kochen bringen will, benutzt am besten einen Wasserkocher. Das geht schneller und ist sparsamer als die Elektrokochplatte. Auch die Mikrowelle ist dafür ungeeignet. Generell ist die Mikrowelle sparsamer als der Elektroherd. Das gilt jedoch nur für kleine Portionen. Schon bei drei Mahlzeiten verbraucht die Mikrowelle mehr Energie als ein E-Herd. Strom lässt sich beim Kochen von Tiefkühlgerichten sparen, wenn man die Ware vorher im Kühlschrank langsam auftauen lässt. Dabei spart man Energie.

Vor allem Kälte kostet enorm viel Energie. Deshalb schlagen Kühlschränke und Gefrierkombinationen in der Stromrechnung mit bis zu 37 Prozent zu Buche. Im Sommer brauchen die Geräte übrigens mehr Strom als im Winter, denn sie kühlen nicht nur Getränke und Eis, sondern auch gegen die Außen- und Raumtemperatur an. Stehen Kühlgeräte direkt neben der Heizung oder dem Herd, muss mehr Energie aufgewendet werden. Pro Grad Raumtemperatur steigt die verbrauchte Energie eines Kühlgerätes um vier Prozent.

Generell gilt:
- Je mehr Pluszeichen hinter dem A eines Elektrogerätes, umso niedriger ist auch der Verbrauch. Ab dem Buchstaben B sind die Geräte Energiefresser.

- Zwei Kühlschränke sind energieaufwendiger als ein großer.
- Volle Gefriergeräte sind sparsamer, weil nicht so viel Luft eindringen kann, die gekühlt werden muss.
- Keine warmen Speisen in den Kühlschrank stellen.
- Kühlschranktür nur kurz öffnen, denn eindringende Warmluft muss gekühlt werden und erzeugt Reif.
- Regelmäßig abtauen: Schon 55 Millimeter Eis erhöhen den Stromverbrauch um etwa 30 Prozent. Moderne Kühl- und Gefriergeräte erledigen das Abtauen selbst.
- Undichte oder brüchige Dichtungen verschlechtern den Energieverbrauch.

Klimaschutz beim Duschen – geht das?

Jeder weiß es: Wer kurz duscht, statt ausgiebig zu baden, spart Wasser und Energie fürs Aufheizen. Klimaratgeber empfehlen, nicht länger als fünf Minuten zu duschen. Doch wer legt sich schon die Stoppuhr neben die Dusche? Kaum jemand seift sich ein und dreht währenddessen das Wasser ab. Mit Niedrigdruck-Brauseköpfen lassen sich zum Beispiel bis zu 230 Kilogramm CO_2 einsparen. Eher als »Geschäftsidee« ist das neue Shampoo zu verstehen, dass sich schneller aus den Haaren auswaschen lässt. So lässt sich Wasser sparen – das jedenfalls behaupten die Hersteller.

Dass Geschirrspülmaschinen mit bis zu zehn Prozent an der Stromrechnung beteiligt sind, wissen die wenigsten. Beim Neukauf auf das EU-Label achten. Effiziente Geräte sparen gegenüber alten Geräten nicht nur Strom, sondern auch Wasser. Das Gerät muss in der Regel nicht über 50 Grad eingestellt werden. 20 Gramm Geschirrspülmittel reichen aus, denn es ist aggressiver als Handspülmittel. Das Gerät sollte nur dann angestellt werden, wenn es voll ist. Auch wenn Hausfrauen und Hausmänner es nicht gern hören: Wer nicht unter fließendem Wasser, sondern im Spülbecken mit der Hand spült, spart Energie und Geld. Beim Wäschewaschen ist der Waschgang bei 95 Grad eigentlich überflüssig, denn auch bei 60 Grad wird dank moderner Waschmittel alles sauber und man hat obendrein eine weiße Klima-Weste, denn es wird ein Drittel des Stroms gespart. Schon mit einer niedrigen Waschtemperatur lassen sich Emissionen verringern. 40-Grad-Wäsche verbraucht noch die Hälfte der Strommenge einer 60-Grad-Wäsche. Auch auf die Vorwäsche kann man oft verzichten: der Energiegewinn rechnet sich um weitere zwanzig Prozent. Beim Kauf einer neuen Waschmaschine auf das EU-Label achten. Mit effizienten Geräten spart ein 4-Personen-Haushalt im Vergleich zu einer 15 Jahre alten Maschine etwa 100 kg CO_2 im Jahr. Zusatzfunktionen wie Zeituhren, programmierbare Zeitvorwahl und Mengenautomatik kosten wieder Extraenergie. Eigentlich kann man auf diese Extras verzichten. Experten empfehlen, die Waschmaschine an eine Warmwasserleitung anzuschließen. Die superteuren Öko-Waschmaschinen haben dafür zwei Wasseranschlüsse. Doch der Klima-Gewinn hängt davon ab, wie das warme Wasser erzeugt wird: Kommt es aus einer Gas- oder Solarwarmwasserbereitung, lassen sich bis zu 30 Prozent sparen, bei einem normalen Öl- oder Gaskessel sind es nur noch zehn Prozent. Auf jeden Fall sollte die Waschmaschine immer voll sein, wenn sie angestellt wird. Wäschetrockner zählen zu den unnötigen Klima-Killern im Haushalt. Sie sind nicht zu empfehlen. Doch die Anzahl der Trockner hat sich in den letzten zehn Jahren in deutschen Haushalten verdoppelt.

Es klingt paradox, doch schon beim Erzeugen von Energie geht Energie verloren. Elektrische Radiatoren und Fußbodenheizungen, Heizlüfter und Nachtspeicherheizungen emittieren mehr Kohlendioxid als ein Ofen, in dem die Kohle direkt verfeuert wird. Denn schon bei der Verstromung von Steinkohle im Kraftwerk entsteht klimaschädliches CO_2. Während Ofenheizungen bei 0,45 kg CO_2 pro kWh Nutzwärme liegen, sind elektrische Heizgeräte mit 0,60 kg CO_2 pro kWh schlechter. Wer mit Gas heizt, heizt klimafreundlicher (0,30 kg CO_2 pro kWh). Weitgehend klimaneutral sind nur Holz- und Pelletöfen. Sie schneiden so gut ab, weil sie die gleiche Menge CO_2 abgeben, die das Holz beim Wachsen gebunden hat.

Ob mit Gas, Öl, Fernwärme oder Strom geheizt wird, kann man sich als Mieter in der Stadt oft nicht aussuchen. Alle Energieträger sind so unterschiedlich, dass es sich empfiehlt, den Energieverbrauch individuell zu prüfen. Es gibt Tabellen, mit denen man eine Heiz-Bilanz erstellen kann. Um Wärme zu erzeugen, verursachen die unterschiedlichen Energieträger unterschiedliche Mengen CO_2. Alte Heizungskessel haben logischerweise eine schlechtere Klimabilanz als neue mit verbessertem Nutzungsgrad. Mit modernen Anlagen kann man den CO_2-Ausstoß verringern. Da hilft nur Beratung.

Übrigens: Ein Grad Raumtemperatur weniger spart bis zu sechs Prozent Energie. Damit die Temperatur immer stimmt, ist ein elektronisches Thermostatventil die perfekte Kontrolle. Man kann seine individuellen Wohlfühl-Grade programmieren und zeitlich steuern: etwa nachts auf 15 Grad, morgens auf 19 Grad Raumtemperatur. Wenn die Temperatur übers Fenster reguliert wird, heizt man die Straße und schmeißt das Geld zum Fenster raus. Auch richtiges Lüften will gelernt sein: Niemals stundenlang die Fenster kippen. Heizung runterdrehen und kurz durchlüften: Auch an Wintertagen ist das Lüften wichtig, denn frische Luft verbessert das Raumklima und wird als wärmer empfunden als abgestandene Luft.

Der neueste Trend sind die sogenannten Heiz-Pilze. Sie stehen nicht nur in den Raucherecken vor Kneipen, sondern leider auch immer häufiger bei Privatpersonen auf dem Balkon oder im Garten. Eine Stunde Pilz-Wärme kostet das Klima 3,5 Kilogramm CO_2. Viel heiße Luft für ein bisschen mehr Wärme im Freien: Ein Pullover wäre eine umwelt- und klimafreundliche Alternative.

Je heißer die Sommer werden, umso gefragter sind Klimaanlagen. Erst in den letzten Jahren ist die Nachfrage nach Raumklimageräten gestiegen. Überall in den Baumärkten sind sie im Hochsommer zu kaufen, denn vor allem in Dachwohnungen kann es unerträglich heiß werden. Sie können sich mit einem Jahresverbrauch von 450 kWh schnell mit 20 Prozent auf der Stromrechnung bemerkbar machen. Günstiger sind Ventilatoren. Es macht sogar Sinn, Ventilatoren bei laufenden Raumklimageräten anzustellen. Wesentlich klimafreundlicher sind Wärmeschutzmaßnahmen, die ein Aufheizen der Räume verhindern. Dicht schließende Rollos oder Jalousien, die von außen auf dem Fenster angebracht werden, haben sich bewährt. Doch eine sogenannte Querlüftung kann die Wärme nachts aus der Wohnung ziehen.

Wie einer die Energie aufbringt, Energieprobleme ganzheitlich zu lösen

»Energie ist alles, ohne Energie sind wir nichts, aber wenn wir die Energieprobleme nicht in den Griff bekommen, sind wir gleich gar nichts«, so die bestechend einfache Formel von Max Maier. Der in der abgelegenen ländlichen Idylle der östlichen Schwäbischen Alb aufgewachsene Unternehmer hat sich zum Ziel gesetzt, das Thema Energie von den Grundbedürfnissen der Menschen ausgehend – nämlich Essen, Trinken, Wohnen, Arbeiten – zu behandeln. Innerhalb von rund dreißig Jahren hat er als zielorientierter Macher – der, einmal von einer Idee überzeugt, selten Widerspruch duldet – eine Firmengruppe aufgebaut, die nachhaltiges, energiebewusstes Planen, Bauen, Produzieren und Transportieren ganzheitlich angeht. Maier ist lebendes Beispiel dafür, was ein Einzelner bewegen kann, wenn er nur will. Mut aufbringen, quer denken, neue Wege gehen und vor allem die allgegenwärtigen Bedenkenträger in unserer Gesellschaft ignorieren, lebt Maier mit Leidenschaft. Begonnen hat der Unternehmer Anfang der 80er-Jahre mit dem Erwerb der auf Kühlgeräte spezialisierten, schon 1886 gegründeten Firma Eisfink, die Anfang der 1970er-Jahre nach mehreren Brandanschlägen in wirtschaftliche Turbulenzen gekommen war. Anstatt die vorwiegend aus Backsteinmauerwerk bestehenden Gebäude auf dem Firmenareal im schwäbischen Ludwigsburg abzureißen, konzentriert sich Maier auf die Revitalisierung des damals *vierzigtausend Quadratmeter* großen Areals, in dem gerade noch rund dreißig Leute arbeiteten. Zu Zeiten, als für viele Klimawandel und Nachhaltigkeit ein Fremdwort waren, argumentierte der agile Unternehmer, die Energie, die zur Herstellung von Materialien wie Ziegelsteinen und anderem Mauerwerk benötigt wurde, sowie Energie, die Menschen aufgebracht haben und ebenfalls in Gebäuden und Anlagen steckt, nicht achtlos zu zerstören. Stattdessen sollen industrielle Gebäudealtbestände in Form eines Transformationsprozesses neu in Wert gesetzt werden. So wurden Produktionshallen wie Bürogebäude nur vorsichtig entkernt, teilweise ergänzt und im Sinne modularer Nutzungen wiederbelebt. Zusammen mit weiteren Gebäuden, die den Abrissbaggern zum Opfer gefallen wären und die Maier in angrenzenden Arealen erwerben konnte, ist das mittlerweile über hundertzehntausend Quadratmeter Grundfläche große und mit hundertfünfzigtausend Quadratmeter Nutzfläche ausgestattete Areal unter der Bezeichnung »Werkzentrum West / urbanharbor« ein Musterbeispiel für die nachhaltige Konversion von Gewerbebrachen. Heute arbeiten in dem Areal rund dreitausend Menschen in einem pulsierenden Miteinander von produzierendem Gewerbe, einer Denkfabrik der Porsche AG, Planungs- und Entwicklungsbüros, einem Supermarkt, einer Diskothek, einem Film-, Dokumentations- und Medienzentrum sowie verschiedenen Eventlocations. Eine der größten davon misst zweitausend Quadratmeter und beherbergt eine Küche, die auf hochwertige Zutaten aus regionalen Produkten, die nicht weiter als siebzig Kilometer transportiert wurden, setzt. Maier ließ auch den Gastronomiebereich so auslegen, dass zehntausend Menschen – darunter auch in Schulen, denen es oft an hochwertiger, nachhaltig erzeugter Schulverpflegung mangelt – versorgt werden können. »Jetzt ist die Zeit, mit 10.000 Essen pro Tag an vielen Orten die Zukunft von 30 Millionen Menschen vorzubereiten«, sagt Maier. Einwegsysteme bezeichnet er als gesellschaftlichen wie klimapolitischen Irrsinn. Mit der zur Maier-Gruppe gehörenden Firma Rieber am Trauf der Schwäbischen Alb in Reutlingen – einer auf Küchen-, Koch- und Logistiksysteme spezialisierten Technologiefirma – geht Meier im Verbund mit seinen anderen Unternehmungen noch einen Schritt weiter. Um nachhaltige Lebensmittelproduktion und Wertschöpfung sowie Biodiversitätsbewahrung im ländlichen Raum mit Klimaschutz, Lebensmittelüberwachung, Verkürzung von Transportwegen und qualitative Verbesserung von Gemeinschaftsverpflegung in Schulen, Krankenhäusern, Altenheimen und Unternehmen zu verknüpfen, setzt Maier auf die Informationstechnologie. Unter dem Stichwort Safe & Safe mit »Check« wird mittels QR-Code jedem Lebensmittel ein intelligentes Logbuch zugewiesen. So werden Informationen über Herkunft, Transportwege, Nährstoffe, Inhaltsstoffe und Verarbeitung bis hin zum Verzehr protokolliert und digitalisiert. Zugleich hat die auch auf Metallverformung spezialisierte Firma Rieber ihre Betriebs-, Lager-, Vorbereitungs-, Zubereitungs-, Absaugungs- und Transportsysteme ebenso wie Anlagen zur Ausgabe und Verteilung von Speisen mittels mobiler und stationärer Geräte so optimiert, dass sowohl beim Materialeinsatz als auch bei der benötigten Energie Qualität garantiert ist und das Essen sowohl bei kontrollierter Kühlkette oder auch entsprechend vorgehaltener Wärme transportiert und angeboten werden kann. Maiers, auf ganzheitliches Denken ausgelegte Entwicklungen sollen den langen, umwelt- und klimafeindlichen Transportwegen von schockgefrorenen Lebensmitteln kreuz und quer durch Europa den Kampf ansagen und Kreislaufsysteme mit einem Radius von maximal 60 bis hundert Kilometern aufbauen. Das Ziel: frisches und qualitätsvolles Kochen hilft den Bauern im ländlichen Raum und optimiert die Versorgung der Menschen in den urbanen Gebieten bei höchster Energieeffizienz.

Unglaublich aber wahr: Klimaschutz im Festzelt
Feste feiern, fröhlich sein und dennoch Umwelt und Klima schützen. Ja, das geht. Dies beweist Festwirt Hans-Peter Grandl auf dem zweitgrößten Volksfest der Welt, das alljährlich Ende September auf dem Cannstatter Wasen in Stuttgart begangen wird. Als europaweit einziger Festbetrieb dieser Größe wurde das Grandl Hofbräuzelt, das rund 6.000 Menschen fasst, im Hinblick auf den Energieverbrauch klimaneutral gestellt. Genauso konsequent handelt Hans-Peter Grandl auch mit seinem beliebten Zelt auf dem Stuttgarter Frühlingsfest. Für beide Großevents wurde ein Nachhaltigkeitskonzept entwickelt. Die Bäuerliche Erzeugergemeinschaft Schwäbisch Hall liefert Schinken, Fleisch für Schnitzel, Haxen, Krustenbraten sowie die Ochsen am Spieß aus nachhaltiger, regionaler Produktion und Weidehaltung. Das fördert die Erhaltung lebendiger Kulturlandschaft. Bislang wurden im Sinne des Klimaschutzes die angefallenen CO_2-Emissionen durch Wiederaufforstung von 70 Hektar Regenwaldflächen in Vietnam, Laos, auf Sri Lanka und den Philippinen kompensiert. Damit auch viele andere Menschen motiviert werden, wird im Grandl Hofbräuzelt mehrfach am Tag ein – auch in Festzeltstimmung – ansprechender Klimaspot zur Besuchersensibilisierung gezeigt.

Sonnenenergie und Treibhausegffekt

Man könnte es in jedem Schulbuch – aber wer schaut da noch rein? – nachlesen: mithilfe des Sonnenlichts erzeugen Pflanzen durch die Photosynthese mit der Umwandlung von Wasserkohlenstoffdioxid einerseits Sauerstoff, den wir zum Atmen brauchen, und zum anderen Glucose; dies wiederum ist die Basis für den Aufbau von Kohlenhydraten, Eiweißen, Fetten und anderen organischen Stoffen. Von diesen Pflanzen leben die Pflanzenfresser wie Reh, Hirsch und Feldhase. Von den Pflanzenfressern lebt – von Vegetariern und Veganern abgesehen – der größte Teil der Menschheit. Auf diese Weise funktioniert ganz einfach unser natürlicher Energiekreislauf. So einfach ist das. Ohne Sonnenenergie wäre Leben auf der Erde nicht möglich. Die Abbauprodukte von abgestorbenen Pflanzen oder verendeten Tieren – und auch das, was von uns an organischem Material noch übrig bleibt – landet wieder im Stoffkreislauf der Natur. Seit dem »Auftreten« der ersten Jäger und Sammler vor rund zehntausend Jahren bis zum Ende des 18. Jahrhunderts hat dies auf der ganzen Erde trotz mancher Eingriffe der Menschen funktioniert. Die Zusammensetzung der Luft aus Sauerstoff und Stickstoff sowie etwa 0,4 Prozent Kohlendioxid und etlichen anderen nur in ganz kleinen Anteilen vorhandenen Edelgasen war weitgehend gleich. All die Moleküle dieser Gase fangen einen Teil der Wärmeabstrahlung, welche die Erde und das All abgibt, auf und sorgten dafür, dass ein Teil zurück zur Erde »gestrahlt« wird. Was als natürlicher Treibhauseffekt bezeichnet wird – ohne den es auch kein Leben auf der Erde geben würde –, ist also quasi eine dünne atmosphärische Heizdecke. Doch seit die Menschheit mit Beginn der industriellen Revolution vor über zweihundert Jahren Kohle und in den letzten siebzig Jahren verstärkt auch Erdöl und Erdgas – und damit Stoffe, die zuvor Jahrmillionen lang in der Erde ruhten – verbrennt, erhöht sich mit dem freigesetzten CO_2 der Gehalt dieses Stoffes in der Luft. Der Treibhauseffekt wird verstärkt; die Erde heizt sich auf. Hierbei spielen auch andere von Menschen freigesetzte Treibhausgase eine Rolle, so etwa Methan, das den Mäulern und Därmen von Kühen und Schafen entweicht. Oder in Form von Lachgas, das aus Stickstoffdünger sowie Gülle und Dung entsteht und ebenfalls negativ klimawirksam ist. Hinzu kommt Methan, das aus auftauenden Permafrostböden und trockengelegten Mooren entweicht, und die über Jahrzehnte hinweg als Treibgase in Sprühdosen verwendeten Fluorkohlenwasserstoffe (FCKW). Und so ist alleine die CO_2-Konzentration in der Luft seit dem Beginn der industriellen Revolution von 280 ppm auf mittlerweile 405 ppm (parts per million) – also um 45 Prozent – angestiegen. Der dadurch verstärkte Treibhauseffekt bringt mehr Sonnenenergie-Aufheizung auf die Erde, als der Planet vertragen kann. Geht es um Klimaschutz, so geht es um nichts anderes als darum, unsere eigenen Energie- und Stoffströme wieder zu normalisieren und in erster Linie auf fossile Energieträger zu verzichten.

Was wir tun können, was sich ändern muss

Jeder Einzelne
- Klimafreundliche und damit fossile Energie vermeidende Lebensstile. Siehe einzelne Kapitel.

Politik und öffentliche Hand
- Schärfere Gesetze und Kontrollen zu Energiesparmaßnahmen in Produktionsprozessen und im Handel
- Energiesparen durch Zeitschaltungen, Bewegungsmelder und Zeitschaltungen in Behörden, Ämtern und öffentlichen Gebäuden
- Intelligente Energiesparsysteme statt Stand-by (z.B. Computer)
- Nachrüsten von Wärmedämmung und Energiesparsystemen in öffentlichen Gebäuden
- Förderung von »First Mover« in puncto Klimaschutz

Wirtschaft
- Bei Produktionsprozessen muss das Einsparen von Energie eine wichtige Rolle spielen; Stichwort energieeffiziente Herstellung von Gütern.
- Geschlossene Energiekreisläufe in der Produktionskette müssen schärfer einkalkuliert werden.
- Großverbraucher müssen mehr Verantwortung entwickeln, statt »Sonderkonditionen« bei den Energielieferanten auszuhandeln.

Fazit: Patentlösungen für die Energiewende gibt es nicht – aber sie darf nicht auf Kosten der Natur erfolgen. Wir brauchen eine tragbare »Mischkalkulation«.

Grüne Lungen in Gefahr
Was wird aus unseren Wäldern?

> »Gibt es ein schöneres Bild für den Frieden
> und die Hoffnung als einen lebendigen Baum?«
> Wangari Maathai, Friedensnobelpreisträgerin (1940–2011)

Alles war perfekt und wir saßen mit der Familie an der weihnachtlich geschmückten Kaffeetafel. Wir diskutierten, tauschten Erinnerungen aus und schmiedeten Pläne für das kommende Jahr. Im Mittelpunkt standen, wie wohl in jeder Familie, die damals noch schulpflichtigen Kinder, deren Geschenke, das Rezept von Omas Schwarzwälder Kirschtorte, die Auswahl des Weines für das spätere Abendessen und andere – gemessen am Weltgeschehen – Belanglosigkeiten. Bei all dem fiel uns erst spät auf, dass immer wieder Leute, die sich an diesem 2. Weihnachtsfeiertag zu einem Spaziergang aufgemacht hatten, an unserem Haus und auch an Nachbarhäusern hochschauten. Ja, das Haus hatten wir im Spätherbst neu streichen lassen; aber dies war keine Sensation und konnte auch nicht der Grund für die Neugierde der Passanten sein.

Schließlich riss ich mich los, um die Ursache für die neugierigen Blicke zu ergründen. Der Blick über die Hausfassade hinweg zum Dach erbrachte schnell des Rätsels Lösung: Am Dachtrauf hatte der von uns in der Kachelofengemütlichkeit überhaupt nicht stark empfundene Wind Ziegel gelockert; einige davon lagen zerschmettert im Vorgarten. Auch einige Nachbarhäuser hatten Schäden am Dach. Neugierig geworden, machte ich mich zu einem Erkundungsgang in die Feldflur auf. Jetzt erst, nach dem Verlassen der schützenden Häusergruppe unserer am Hang liegenden Siedlung bemerkte ich in der weitgehend offenen Feldflur die Heftigkeit des

Windes. Weiter draußen sah ich dann die vom Sturm rausgerissenen, mächtigen Obstbäume, deren freigelegte Wurzeln wie Hilferufe der Natur bizarr zum Himmel zeigten. Auch unsere eigene Obstwiese war betroffen, und von einem gut hundert Jahre alten Apfelbaum einer seltenen Sorte, den wir immer liebevoll gepflegt hatten, lag ein großer Ast, der wohl die Hälfte des Baumes ausmachte, auf dem angrenzenden Weg.

Erst die Radio- und Fernsehnachrichten und die allmählich aus verschiedenen Regionen des Kontinents eintreffenden Lageberichte der Katastrophen-Einsatzkräfte klärten uns darüber auf, dass weite Teile Europas von einem verheerenden Sturmtief getroffen worden waren. Es sollte als Jahrhundertorkan »Lothar« in die Geschichtsbücher der Meteorologen, Katastrophenhelfer und Versicherungen eingehen. Während meine eigene Heimat trotz vieler Schäden von dem Orkan nur am Rande betroffen war, führte das Sturmtief, das sich im Bereich des Golfes von Biskaya zwischen den Britischen Inseln und Spanien sowie der französischen Westküste gebildet hatte, andernorts zu tragischem menschlichem Leid und so zuvor noch nicht gekannten materiellen Schäden.

Wenn Katastrophen zum Alltag werden

Wie sich später herausstellte, forderte der Orkan einhundertzehn Todesopfer und verursachte nach Angaben der Rückversicherungsgesellschaft Swiss Re Schäden von über sechs Milliarden US-Dollar. In Nordfrankreich, der Schweiz, Süddeutschland und Österreich wurden die Bäume ganzer Wälder umgeknickt wie Streichhölzer. Allein in Baden-Württemberg vernichtete der Orkan mit drei Millionen Festmetern Holz das Dreifache des normalen Jahreseinschlages. Noch stärker betroffen war Frankreich, wo der Orkan für rund 140 Millionen Festmeter Sturmholz sorgte. Mehrere Tage lang war die Autobahn zwischen Stuttgart und Karlsruhe wegen der umgestürzten Bäume blockiert; auf einigen Bahnstrecken musste der Betrieb aus demselben Grund eingestellt werden. Verschiedene Orte in der Schweizer Region Bregenzerwald waren für etliche Tage ohne Strom.

Lothar – dieser Orkan an Weihnachten 1999 – wurde alsbald und für eine ganze Weile als Jahrhundertsturm bezeichnet. Es war die Zeit, in der das Thema Klimawandel allenfalls mit Katastrophen-Ökos in Verbindung gebracht wurde und auch in den Medien nur eine Nebenrolle spielte. Das gilt vor allem für den gesellschaftspolitischen Dialog in Sachen Wälder. War doch das Waldsterben, das in den 80er-Jahren Naturschützer, Autobauer, Waldbesitzer und Politiker beschäftigte und die Umweltdiskussion jener Zeit prägte, offensichtlich nur eine vorübergehende Erscheinung gewesen. Und das, obwohl knapp zehn Jahre zuvor der Orkan Wiebke (28. Februar / 1. März 1990) mit bis zu 285 Stundenkilometern über Deutschland, der Schweiz und Österreich die Spuren seiner zerstörerischen Gewalt hinterließ. Mittlerweile sind die Orkane Jeanette (2002), Kyrill (2007), Emma (2008), Xynthia (2010), Christian (2013), Xaver (2013), Ela (2014) sowie Niklas, Elon und Felix (2015), Xavier (2017) und neuerdings Friederike (18. Januar 2018) hinzugekommen. Alles Jahrhundertstürme?

Jahrhundertstürme sind mittlerweile nicht einmal mehr Dekaden-Katastrophen, sondern bald schon auch in Europa ganz »normale« Alltagsereignisse. Nur eines hat sich seit Lothar geändert. Die über mehr als hundert Jahre an der schnellen, profitbringenden Holzproduktion ausgerichtete Forstwirtschaft begann umzudenken. Was junge, dynamische Forstwissenschaftler und Förster schon lange forderten, aber gegen konservative Holzwirtschaftler nicht durchsetzen konnten – nämlich den Aufbau naturnah vielgestaltiger Wälder anstatt der monotonen Holzäcker aus Kiefern im Norden und ebenso langweiligen Fichtenmonokulturen im Süden –, hat Orkan Lothar binnen eines halben Tages zumindest eingeleitet. Überall arbeitet man seither im Rahmen von Forschungsprojekten und Versuchsflächen daran, die Wälder (und Waldbesitzer) für die Auswirkungen des Klimawandels fit zu machen.

Naturnaher Waldbau ist überfällig

Doch schon die Suche nach teilweise für die Folgen des Klimawandels resistenteren Baumarten aus anderen Ökosystemen wie etwa aus Nordamerika, Südosteuropa und Asien legt die Hilflosigkeit und das Festhalten an letztlich alten und überholten Denksystemen offen. Der Mensch meint, alles beherrschen zu können. Doch wie werden unsere Waldökosysteme reagieren, wenn Araukarie, Küstenmammutbaum, Hemlocktanne und Orientbuche gepflanzt werden? Viele Tiere sind nicht auf diese Baumarten eingestellt. So lebt an den schon vor Jahrhunderten in Europa eingeführten Neuweltplatanen so gut wie kein Insekt, während an und von einer heimischen Buche oder Eiche einige Hundert Insektenarten existieren, ohne dem Baum zu schaden. Immer noch wird im Industrieland Deutschland daran festgehalten, auch mit den staatlichen und kommunalen Wäldern Geld zu verdienen. Der Nettoumsatz in den rund siebentausend Unternehmen der Forstwirtschaft in Deutschland lag 2014/15 bei insgesamt knapp über einer Milliarde Euro. Dem gegenüber stehen gewaltige Kosten für Wegebaumaßnahmen, Anschaffung und Unterhalt von Forstgeräten und natürlich auch forstliches Personal.

Wälder, das betont auch die Forstwirtschaft immer wieder, erfüllen nicht nur eine Funktion als Holzlieferanten, sondern sie sind die grünen Lungen unserer Landschaft, reinigen die Luft, binden CO_2 und sind damit unsere wichtigsten Klimaregulatoren. Darüber hinaus stabilisieren sie Hangbereiche, sind Wassererneuerungsgebiete und – sofern sie naturnah belassen werden – unersetzliche Lebensräume. Gerade in Zeiten des Klimawandels wird immer wieder darauf hingewiesen, dass nachhaltiges Wirtschaften durch die Forstwirtschaft entwickelt worden sei. Danach soll dem Wald nur so viel Holz entnommen werden, wie im Nutzungszeitraum wieder nachwächst. So wurde der Nachhaltigkeitsbegriff jedenfalls vom Freiberger Oberberghauptmann Hans Carl von Carlowitz (1645–1714) in Sachsen geprägt. Doch die Ausgangslage war die Gestaltung der Wälder zur Herstellung von Holzkohle, die für die sächsischen Bergbau- und Metallindustrie gebraucht wurde. Dieser Nachhaltigkeitsbegriff orientierte sich entsprechend am Holzzuwachs. Betrachtet man nur die Ressource Holz, dann ist das einleuchtend. Stellt man aber die Frage nach nachhaltigen Waldökosystemen, bei denen es darum geht, dass auch die typischen Tier- und Pflanzenarten genügend Lebensraum haben, dann sieht die Sache schon anders aus. So ist es im Sinne natürlicher Waldökosysteme und einer rein ökologischen Betrachtung nicht nachhaltig, wenn Bäume wie etwa Buchen oder Eichen, die mehrere Hundert Jahre alt werden können, schon nach einem Drittel oder Viertel ihrer potenziellen Lebenszeit gefällt werden. Und dies ist nur ein Beispiel von vielen.

Es wird also immer ein Ringen um die richtigen Wege zur Nachhaltigkeit geben, um den Ausgleich zwischen ökonomischen Wünschen und Anforderungen, ökologischen Erfordernissen und sozial vertretbarem Verhalten und Handeln. Genau dieses Ziel wurde von der Weltumweltkonferenz 1992 in Rio de Janeiro entwickelt und festgelegt. Und diese Zielsetzung wird angesichts der Orkangefahren immer wichtiger. Jeder Tag kann Orkantag sein.

Veränderung ist das einzig Beständige
Einig sind sich alle, dass die Wälder als unsere grünen Lungen erhalten bleiben sollen. Die Frage ist nur wie? Betrachtet man die Waldgeschichte der letzten Jahrtausende – durch Untersuchungen von Pollenanalysen –, ist die Präsenz von Baum- und Straucharten und die Zusammensetzung der Wälder bestens nachvollziehbar –, so zeigt sich, dass sich die Naturveränderung gerade auch in der Struktur der Wälder immer angepasst hat. Doch erlaubt das Tempo der Klimaerwärmung noch eine Anpassung, wenn sich der Mensch nicht auf das natürliche System, sondern auf Arten aus anderen Kontinenten stützt?

Plädoyer für einen forstpolitischen Paradigmenwechsel

Fest steht, dass sich mit der weiteren Klimaerwärmung dramatische Folgen für unsere Wälder ergeben werden. Zwar können die meisten Laubbäume Extremsituationen überstehen, indem sie ihre Blätter vorzeitig abwerfen und so die Transpiration und damit den Wasserbedarf beträchtlich reduzieren. Doch die Bäume werden generell anfälliger für Schädlinge und Pilze. Unter wärmeren Bedingungen vermehren sich Schadinsekten wie der Schwammspinner, der Große und der Kleine Frostspanner und der Eichenwickler stark und machen sich über unsere Wälder her. Kommen noch andere Hitzeschäden wie Sonnenbrand, Stammrisse und die schwarze Holzfäule an den Bäumen hinzu, kollabieren die Wälder, wie wir sie heute kennen.

Macht sich dann in Süddeutschland Macchia breit, niedriges Buschwerk, wie wir es aus Südeuropa kennen? Sicher ist, dass bestimmte Baumarten in höheren Regionen wachsen werden, während andere sich nach Nordeuropa zurückziehen. Irgendwann könnten die typischen Buchenwälder verschwunden sein, denn mit fortschreitender Erwärmung wird die Buche in den niedrigeren Lagen (unterhalb von 500 bis 600 Meter über dem Meeresspiegel) mit der Zeit von der Eiche abgelöst. Den Plänen der Forstwirtschaft, sich mit einer anderen Zusammensetzung der Wälder dem Klimawandel anzupassen, sind also Grenzen gesetzt.

Weltweit kann Holzmangel eine Folge des Klimawandels sein. Wie kann man die Wälder bei großer Trockenheit vor Bränden schützen? Woher soll das Wasser kommen, um die Waldbrände zu bekämpfen, wenn Flüsse und Bäche austrocknen? Löschwasser steht nur in Küstennähe in ausreichendem Maß zur Verfügung. Meerwasser jedoch richtet wegen des Salzes auf den durch jahrelangen sauren Regen und die Hitze ohnehin bereits geschädigten Waldböden unabsehbare Schäden an. Was Hitzesommer für die Waldbrandbekämpfung bedeuten, zeigte sich 2003: Die Feuerwehren mussten um 30 Prozent häufiger zur Bekämpfung von Bränden ausrücken als noch im Jahr zuvor. Nimmt die durchschnittliche globale Erwärmung gegenüber vorindustriellen Zeiten um mehr als 3 °C zu, könnten die Wälder der gemäßigten Breiten und die sogenannten borealen Wälder in der nördlichsten Vegetationszone absterben. Nicht nur das Umweltbundesamt (UBA) sieht darin eine der möglichen Kipppunkte des Klimas. Die borealen Wälder umfassen mehr als ein Drittel der weltweiten Waldfläche von rund 15 Millionen Quadratkilometern und sind die vorherrschende Waldform der Nordhalbkugel. Sie erstrecken sich zwischen dem 50. und dem 70. Breitengrad über Asien, Europa und Nordamerika. Meist handelt es sich um Nadelwälder, die im hohen Norden in die baumlose Tundra übergehen und am südlichen Rand ihres Verbreitungsgebietes in die Wälder der gemäßigten Breiten, die wir aus Deutschland, Österreich und der Schweiz kennen.

Eine Chance für wilde Wälder

In der Vergangenheit haben Umweltschützer immer wieder kritisiert, dass weite Teile der borealen Wälder zur Gewinnung von Schnittholz und Papier großflächig abgeholzt und nicht nachhaltig genutzt werden. Durch die Rodung der Wälder wird weniger Kohlendioxid aus der Luft gebunden, und es kommt zu einer Abnahme der Bodenfeuchte. Das kann dazu führen, dass im Boden gebundenes CO_2 freigesetzt wird. Damit wird die Gefahr des Zusammenbruchs der borealen Wälder weiter verschärft.

Wissenschaft, Politik und vor allem Steuerzahler sind hier mehr denn je gefordert. Es ist schon erstaunlich, dass Organisationen wie etwa der Bund der Steuerzahler auf den einen oder anderen Missstand von Geldverschwendung der öffentlichen Haushalte hinweisen, aber keine grundsätzlichen Überlebensthemen – die Staat und Steuerzahler gleichermaßen betreffen – aufgreifen. Mehr denn je müsste Wert auf eine nachhaltige und damit zukunftsfähige staatliche Ausgabepolitik gelegt werden. Ein natürlicher Umbau der Wälder – vieles davon macht die Natur von alleine, wenn man sie nur lässt – ist viel billiger als die Umstellung auf vermeintliche künftige Holzertragsbaumarten.

Die Kriterien der naturnahen Waldwirtschaft sind hinlänglich erforscht und erprobt, aber politisch scheint das immer noch nicht gewollt zu sein. Wir brauchen eine politische Hinwendung hin zu mehr Waldpragmatismus. Warum kann nicht die Hälfte der Staats- und Kommunalwälder von jeglicher Bewirtschaftung freigehalten werden? Es würde vollkommen genügen, im Umfeld der Siedlungsräume Spazier- und Wanderwege zu unterhalten und eine maßvolle Bewirtschaftung durchzuführen. Abgelegenere Räume können ganz ohne Bewirtschaftung bleiben. Die Natur wird dann die Anpassung an den Klimawandel selbst vornehmen. Eine solche Strategie bedarf jedoch mutiger Politiker und einsichtiger Forstleute – die sich natürlich ihre Lebensgrundlage auch nicht nehmen lassen wollen. Ein Teil des Personals hätte genügend Beschäftigung beim erforderlichen Wildtiermanagement; andere könnten für andere öffentliche Aufgaben eingesetzt werden.

Gegenwärtig sind von den 11,4 Millionen Hektar Wald in Deutschland mit über 90 Milliarden Bäumen – in erster Linie Fichten und Kiefern – nach Angaben des Naturschutzbund Deutschland (NABU) über 40 Prozent in Privatbesitz. Naturwaldreservate machen gerade mal 0,3 Prozent des Waldes in Deutschland aus. Dazu gehören solche Gebiete wie der Nationalpark Bayerischer Wald, die Adamshöhle und der Nationalpark Hunsrück in Rheinland-Pfalz, das Nordahner Holz und der Große Staufenberg in Niedersachsen. Selbst in den genannten Gebieten sind nur Kernzonen als Naturwald erhalten; andere Bereiche müssen sich erst noch entwickeln. Dabei können wir vom Naturwald und seinen Anpassungsfähigkeiten viel lernen.

Wir müssen – auch als Wähler und Steuerzahler – den wilden Wäldern mehr Chancen geben. Die Natur kann viel richten, wenn man sie nur lässt. Mit welchem Recht fordern wir reichen Europäer, dass die Afrikaner die letzten Urwälder etwa im Kongobecken unberührt lassen? Mit welchem Recht fordern wir von den Menschen in Südamerika, dass sie Urwälder im Amazonasgebiet nicht nutzen, während wir die einstigen Urwälder im Gebiet des heutigen Deutschland schon spätestens seit dem ausgehenden Mittelalter vernichtet haben? Es gibt keinen Grund, im finanziell trotz vielerlei Problemen gesättigten Mitteleuropa an einer Politik des Waldes als Wirtschaftsfaktor festzuhalten.

Wir brauchen – nicht nur für Deutschland – Aktionspläne für regionale Klimaschutzwälder, also für Wälder, die von der Bewirtschaftung ausgenommen werden. Wir brauchen eine Strategie, um in erosionsgefährdeten Bereichen die Wälder in naturnahe Strukturen umzubauen, so wie dies jetzt im kleinen Maßstab im noch jungen Nationalpark Schwarzwald angegangen werden soll. Was Naturwald bedeutet, ist als einzigartiges Experiment im Nationalpark Bayerischer Wald zu erleben. »Natur einfach Natur sein lassen« ist dort die Devise. Erst ganz langsam verstehen wir die Wälder nicht mehr nur als Ansammlung von Bäumen, sondern als ein vielfältiges Zusammenwirken von Organismen. So ist das beeindruckende Wechselspiel von Bäumen mit den verschiedensten Pilzen noch lange nicht erforscht. Die Interaktion von Arten, sei es Flora oder Fauna oder alles miteinander, haben wir noch nicht einmal ansatzweise begriffen. Nur eines ist sicher: dass das dramatische Voranschreiten des Klimawandels uns bald keine Zeit mehr lässt, von und mit der Natur zu lernen, wenn wir uns selbst dieser Chance durch Nichtstun oder falschen Aktionismus berauben.

Grüne Lungen aus zweiter Hand – Letzte Chance für die Tropenwälder

Im August 2019 ist die Betroffenheit groß: die grüne Lunge der Welt brennt. Farmer haben Feuer im brasilianischen Amazonasgebiet gelegt, um neue Weideflächen für Viehherden oder den Sojaanbau zu schaffen. Da es in der Region seit langem ungewöhnlich trocken ist, griffen die Brände schnell auf intakten Regenwald über. Ja, er wurde vielerorts mit Duldung der Regierung angezündet. Ein Desaster, das viel mit dem Konsumverhalten auf der anderen Seite des Atlantiks zusammenhängt. Der Appetit auf Steaks und Sojaprodukte befeuert die Abholzung. »Was wir essen, hat viel mit dem Verlust des Regenwaldes zu tun«, sagt der Professor für Welternährungswirtschaft an der Universität Göttingen, Matin Qaim. Deutschland importiert große Mengen Soja als Futtermittel für Rinder und Schweine, die vielfach in quälerischer Massentierhaltung auf ihr Ende warten, um als Billig-Burger oder Würstchen auf unseren Grills zu brutzeln. Die Welternährungsorganisation FAO macht die Umwandlung in Weideland für den Verlust an Regenwald in der Amazonasregion verantwortlich. Die Fleischproduktion in Brasilien ist explodiert; 200 Millionen Rinder leben, wo einst Regenwald wuchs. Die Exporte stiegen laut einer Analyse der Organisation Foodwatch in den vergangenen 14 Jahren um über 700 Prozent. Heute ist Brasilien der größte Rindfleischexporteur der Welt.

Über viele Jahrzehnte hinweg wurden Regenwälder vernichtet, als ob sie Feinde des Menschen und nicht die grünen Lungen der Erde wären. Für den Handel mit Tropenholz, die Schaffung von Weideland und die Anlage von Monokulturen – etwa zum Anbau von Kokos- oder Ölpalmen für sozial und ökologisch fragwürdigen Biosprit – wurden und werden ganze Regionen ausgebeutet. Von diesem Raubbau an der Natur blieben etwa auf den Philippinen nur sieben bis acht Prozent der ursprünglichen Wälder verschont. Damit verbunden ist nicht nur der Verlust unwiederbringlicher Biodiversität und natürlicher CO_2-Senken, sondern auch erhebliche Erosion, die in vielen Fällen zum Verlust der Böden und zur Verschlammung küstennaher Korallenbänke und Mangrovenwälder führt.

Da im ostasiatischen Raum Taifune an Häufigkeit und Intensität zunehmen, ist schnelles Handeln gefordert. Hier setzt das Projekt »Rainforestation Farming« an. Ziel ist es, degenerierte ehemalige Wälder so zu renaturieren, dass wieder artenreiche Regenwälder entstehen. Mensch und Natur profitieren gleichermaßen und haben wieder eine Zukunft. »Rainforestation Farming« steht einerseits für den Aufbau artenreicher Sekundärregenwälder (Rainforest), zum anderen für nachhaltige Landwirtschaft (Farming) in den im Projekt entstehenden Agroforstbereichen. Die von der Universität Hohenheim und der Nachhaltigkeitsstiftung NatureLife-International unterstützte Methode wurde im Rahmen mehrerer Projektflächen auf der Philippineninsel Leyte von der Visayas State University, im Rahmen eines GTZ-Projekts unter der Leitung von Dr. Josef Markgraf entwickelt und von der Baybay Rainforestation Foundation und anderen Partnern erprobt und überregional weiterverbreitet.

Das Ganze klingt verblüffend einfach: Auf nicht mehr genutzten Flächen werden unter einzelnen übrig gebliebenen Kokospalmen zunächst einheimische, schnell wachsende Pionierbäume angepflanzt. Dazu gehören verschiedene Gummibaumarten und buchenartige Gewächse, die allesamt rasch ein dichtes Laubdach bilden. In dessen Schutz gedeihen dann in der zweiten Phase zahlreiche andere – ebenfalls ausschließlich heimische – Baum- und Straucharten. Dann haben die Hartgräser keine Chance mehr zu wachsen. Das Projekt ist eine klare Alternative zu den weltweit häufig zum Scheitern verurteilten Aufforstungsversuchen mit nicht standortgerechten Baumarten. Bis zu zweihundert Baum- und Straucharten umfassen die Versuchsflächen; auch Orchideen und andere Zierpflanzen wachsen dort. Bei den Transferflächen sind es im Durchschnitt dreißig Baumarten. Rainforestation Farming liefert – je nach Planung der Kleinfarmer – schmackhafte Früchte, Grundstoffe für Zucker, Holz für Häuser, Boote, Möbel und Zäune.

Das Neue an dem mittlerweile auch nach Sri Lanka, Indonesien (Java), Südwest-China, Vietnam und Laos übertragenen Konzept ist die Vielseitigkeit der Nutzungsmöglichkeiten im Regenwald. Wichtig sind die äußerst naturnahe, den jeweiligen ökologischen Gegebenheiten der Länder und Regionen angepasste Anpflanzung und die ganzjährige Bodenbedeckung. Schon nach acht Jahren konsequenter Rainforestation-Farming-Methode haben die Kleinbauernfamilien ein etwa zehnfach höheres Einkommen als mit den früheren Kokosmonokulturen. Durch das Projekt wird also Armut verhindert, die Landflucht gestoppt, und es entstehen neue Lebensräume aus zweiter Hand. Eine Chance, ein unersetzliches – oft noch nicht einmal wissenschaftlich untersuchtes – Artenpotenzial zu erhalten.

Die Rainforestation-Farming-Regionen trotzen Krankheiten und den Auswirkungen der Taifune. Die Pflanzen sind widerstandsfähiger als die Baumarten, die man früher angepflanzt hat und die nicht an das regionale Ökosystem angepasst waren. Dies wurde auf einerseits traurige und andererseits Hoffnung gebende Weise nach dem stärksten bislang dokumentierten Tropensturm Hayan (auf den Philippinen als Yolanda bezeichnet) im November 2013 auf der Philippineninsel Leyte unter Beweis gestellt. Es war bereits der dreizehnte Taifun innerhalb der pazifischen Taifunsaison jenes Jahres und einer der stärksten Stürme in den Tropen seit Beginn verlässlicher Wetteraufzeichnungen. Der Wirbelsturm, bei dem Windgeschwindigkeiten von bis zu 315 Stundenkilometern gemessen wurden, brachte Zerstörung in verschiedenen Regionen von China, Vietnam und vor allem auf den Philippinen. Von den Behörden wurden bis zu zehntausend Todesopfer für die Provinzen Leyte und die Nachbarinsel Samar gemeldet. In diesem Gebiet waren zeitweise über vier Millionen Menschen obdachlos.

Nach den ersten Notmaßnahmen zur Ernährung und Unterbringung der Bevölkerung und der Beseitigung der schlimmsten Sturmschäden zeigte sich nach der wiederhergestellten Passierbarkeit des ohnehin dürftigen Wegenetzes Erstaunliches: Die Rainforestation-Flächen waren wie die letzten Primärwaldflächen nur zu 10 bis 15 Prozent vom Taifun »beschädigt«, die Monokulturen zu fast 100 Prozent. Und das Verblüffende: Die Natur schloss binnen eines Jahres die Windwurfflächen durch Naturverjüngung, und es fruchteten plötzlich Bäume, von denen der Blüh- und Fruchtzyklus nicht einmal bekannt war. »So schrecklich dieser Sturm war, hat er uns doch offenbart, wie wir uns an der eigenen Natur orientieren und mit ihr zusammenarbeiten müssen«, erklärte mir Prof. Dr. Paciencia Milan – langjährige Präsidentin der Visayas State University und jetzige Vorsitzende der Baybay Rainforestation Foundation – bei einem schweißtreibenden Aufstieg durch den Hangwald. Dort waren Tausende Sämlinge der lokal als »Toog« bezeichneten Baumart aufgegangen. »Wenn wir das System der uns umgebenden Natur nicht kennen, können wir es auch nicht nutzen« folgerte Paciencia Milan und organisierte zusammen mit dem NatureLife Tropenexperten Prof. Dr. Friedhelm Göltenboth ein Natur-Rehabilitierungsprogramm zur Verbreitung der jungen Bäume.

Solche Renaturierungsflächen sind nicht nur Puffer für die verbliebenen Restwälder, sondern auch Heimat für gefährdete Tier- und Pflanzenarten sowie eine unersetzliche Ressource zur Begründung neuer Natur aus zweiter Hand. Der Beitrag für den Klimaschutz ist enorm: Ein Hektar Regenwald-Renaturierungsfläche bindet im Lauf von zwölf bis vierzehn Jahren rund 150 Tonnen CO_2.

Grund genug, die erfolgreich erprobte Methode auf andere Regionen zu übertragen. Dies gelang mit mehreren Joint Ventures u.a. mit der Allianz Deutschland (München/Stuttgart), der Firmengruppe Wolff und Müller (Stuttgart), der von Lufthansa-Mitarbeitern gegründeten Help Alliance (Frankfurt), der Grandls Festbetriebe (Stuttgart) und der Deutschen Entwicklungsgesellschaft DEG/KfW-Gruppe. Die Bilanz: Zusammen mit Dorfgemeinschaften, lokalen und regionalen Bauernkooperativen, Hochschulen und Nichtregierungsorganisationen entstanden im Lauf von knapp zwanzig Jahren rund ein Dutzend Transferzentren, die Know-How vermitteln. Transferzentren, die beim Projektmanagement helfen und es möglich machen, Hunderte von Hektar vormals devastierter Flächen wieder in naturnahe, nutzbare Wälder zu verwandeln und damit für Natur und Mensch in Wert zu setzen. Die für den Klimaschutz und die Menschen erreichte Wirkung kann nicht hoch genug eingeschätzt werden.

Doch statt solche bewährten Strategien zu nutzen, findet in den Tropen noch immer ungebremst Kahlschlag statt. Kurzfristiger Gewinn hinterlässt langfristig katastrophale Wüsten zurück.

Und ewig brennen die Wälder

Lodernde Flammen, schlecht ausgerüstete Löschzüge und überforderte Lokalpolitiker. Das Bild brennender Wälder gehört fast schon zum traurigen Bild der Sommerzeit in den Mittelmeerländern. In vielen Gegenden Spaniens, Portugals, Südfrankreichs, auf Korsika, Sardinien, auf Sizilien sowie in Süditalien, Griechenland und zahlreichen Gebieten des Balkans sind die Waldbestände durch die alljährlichen Großfeuer in Gefahr. Mit den mediterranen Wäldern geht jedoch auch eine international bedeutsame ökologische Nahtstelle für viele Zugvogelarten zwischen deren Brutgebieten in Nord-, Ost-, West- und Mitteleuropa und den Rast- und Überwinterungsflächen in Südeuropa, Nord- und Zentralafrika verloren. Werden die weiteren Zerstörungen dieser Wälder nicht durch regionale und internationale Schutzmaßnahmen gestoppt, dann wird es schon in wenigen Jahrzehnten viele Zugvogelarten Europas nicht mehr geben.

Die Gründe, warum Waldbrände überhaupt entstehen, haben unterschiedliche Ursachen. In Südostfrankreich werden viele Feuer gelegt, um mit der Zerstörung der Wälder Flächen für die Bodenspekulation und die anschließende Bebauung zu gewinnen. Wo Weidewirtschaft betrieben wird, brennen Hirten Wälder und Buschzonen ab, um neue Flächen für ihre Schaf- und Ziegenherden zu erhalten. In Wäldern, in denen Weideverbote bestehen, legen Hirten oft aus Protest Feuer. Jagdfrevler zündeln aus Rache gegen staatliche Reglementierungen der Jagd. Durch weggeworfene Blechbüchsen und Flaschen entstehen in den trockenen Wäldern häufig auch unbeabsichtigte Brände. Große Monokulturen womöglich noch harzreicher Bäume wie Kiefern- oder Eukalyptuspflanzungen begünstigen Waldbrände. Die Erschließung der Wälder mit neuen Wegen ermöglicht den Zugang zu vorher abgelegenen Gebieten und erhöht somit die Gefahr für den Wald. Vielfach werden Brände auch gelegt, um damit die Ohnmacht der staatlichen Behörden aufzuzeigen. Beim Abbrennen abgeernteter Getreidefelder greift das Feuer häufig auf Wälder über. Brennen Flächen, die z.B. mit Kiefern aufgeforstet worden sind, so entwickelt sich eine sehr große Hitze. Als Folge werden nicht nur die Bäume selbst, sondern auch die meisten Pflanzensamen abgetötet, sodass die betroffenen Flächen über Jahre hinweg ohne Vegetation bleiben. Es folgt dann eine oft starke Bodenerosion, die außerdem die Konsequenz hat, dass auch Fließgewässer im Einzugsbereich belastet werden. Wenn sie nicht ohnehin durch die Folgen des Klimawandels in den Sommermonaten weitgehend ausgetrocknet sind.

Warum Hilfe in anderen Regionen der Erde so viel Sinn macht!

In jeder Region der Erde sind die soziokulturellen und landschaftsökologischen Verhältnisse unterschiedlich. Doch die Herausforderungen sind in Sachen Klimawandel und Biodiversitätsschutz letztlich überall dieselben. Vielerorts werden Menschen, denen es kaum zum Überleben reicht, durch die Veränderung der Umweltbedingungen gezwungen, in bislang unberührte Naturrefugien vorzudringen oder andere Ressourcen mehr zu nutzen, als dies früher der Fall war. Durch die Bevölkerungsexplosion – auch dies ist eine Folge von Armut – werden solche Entwicklungen noch verstärkt. Nehmen wir das Beispiel Südostasien. Dort haben sich etwa die Bergregionen im Lauf der Jahrhunderte zu einer vielfältigen Kulturlandschaft entwickelt. Dazwischen blieben großflächige Naturrefugien erhalten. Durch die Globalisierung und eine entsprechende Abhängigkeit vom internationalen Markt kommt es jetzt zur Intensivierung der Landwirtschaft und zu steigenden Bevölkerungszahlen. Ländliche Gesellschaften wie hier schwanken zwischen traditionellen Lebensweisen und der völligen Aufgabe ihrer Traditionen zugunsten rein ökonomischer Vorgehensweisen. Am Ende stehen Monokulturen, die den Boden auslaugen und hohe Pestizideinsätze fordern. Ein teuflischer Kreislauf, bei dem die Menschen – oft mangels Alternativen – von Opfern zu Tätern werden. Hilfsprojekte, die nachhaltige Entwicklung, Armutsbekämpfung und Klimaschutz beinhalten sollten, machen letztlich nur dann Sinn und sind von langfristigem Erfolg gekennzeichnet, wenn dieser Kreislauf durchbrochen wird. Im Kern geht es darum, negative Folgen von Nutzungsformen zu verhindern und Alternativen zu entwickeln, die den Menschen ein Auskommen bieten und gleichzeitig die

Biodiversität, also den Reichtum von Flora und Fauna einer Gegend, bewahren. Anhand geografischer Informationssystemmodelle wurden am Beispiel eines Untersuchungsgebiets in der südwestchinesischen Provinz Xishuangbanna von Mitarbeitern der Universität Hohenheim soziokulturelle Aspekte, strukturelle Veränderungen, ökonomische Bedürfnisse, Biodiversität und Landnutzung untersucht und Strategien der Verknüpfung entwickelt. Dazu gehören Beiträge zur Steigerung der Wettbewerbsfähigkeit nachhaltiger Land- und Forstwirtschaft, zur Erhaltung der Biodiversität und, als Basis von allem, Maßnahmen zur Sicherung von Lebensqualität im ländlichen Raum mithilfe einer Diversifizierung der Wirtschaft. Vielfalt auch in der Landnutzung statt Monokulturen, die die Menschen abhängig machen und Natur zerstören. Die Ergebnisse werden in einem GIS-basierten computergestützten Entscheidungsmodell (GIS = geografische Informationssysteme) aufbereitet, das Fernerkundungsdaten integriert, und in einen »User Service« eingebunden. Damit wurden die im Projekt entwickelten Instrumentarien als Basis zur Planungsunterstützung auch für sich ähnlich dynamisch entwickelnde ländliche Räume anderer Länder zur Verfügung gestellt. Weiteres Ziel des Projektes war es, aufzuzeigen, wie etwa Waldökosysteme für die Menschen wertvoll gemacht werden können. Ein Ziel dabei ist die Zertifizierung von Forst- und landwirtschaftlichen Produkten, bei deren Erzeugung Kriterien des Biodiversitätsschutzes, des Klimaschutzes und der nachhaltigen Landwirtschaft garantiert sind. Vielleicht ist die nachhaltige Nutzung der letzten Waldökosysteme der einzige Weg, die grünen Lungen des Planeten als CO_2-Senken und Lebensräume zu erhalten. Allein durch das Argument, dass in dem einen oder anderen Gebiet selten gewordene Tiere und Pflanzen überlebt haben, werden sich die armen Menschen nicht davon abhalten lassen, mit Säge und Axt zu zerstören, was letztlich ihre eigene Zukunft beinhaltet. Die Herausforderung, Entwicklung und Naturschutz zu vereinen, ist auch in anderen Regionen von hoher Bedeutung. Das in China entwickelte Instrumentarium könnte auch in Brasilien helfen, die Verteilung von Nutz- und Schutzflächen zu optimieren und Ökologie und Ökonomie zusammenzubringen.[18]

Klimawandel killt Lufterneuerungsgebiete und Lebensräume

Die von Wissenschaftlern prognostizierte Erhöhung der Durchschnittstemperatur gerade auch in Südeuropa erhöht die Gefahr für die grünen Lungen Europas wie ein Brandbeschleuniger. Denn wo es trockener ist, sind die Wälder anfälliger für Busch- und Waldbrände. Hinzu kommt, dass in den vergangenen fünfzig Jahren, ähnlich den Nadeleinheitsforsten in Deutschland, Österreich und der Schweiz, in Südeuropa monotone Nutzwälder aus Kiefern und Eukalyptus angelegt wurden. Solche Wälder können Feuern weniger entgegensetzen als naturnah erhaltene Bestände etwa in Spanien und Portugal mit Kork- und Steineichen, Flaumeichen, Erdbeerbaum, wilder Olive und anderen hitzeresistenten und für das Überleben nach Feuern von der Natur aus bestens ausgestatteten Gewächsen.

Gerade in Spanien ist die Fläche natürlicher Wälder in den vergangenen Jahrzehnten ganz erheblich geschrumpft. Nur noch etwa 10 Prozent der Landesfläche sind noch mit natürlichen oder naturnahen Wäldern bedeckt. 20 bis 30 Prozent des Landes bestehen aus dem als Macchia und Garrique bezeichneten Buschgelände. 60.000 Quadratkilometer wurden bereits mit landschaftsfremden Eukalyptus- und Kiefernpflanzungen aufgeforstet. Wenn die ursprüngliche Vegetation aber zerstört ist und sich fremde Baumarten durchgesetzt haben, sinkt in vielen Gebieten der Grundwasserspiegel, und das ökologische Gleichgewicht ist gestört. Hinzu kommt, dass Wildkatze, Luchs und Wolf hier keinen Lebensraum mehr finden.

Durch ähnliche Kiefern- und Eukalyptuspflanzungen wurden auch in Portugal schon über 10.000 Quadratkilometer Fläche in artenarme »Einheitswälder« umgewandelt. Mit der ökologischen Verarmung der Waldbereiche Portugals und Spaniens erhöht sich durch die Folgen des Klimawandels ganz erheblich die Waldbrandgefahr. Künftige Trockenzeiten werden zu noch mehr verheerenden großflächigen Waldbränden führen, wie es viele Einwohner von Kalifornien im Oktober und Dezember 2017 bitter zu spüren bekamen. Die Waldbrände hatten sich wegen der extremen Trockenheit auf rund 1.400 Quadratkilometer ausgebreitet.

Zehntausende Menschen mussten ihre Heimat verlassen, dreitausendfünfhundert Häuser wurden zerstört, und es gab Tote zu beklagen.

Was wir tun können, was sich ändern muss

Jeder Einzelne
- Solche Projekte unterstützen, die bei Wiederaufforstungen nicht auf einzelne Bäume oder reine Holzerzeugung setzen, sondern Armutsbekämpfung und die Bewahrung der Biodiversität einbeziehen.
- Das eigene CO_2-Aufkommen kompensieren. Etwa über Globe Climate, die Klimaschutzinitiative von NatureLife-International: http://globe-climate.com/
- Engagement in Naturschutzverbänden (siehe Anhang), ehrenamtliche Teilnahme an Aktionen, z.B. bei der Betreuung von Waldflächen: https://baden-wuerttemberg.nabu.de/natur-und-landschaft/aktionen-und-projekte/Schutzgebietsbetreuung/index.html
- Aktiver Protest gegen Waldvernichtung

Politik und öffentliche Hand
- Nur naturnahen Waldbau mit jeweils heimischen Baumarten zulassen
- Die Europäische Union insgesamt wie auch ihre Mitgliedsländer im Mittelmeerraum müssen endlich eine vorsorgende Forstpolitik verfolgen, die sich an den Auswirkungen des Klimawandels orientiert. Dazu gehören für die waldbrandgefährdeten Gebiete unter anderem die Erhaltung und der Aufbau naturnaher Wälder mit den jeweils einheimischen Gehölzarten.
- Einrichtung funktionierender Feuerwarnsysteme und einer internationalen Feuerpolizei
- Umsichtige Weidepolitik, damit Hirten die Wälder nicht abbrennen
- Förderung einer kontrollierten Jagd, damit Jagd- und Forstfrevel verhindert werden
- Änderung der Waldgesetze in vielen Ländern, damit Spekulanten nach dem Abbrennen eines Waldgebietes nicht damit rechnen können, Baugenehmigungen zu erhalten (wie z.B. in Südfrankreich)

- Verhinderung unkontrollierter und nicht gestatteter Müllablagerungen in Wiesen, an Waldrändern usw.
- Nur absolut notwendige Waldwege anlegen; Kontrolle des Verkehrs auf bereits bestehenden Wegen
- Verhinderung des schnellen Profits, der mit der ungehinderten Vermarktung von Brandholz erzielt wird
- Ausweisung und Betreuung neuer Schutzgebiete
- Aufbau eines Biotop-Managements in gefährdeten Waldbereichen mit ausreichender personeller und technischer Ausstattung

Wirtschaft
- Die Forstwirtschaft sollte sich am natürlichen Waldökosystem der jeweiligen Region orientieren, statt fremde Baumarten einzuführen, deren Auswirkungen – auch infolge gleichzeitig eingeführter Organismen – auf die Wälder nicht absehbar sind.
- Gentechnische Manipulationen an Baumarten müssen unterlassen werden. So versuchen Konzerne über gentechnische Manipulation kälteresistente Eukalyptusarten zu züchten, um schnelleres Holzwachstum und die Etablierung dieser normalerweise in warmen Gebieten vorkommenden Bäume in eigentlich kalten Klimaten zu ermöglichen.
- Wirtschaft und Wissenschaft müssen sich eine neue Naturethik zu eigen machen.

Fazit: Mit der Natur arbeiten hilft Überleben sichern – unserer Gesellschaft und jedem einzelnen!

Was wird aus unserem Naturerbe?

> »Wir zerstören Millionen Blüten, um Schlösser
> zu errichten, dabei ist eine einzige Distelblüte
> wertvoller als tausend Schlösser.«
>
> Leo N. Tolstoi (1828–1910)

Die bunt gefärbten Vögel kreisen gewandt am stahlblauen Himmel. Jetzt im warmen Sonnenlicht ist wieder Flugtag für die Bienenfresser. Die Weinwanderer wurden wegen der seltsamen Rufe auf die eleganten Vögel aufmerksam. Auch Wildbienen, Wespen, allerlei Fliegen, Käfer und andere Insekten sind unterwegs, die Hauptbeute der rund 30 Zentimeter großen Vögel. Die im Flug geschickt erbeuteten Insekten werden auf dem Ast eines Wildrosenstrauches oder einer anderen Sitzwarte so mit dem Schnabel abgestreift, dass die Giftdrüse entleert wird. Im Kaiserstuhlgebiet nordwestlich von Freiburg sind seit einigen Jahren wieder die bunten Bienenfresser zu bewundern. Hier finden sie im einst durch vulkanische Aktivität im Oberrheingraben entstandenen und später oft meterdick mit Löss überdeckten kleinen Mittelgebirge mit gerade mal 556 Höhenmetern ideale Lebensbedingungen: steile Lösswände an Hohlwegen und Böschungen, in welche diese Zugvögel ihre rund eineinhalb Meter tiefen Bruträhren graben können. Hier, inmitten der Oberrheinebene, in der bekannten Weinregion existiert mit bis zu hundert Paaren das größte Brutvorkommen In Deutschland.

Viele Weinbaugegenden schmücken sich gerne wegen ihrer sonnenverwöhnten Landschaften und dem Miteinander von Natur und Kultur mit Begriffen wie »Toskana« oder »Provence«. Unabhängig davon, dass solche Vergleiche gar nicht notwendig sind, weil jede Landschaft ihren eigenen

Charakter hat, trifft die touristische Umschreibung am ehesten für das sich nur rund elf Mal elf Kilometer ausdehnende Kaiserstuhlgebiet zu. Im Frühjahr bunt blühende Böschungen, eingestreute Heckenzonen, Obstbäume, schattige wie sonnenbeschienene Hohlwege und vorwiegend mit Burgundertrauben bepflanzte Weinberge bilden im Gleichklang mit romantischen Ortschaften ein einmaliges Landschaftspuzzle. Nicht nur Bienenfresser; auch die Vorkommen anderer Tierarten beweisen, dass das Kaiserstuhlgebiet noch mehr als andere Weinbaugegenden einen mediterranen Vorposten nördlich der Alpen darstellt. Denn zwischen Gräsern und Kräutern sonniger Böschungen lauert regungslos die Gottesanbeterin auf Beute. An vegetationsfreien Stellen tankt die bis zu 40 cm lange Smaragdeidechse Wärme, und immer wieder sind im Frühjahr und Sommer die »putputput«, »putputput«-Rufe des Wiedehopfes zu hören.

Die mediterrane Tierwelt des Kaiserstuhlgebiets ganz im Südwesten Deutschlands ist nicht verwunderlich. Im Regenschatten der nahen Vogesen gelegen, gehört das Kaiserstuhlgebiet mit über 1.720 Sonnenstunden zu den regenärmsten und gleichzeitig wärmsten Gegenden Deutschlands. Das schätzten auch schon die Römer, die sich hier im Breisgau und im angrenzenden Markgräflerland niedergelassen hatten und schon früh den Weinbau einführten.

Noch ist Werbung mit Sonne cool...

Locken heute Touristiker mit Schlagworten wie »sonnenverwöhnt«, »mediterranes Ambiente« und »Wärmeinsel«, so kann dies bei weiterer Klimaerwärmung schnell zum Negativposten werden. Dann nämlich, wenn sich die fruchtbaren Lössböden auf dem vulkanischen Untergrund noch mehr erhitzen. 70 Grad wurden an der Bodenoberfläche schon gemessen. Irgendwann kehrt sich durch die Klimaerwärmung der jahrhundertelange Vorteil in das Gegenteil um. Dann werden auch die mit tief in das Erdreich reichenden Wurzeln ausgestatteten Reben wie Spätburgunder, Grauburgunder, Müller-Thurgau, Weißburgunder und Riesling Schwierigkeiten haben zu überleben. Nicht nur am Kaiserstuhl, sondern auch in anderen »sonnenverwöhnten« Rebgebieten. Nicht jetzt, auch nicht in den nächsten zehn Jahren, aber den Klimaprognosen zufolge schneller, als wir alle wahrhaben wollen. In einer Übergangszeit werden die Winzer dann von hitzeempfindlichen weißen Rebsorten, in deren Traubenschalen der heranreifende Weinrebensaft förmlich verkocht, auf hitzeresistentere und immer beliebter werdende mediterrane Rotweinreben umstellen. Gleichzeitig kann durch die weitere Klimaerwärmung manch traditionelles Weinbaugebiet rund um das Mittelmeer teilweise nicht mehr nutzbar sein.

Die Natur, wie wir sie kennen, verschwindet

Die Bienenfresser des Kaiserstuhls und die anderen mediterranen Arten – vor allem die flugfähigen – werden ihr Areal ausdehnen. Die exotischen Vögel hatten im Oberrheingebiet aufgrund der warmen Verhältnisse in Deutschland bislang ihr nördliches Verbreitungsgebiet, sodass sich Naturliebhaber freuten, als der Bestand ab den 90er-Jahren trotz intensiver Rebbewirtschaftung zunahm. Betrachtet man Bienenfresser, Gottesanbeterin und verschiedene Reptilien- und Insektenarten als »Gewinner« des Klimawandels in Mitteleuropa, so werden andere Arten und damit unser Naturreichtum und wir alle die Verlierer sein. Denn unsere Natur wird schon in wenigen Jahren eine andere sein. Vor der eigenen Haustür, in der eigenen Region, in Deutschland, Europa und weltweit.

Der Wandel hat schon begonnen. In Deutschland, weil Vogelarten wie der früher weitverbreitete Waldlaubsänger oder der Erlenzeisig und die Weidenmeise in höher gelegene Regionen mit kühleren Temperaturen ausweichen und deshalb aus manchen Landschaften komplett verschwinden. Fadenmolch, Kreuzkröte und Gelbbauchunke, die auf Kleinstgewässer angewiesen sind, drohen auszusterben, weil diese Gewässer austrocknen, bevor die aus dem Laich geschlüpften Larven voll entwickelt sind und an Land gehen können. In den Alpen, wo (etwa in der Schweiz) ein durchschnittlicher Temperaturanstieg zwischen 0,5 und 1,7 Grad zu verzeichnen ist, sind Schneehuhn und Schneeammer betroffen. Sie wandern in höhere Lagen ab, und wenn es dort auch zu warm wird, verschwinden solche Arten ganz oder weichen nach Skandinavien aus.

Während Vogelarten trotz vieler Probleme noch relativ einfach und verhältnismäßig schnell andere Gebiete erreichen können und rasch den sich verändernden Verhältnissen durch den Klimawandel folgen, können Pflanzen nur ganz langsam reagieren. Das hat erhebliche Auswirkungen auf die ohnehin hoch bedrohte Insektenwelt. Da viele Schmetterlinge an ganz bestimmte Pflanzen als Nahrungsgrundlage für ihre Raupen gebunden sind, können sie den veränderten Bedingungen nicht ausweichen, weil in höher gelegenen Gebieten ihre Futterpflanzen noch nicht vorhanden sind. Stattdessen steigen häufige Blütenpflanzen, die leicht durch Wind zu verbreitende Samen besitzen, wegen der jetzt passenden Temperaturen ebenfalls in höhere Lagen auf. Doch wohin weichen so markante Tiere wie Alpensteinbock und Murmeltier aus? Auch deren Lebensräume werden sich verändern, da sich der Wald in höhere Lagen ausdehnen wird und die Bäume dort besser gedeihen können, während manche Waldbereiche in den tiefer gelegenen Alpenregionen unter Trockenstress geraten werden, wie das Autorenteam Dr. Eva M. Spehn vom Institut für Pflanzenwissenschaften der Universität Bern und Prof. Dr. Christian Körner vom Botanischen Institut der Universität Basel im renommierten Magazin *Natur und Landschaft* anschaulich aufzeigten. Danach droht der alpinen Vegetation vor allem im Übergangsbereich zum Bergwald ein Flächenverlust durch Verbuschung.

Aber auch die Arten anderer Lebensräume sind betroffen. So sind bei vielen wandernden Vogelarten klimabedingte Änderungen im Zugverhalten festgestellt worden. Unter anderem haben sich die Zugwege bei Brandgans, Flussregenpfeifer, Kiebitz, Hausrotschwanz und Zeisig verkürzt, da sich ihre Areale bereits in nördliche Breiten verschoben haben. Solche Zugwegverkürzungen gibt es auch umgekehrt etwa bei Ringeltaube, Bachstelze und Star, die zum Teil kürzere Wege nach Süden wählen oder gar nicht mehr ziehen. Manche Arten beginnen auch früher mit der Brut, verlieren dann aber nach Kälteeinbrüchen Gelege oder Junge, weil ganz einfach nicht genug Futter zur Verfügung steht.

Veränderungen gibt es auch bei den Langstreckenziehern. So wurde schon über die vergangenen fünfundzwanzig Jahre hinweg festgestellt, dass Störche und Kraniche zunehmend ihre Zugwege verkürzen, in Südeuropa verbleiben und nicht mehr Richtung Afrika ziehen oder dass manche Individuen, wenn es die Witterung und die Nahrungsgrundlage erlaubt, überhaupt nicht mehr ziehen. Zunehmend problematisch wird es mit Langstreckenziehern wie dem Kuckuck, der sehr spät – in Deutschland zwischen Mitte April und Anfang Mai – aus seinen afrikanischen Überwinterungsgebieten südlich des Äquators zurückkehrt. Bis der Nestschmarotzer bei uns eintrifft, haben manche seiner Wirtsvögel wie Gartengrasmücke, Goldammer und Sumpfrohrsänger schon fertig gebrütet und er findet keine Gelegenheit mehr, ihnen seine Eier unterzuschieben.

Diese und andere Phänomene der klimabedingten Veränderungen in der Tierwelt werden weltweit beobachtet. »Mit jedem Grad Erwärmung in Folge des Klimawandels beschleunigt sich das Artensterben.« Zu diesem Schluss kam der US-amerikanische Biologe Privatdozent Mark Urban von der Universität Connecticut in einer Studie, mit der für die Zeitschrift *Science* über hundertdreißig wissenschaftliche Arbeiten unter Aspekten des Klimawandels neu bewertet wurden. Danach steigt das Aussterberisiko von gegenwärtig 2,8 auf 5,2 Prozent selbst dann, wenn die Bekämpfung der globalen Durchschnittstemperatur auf zwei Grad Temperaturerhöhung im Vergleich zum frühindustriellen Zeitalter gelingen würde. Schon ein Temperaturanstieg um durchschnittlich drei Grad – den es ja in verschiedenen Regionen der Welt bereits gibt – beträgt das Aussterberisiko nach Urban 8,5 Prozent.

Wir vernichten ganze Ökosysteme

Beschleunigt sich die Erderwärmung auf Temperaturen um durchschnittlich 4,3 Grad, werden den Studien zufolge 16 Prozent der Arten verschwinden. »Bei all dem muss bedacht werden, dass nicht nur einzelne Tierarten, sondern ganze Ökosysteme schon durch bisherige Eingriffe des Menschen wie intensive Landwirtschaft, Raubbau an den Wäldern, Biotopzerstörung, Lebensraumverinselung und direkte Verfolgung verschiedener Tierarten unter erheblichem Druck stehen«, so Dr. Christof Schenck, Geschäftsführer der Zoologischen Gesellschaft Frankfurt am Main. »Wie schnell Arten durch den Klimawandel plötzlich aussterben oder verdrängt werden, vermag niemand vorherzusagen – aber wir wissen genug, um handeln zu können«, so Schenk, der sich mit der Zoologischen Gesellschaft vor allem in Südamerika, Afrika und Asien mit konkreten Projekten für die Bewahrung von Großschutzgebieten einsetzt. Wie dringend nötig solche Schutzgebiete sind, zeigt das Tempo der Vernichtungsmaschine Mensch. Nach Prof. Dr. Thomas Hickler vom Senckenberg-Forschungszentrum für Biodiversität und Klima in Frankfurt ist gegenwärtig die von den Menschen verursachte globale Aussterberate pro Jahr tausend Mal höher als die natürliche.

Die ohnehin geschundene Natur bekommt durch den Klimawandel für viele Arten also vollends den Todesstoß. Ganze Ökosysteme und Lebensgemeinschaften werden, je nach regionalen Verhältnissen, einen tief greifenden Wandel erfahren. Im Laufe der Erdgeschichte sind durch klimatische Schwankungen – man denke nur an die letzte Eiszeit – immer wieder Arten aus ihren Lebensräumen verdrängt worden. Oft haben sie anderen Platz gemacht. Doch jetzt vollzieht sich der Wandel in einer Geschwindigkeit, bei der sich viele Organismen nicht mehr anpassen können. »Die Natur wird das sicher im Laufe von Jahrtausenden oder Jahrmillionen irgendwie wieder ausgleichen. Sie braucht uns Menschen nicht«, meint Dr. John Quayle von der indonesischen Rainforest Foundation. Der Australier erlebt auf seinem Heimatkontinent ebenso wie in Indonesien – wo er sich für die Bewahrung der letzten großen Naturwälder und die Renaturierung geschädigter Bereiche engagiert –, wie rasant überall die Natur auf dem Rückzug ist. »Aber es wird lange, sehr lange dauern, und ob die Menschen eine geeignete ökologische Nische finden, ist mehr als fraglich, wenn wir mit der Umweltzerstörung so weitermachen wie bisher«, so Quayle. Dass sich der Klimawandel schon heute erheblich auf die Biodiversität auswirkt, ist nicht mehr von der Hand zu weisen. So haben Wissenschaftler des Limnologischen Instituts (Seenkunde) der Universität Konstanz zusammen mit der Arbeitsgruppe Bodenseeufer (AG BU) festgestellt, dass bei extremen Niedrigwasserständen am Bodensee – einem der wichtigsten Trinkwasserspeicher Europas – schon jetzt für manche Fischarten das Wasser zu warm ist. Schon im Hitzesommer 2003 wurden von Fischern im Bereich des unteren Sees und des Rheins tonnenweise tote Fische – es waren seltene Äschen – eingesammelt. Bisher sind das dramatische Einzelerscheinungen, doch wenn weitere extrem heiße Sommer folgen, könnte das Gefüge der Bodenseefauna kräftig durcheinandergeraten.

Natur im Klimastress

Gleichzeitig wandern fremde, wärmeliebende Arten ein. Dazu gehören Höckerflohkrebse, Schwebgarnelen und Körbchenmuscheln. Ein anderer Neuankömmling war im Jahr 2016 die ebenfalls als invasive Art geltende Quagga-Dreikantmuschel. Wie bei anderen invasiven Arten wird die Bekämpfung als aussichtslos angesehen.

Welche Schäden die Neuankömmlinge bei den angestammten Lebensgemeinschaften hervorrufen, ist nicht absehbar. Doch überall sorgt die Klimaerwärmung für Änderungen in Fauna und Flora. Leider merken es erst einige wenige Experten und schlagen Alarm. Der Schutz bedrohter Tiere wird schwieriger, weil alles äußerst komplex zusammenhängt. Früher weitverbreitete Vogelarten etwa, die im Bereich von Wiesen brüten, sind heute nicht nur durch die Biotopvernichtung bedroht. Die extreme Frühjahrswärme lässt das Gras schneller wachsen – doch manche Vögel brauchen zur Brut freie Sicht, um Feinde rechtzeitig zu erkennen. Ist die Vegetation zu hoch, verlassen sie früher oder später ihren angestammten Lebensraum. Zu diesen Vogelarten gehören unter anderem Kiebitz, Bekassine und der Große Brachvogel.

Am Bodensee gibt es noch weitere Effekte, die stellvertretend für die Situation anderer Voralpenseen stehen: Wegen der milderen Winter wird das Wasser in der Tiefe nicht mehr ausreichend durchmischt. Kaltes Oberflächenwasser sinkt nicht mehr in tiefere Schichten; dadurch nimmt die Sauerstoffkonzentration ab. Das wirkt sich nach einer Studie des Limnologischen Instituts der Universität Konstanz auf den Nährstoffhaushalt des Sees aus und greift in die Unterwasserlebensgemeinschaft ein. Das Leben im Bodensee ist seit Jahrtausenden auf Wasserschwankungen eingestellt. Normalerweise ist der Wasserstand im Juni/Juli am höchsten und in den Wintermonaten am niedrigsten. Über die Jahrhunderte hinweg hat es immer wieder Ausschläge nach oben oder unten gegeben. Doch nach den Beobachtungen des Seenforschungsinstituts in Langenargen haben die Extreme zugenommen. Hochwasser schädigten zur Jahrtausendwende rund 20 Prozent der Schilfbestände. Nur ganz langsam haben sich die Schilfgürtel erholt. Davon sind unter anderem Fischarten betroffen, deren Brut im Schilf heranwächst. Auch Trockenzeiten verändern die Bodenseelandschaft. Nach extremen Trockenjahren hat sich an vielen Stellen die hier nicht heimische kanadische Goldrute ausgebreitet, wodurch die Bestände seltener Arten wie Orchideen und sibirischer Schwertlilie beeinträchtigt werden. Überall auf der Welt fällt Wissenschaftlern wie auch Naturschutzpraktikern auf, wie sich die Tier- und Pflanzenwelt verändert.

Die Natur steht weltweit unter Druck

In Alaska verdunsten jahrtausendealte Seen und Teiche, der Lebensraum vieler Watvögel trocknet aus. Immer mehr Meeresregionen leiden unter Sauerstoffarmut. Zuerst sterben die Lebewesen in Bodennähe, später die weiter oben lebenden Meeresbewohner. 1995 waren schon dreihundertfünf Meeresregionen davon betroffen, heute sind es über vierhundert mit einer Gesamtfläche von 245.000 Quadratkilometern. Das entspricht einer Fläche, die so groß ist wie zwei Drittel der Bundesrepublik Deutschland: ein Teufelskreis. Schon bald wird es für viele Tier- und Pflanzenarten zu spät sein. Aber trotz der Warnungen auf den Weltklimakonferenzen, trotz aller Mahnungen von Umweltschützern gegen den Raubbau an der Natur, die Zerstörung von Lebensräumen, die Verfolgung und Ausrottung von Tierarten, geht die Übernutzung von Pflanzen- und Tierbeständen ungebremst weiter. Der Verlust von Biodiversität einerseits und der Klimawandel andererseits verhalten sich wie eine unkontrollierte Kettenreaktion: Ursache und Wirkung verstärken sich gegenseitig.

Welche Einflüsse Klimaveränderungen auf die Biodiversität ausüben, untersuchte Dr. Katrin Vohland bereits vor zehn Jahren. Vohland, heute Wissenschaftlerin am Naturkundemuseum Berlin, zeigte gemeinsam mit Prof. Dr. Wolfgang Kramer von der Abteilung Forschungsfeld Klimawirkung und Vulnerabilitäten vom Potsdam-Institut für Klimafolgen (PIK) auf, wie sich die Temperaturerhöhung auf den Lebenszyklus vieler Pflanzen und Tiere auswirkt. Verschiedene andere Studien haben bestätigt, was viele Hundert Zeitreihen, die für einen Zeitraum von fünfzehn Jahren stehen, aufgezeigt haben: nämlich, dass sich der Beginn der Blüte und der Blattaustrieb wesentlich früher einstellen. Die Laubverfärbung im Herbst verschiebt sich immer weiter Richtung Jahresende. Manche Insektenarten bilden durch die verlängerte Saison mehr als eine Generation aus. Das gilt auch für Schädlinge. Deshalb wird der Klimawandel wohl auch zu deutlich höheren Ernteverlusten durch Insekten führen.

Sonnenlicht, Wasser, Nährstoffe und die Bodenverhältnisse bestimmen letztlich das Vorhandensein von Pflanzen und die Konkurrenz zur übrigen Vegetation. Wenn es trockener oder feuchter, wärmer oder kühler wird, setzen sich auch die Artengemeinschaften anders zusammen. Die Tiere reagieren ebenfalls auf Veränderungen im Wärmehaushalt der Natur; das macht sich zum Beispiel durch verlängerte oder erhöhte Aktivität bemerkbar. Auch das Fressverhalten ändert sich. Vom Vormarsch gefährlicher Mücken- und Zeckenarten war bereits früher in diesem Buch die Rede.

Gelingt es nicht, die Erhöhung der Durchschnittstemperatur auf maximal zwei Grad zu begrenzen, werden wir uns von vielen lieb gewordenen Landschaften verabschieden müssen. Manchen Mitmenschen mag das zunächst gar nicht auffallen. Vielleicht sind sie sogar von der exotischen Anmutung der einen oder anderen Pflanzenart begeistert. Viele Reisende finden Palmen im Tessin »herrlich mediterran«, doch die Vermehrung der chinesischen Hanfpalme in diesem südlichsten Zipfel der Schweiz ist ein auffälliges Beispiel für die Ausbreitung von sogenannten Neophyten – pflanzlichen Neubürgern. Sie sind ein Symbol der Klimaveränderung. Die Hanfpalme wurde schon vor Jahrzehnten zur Zierde am Lago Maggiore angepflanzt. Seit etwa 1980 verjüngt sich die Palme auf natürliche Weise von selbst und muss stellenweise schon massiv bekämpft werden. Und mittlerweile stehen – ebenfalls zur Zierde angepflanzt –erste Hanfpalmen auch an so manchem deutschen Weinberghang.

Faszinierende Natur – wie lange noch?
Auf der Erde gibt es schätzungsweise 30 bis 50 Millionen Tier- und Pflanzenarten. Wie viele es genau sind, weiß niemand, aber auch wenn noch nicht alle Tiere und Pflanzen wissenschaftlich beschrieben sind, so ist doch gut erforscht, wo viele Arten existieren. Anhand von Leitarten kann man die Vielfalt gut einschätzen. In den siebzehn sogenannten Mega-Biodiversitätsländern – dazu gehören unter anderem Brasilien, Indonesien und die Philippinen – leben zum Beispiel 70 Prozent aller Arten. Und 90 Prozent leben in den Tropen.

Die Spannweite der Schätzungen, wie viele Arten es insgesamt auf der Erde gibt, verdeutlicht, wie wenig der Mensch über das Leben auf der Erde heute weiß. Der Artenschwund ist währenddessen immens: Über vierunddreißigtausend Pflanzenarten stehen bereits auf der Liste der vom Aussterben bedrohten Organismen. Zwar ist es im Lauf der Jahrtausende immer wieder zum Aussterben von Tier- und Pflanzenarten gekommen, doch der Artenrückgang, wie wir ihn im Augenblick erleben, vollzieht sich in beängstigendem Tempo und ist mittlerweile fünfzig bis hundert Mal höher als noch um 1950. Wissenschaftler befürchten, dass der Biodiversitätsverlust auf das Tausendfache ansteigt. Dabei werden ganze Lebensgemeinschaften vernichtet, denn eine Art hängt von der anderen ab: Der Tod einer Pflanze oder eines Tieres kann den Verlust anderer Arten nach sich ziehen. Ein beängstigender Dominoeffekt hat bereits eingesetzt.

Paradigmenwechsel für eine neue Politik

Angesichts des durch die Erderwärmung beschleunigten Artensterbens und dem drohenden Zusammenbrechen ganzer Ökosysteme ist ein Paradigmenwechsel für eine neue Naturschutzpolitik überfällig. Die »schwarze Null« war der Regierung über Jahre immer wichtiger als Investitionen in »grüne Projekte«. Im Förderungsdschungel finden sich selbst Experten nur schwer zurecht. Es gibt zwar ein »Bundesprogramm zur Biologischen Vielfalt«, das seit 2011 die »Umsetzung der Nationalen

Strategie zur biologischen Vielfalt« fördert, doch um an Bundesmittel zu kommen, müssen Länder und Kommunen mit Waldbesitzern und Landnutzern sowie Naturschutzverbänden in komplizierte Prozesse einsteigen. Im Erstellen von Programmen, Leitfäden und Antragsformularen sind die Bürokraten in Deutschland ganz weit vorn – in der Umsetzung am Ende allerdings eher schwach auf der Brust.

Dabei wird ja durchaus gehandelt. Alleine das Land Baden-Württemberg hat für Naturschutz für zwei Jahre um 30 Millionen Euro Sondermittel eingeplant und für die kommenden Jahre bereitgestellt. Doch bisherige Konzepte sowohl amtlicher als auch privater Naturschützer kratzten bundesweit und in anderen Ländern strukturbedingt weitgehend nur an der Oberfläche. Die Naturschützer hatten die Problematik früh erkannt und auch auf die Folgen des Klimawandels hingewiesen, konnten sich aber nirgendwo auf der Welt richtig durchsetzen. In Mitteleuropa durften sie sich angesichts mächtiger Bauernverbände, dem Interesse der Verbraucher an billigen Lebensmittelpreisen und einer halbherzigen Landwirtschaftspolitik nur mit Randthemen beschäftigen. Konkret heißt dies Ausweisung und aufwendige Betreuung von meist kleinen Schutzgebieten, Biotopkartierung und das eine oder andere Artenhilfsprogramm.

Dabei gibt es durchaus Erfolge. Früher in Deutschland als ausgestorben geltende Arten wie Biber, Luchs und Wolf sind zurück. Die Bestände von Vogelarten, die noch in den 80er- und 90er-Jahren hoch bedroht waren, haben sich dank gesetzlicher und praktischer Schutzmaßnahmen erholt. So ist der Graureiher heute in Mitteleuropa wieder ein Allerweltstier, die Storchenpopulationen haben sich ebenso erholt wie Seeadler, Uhu und Wanderfalke.

Doch trotz dieser Erfolge ist die Natur großflächig auf dem Rückzug, da die Naturschützer gegen das grundsätzliche Problem der viel zu intensiven Landwirtschaft bislang keine Chance haben. Und so werden weiter gegen jeden gesunden Menschenverstand Chemikalien wie Glyphosat und Neonicotinoide großflächig auf Ackerböden versprüht, wodurch direkt oder indirekt Nahrungspflanzen vieler Arten und damit ganze Insektenbestände wahllos vernichtet werden. Mit den Insekten fehlt aber die Nahrungsgrundlage für viele Vogelarten, Amphibien,

Reptilien und andere Organismen. Die Verinselung von Biotopen durch solche Agrarwüsten, Straßen und Wege verhindert den Austausch der Arten zwischen den Lebensräumen. Genetische Verarmung lässt ganze Populationen verkümmern.

Noch immer stürzen sich Naturschützer auf komplizierte Forschungsprogramme, mit denen sie jedoch letztlich vom Bekämpfen der eigentlichen Probleme abgehalten werden. Doch Forschung bedeutet Personal- und Sachmittel, welche der gegenüber der Landwirtschaft, der Forstwirtschaft und anderen in die Natur eingreifenden Bereichen chronisch unterbesetzte und unterfinanzierte Naturschutz auch dringend braucht. Nur eben nicht, um weitere Datenfriedhöfe anzusammeln …

Stattdessen bedarf es großflächigen Denkens und Handelns und mutiger Politiker. Sie dürfen die vielen hervorragenden Fachleute in Wissenschaft und Naturschutz nicht weiter mit gut gemeintem, aber letztlich nicht zielführendem »Gänseblümchennaturschutz« abspeisen. Wegen der Dynamik der Erderwärmung braucht es großflächige Schutzgebiete, in denen sich die Natur entfalten und anpassen kann. Außerdem brauchen wir für unser Naturerbe ausreichend breite Wanderkorridore, mit denen diese Lebensräume vernetzt werden. Prozessschutzgebiete also, bei denen die Natur Natur sein darf und wie sie vom langjährigen Leiter des ersten deutschen Nationalparks Bayerischer Wald, Dr. Hans Bibelriether, schon vor Jahrzehnten gefordert wurden.

Und bei aller Suche nach landwirtschaftlichen Produktionsweisen, die mit Trockenzeiten und Starkniederschlägen fertigwerden, braucht es eine Agrarwende mit gleicher Konsequenz wie die Energiewende. Was bei Letzterer die Abkehr von fossilen Energieträgern ist, muss in der Agrarflur eine Hinwendung zu naturverträglicher Produktion auf hundert Prozent der Fläche sein. Klimaschutz- und Landwirtschaftspolitik sind einfach nicht zu trennen. Das gilt weltweit. Nehmen wir etwa Afrika: Dort sind durch die Auswirkungen des Klimawandels, vor allem durch periodische Dürren, viele Naturparadiese bedroht. Haben wandernde Tierarten wie Elefanten, Zebras und Gnus aber keine Wanderkorridore, um an Ersatzlebensräume zu kommen, ist es aus mit ihrer Anpassungsfähigkeit. Dasselbe in Südostasien. Große Flächen von ehemaligem Wald wurden in monotone Plantagen mit Kokos- oder Ölpalmen oder Gummibäumen umgewandelt. Für Tiere wie das asiatische Nashorn, Tiger oder das Wildrind Gaur, die auf ohnehin kleine, isolierte Naturrefugien zurückgedrängt sind, gibt es keinerlei Wanderkorridore. Da der Klimawandel auch solche Gebiete betrifft, müssen im Sinne einer Natur ohne Grenzen staatenübergreifende Großschutzgebiete und ausreichend Wandermöglichkeiten geschaffen werden. Und zwar unabhängig von den Erfordernissen zur Erhaltung und Schaffung von CO_2-Senken und Sauerstofferneuerungsgebieten, aber gerade auch deswegen.

Der einzige große Wurf eines vernetzten großflächigen Naturschutzes gelang im Zuge der deutschen Wiedervereinigung mit einer Kette von Schutzgebieten, die als Grünes Band die ehemalige deutsch-deutsche Grenze markiert und einen vertikalen Ausbreitungskorridor in Deutschland und in der Fortsetzung als Grünes Band Europas auch Richtung Balkan darstellt. Dieser große Wurf war nur durch das beherzte Handeln von Naturschützern aus der ehemaligen DDR wie Prof. Dr. Michael Succow, Dr. Hans Dieter Knapp und Dr. Ulrich Meßner sowie die frühzeitige Unterstützung durch den damaligen Bundesumweltminister Prof. Dr. Klaus Töpfer und mit logistischer und finanzieller Hilfe der Stiftung Europäisches Naturerbe (EuroNatur) möglich. Was damals in der Gunst der Stunde nach dem Motto von Michail Gorbatschow »Wer zu spät kommt, den bestraft das Leben« im Bereich der Ökologie vollbracht wurde, ist im großen Maßstab für ganz Europa erforderlich. Dazu gehört auch der naturnahe Umbau beziehungsweise das Sich-selbst-Überlassen von großen Teilen der Staats- und Kommunalwälder in Deutschland.

Anthropozän – der Mensch als Zerstörer

Wenn der »liebe Gott« ein Wildtier ist, kommt der Mensch ganz gewiss nicht in den Himmel. Er trägt die Schuld am Massensterben der Wildtiere und der Vernichtung ihrer Lebensräume. Durch ihre zerstörerische Gewalt hat die »Art auf zwei Beinen« bereits unwiederbringliche Naturschätze ausgebeutet und vernichtet. Der negative Einfluss des Menschen ist inzwischen so gigantisch, dass die letzten Jahrzehnte als eigene erdgeschichtliche »Epoche« – das Anthropozän – klassifiziert werden.[19]

Hoffnung gedeiht auf der »Hope Farm«

Wieder sind es die Naturschützer, die Zeichen setzen und handeln. Die *Royal Society for the Protection of Birds* (RSPB), eine britische Naturschutzorganisation, hat im Südosten Englands ein Stück Land gekauft. Nicht etwa ein »Wildtier-Paradies«, um einen Schutzzaun darum zu ziehen, sondern einen ganz gewöhnlichen Ackerbaubetrieb, der über Jahre konventionell bewirtschaftet wurde. Die Auswirkungen der Monokultur des industriell bewirtschafteten Weizen- und Rapsanbaus waren – wie nicht anders zu erwarten – katastrophal für die Natur: Ein drastischer Insektenschwund durch den Einsatz von Pestiziden hatte einen drastischen Vogelschwund zur Folge.

Als die Naturschützer des RSPB den 180 ha großen Betrieb im Jahr 2000 erwarben und dem Projekt den Namen »Hope Farm« gaben, gab es von den typischen neunzehn Vogelarten der Agrarlandschaft auf den Feldern keine Spur mehr: Kiebitz, Feldlerche und Goldammer fanden hier einfach keinen Lebensraum. Agrarvögel sind im Königreich – wie überall in den Landschaften Europas – in den letzten fünfzig Jahren um mehr als die Hälfte zurückgegangen. Der Schwund bei Schmetterlingen und Insekten ist ähnlich dramatisch. Einbrüche bis 70 Prozent sind in vielen Regionen keine Seltenheit.

Was bei dem Projekt »Hope Farm« geradezu revolutionär ist: Der Betrieb ist *kein* typischer Biobetrieb! »Hope steht für die Hoffnung, dass die biologische Vielfalt zurückkehrt«, sagt Derek Gruar vom Zentrum für Naturschutzforschung des RSPB. Doch das Wort »Farm« steht nicht für einen »Ferien-auf-dem-Bauernhof-Betrieb«, sondern für einen wirtschaftlichen Agrarbetrieb der konventionellen Landwirtschaft. »Wir wollen zeigen, dass man schon mit kleinen Veränderungen viel erreichen kann«, sagt Gruar. Das heißt: Schützen und trotzdem profitabel arbeiten; Ökonomie und Ökologie vereinen.

Wie das funktioniert, kann an wenigen Beispielen verdeutlicht werden. Gegen die orangerote Weizengallmücke, einen gefürchteten Schädling, der früher aufwendig mit Chemie bekämpft wurde, wird jetzt auf der »Hope Farm« einfach eine andere Weizensorte ausgesät. Diese Sorte ist resistent gegen den Schädling. Gut für die Vögel, denn in der Brutzeit werden jetzt keine Pestizide mehr ausgebracht. Um Dünger zu sparen, wurde eine vierte Furchtfolge eingeführt: Im vierten Jahr wird die Ackerbohne im Wechsel mit Weizen und Raps ausgesät. Ackerbohnen haben die Fähigkeit, Stickstoff aus der Luft zu »fangen« und so den Boden zu düngen. Wilde Hecken, die nur alle drei Jahre geschnitten werden, sind mittlerweile verholzt und zu wertvollen Lebensräumen für Wildtiere geworden.

Am Ackerrand wird auf der »Hope Farm« ein sechs Meter breiter Saumen für blütenreiche Pflanzen wie Hornklee, Flockenblumen, Wicken und Malven stehen gelassen. Hier summt und brummt es! Insekten wie Wildbienen und Schmetterlinge sind zurückgekehrt, weil sie wieder Nektar finden. Die Erfolge waren schon nach relativ kurzer Zeit deutlich sichtbar. Die Vögel sind zurückgekehrt. Immer mehr Lerchenpaare kommen, um auf der »Hope Farm« zu brüten und ihre Küken aufzuziehen. Die »Hope Farm« ist tatsächlich ein Projekt, das Hoffnung macht.

Was wir tun können, was sich ändern muss

Jeder Einzelne
- Sensibel sein für die immer mehr gestresste Tier- und Pflanzenwelt. Wer einen Garten oder andere Grundstücke besitzt, kann durch naturnahe Pflege gefährdeten Tier- und Pflanzenarten ganz unmittelbar helfen. Viele kleine Überlebensinseln geben zusammengenommen ein großes Netzwerk zumindest für die Ausbreitung flugfähiger gefährdeter Arten wie Vögel, Schmetterlinge, Wildbienen, Heuschrecken und Käfer.
- Bewusst durch die Landschaft gehen und keine sterilen Einheitsflächen mehr akzeptieren. Auf Landwirtschaftsverbände, Europa-, Bundes-, Landes- und Lokalpolitiker zugehen und massiv eine Änderung der bisherigen politischen Praxis fordern.
- Bei Raumplanungen – etwa bei den Flächennutzungsplänen – als aktive Bürger durch Einbringen von Ideen und Einfordern von Wildnisgebieten und Vernetzungsbereichen mitmachen.
- Gebiete, in denen Tiere wie Rinder, Schafe und Ziegen noch weiden dürfen, sind oftmals wichtige Lebensräume der Kulturlandschaft und

Trittsteine für die Biotopvernetzung. Wer Produkte aus solcher regionaler Tierhaltung (statt von weit her importierter Ware) kauft, hilft beim Klimaschutz und bei der Anpassung des Artengefüges an die Folgen des Klimawandels.

Politik und öffentliche Hand
- Abkehr von einem staatlichen Naturschutz, der auf Randflächen begrenzt ist. Die Fläche der terrestrischen Nationalparks in Deutschland (also Meeresschutzgebiete im Bereich Nord- und Ostsee nicht mitgerechnet) beträgt gerade einmal lächerliche 0,60 Prozent.
- Bundesweite Ausweisung von Fauna, Flora, Klimaanpassungsgebieten (FFKG) sowie Schaffung von Wanderkorridoren
- Einleitung einer radikalen Agrarwende durch die Politik des Bundes und der Länder und natürlich auch der Europäischen Union
- Weg vom rein konservierenden, punktuellen Naturschutz der staatlichen Behörden, hin zu großzügigen Prozessschutzgebieten, in denen natürliche Dynamik zugelassen wird
- Bei aller Begründbarkeit der Grundlagenforschung müssen Forschungsgelder in Sachen Klimawandel und dessen Auswirkung auf die Tier- und Pflanzenwelt weit mehr als bislang in den Praxistransfer gelenkt werden. Was nützen Datenfriedhöfe, wenn sie schon nach kürzester Zeit überholt sind? Wir brauchen eine stärkere Verknüpfung von Wissenschaftsmanagement und konkreter Klimafolgenanpassung, gerade auch, was das Naturerbe anbelangt.
- Massiver Ausbau der Mittel für internationale Zusammenarbeit (zum Beispiel über die GIZ und die DEG) zur Ökosystembewahrung und Rehabilitation von geschädigten Naturarealen in Entwicklungs- und Schwellenländern.
- Förderung von Umweltstädtepartnerschaften. Warum sollen Landkreise, Städte und Gemeinden nicht auch über ihre Partnerkommunen in Sachen Ökologie zusammenarbeiten, um etwa die Haushaltspläne einem Klima- und Naturbewahrungscheck zu unterziehen?
- Förderung von Kommunen, die zusammen mit ihren Partnergemeinden konkrete Klimaschutz-, Nachhaltigkeits- und Naturschutzprojekte durchführen. Einrichtung eines entsprechenden Fonds

Wirtschaft

- Wenn jede Firma, ob groß oder klein, Patenschaften für Wildnisprojekte übernimmt und diese – vor allem im internationalen Rahmen – ernsthaft verfolgt, könnte es um die Natur in Zeiten des Klimawandels besser bestellt sein. Es muss kräftig investiert werden. Letztlich ist Ökonomie nur auf Basis intakter Ökologie realisierbar.
- Große Konzerne können sich in Ländern, in denen sie Niederlassungen haben, massiv und großflächig und zusammen mit Partnerfirmen und den jeweiligen Regierungen engagieren. Allerdings dürfen dies keine Deko- und Alibiprojekte sein. Es geht um viel mehr.
- Auch kleine Firmen können im kleineren Maßstab wichtige ökologische Trittsteine für eine Natur ohne Grenzen, für Lebensraum-Vernetzungsgebiete legen und so einen effektiven Beitrag leisten.
- So wie sich Wirtschaftsunternehmen innerhalb ihrer jeweiligen Branche verständigen, wenn es um gemeinsame Interessen geht – wiewohl man sonst um Kunden und Aufträge konkurriert –, sollte auch bei der Rettung unserer natürlichen Lebensgrundlagen eine Kooperation erfolgen.
- Durchaus positive PPP (Private Public Partnership)-Projekte haben oft gute Ansätze, beschränken sich aber stark auf die Entwicklungszusammenarbeit und belegen eher Nischenthemen. Sie sollten ausgeweitet werden.
- Sämtliche Liegenschaften (Gebäude, Grundstücke, Freiflächen) von Unternehmen sollten – wie auch kommunale Liegenschaften – so gestaltet werden, dass Wildpflanzen und Wildtiere auch in Siedlungsbereichen eine Chance haben. Dies sichert das Überleben von Arten und Artengemeinschaften und trägt durch Anlage von Grünbeständen, Wasser in den Freiflächen und anderen Maßnahmen zur Eindämmung der Überhitzung im urbanen Raum während der Sommermonate bei. Ansätze dazu vermittelt das Projekt »Unternehmen Biologische Vielfalt 2020« des Bundesamtes für Naturschutz und zahlreiche andere Partner (www.biologischevielfalt.bfn.de)

Fazit: Ökonomie und Ökologie müssen ihre alte Feindschaft beilegen. Das Stichwort ist: Intelligente Landwirtschaft – zum Wohle der Natur und des Menschen!

Klima-Killer Mensch
Eine zweite Erde gibt es nicht

In nur vierzig Jahren von 1960 bis ins Jahr 2000 hat sich die Erdbevölkerung bereits verdoppelt! Man muss kein Rechenkünstler oder Nobelpreisträger der Mathematik sein, um die Dramatik der Zahlen sofort zu erfassen: In jeder Sekunde werden auf der Welt drei Kinder geboren! Momentan kommen pro Jahr 80 Millionen Menschen hinzu – das ist die Bevölkerung der Bundesrepublik Deutschland; eines der am dichtesten besiedelten Länder dieser Erde. Im Jahr 2017 verkündete die Deutsche Stiftung Weltbevölkerung (DSW), die Sieben-Milliarden-Marke sei geknackt; bis zum Jahr 2100 wird sich die Zahl der Erdenbürger nach Schätzungen der Vereinten Nationen auf 16 Milliarden Menschen erneut mehr als verdoppeln.

Der Planet platzt aus allen Nähten. Forscher warnen, dass unser globales Ökosystem in 80 Jahren unwiderruflich kollabieren könnte. »Der Countdown fürs Überleben läuft«, fürchtet der amerikanische Wissenschaftsjournalist Alan Weisman. Er hat im Rahmen seiner Arbeit die Welt bereist und eine bedrückende Erkenntnis mitgebracht: »Wir müssen weniger werden, wenn wir überleben wollen …!« Er sagt, die Erde könne maximal drei Milliarden Menschen ertragen.

Die meisten Neugeborenen haben beim »Samen-Bingo« – dem Zufallsfaktor Geburt – ohnehin schlechte Karten gezogen: Sie werden in Länder hineingeboren, die nicht genug Nahrung und Trinkwasser haben, die kaum Minimalansprüche für Säuglinge gewährleisten können. Es gibt keine funktionierende Gesundheitsvorsorge, geschweige denn Schul- und Berufsausbildung. Gerade in Entwicklungsländern, die sich am wenigsten um ihre Bevölkerung kümmern, ist der Babyboom am größten. Die Deutsche Stiftung Weltbevölkerung (DWS) schätzt, dass es in den kommenden vierzig Jahren allein auf dem afrikanischen Kontinent und in den Armutsregionen Asiens acht Milliarden Menschen geben wird. In Afrika droht sich die Bevölkerung in den nächsten neunzig Jahren sogar zu verdreifachen. Da bleibt kein Platz mehr für Elefanten, Löwen & Co.

Wie wird unsere Erde 2100 aussehen? Wird es noch Wildtiere, Wiesen und Wälder geben? Oder ist spätestens dann jeder Quadratzentimeter Boden zersiedelt, vermüllt und dort, wo sich die Wüsten nicht ausgedehnt haben, in monotone Anbauflächen für Nahrungsmittel verwandelt? Leben dann noch Fische in unseren Weltmeeren? Oder sind die Ozeane vollends zu schwimmenden Müllkippen verkommen, in denen kein Leben mehr existieren kann? Gibt es außer Kakerlaken noch Insekten wie Schmetterlinge und Libellen, außer Ratten noch Säugetiere wie Springböcke, Giraffen und Koalas? Oder ist das Ende der Wildtiere durch die Masse Mensch dann endgültig besiegelt? Der Mensch ist schon heute der größte Feind der Tiere und in der Summe der Eingriffe seiner selbst! Das sechste große Massensterben in der Geschichte dieses Planeten ist Menschenwerk; das 5. wurde vor rund 66 Millionen Jahren durch einen Meteoriteneinschlag hervorgerufen und löschte die Dinosaurier aus. Mit den Riesenechsen verschwanden über 70 Prozent aller damaligen Tier- und Pflanzenarten. Wissenschaftler der Weltnaturschutzunion IUCN (International Union for Conservation of Nature) gehen davon aus, dass Tag für Tag hundert Arten aussterben! Damit erreicht das Drama eine Dimension, die im Begriff eines neuen Erdzeitalters Ausdruck finden: Anthropozän ist die noch inoffizielle Bezeichnung für das Massensterben, das durch die Zerstörung durch den Menschen geprägt ist.

Doch wie wird es den Menschen gehen, wenn um sie herum die Natur zerstört ist? Wird ein menschenwürdiges Leben in Zukunft überhaupt noch möglich sein, wenn der letzte Baum gefällt – oder besser kahl gefressen – ist?

Es wird eng – so viel ist klar!

Enge ist ein idealer Nährboden für Konflikte und Kriege. Kein Wunder, dass unsere Wörter »Enge« und »Angst« miteinander verwandt sind. Mit der Masse Mensch wachsen die Probleme. David Bloom von der Harvard School of Public Health[20] – er ist Bevölkerungswissenschaftler – rechnet mit Krankheiten und Hungersnöten, wie sie die Menschheit in ihrer gesamten Geschichte noch nicht erlebt hat. Schon heute hungern weltweit eine Milliarde Menschen. Der ehemalige UN-Generalsekretär Ban Ki Moon forderte während seiner Amtszeit (2007–2016) immer wieder eine gerechtere Verteilung von Lebensmitteln und Verbesserungen in der Landwirtschaft. »Die Menge der Lebensmittel, die der Mensch in den letzten 8000 Jahren angebaut hat, müssen wir in den nächsten vierzig Jahren produzieren ...«, rechnet Jason Clay vom World Wide Fund for Nature (WWF) vor. Im Jahr 2050 würde die Menschheit – eine Fortführung der heutigen Wirtschaftsweise vorausgesetzt – allein für den Anbau von Nahrung drei Erden benötigen. Doch wir haben nur die eine!

Alle reden vom Klimawandel, aber nur wenige reden vom Klima-Killer Mensch

Es fehlt also nicht an mahnenden Stimmen, aber weder Kirchenführer noch Politiker problematisieren energisch genug das Thema Überbevölkerung. Der Klima-Killer Mensch begrüßt seinen »Nachwuchs« in der Regel mit großer Freude, statt der Überbevölkerung unseres Planeten bewusst ins Auge zu blicken. Und für die Bosse internationaler Konzerne ist jeder neue Mensch ein neuer Konsument, der Profit bringt. Wirtschaftssysteme sind auf Expansion ausgerichtet. Dabei bleibt die Umwelt – vor allem das Klima – auf der Strecke. Und letztlich auch der Mensch.

Überbevölkerung wird als Fluchtursache nie klar benannt! In vielen Entwicklungsländern sind die Bäuche der Bevölkerung schon heute leer. Und so machen sich viele Millionen Menschen auf den Weg nach

Europa – ins vermeintlich »gelobte Land«, in dem Milch und Honig fließen! Fluchtgründe sind direkt und indirekt oft Klima-Gründe.

Der Haushaltskommissar der Europäischen Union und frühere Ministerpräsident Baden-Württembergs, Günther Oettinger, brachte es Anfang 2018 auf den Punkt: »Wir müssen uns heute um die Flüchtlinge von 2025 oder 2030 kümmern; sie alle sind schon geboren, und jede Woche nimmt Afrika um eine Million Menschen zu«. Oettinger mahnt auch wegen des Klimawandels ein anderes, europäisches Denken an. »Das Mittelmeer ist für Europa, was der Bodensee für Deutschland ist. Nur dass am Bodensee die Nachbarn Österreich und Schweiz angrenzen.« Am Mittelmeer grenzen als direkte Nachbarn die Maghreb-Staaten und Ägypten und dahinter ein ganzer Kontinent an, der vielfach gekennzeichnet ist von Instabilität jeglicher Art, welche durch die Bevölkerungsexplosion und den Klimawandel verstärkt werde, so der Europapolitiker Oettinger und mahnt an, dass Europäer ein Interesse daran haben müssen, vor Ort die Verhältnisse zu verbessern, damit die Menschen nicht gezwungen oder motiviert sind, ihre Heimat zu verlassen.

Internationale Herausforderungen wie der Klimawandel benötigen das Zusammenwirken der gesamten Gesellschaft. Hier sind junge Leute in den Parteien und Regierungen eindeutig unterrepräsentiert. Sie sind es, um deren Zukunft es geht. Sie werden jedoch von politischen Ökobremsern, die ihr »Klimaleben« bereits gelebt haben, sträflich vernachlässigt, behindert und oftmals ignoriert. Statt politischer »Nice-to-have«-Marginalthemen wie der Einführung geschlechtsneutraler Toiletten in Berlin zu diskutieren, brauchten wir in allen Parteien und in der Regierungspolitik längst die Einführung einer Jugendquote. Menschen, die den größten Teil ihres Lebens noch vor sich haben, denken ganz sicher anders über die Klima- und Umweltzukunft als Menschen, die nach dem Motto denken und handeln: »Für uns reicht es ja noch«. Doch es gibt auch junge Menschen, die sich verwöhnt in einer Wolke aus Bequemlichkeit und Wohlstandsverwahrlosung eingenistet haben.

Die Migration der Millionen hat gerade erst begonnen

Weil die Klimakatastrophe längst Realität ist, wachsen die Wüsten. Fruchtbare Böden werden vom Winde verweht oder von Fluten weggespült. Ganze Regionen werden unbewohnbar. Küstenbewohner ziehen weiter, weil die Netze der Fischer leer bleiben und der steigende Meeresspiegel ihre Häuser wegschwemmt. Wenn es um die Verteilung von Lebensgrundlagen geht, gibt es Kriege. Geht es irgendwann um die letzten Ressourcen und damit ums nackte Überleben, dann kommt es zu Verteilungskämpfen, die in bisher nicht gekannter Brutalität ausgetragen werden. Grundbedürfnisse wie sauberes Wasser, saubere Luft und ausreichende Nahrung können in vielen Regionen dieser Erde schon heute die Bedürfnisse der »Masse Mensch« nicht befriedigen. Und das, obwohl 40 Prozent der Erdoberfläche schon heute für den Anbau von Nahrungsmitteln benötigt werden.

Die Gründe zur Flucht sind vielfältig – Umweltzerstörung ist immer mit dem Verlust der Heimat verbunden. Am härtesten trifft es die verarmte ländliche Bevölkerung in den Entwicklungs- und Schwellenländern. Nach Angaben der Geschäftsführerin der Konvention der Vereinten Nationen zur Bekämpfung der Desertifikation, Monique Barbut, sind weltweit mindestens 1,5 Milliarden Menschen auf die Bewirtschaftung degradierter Böden angewiesen. »In einer Zeit des drastischen Klimawandels, in der die Erde austrocknet und die Meeresspiegel steigen, wird sich der Kampf um lebensnotwendige Ressourcen verschärfen.« Monique Barbut betont: »Drei Viertel der Landbewohner sind arm – 86 Prozent können ohne Land nicht überleben.« Die Folge sind massive Wanderbewegungen; schon heute wird das letzte Jahrzehnt des 20. Jahrhunderts vom International Displacement Monitoring Center (IDMC) als »Ära der Migration« bezeichnet.

Im »Atlas der Umweltmigration« ist von 232 Millionen Menschen die Rede, die allein im Jahr 2013 auf der Flucht waren; das sind über drei Prozent der Weltbevölkerung! Die Zahl der »grenzüberschreitenden Migranten« hat sich im Laufe der letzten dreißig Jahre verdoppelt! Nach Angaben des norwegischen Flüchtlingsrates und des IDMC wurden in den letzten zehn Jahren durchschnittlich über 26 Millionen Menschen pro Jahr aus ihrer Heimat – vorrangig im globalen Süden – vertrieben. »Allein aufgrund von extremen Wetterereignissen mussten 2015 über 14,7 Millionen Menschen in 113 Staaten ihrer Heimat verlassen«, schreibt Klaus Seitz, Leiter der Abteilung Politik bei »Brot für die Welt«, in seinem Vorwort zum Atlas der Umweltmigration.

Migration ist komplex: Es gibt Arbeits- und Armutsmigranten, Kriegs- und Klimaflüchtlinge. Die einen fliehen vor der Wasserknappheit und der Wüstenbildung, werden durch Flutwellen zur Flucht gezwungen. Die Zerstörung der Ökosysteme bleibt als Grund oft unerwähnt. Dabei sind der Klimawandel und seine Folgen wesentliche Faktoren für Migration geworden.

Flucht heißt aber nicht unbedingt »Migration ins Ausland«: Es gibt innerhalb der Ländergrenzen eine sogenannte Binnenmigration. Die Vereinten Nationen schätzen, dass weltweit 763 Millionen Menschen ihre Heimatregion verlassen mussten, aber weiterhin in ihren Staatsgrenzen leben.

Welche Folgen diese globalen Wanderbewegungen auch für die »Zielländer« haben, wird vor allem in Deutschland seit 2015 immer spürbarer. Flucht und »illegale« Einwanderung sind leider oft auch an Kriminalität geknüpft; bestes Beispiel sind die mafiösen Strukturen der international operierenden Schleuserbanden. Umweltfaktoren und Überbevölkerung als Fluchtursachen werden in den öffentlichen Diskussionen selten ausreichend berücksichtigt. Dorfbewohner in Bangladesch müssen ihre Heimat zwar ganz aktuell wegen einer Überschwemmung verlassen; doch dass die Natur in einer Flussdeltalandschaft keine derart intensive Besiedlung verträgt, bleibt beim Blick auf die menschliche Tragödie meist völlig unberücksichtigt.

Viele Menschen sind heute auf der Flucht – wie viele werden es morgen sein?

Es ist ein Teufelskreis: Mehr Menschen führen automatisch zum Anstieg der Treibhausgase, Konsum führt zu erhöhtem Energieverbrauch, erhöhter Energieverbrauch führt zum Klimawandel – und dieser wiederum verursacht oder verstärkt Überschwemmungen, Stürme und Dürren, die die Menschen zur Flucht zwingen. Der Druck auf die Natur wächst durch die Masse Mensch. Nach Daten des IDMC waren bereits zwischen 2008 und 2014 über 185 Millionen Menschen aus über 170 Ländern der Erde auf der Flucht. Die Jahre ab 2015 – die durch eine Massenflucht Richtung Europa und insbesondere nach Deutschland in die Geschichte eingehen werden – sind da nicht einmal einkalkuliert.

Ein einzelner Mensch weniger erspart dem Klima 58,6 Tonnen CO_2 pro Jahr

Sie wollen das Klima retten? Sie verzichten schon aufs Auto? Gut so! Damit sparen Sie vielleicht 2,4 Tonnen Kohlendioxid im Jahr ein. Sie essen obendrein kein Fleisch. Dann sind Sie noch einmal mit eingesparten 0,8 Tonnen auf der klimafreundlichen Verbraucherseite. Mülltrennung, Energiesparlampen, der Verzicht auf Urlaubsflüge und das Trocknen der Wäsche im Garten sind ganz nett, aber für die Rettung des Weltklimas nach den Berechnungen schwedischer Wissenschaftler der Universität Lund und Wissenschaftlern der University of British Columbia in Kanada vollkommen unerheblich. Der Mensch handelt nämlich »klima-absurd«: Unterm Strich beeinflusst den Klimawandel nichts so sehr wie die Überbevölkerung.

Ob wir es wahrhaben wollen oder nicht: In einem gemeinsam veröffentlichten »Environmental Research Letter« raten Wissenschaftler von der Fortpflanzung ab. Kimberly Nicholas von der Universität Lund weiß um die einschneidende persönliche Dramatik dieser Studie, doch die Klimaauswirkungen von Kindern dürften nicht länger ignoriert werden. Rund ums Kinderkriegen ist alles klimarelevant. Nehmen wir nur das, was »hinten rauskommt« und in Wegwerfwindeln landet. Um alle Wegwerfwindeln, die in einem Jahr in Deutschland auf dem Müll landen, zur Entsorgung zu transportieren, lassen sich siebenundzwanzigtausend Mülllaster füllen. Die Rede ist von 400.000 Tonnen!

Lässt sich der Traum von einer Großfamilie dennoch verwirklichen? Wie wäre es mit einer Adoption? Für den amerikanischen Wissenschaftsjournalist Alan Weisman hat die Erde nur eine Chance, wenn wir

Menschen uns auf eine »tragfähige Bevölkerungsgröße« reduzieren – und uns um Kinder kümmern, die schon auf der Welt sind ...

Vielleicht haben wir noch eine Chance, dem ungebremsten Wachstum der Spezies Mensch entgegenzuwirken, bevor die Erde sich wehrt und der Mensch mit der Diktatur der Sachzwänge leben muss. Multiresistente Keime und Viren profitieren von der Überbevölkerung – sie könnten am Ende für eine brutale »Reduzierung« der Masse Mensch verantwortlich sein, wenn wir nicht vorher intelligent agieren.

Was wir tun können, was sich ändern muss

Jeder Einzelne
- Auf Kirchen einwirken, damit sie ihre starre Haltung gegen Geburtenkontrolle aufgeben.
- Entwicklungsprojekte unterstützen, die ganzheitlich Ökonomie, Ökologie und Soziales unter Einbeziehung grundlegender Erziehung zur Empfängnisverhütung zusammenbringen.

Politik und öffentliche Hand
- Wissen statt Waffen exportieren. Investitionen zur Verbesserung der Lebensqualität in armen Gebieten der Erde helfen den Menschen, sich selbst zu helfen. Viel indigenes Wissen und der richtige Umgang mit der Natur drohen verloren zu gehen. Wo Wohlstand steigt, sinkt mittelfristig die Geburtenzahl!
- Bildungsprojekte in Ländern der »Dritten Welt« fördern
- Frauen- und Mädchenprojekte gezielt unterstützen
- Aufklärung der Männer, um Verantwortungen für die Verhütung mit zu tragen
- Massive Forderung internationaler Projekte zur Familienplanung und Geburtenkontrolle

Wirtschaft
- Bei den eigenen Auslandsniederlassungen Gesundheitsaufklärung und Familienplanung anbieten und umsetzen

- Verbesserung der Lebensbedingungen für die Menschen in »armen Regionen«
- Bildungsprojekte unterstützen

Fazit: Wir sind zu viele – Geburtenkontrolle und entsprechende Aufklärung wird zur größten Herausforderung für die internationale Staatengemeinschaft.

Zum Schluss: Noch einmal Greta, Fridays for Future und Co.

Der von Greta Thunberg ausgelöste Aufschrei der Jugend mit der Forderung an die Politik, konsequent Maßnahmen für den Klimaschutz anzugehen, hat viele aufhorchen lassen. Wenigstens! Manche angekündigten Programme sind vielfach leider nur Symbolpolitik. Wenn die hoffnungsvolle Bewegung mit den unbestrittenen Zielen nicht verebben soll, sind auch die Jugendlichen selbst gefragt. Denn fordern ist das eine und selbst handeln das andere. Mehrfach habe ich erlebt, wie nicht wenige Jugendliche bei Demonstrationen in der einen Hand stolz ein Plakat mit Forderungen für mehr Klimaschutz hielten und in der anderen einen Einwegbecher. Anschließend gingen viele in Läden von Billig-Ketten um dort zu Niedrigstpreisen fragwürdig in der Dritten Welt hergestellte Kleidung zu kaufen … und leider sind es immer weniger Jugendliche, die – weil in einer wohlstandsgesättigten Gesellschaft aufgewachsen – es gewohnt sind, bei der Gartenarbeit oder der Pflege von Obstwiesen oder Naturschutzeinsätzen selbst Hand anzulegen. Auch beim Klimaschutz gilt: »Es gibt nichts Gutes, außer man tut es«.

Die Jugend von heute ist zum Glück von der Apathie ihrer Vorgänger der 2000er- und 2010er-Jahre erwacht und hochsensibel für Beruhigungsformeln und Ablenkungsmanöver durch nichtssagende Wortakrobatik von Entscheidern in Politik, Wirtschaft und Verwaltung. Doch es gibt auch viele »Erwachsene« und Entscheider, die echt etwas ändern wollen. Diese Menschen wiederum sind auch hochsensibel, wenn nur plakative Forderungen ohne Fakten in die Welt getragen werden. Gefordert sind also wir alle. Egal, ob alt oder jung. Ausreden gibt es viele; keine zählt!

Was ist was? Das kleine Klima-ABC

»*Ein scheinbarer Widerspruch gegen
ein Naturgesetz ist nur die selten vorkommende
Bestätigung eines anderen Naturgesetzes*«
Marie von Ebner-Eschenbach (1830–1916)

In Sachen Klimaschutz geistern alle möglichen Begriffe durch die Medien. Das Thema berührt die unterschiedlichsten wissenschaftlichen Disziplinen, und es gibt viele Institutionen und Gremien, die sich mit dem Klimawandel beschäftigen. Das kleine Klima-ABC erläutert die wichtigsten Begriffe

Aerosole
Gemisch aus einem gasförmigen Stoff und flüssigen oder festen feinverteilten Bestandteilen, die auch als Schwebstoffe bezeichnet werden. Zu den natürlichen Aerosolen gehören Nebel, Wolken oder Vulkanstaub. Anthropogene, also vom Menschen verursachte Aerosole sind zum Beispiel Rauch aus den verschiedensten Verbrennungsprozessen. Die Schwebstoffe in den Aerosolen sind sowohl feste als auch flüssige Teilchen, die eine Größe zwischen einem Tausendstel und einem Millionstel Millimeter haben können und in der Luft schweben. Zu Aerosolen werden sowohl Sulfate und Nitrate gezählt, die beim Zerfall von Biomasse frei werden, dazu gehört aber auch Meersalz, das aus der Gischt von Ozeanen aufgewirbelt wird, oder Staub, der durch Wind verbreitet wird. Handelt es sich um flüssige Schwebstoffe, spricht man von Nebeln; sind es feste Schwebstoffe, spricht man von Stäuben, Rauch oder Feinstaub. Natürliche Quellen sind unter anderem auch Vulkanausbrüche und Waldbrände. Vom Menschen verursachte Aerosole entstehen durch den Verbrauch fossiler Brennstoffe sowie durch Brandrodung. Rund 99 Prozent der Aerosole finden sich in der Troposphäre, wo sie eine Verweildauer von rund zehn Tagen aufweisen. In der Stratosphäre beträgt die Verweildauer je

nach Höhe mehrere Jahre. Aerosole beeinflussen das Klima, denn sie absorbieren oder streuen Sonnenstrahlen. Sie sind außerdem für die Entstehung und Lebensdauer von Wolken mitverantwortlich.

Agenda 21

Beim Umweltgipfel UNCED beschlossenes Aktionsprogramm für das 21. .Jahrhundert. Kern ist die nachhaltige Entwicklung als Basis für die Herstellung gerechter, ökologischer, ökonomischer und sozialer Verhältnisse. 1992 in Rio de Janeiro von einhundertzweiundsiebzig Staaten beschlossen.

Albedo

Der Albedo-Effekt beschreibt das Reflexionsvermögen von Oberflächen und das Verhältnis der reflektierten zur einfallenden Sonnenstrahlung. So zum Beispiel Meeresoberflächen und von Vegetation bedeckte Oberflächen (niedriger Albedo-Effekt) oder Gletscher, andere Eisflächen und Schneebereiche (hoher Albedo-Effekt). Ein höherer Albedo-Effekt wirkt letztlich dem Treibhauseffekt entgegen. Er wirkt durch Reflexion der Absorption entgegen.

Algen

Niedere Pflanzen, die entweder meist frei im Wasser schwimmend oder festsitzend auch auf dem Land (in Form von Flechten und dabei in Symbiose mit Pilzen) leben. Als photosynthetische Organismen stellen Algen mittels Sonnenlicht organische Verbindungen und Sauerstoff her. Die meisten Meeresflanzen sind Algen; viele davon sind Einzeller. Daneben gibt es große Algenzellverbände wie etwa den bis zu 50 Meter und länger werdenden Seetang. Indem sie der Luft Kohlendioxid entziehen und das Gas Dimethylsulfid (DMS) produzieren, beeinflussen die Meeresalgen das Klima der Erde. Wenn das DMS in der Luft oxidiert, entstehen winzige Kondensationskerne, an denen sich kleinste Wassertröpfchen ansammeln, die wiederum Wolken bilden. Da das Wachsen der Meeresalgen, besonders in den Oberflächenschichten der Meere, empfindlich von der Wassertemperatur abhängt, besteht bei einer übermäßigen Erwärmung durch den Treibhauseffekt die Gefahr, dass die Algen wegen der physikalischen Eigenschaften der Ozeane nicht mehr genügend Nährstoffe erhalten und somit nicht gedeihen können. Dann können sie ihre für den Klimakreislauf wichtige Funktion nicht mehr wahrnehmen. Ein kritischer Punkt ist erreicht, wenn die Temperatur der Oberflächenschichten des Wassers über 10 bis 12 Grad Celsius steigt. Erdöl wurde aus fossilen Algen gebildet.

Anthropozän

Der *Homo sapiens* existiert zwar erst seit sehr kurzer Zeit in der langen Erdgeschichte, aber der Mensch hat durch seine massiven Eingriffe den Planeten so stark verändert, dass eine neue »geologische Epoche« mit der Bezeichnung Anthropozän für die Ausbeutung durch den Menschen stehen soll. Durch den Bergbau wurden Sedimente verschoben, durch das Verfeuern fossiler Brennstoffe wurde die Erderwärmung angefacht, und auch der Anstieg des Meeresspiegels, die Zerstörung der Ozonschicht und die Versauerung der Ozeane ist »man-made«. Die 66 Millionen Jahre seit dem Aussterben der Dinosaurier werden als Känozoikum oder Erdneuzeit bezeichnet. Dann sprechen Geologen vom Quartär, dessen Hauptteil das Pleistozän einnimmt. Mit dem Holozän wird eine kurze Zeit seit dem Ende der letzten Eiszeit beschrieben.

Arides Klima
Die Trockenheit einer Region. Liegt die Menge des Niederschlags in einem Jahr unter 100 mm, spricht man von vollaridem Klima.

Assimilation
Aufbau körpereigener Substanzen aus organischen oder anorganischen Nährstoffen; zum Beispiel bei der Photosynthese grüner Pflanzen: Aufbau von Kohlehydraten aus CO_2 (Kohlendioxid) und Wasser mit Hilfe von Sonnenlicht.

Befeuchtungssysteme
Sie kontrollieren die Luftfeuchtigkeit und sorgen für gesunde Atemluft in geschlossenen Räumen.

Biodiversität
Der Begriff »Biodiversität« geht letztlich weiter als der Begriff »Artenvielfalt«. Denn Biodiversität – die biologische Vielfalt – umfasst nicht nur die Gesamtheit der Tier- und Pflanzenarten, sondern auch ihre Erbanlagen und einzelne Sorten. Dazu gehören auch Nutztiere und Nutzpflanzen. Außerdem gehören auch Lebensräume und ihre Ökosysteme zur Biodiversität.

Biogas
Wird zu den regenerativen Energiequellen gezählt und entsteht durch bakteriellen Abbau organischer (pflanzlicher und tierischer) Abfälle. Dies erfolgt unter Luftabschluss und bei Vorhandensein von Wasser in einem Temperaturbereich von etwa 20 bis 55 °C. Hauptbestandteil ist ähnlich dem Erdgas Methan mit einem Anteil von 55–75 Prozent. Weitere Bestandteile sind Kohlendioxid, Wasser und ein sehr geringer Anteil von Schwefelwasserstoff. Biogas kann sowohl als Kraftstoff für Motoren (Verstromung) als auch zum Heizen, Kochen etc. genutzt werden. Probleme entstehen dann, wenn Biogas nicht allein mit anfallenden Abfällen aus der Landwirtschaft (etwa Mist und Gülle oder Grünschnitt aus Pflegeflächen etc.) erzeugt wird, sondern wenn dafür großflächige Monokulturen zur Gewinnung von Bio-

masse wie Mais, Elefantengras etc. angelegt werden. Hier sollte vorher eine Umweltverträglichkeitsprüfung durchgeführt werden, weil solche Monokulturen ganze Landstriche verändern und Lebensräume selten gewordener Arten (zum Beispiel Lerchen, Kiebitze und andere Bodenbrüter) zerstören.

Biologie
Wissenschaft vom Leben (griechisch: bios= Leben). Damit wird die Naturwissenschaft beschrieben, die mit verschiedenen Hilfsmitteln und Methoden aus Physik, Chemie und Mathematik die Lebenserscheinungen sowie ihre Formen und Gesetzmäßigkeiten erforscht. Letztlich bauen Land- und Forstwirtschaft, Gartenbau, Tier- und Pflanzenzucht, Fischerei, Schädlingskontrolle, Medizin, Tiermedizin, Naturschutz- und Landschaftsmanagement auf den Ergebnissen der Biologie auf.

Biomasse
Das gesamte von Lebewesen aufgebaute Material. Unabhängig, ob es sich um lebende Biomasse (zum Beispiel Bäume, Laub etc.), abgestorbene oder verarbeitete Biomasse (zum Beispiel Holzpellets, Holzhackschnitzel, trockenes Laub etc.) oder tierische Biomasse handelt.

Biosphäre
Im weitesten Sinne Beschreibung für solche geografische Regionen der Erde, in denen sich Leben findet (griechisch: bios = Leben, sphaira = Ball, Kugel, Erdkugel). Dazu gehören alle Bereiche, deren Bedingungen Leben ermöglichen: Erdoberfläche (Pedosphäre), Litosphäre (Gesteinsschicht), Gewässer (Hydrosphäre) sowie die Lufthülle (Atmosphäre). Die Biosphäre stellt die Gesamtheit der verschiedenen Umwelten der Lebewesen dar. Diese werden wiederum in die verschiedensten Biotope gegliedert. Geprägt wurde der Begriff »Biosphäre« 1875 von dem österreichischen Geologen Eduard Sueß.

Blockheizkraftwerk (BHKW)
Dabei handelt es sich um Kraftwerke, die in der Regel Leistungen von 100 Kilowatt bis 10 Megawatt erzeugen. Sie bestehen aus einem oder mehreren Verbrennungsmotoren, die mit Diesel oder Erdgas sowie anderen erneuerbaren Energien betrieben werden. Im Gegensatz zu Diesel und Erdgas sind erneuerbare Energien wie Klärgas aus Kläranlagen, Biogas aus Biogasanlagen und Holzpellets oder Holzhackschnitzel ein wichtiger Beitrag für den Klimaschutz und die Umweltvorsorge. Dabei werden nämlich nur so viel CO_2 und andere klimaschädliche Gase freigesetzt, wie vorher eingebunden wurden. Mit Blockheizkraftwerken kommt das Prinzip der Kraft-Wärme-Kopplung zum Einsatz. Dabei wird mechanische Energie über einen Generator min Strom umgewandelt und die Motorwärme zur Brauchwassererwärmung, Raumheizung oder für andere Wärmezwecke genutzt.

Blockheizkraftwerke haben einen sehr hohen Wirkungsgrad. Dabei werden rund 85 Prozent eingesetzter Primärenergie genutzt. 30 bis 35 Prozent können als elektrische Energie gewonnen werden; 50 bis 55 Prozent als Wärme. Die Wirtschaftlichkeit von Blockheizkraftwerken ist dann größer, wenn höhere Einspeisevergütungen für die in das Netz eingespeiste elektrische Energie gewährt werden. Ein Problem sind Blockheizkraftwerke, die mit nicht nachhaltig gewonnener erneuerbarer Energie betrieben werden. Dazu gehört etwa Palmöl, für dessen Herstellung in den Tropen zur Gewinnung sogenannter nachwachsender Rohstoffe großflächig Primär- und Sekundärwälder gerodet werden. Damit werden nicht nur grüne Lungen und CO_2-Senken vernichtet, womit der Klimawandel weiter verschärft wird, sondern es gehen auch wertvollste Lebensräume verloren. Auch das Erzeugen von Biogas mit Pflanzenmasse, die auf nicht nachhaltige Weise erzeugt wird, ist problematisch. So führen etwa großflächige Maismonokulturen in Europa stellenweise zur Vernichtung von wertvollem Grünland. Dadurch wird die Bodenerosion sowie der Eintrag von Schadstoffen (Mineraldünger etc.) in das Grundwasser erhöht, und es werden Lebensräume bedrohter Arten (zum Beispiel Feldlerche, Grauammer, Kiebitz, Brachvogel etc.) zerstört. Zugleich wird durch den Wandel des Landschaftsbildes die ökonomische Grundlage für den Tourismus geschädigt. Vor der Errichtung von Blockheizkraftwerken sollte deshalb eine gründliche Umwelt- und Nachhaltigkeitsüberprüfung vorgenommen werden. Entscheidend ist, mit welchem Ausgangsenergieträger Blockheizkraftwerke betrieben werden und wie diese Energieträger erzeugt werden. Blockheizkraftwerke, für die etwa Holzhackschnitzel aus nachhaltiger Waldbewirtschaftung verwendet werden, weisen eine günstige Umweltbilanz auf.

Brandrodung
Bei dieser Form der Umwandlung von kohlenstoffreichen Ökosystemen, wie sie etwa die tropischen Regenwälder darstellen, in landwirtschaftliche Flächen (die geringeren Kohlenstoff eingebunden haben) werden bedenkliche Mengen von Kohlendioxid (CO_2) freigesetzt und die Atmosphäre emittiert.

Brennstoffzelle
Mit der Brennstoffzelle erfolgt die direkte Erzeugung von elektrischer Energie über eine chemische Reaktion von Wasserstoff und Sauerstoff. Der Umweg über die Verbrennung entfällt. Sowohl Größe als auch Leistung von Brennstoffzellen sind sehr variabel. Brennstoffzellen können für die elektrische Versorgung von Kleingeräten bis hin zum elektrischen Antrieb von Kraftfahrzeugen eingesetzt werden. Gegenüber herkömmlicher Stromerzeugung haben Brennstoffzellen erheblich Vorteile im Hinblick auf die Umwelt und die nachhaltige Entwicklung: 1. Brennstoffzellen emittieren nur geringe Mengen an Schwefeldioxid, Stickoxid, Kohlenwasserstoffen und Feinstaub. Auch die Kohlendioxidemissionen sollen 20 bis 60 Prozent unter

denen von Gaskraftwerken oder herkömmlichen Automotoren (Ottomotor, Dieselmotor) liegen. Auch haben Brennstoffzellen mit mindestens 50–80 Prozent den höchsten Wirkungsgrad aller Stromerzeugungssysteme. Verschiedene Forschungsprojekte – unter anderem von Daimler – widmen sich seit Jahren dem Einsatz von Brennstoffzellen in Kraftfahrzeugen. Waren Anfang der Neunzigerjahre Brennstoffzellen noch fast so groß wie der Fahrgastraum von Kleinbussen, so gab es schon um 2005 einsatzfähige Brennstoffzellen etwa in A-Klasse-Fahrzeugen, die ohne Einschränkung von Fahrgastraum oder Kofferraum im Pkw untergebracht werden konnten. Ein Problem für Umwelt- und Klimaschutz ist die Erzeugung des für die Brennstoffzelle benötigten Wasserstoffs, denn auch hierfür wird Energie benötigt. Von großer Relevanz ist deshalb die künftige Verwertung von solarerzeugtem Wasserstoff (Wasserstofftechnologie).

Brennwerttechnik
Mithilfe der Brennwerttechnik erfolgt die Herunterkühlung von Abgasen bis zur Kondensationsbildung. Energie, die dabei freigesetzt wird, wird als Kondensationswärme wieder dem Heizkreislauf zugeführt. Mithilfe dieser Technik lässt sich der Wirkungsgrad eines Heizsystems (etwa mit dem Energieträger Erdgas) um rund 11 Prozent erhöhen. Damit wird der Jahresnutzungsgrad des jeweiligen Heizsystems optimiert.

BTL
Abkürzung für Biomass to Liquid. Gemeint ist damit die Erzeugung flüssiger Kraftstoffe (Biokraftstoffe), etwa für die Beimengung zu herkömmlichen Treibstoffen aus Biomasse.

Carbon-Capture-and-Storage-Technologie (CCS)
Unter der CCS-Technologie versteht man die unterirdische Speicherung von CO_2 (Kohlendioxid). Es geht hier insbesondere um die Speicherung von Kohlendioxid, das beim Verbrennen von Braun- und Steinkohle als Treibhausgas freigesetzt wird. Dabei werden verschiedene Verfahren diskutiert, unter anderem die Auswaschung des Kohlendioxids nach der Verbrennung. Das wäre ein Verfahren, das für die Nachrüstung von Altanlagen infrage kommt. Bei Neuanlagen könnte die Kohle vor der Verbrennung in ein Synthesegas umgewandelt werden. Dies würde vor der Verbrennung eine Aufspaltung und damit die Abtrennung des Kohlendioxids ermöglichen. Eine andere Lösung sehen manche Wissenschaftler in der Verbrennung der Kohle in einer Atmosphäre aus reinem Sauerstoff und Rauchgas, was ein späteres Abscheiden des Kohlendioxids möglich machen würde. Letztlich steht am Ende eines jeden Verfahrens verfestigtes Kohlendioxid. Wichtig ist, dass dies über einen langen Zeitraum hinweg (mehrere Jahrhunderte) sicher gelagert werden kann, um den Austritt in die Atmosphäre zu vermeiden. Unter Umständen

eignen sich ausgebeutete Gas- und Ölfelder dafür. Umstritten ist auch eine Lagerung auf dem Meeresboden.

Clean Development Mechanism (CDM)
Gehört zusammen mit Joint Implementation (JI) zu den flexiblen Kompensationsmechanismen des Kyoto-Protokolls (Artikel 12 Kyoto-Protokoll). Damit soll Industriestaaten ermöglicht werden, mit Emissionsminderungsprojekten Emissionsgutschriften zu erwirtschaften. Unternehmer und Staaten können sich auf verschiedene Art und Weise an Projekten beteiligen. Solche flexiblen Klimaschutzmechanismen sollen es ermöglichen, Klimaschutzaktivitäten außerhalb der eigenen Landes- beziehungsweise Unternehmensgrenzen voranzubringen und Zertifikate so auch günstiger als über den Emissionshandel zu erlangen. Dabei gibt es verschiedene Vorgehensweisen.

Club of Rome
Mit dem Bericht »Die Grenzen des Wachstums«, der 1972 erschien, wurden zum ersten Mal in umfassender, wissenschaftlich untermauerter Weise die Unendlichkeit der Ressourcen und das Erfordernis der Umweltvorsorge in eine breite Öffentlichkeit getragen. Der Bericht an den Club of Rome – eine internationale Vereinigung von Wissenschaftlern, Geschäftsleuten und Staatsvertretern – wurde von einem Team von Wissenschaftlern am Massachusetts Institute of Technology (MIT) unter der Leitung von Dennis Meadows erstellt. Zwanzig Jahre später erschien »Die neuen Grenzen des Wachstums« wiederum als Bericht an den Club of Rome.

CO_2 / Kohlendioxid
Ungiftiges Gas, das bei der Verbrennung von Kohlenstoff (C) und Sauerstoff (O) zu CO_2 wird. Pflanzen brauchen das CO_2 aus der Luft, um zu gedeihen. Mit der Hilfe von Sonnenlicht bauen sich aus Kohlendioxid Kohlenstoffverbindungen in Pflanzen auf, ein als »Photosynthese« bezeichneter Vorgang. Alle Energievorräte aus Kohle, Öl und Gas sind über Jahrmillionen durch Photosynthese entstanden. Werden diese fossilen Brennstoffe verbraucht, wird das gespeicherte Kohlendioxid wieder frei. Der natürliche Bestandteil in freiem Zustand beträgt in der Luft 0,03 bis 0,036 Prozent. Kohlendioxid gilt als wesentlichstes klimarelevantes Spurengas, das an der Regulation des Wärmehaushalts der Erde beteiligt ist. Durch zusätzliche Kohlendioxidemissionen, die etwa beim Verbrennen fossiler Rohstoffe entstehen, wird in den Kohlendioxidkreislauf eingegriffen, was zur Gefährdung der Stabilität des globalen Klimas führt. Ohne Kohlendioxid wäre jedoch kein Leben auf der Erde möglich. Denn CO_2 wird von Pflanzen mithilfe von Sonnenlicht zu Kohlenhydraten umgewandelt. Erst so ist die Entstehung einer Nahrungskette möglich.

Messungen aus Eisbohrkernen ergaben, dass in den vergangenen 800 000 Jahren die CO_2-Konzentration der Atmosphäre nie höher als 300 ppmV (parts per million by volume, Teile pro Million Volumenanteil) war. Seit dem Beginn der Industrialisierung ist der CO_2-Gehalt der Atmosphäre auf rund 385 ppmV angestiegen. Es wird sogar vermutet, dass dies der höchste Wert seit 20 Millionen Jahren ist.

Convention on Biological Diversity (CBD)
Übereinkommen zur biologischen Vielfalt. Völkerrechtliches Abkommen der Konferenz der Vereinten Nationen für Umweltentwicklung in Rio de Janeiro 1992. Mit der CBD, die im Rahmen von Folgekonferenzen fortgeschrieben wird, werden drei Ziele verfolgt: Erhaltung der biologischen Vielfalt, nachhaltige Nutzung der biologischen Vielfalt und eine gerechte Aufteilung der Nutzung genetischer Ressourcen.

COP (Conference of the Parties)
Darunter versteht man die alljährlichen Zusammenkünfte der (Vertrags-)Staaten, die die Klimarahmenkonvention unterzeichnet haben. Die COP fand zum ersten Mal 1995 statt.

Corioliskraft
Durch die Erdrotation entstehende Kraft, die Windsysteme und Meeresströmungen beeinflusst. Wegen der Kugelform der Erde bewegen sich Orte verschiedener Breitengrade bei der Drehung der Erdkugel verschieden schnell. So bewegt sich ein Punkt am Äquator mit einer Geschwindigkeit von 1667 Kilometern in der Stunde von West nach Ost. An anderen Stellen der Erde nimmt die Geschwindigkeit zu den Polen hin wegen des dort geringeren Erdumfangs entsprechend ab. An den Polen beträgt sie 0. Wenn etwa eine Luftmasse – zum Beispiel durch Erwärmung – die geografische Breite verlässt, behält sie zunächst ihre Geschwindigkeit bei. Bewegt sich etwa ein Luftpaket vom Äquator Richtung Norden, so gelangt es in Breiten, die sich langsamer bewegen als die Herkunftsregion der Luftmasse. Somit bewegt sich eine solche Luftmasse schneller, als sich die Erde unter ihr dreht. In der Nähe der Erde erreicht sie einen »Vorsprung« und wird so nach Osten abgelenkt. Bewegt sich eine Luftmasse von der Nordhalbkugel in Richtung Süden, kommt sie zunehmend in »schnellere Regionen« und wird – wegen ihrer langsameren Geschwindigkeit – nach Westen abgelenkt. Jeweils umgekehrt verhält es sich auf der Südhalbkugel.

DFC – Dynamic Free Cooling
Die Klimaautomatik sorgt für eine effiziente Klimakontrolle bei minimalem Energieverbrauch in Innenräumen.

Distickstoffoxid, Lachgas N_2O
Entsteht überwiegend durch Verbrennung organischer oder fossiler Stoffe; ähnlich wie Methan. Wird jedoch auch von Mikroorganismen, Algen und Pilzen durch den Abbau von natürlichem oder künstlichem Stickstoff in den Böden gebildet. Distickstoffoxid ist also auch ein natürlich vorkommendes Gas, das auch durch Blitze entstehen kann. Besonders die Intensivlandwirtschaft geht mit erhöhten Lachgasemissionen einher, weil verschiedene Bodenbakterien zu einer Umwandlung von stickstoffhaltigen Düngern (Kunstdüngern) zu gasförmigem Stickstoffdioxid und anschließend zu Distickstoffoxid beitragen. Da Distickstoffoxid in der Troposphäre fast nirgends (mit Ausnahme von Wüstengebieten) absorbiert wird, wandert es in die Stratosphäre und trägt dort zur Zerstörung der Ozonschicht bei. Angesichts des Bevölkerungswachstums und des zunehmenden Einsatzes von Kunstdüngern gehen Fachleute davon aus, dass sich die natürliche N_2O-Konzentration bis etwa 2050 verdoppelt haben wird.

Der Volumenanteil von Lachgas ist Untersuchungen zufolge (Messungen aus Eisbohrkernen) von 270 ppbV (parts per billion by volume, Teile pro Milliarden Volumenanteil) auf heute 319 ppbV in der Atmosphäre angestiegen.

Dürre
Extreme Trockenheit, das heißt, der Niederschlag liegt ungewohnt lange unter dem normalerweise gemessenen Niveau. Dadurch kommt es zu einem Ungleichgewicht im Wasserhaushalt.

Einsparpotenzial
Summe aller potenziellen Einsparungen in einem bestimmten Bereich. Im Fall der Energie wird damit die Summe aller möglichen Energieeinsparungen bezeichnet. Man unterscheidet zwischen wirtschaftlichen und technischen Einsparpotenzialen, die sich innerhalb einer definierten Zeitspanne amortisieren (wirtschaftliches Einsparpotenzial) oder sich mit der jeweils neuesten Technik realisieren lassen (technisches Einsparpotenzial).

Eisschilde
Befinden sich auf Grönland und in der Antarktis. Unter dieser Landeismasse befindet sich Gestein. Die Ränder fallen steil ab. Ein Eisschild ist aufgrund seines Gewichts in Bewegung und fließt sehr langsam auf einem Eisstrom von einem Zentralplateau ins Meer.

Eiszeit
Zeiträume der Erdgeschichte. Von Fachleuten auch als Kaltzeit bezeichnet. Gletscher bedecken während eines Eiszeitalters große Teile der Erde. Im Quartär vor 2,6 Millionen Jahren begann das letzte Eiszeitalter. Seit knapp 12 000 Jahren befin-

det sich unsere Erde in einer Warmzeit. Der Ausbruch einer Eiszeit kann sowohl irdische als auch außerirdische Ursachen haben: Tektonische Prozesse, die Auffaltung von Hochgebirgen, Vulkanismus spielen eine große Rolle. Aber auch die Sonnenaktivität und Abweichungen der Erdumlaufbahn beeinflussen Beginn und Dauer einer Kaltzeit, die abrupt von einer Warmzeit abgelöst werden kann.

El Niño

Der Begriff stammt aus dem Spanischen und bedeutet »der kleine Junge / das Christkind«. Mit El Niño wird eine periodische Änderung der Meeres- und Windzirkulationen im südlichen Pazifik bezeichnet. Schon seit langer Zeit beobachten peruanische Fischer, dass sich das Oberflächenwasser vor der Pazifikküste zur Weihnachtszeit (daher »El Niño – Christkindzeit«) aufwärmt. Das geschah meistens gegen Ende der Fischfangsaison. Mittlerweile steht der Begriff für sogenannte außergewöhnliche El-Niño-Ereignisse, die durchschnittlich alle drei bis sieben Jahre auftreten und jeweils etwa ein Jahr anhalten. Wissenschaftlich wird El Niño als »ENSO« (El Niño / Southern Oscilation) bezeichnet. Die Zusammenhänge in Kürze: Der Südost-Passatwind sorgt in normalen Jahren für den Transport von kaltem, nährstoffreichem (weil planktonreichem) Tiefenwasser von der Küste Perus nach Westen. Das Wasser erwärmt sich an der Oberfläche, sodass die darüber liegende Luft zunehmend verdunstende Feuchtigkeit aufnimmt. Im Bereich von Australien, Indonesien und den Philippinischen Inseln steigt die feuchte Luft schließlich auf und führt dort zu starken Niederschlägen. In großer Höhe fließt die Luft zurück nach Osten und verursacht beim Absinken über der südamerikanischen Westküste ein sehr trockenes Klima. Bei einem großen El-Niño-Ereignis kommt es durch eine Veränderung der Luftdruckgegensätze zu einem Abflauen der Passatwinde. Vor der Küste Perus wird der Auftrieb des kalten Tiefenwassers reduziert. Eine Folge davon ist, dass das nährstoffreiche Tiefenwasser fehlt und der Fischfang drastisch zurückgeht. Ohne das kühle Tiefenwasser erwärmt sich das Oberflächenwasser vor der Westküste Südamerikas so stark, dass schließlich die Windzirkulation kippt: Es steigt warme Luft über der südamerikanischen Küste hoch und führt dort zu starken Niederschlägen, während Südostasien (Indonesien, Australien und Philippinen) unter extremer Trockenheit leidet. Dann erwärmt sich das Meer in Südostasien übermäßig, sodass bei einer erhöhten Meeresoberflächentemperatur die Korallen absterben. Damit ist wiederum die Kinderstube vieler Fische gefährdet. Übrig bleibt nur das weißliche Skelettgerüst der Korallen. Deshalb spricht man auch vom »Korallen-Bleaching« (Korallenbleiche). Eine verstärkte Phase normaler Jahre mit außergewöhnlich kühlen Temperaturen im Ost- und Zentralpazifik und entsprechend erhöhten Niederschlägen über dem Westpazifik bezeichnet man als »La Niña« (das Mädchen). Heizt der Mensch durch Verbrennungsprozesse und den damit verstärkten Treibhauseffekt das Klima weiter auf, sind bei El Niño-/La Niña-Ereignissen Meeresökosysteme mit ihren hochempfindlichen Korallenbänken und Korallenriffen, die kaum Temperaturschwankungen vertragen, noch extremer gefährdet.

Emission
Abgabe von Energien, Strahlen und Stoffen, aber auch Geräuschen, Erschütterungen, Licht und Wärme durch eine bestimmte Quelle an die Umgebung. Vielfach handelt es sich um Schadstoffe. Dazu gehört auch der vom Menschen verursachte Ausstoß sogenannter Treibhausgase.

Emissionshandel
Die Mitgliedsländer der Europäischen Union haben sich im Kyoto-Protokoll verpflichtet, den Ausstoß an klimaschädlichen Treibhausgasen bis 2012 um acht Prozent gegenüber dem Stand 1990 zu senken. Um diesen Wert (und es werden höhere Werte angestrebt) zu erreichen, wurde der Handel mit Emissionsrechten für Kohlendioxid (CO_2) innerhalb der EU eingeführt. Innerhalb der EU erfolgte der Start für den Handel mit Emissionsrechten für Kohlendioxid (CO_2) 2005. Die Regelung gilt für rund 4500 energieintensive Unternehmen.

Energie
Der Begriff Energie umschreibt das in einem Körper oder Stoff vorhandene Potenzial, das in der Lage ist, physikalische Arbeit zu ermöglichen oder Wärme abzugeben. Es gilt der Energieerhaltungssatz aus der Physik, wonach Energie nicht erzeugt und nicht vernichtet werden kann; es ist lediglich möglich, die Erscheinungsform von Energie zu ändern. Solche Erscheinungsformen von Energie sind etwa Arbeit und Wärme.

Energieeffizienz
Energieeffizienz beschreibt das Verhältnis zwischen einer bestimmten Leistung (dazu gehören auch Dienstleistungen, die Lieferung von Waren oder Energienutzung) und dem Energieaufwand, der nötig ist, um diese Leistung überhaupt erbringen zu können.

Energieeinsparung
Mit Energieeinsparung wird die Energiemenge bezeichnet, die durch alle Maßnahmen zur Verringerung des Einsatzes einer bestimmten Menge an Primär- beziehungsweise Sekundärenergie eingespart wird. Energieeinsparung ist neben der Energievermeidung und der Erhöhung der Energieeffizienz der wichtigste Weg, klimaschädliche Emissionen zu vermeiden und vorsorgend das Klima zu schützen. Zur Energieeinsparung gehört die Veränderung von Lebensstilen sowohl im Privatbereich als auch bei Produktionsprozessen oder im Bereich von Dienstleistungen. Durch umweltgerechtes – an der Nachhaltigkeit orientiertes – Verhalten

kann der Verbrauch von Energie in vielen Bereichen verringert und damit erhebliche Energie eingespart werden. Zur Energieeinsparung gehören auch technische Maßnahmen, die es ermöglichen, dass beispielsweise dieselbe Energiedienstleistung bei geringerem Energieverbrauch erzielt wird. Energieeinsparung hilft, die Energieressourcen zu schonen, Schadstoffemissionen zu reduzieren und das Klima zu schützen.

Energieträger
Stoffe oder Reaktionen, deren gespeicherte oder freigesetzte Energie in nutzbare Energie umgewandelt werden kann. Hierzu gehören unter anderem Kohle, Erdgas, Heizöl, Uran, Erdwärme, Sonne oder Wind.

Energievermeidung
Energievermeidung ist der Schlüssel für Umwelt- und Klimaschutz. Viele Möglichkeiten, Energie zu vermeiden, sind noch nicht genutzt. Jeder Wohnungsbesitzer kann durch konsequente Isolierung und energiesparende Heizsysteme, jeder Verbraucher kann durch verbrauchsarme Geräte, die Vermeidung von Autofahrten und vieles mehr Energie vermeiden, Emissionen gar nicht erst entstehen lassen und dabei noch Geld sparen. Neben der Energievermeidung sind erneuerbare Energien und mehr Energieeffizienz der Schlüssel zum Klimaschutz.

Erderwärmung
Gemeint ist der Anstieg der globalen Durchschnittstemperaturen. Die haben seit 1976 jedes Jahrzehnt um circa 0,17 Grad Celsius zugenommen. Dabei ist nicht nur die Temperatur der Luft, sondern auch die der Ozeane angestiegen. Über Landflächen erwärmt sich die Luft stärker als über den Wasserflächen der Ozeane. Da sich der Großteil der Landmassen auf der Nordhalbkugel befindet, sind dort die Temperaturen im Durchschnitt stärker angestiegen als auf der Südhalbkugel. Klimaforscher gehen davon aus, dass sich bei einer Verdoppelung der CO_2-Konzentration in der Atmosphäre die Erdmitteltemperatur um 1,5 bis 4,5 Grad Celsius erhöht. Der Weltklimarat (IPCC) geht – je nachdem, welche Zuwachsraten aller Treibhausgase zugrunde gelegt werden – bis zum Jahr 2100 davon aus, dass die Erhöhung der Durchschnittstemperatur zwischen 1,1 Grad Celsius und 6,4 Grad Celsius beträgt.

FCKWs (Fluorchlorkohlenwasserstoffe)
Organische Verbindungen, die lange Zeit in großem Umfang als Kältemittel (Kühlschränke) oder Treibgase (Spraydosen) verwendet wurden. FCKWs sind für das Ozonloch verantwortlich. Entsprechend internationaler Vereinbarungen ist die Anwendung seit 2000 verboten oder stark eingeschränkt.

Feinstaub
Durch Verbrennungsprozesse in Motoren, industriellen Anlagen, Heizungen und Kraftwerken, aber auch durch natürliche Prozesse (Vulkanausbruch) entsteht Feinstaub, der so winzig ist, dass die Partikel bis tief in die Lungenbläschen eindringen können und der Gesundheit schaden. Bei bestimmten Wetterlagen ist die Feinstaubkonzentration besonders hoch. Feinstaub reichert sich beispielsweise in stehenden Luftschichten an.

Fossile Brennstoffe
Erdöl, Kohle und Erdgas. Vor Jahrmillionen entstand Kohle aus pflanzlichen Materialien wie Farnen, die in schwülheißen Tropenwäldern des Karbon wuchsen. Erdöl wurde aus winzigem Meeresplankton gebildet, das als Sediment auf den Meeresboden gesunken war. Erdgas ist methanreiches Gas aus natürlichen Lagerstätten und entstand im Zusammenhang mit der Kohle- und Erdölbildung; Ausgangsstoffe waren auch hier Meerespflanzen und -algen sowie abgesunkene Urwälder. Alle drei Brennstoffe sind unter hohem Druck entstanden. Bei der Verbrennung fossiler Brennstoffe wird Kohlendioxid, das bei der Entstehung eingebunden wurde, wieder frei.

Gemäßigtes Klima
Regionen mit einer Durchschnittstemperatur von über 10 Grad im wärmsten Monat und einer Jahresdurchschnittstemperatur unter 20 Grad.

Geothermie
Verfahren zur Nutzung von Erdwärme, entweder zur Wärmeversorgung oder zur Stromgewinnung. Unterschieden wird die oberflächennahe Geothermie und die Tiefengeothermie.

Globale Erwärmung
Anstieg der Durchschnittstemperatur der Meere und der erdnahen Atmosphäre sowohl in den vergangenen Jahrzehnten als auch die zukünftig zu erwartende weitere Erwärmung. Ursache ist die Verstärkung des Treibhauseffekts durch den Menschen. Infolge der Verbrennung fossiler Energieträger und weitflächiger Entwaldungen ändert sich die Atmosphärenzusammensetzung, und es wird zusätzlich Kohlendioxid (CO_2) in der Luft angereichert. Weitere Ursachen sind Veränderungen der Landnutzung (durch intensive Landwirtschaft) mit der Folge einer erhöhten Freisetzung des Treibhausgases Methan.

Golfstrom
Warme Meeresströmung, die etwa 100 km breit ist und sehr schnell fließt. Der Golfstrom verläuft im Nordatlantik. Da es eine Oberflächenströmung ist, wird der

Golfstrom hauptsächlich vom Wind angetrieben. Genau genommen ist der Golfstrom Teil des Nordatlantikstroms.

Grüner Strom
Etwa seit der Jahrtausendwende wird mit dem Begriff »Grüner Strom« solcher Strom bezeichnet, der durch regenerative Energiequellen wie Sonne, Wind, Wasser und Biomasse erzeugt wird. Der Begriff vermittelt zwar den Eindruck, es handle sich um ökologische beziehungsweise umweltverträgliche Energiegewinnung, tatsächlich ist es jedoch so, dass manches Wasserkraftwerk zwar sogenannte saubere Energie liefert, andererseits jedoch irreparable Umweltschäden mit sich bringt. So zum Beispiel der zur Energiegewinnung gebaute Drei-Schluchten-Damm am Jangtse in China. Er unterbricht nicht nur das Ökosystem und die Durchgängigkeit des Jangtse, sondern hat auch zu massiven Veränderungen in der Sozialstruktur der Bevölkerung geführt. Für den Drei-Schluchten-Damm mussten sechs Millionen Menschen evakuiert werden.

Hitzewarnungen
Wenn eine Hitzebelastung für mindestens zwei Tage in Folge vorhergesagt werden kann und auch nachts keine ausreichende Auskühlung in den Wohnräumen gewährleistet ist, werden Hitzewarnungen herausgegeben. Als Anhaltswert müssen die Temperaturen am frühen Nachmittag bei 32 °C und darüber liegen. Sie können gegebenenfalls etwas niedriger und im Hochsommer etwas höher liegen. Überschreitet der Wert 38 °C, wird vor extremer Wärmebelastung gewarnt.

Hitzewelle
Eine mehrtägige Periode mit ungewöhnlich hoher thermischer Belastung für Mensch, Tier und Ökosysteme durch ein andauerndes Hochdruckgebiet wird im Volksmund als Hitzewelle bezeichnet. Eine einheitliche, international gültige Definition gibt es für den Begriff Hitzewelle allerdings nicht.

Hochdruckgebiet
Als Hochdruckgebiet werden Luftmassen bezeichnet, die, horizontal betrachtet, durch höheren Luftdruck als ihre Umgebung gekennzeichnet sind. Großräumig sinken dadurch Luftmassen ab. Die Luft erwärmt sich in einer Weise, bei der keine Kondensation und nahezu keine Wolkenbildung stattfinden kann, und strömt in Bodennähe aus dem Hochdruckgebiet Richtung Tiefdruckgebiete ab. Es werden unterschieden: Kältehoch, dynamisches Hoch, Höhenhoch. Das Wetter in Europa beeinflussende Hoch- und Tiefdruckgebiete werden seit 1954 vom Meteorologischen Institut der Freien Universität Berlin mit Namen bezeichnet. Tiefdruckgebiete erhalten in geraden Jahren weibliche und Hochdruckgebiete männliche Vornamen. In ungeraden Jahren verhält es sich umgekehrt.

Holozän
Mit diesem Begriff wird die Periode der Erdgeschichte seit Ende der letzten Eiszeit vor circa zwölftausend Jahren bezeichnet.

Humid
Ein Begriff der Klimatologie, der »feucht« bedeutet (aus dem Lateinischen). Humides Klima meint, dass der durchschnittliche Niederschlag eines Gebiets höher ist als die Verdunstung. Gegensatz: arid.

Hurrikan
Ein Hurrikan bildet sich über tropischen Meeren (z.b. in der Karibik), wenn das über 25 Grad warme Wasser durch die Sonneneinstrahlung verdunstet. Durch die Corioliskraft beginnt sich der Sturm zu drehen – ein spiralförmiger Trichter und ein starker Sog entstehen. Der Hurrikan entwickelt zerstörerische Kräfte. Sobald der Luftschlauch an Land den Boden berührt, verliert er zwar an Kraft, richtet aber gleichzeitig große Schäden, immer häufiger in zweistelliger Milliardenhöhe (z.B. Hurrikan Katrina, 2005), an und fordert Tausende Todesopfer. Ein Hurrikan kann Geschwindigkeiten bis zu 300 Stundenkilometer erreichen. Die Zerstörungskraft wächst mit der Windgeschwindigkeit.

IPCC (Intergovernmental Panel on Climate Change)
Weltklimarat: von den Vereinten Nationen 1988 ins Leben gerufen. Ein zwischenstaatlicher Ausschuss mit Sitz in Genf, der sich mit Fragen des Klimawandels und dessen Folgen befasst. Er wird vom UN-Umweltbüro organisiert. Der IPCC ist für die Beurteilung wissenschaftlicher Erkenntnisse rund ums Klima und für die Entwicklung von Lösungen zuständig. Die Klimaberichte, die von Hunderten von Wissenschaftlern aus aller Welt erarbeitet wurden, gelten als Beweise für eine globale Erderwärmung. Die Wissenschaftler des IPCC haben den Klimawandel nicht nur dokumentiert, sondern auch Wege aus der Klimakatastrophe aufgezeigt.

Joint Implementation (JI)
Zusammen mit Clean Development Mechanism (CDM) Teil der flexiblen Klimaschutzinstrumente unterschiedlicher Länder. Dabei geht es auch um den Emissionshandel. Es kann zum Beispiel sein, dass ein Land eine Windkraftanlage (oder eine andere Klimaschutzanlage) baut, ein anderes diese Anlage finanziert. Das Geldgeberland hat dann ein Emissionsguthaben. Joint Implementation soll die Zusammenarbeit zwischen reichen Staaten und Entwicklungsländern und deren emissionsrelevanter Wirtschaft fördern.

Klima

Im Gegensatz zum aktuellen Wetter wird als Klima der über eine lange Zeitperiode (mittlerer Zustand des Klimasystems, mindestens dreißig Jahre) beobachtete Zustand bezeichnet, der sich aus vielen Elementen wie Temperatur, Luftdruck, Windsystemen, Niederschlagsmengen und der Intensität der Sonneneinstrahlung sowie geografischen Faktoren wie Längen- und Breitengrad, Höhenlage und Vegetation ergibt. Von »Wetter« spricht man bei aktuellen Beobachtungen.

Klimaarchiv

Es gibt verschiedene Klimaarchive: Das sind einerseits alle natürlichen Quellen, aus denen gespeicherte Klimadaten ersichtlich sind, zum Beispiel das Eis von Nord- und Südpol und der verschiedenen Gletscher. Durch die Untersuchung von Eisbohrkernen erhält man Aufschluss über die Zusammensetzung der Luft in früheren Zeiten sowie über die Vegetationsdecke der Erde (über den Nachweis eingewehter Pollen etc.). Zu natürlichen Klimaarchiven gehören auch Bäume, durch deren Jahresringe der Klimaverlauf nachvollzogen werden kann. Nicht natürliche Klimaarchive sind andererseits etwa historische Überlieferungen in Chroniken, historische Messdaten etc. Dazu gehören Markierungen an Häusern und Gebäuden, die nach Hochwasserereignissen angebracht wurden (Pegelmarken), Berichte über zugefrorene Seen und Flüsse, alte Gemälde.

Klimamodell

Mithilfe der modernen Datenverarbeitung wurde es seit den Siebzigerjahren zunehmend möglich, verschiedene modellhafte Entwicklungsverläufe als Zukunftsprojektion darzustellen. Mit die Ersten, die die Folgen des ungebremsten Wachstums durch Bevölkerungsentwicklung, Vernichtung und Übernutzung natürlicher Lebensgrundlagen berechneten, waren (nicht nur klimabezogen) Dennis Meadow und sein Team. Die Ergebnisse wurden 1972 im Report »Grenzen des Wachstums« des Club of Rome publiziert. Heute spielen Klimamodelle eine wesentliche Rolle bei der Erforschung von Klimaveränderungen und ihren Auswirkungen auf verschiedene Systeme und Regionen. Mit solchen Modellen wird versucht, das Klimageschehen der Gegenwart und der Vergangenheit, aber auch zukünftige Entwicklungen mathematisch abzubilden. Durch die Simulation vergangener Klimaepochen und im Abgleich mit bekannten Daten überprüfen Wissenschaftler die Funktionsfähigkeit der Modelle und versuchen, ihre Genauigkeit bei der Berechnung möglicher künftiger Klimasituationen zu steigern.

Klimawandel / Klimaänderung

Veränderung des Klimas über einen längeren Zeitraum (mindestens dreißig Jahre) hinweg. Als die Dinosaurier lebten, war das Klima wärmer, die Luftfeuchtigkeit höher. Dann folgten Eiszeiten. Die Erde ist ständig einem Klimawandel unterworfen. Die letzte Eiszeit endete vor rund zehntausend Jahren. Dann blieb das Klima konstant. Forscher haben jetzt belegen können, dass die letzten zehn Jahre die wärmsten seit Beginn ihrer Messungen vor hundert Jahren waren. Viele Klimaforscher sind sich einig, dass der Mensch an der Erwärmung der Erde schuld ist.

Kohlendioxidkreislauf
Gehört zu den bedeutendsten Naturkreisläufen; dabei wird der Kohlenstoff, der für alle Lebewesen fundamental ist, zwischen der Luft, dem Boden und den Weltmeeren ausgetauscht. Wird von den Pflanzen Kohlendioxid mithilfe von Sonnenlicht in Kohlenstoff zerlegt (Photosynthese), so bleibt der Kohlenstoff an der Pflanze; der Sauerstoff wird wieder an die Umwelt abgegeben. Solche Organismen »verbrennen« Kohlenstoff mit Sauerstoff zu Kohlendioxid und gewinnen so Energie.

Kontinentaldrift
Die verschiedenen Platten (Kontinente), aus denen die Erdkruste besteht, bewegen sich. Diese Bewegung nennt man Kontinentaldrift. Dabei treiben Kontinente langsam aufeinander zu, was unter anderem zu Erdbeben führt und letztlich auch die Gebirge entstehen ließ (zum Beispiel Alpenbildung durch das Aufeinandertreffen der afrikanischen und der eurasischen Platte oder Bildung des Himalaya durch das Aufeinandertreffen der indischen Platte mit dem südlichen Zentralasien). Zur Kontinentaldrift gehört auch Auseinanderstreben von Erdplatten.

Kraft-Wärme-Kopplung (KWK)
Gilt als ein besonders effizienter Weg, Strom mithilfe von Gas, Kohle oder Öl – und zunehmend auch mit Holzhackschnitzeln, Pellets oder Biogas – so zu produzieren, dass die entstehende Wärme gleich mitgenutzt wird. Weil in vielen Kraftwerken die Wärme nicht genutzt wird, aber gut zwei Drittel der eingesetzten Energie ausmacht, ist die Kraft-Wärme-Kopplung ein wesentlicher Beitrag zur Energievermeidung und Energieeffizienz (Blockheizkraftwerk).

Kyoto-Protokoll
Benannt nach der japanischen Stadt Kyoto, der früheren Hauptstadt im alten japanischen Kaiserreich. In Kyoto fand im Dezember 1997 eine Umweltkonferenz statt, die das Ziel hatte, den Ausstoß von Treibhausgasen weltweit zu verringern. Nach Abschluss der Verhandlungen einigten sich zunächst 159 Vertragsstaaten darauf, dass die wichtigen Industrieländer ihren Ausstoß von Treibhausgasen bis 2012 um 5,2 Prozent senken. Als Berechnungsgrundlage wurde das Jahr 1990 zugrunde gelegt. Der lange Zeit größte Kohlendioxidverschmutzer der Welt, die Vereinigten Staaten, verweigerten die Unterschrift unter das Kyoto-Protokoll, das verbindliche Ziele zur Verringerung des Ausstoßes von Treibhausgasen festgelegt

hat. Erst im Februar 2005 trat das Kyoto-Protokoll in Kraft. Zu diesem Zeitpunkt hatten 168 Staaten das Protokoll ratifiziert – bis auf die USA und Australien.

Methan (CH_4)
Geruchs- und farbloses ungiftiges Gas, das zu Kohlendioxid und Wasser verbrennt (auch Sumpfgas und Erdgas genannt). Methan entsteht durch Gärung und Fäulnis bei biologischen Abbauprozessen organischer Stoffe. Es bildet sich in Sümpfen und Reisfeldern und in der Landwirtschaft (insbesondere in den Mägen von Wiederkäuern). Werden Wälder und Savannen abgebrannt, werden Unmengen von Methan freigesetzt. Aber auch industrielle Prozesse sind durch die Verbrennung fossiler Energieträger am Methanaufkommen beteiligt, das über den natürlichen Prozess hinaus in die Atmosphäre entweicht. In den vergangenen Jahren ist der Methangehalt der Troposphäre immer weiter angestiegen. Dazu trägt auch die Bodenversauerung der Wälder bei, denn versauerte Böden sind weniger in der Lage, Methan zu binden. Methan gilt neben Kohlendioxid (CO_2) als wichtigster Verursacher des Treibhauseffekts. Die Wachstumskurve der Methankonzentration in der Atmosphäre während der vergangenen rund 300 Jahre deckt sich mit der Wachstumskurve der Erdbevölkerung. Das zeigt, dass die zunehmende landwirtschaftliche Nutzung und hier gerade die Zunahme der Rindviehhaltung sowie die Umwandlung von Wäldern in Intensivlandwirtschaftsflächen eine Rolle spielt.

Milankovic-Zyklen
Nach dem Mathematiker und Astronomen Milutin Milankovic (1879–1958) benannt. Der serbische Entdecker beschrieb, dass die Umlaufbahn der Erde innerhalb von rund hunderttausend Jahren zwischen einer annähernd kreisförmigen und einer leichten Ellipsenform schwankt. Das hat Auswirkungen auf den Abstand des Planeten Erde zur Sonne und so letztlich auch auf die Sonnenenergie (Strahlungsmenge), die auf die Erde einstrahlt. Der Neigungswinkel der Rotationsachse der Erde ändert sich nach einer Periode von rund einundvierzigtausend Jahren. Außerdem kommt es circa alle 15.800 Jahre zu einer Kreiselbewegung der Erde. Beide Phänomene führen zu Veränderungen in der Strahlenverteilung auf der Erdoberfläche. Es wird angenommen, dass durch solche Schwankungen auch die letzten Eiszeiten ausgelöst wurden.

Monsun
Ständig zirkulierendes Windsystem, das in einem halbjährlichen Rhythmus auftritt: Im Sommer kommt er vom Meer und bringt viel Niederschlag, im Winter weht er vom Land Richtung Meer. Das Windsystem ist vom Klima abhängig, denn eine starke Erwärmung wirkt sich auf den Monsun aus und ändert dessen Zyklus.

Nachhaltigkeit

Als »nachhaltige Entwicklung« (englisch: sustainable development) wird eine Entwicklung bezeichnet, die gleichermaßen ökologischen, ökonomischen und sozialen Aspekten gerecht wird und kommende Generationen die Möglichkeit erhält, die eigenen Bedürfnisse zu befriedigen. Der Begriff stammt ursprünglich aus der Forstwirtschaft und wurde 1713 bezüglich der Waldbewirtschaftung von Hans Carl von Carlowitz beschrieben. Letztlich bedeutet nachhaltige Forstwirtschaft, nur so viel Holz aus dem Wald zu entnehmen, wie im selben Zeitraum wieder nachwächst. Aspekte der Nachhaltigkeit enthielt schon der Bericht an den Club of Rome unter dem Titel »Grenzen des Wachstums«. 1992 wurde beim Weltumweltgipfel in Rio de Janeiro das Prinzip der Nachhaltigkeit als internationales Leitprinzip der Staatengemeinschaft, von Weltwirtschaft und Weltzivilgesellschaft sowie der Politik in der Agenda 21 verankert.

Ökologie

Die Wissenschaft über die Beziehung der Organismen untereinander und zu ihrer belebten und unbelebten Umwelt (griechisch: oikos = Haus, logos = Geist, Lehre). Der Begriff wurde 1886 von Ernst Haeckel eingeführt. Die Ökologie wird auch als Teildisziplin der Biologie verstanden und in drei Bereiche eingeteilt: Autoökologie beschreibt die Abhängigkeit eines Organismus von seiner Umwelt. Demökologie beschreibt die Wechselwirkungen zwischen Lebewesen einer Art und ihrer Umwelt (Populationsökologie). Die Synökologie beschreibt die Beziehungen der einzelnen Arten einer Biozönose (Lebensgemeinschaft eines Biotops) untereinander und zu ihrer belebten und unbelebten Umwelt. Die Humanökologie beschäftigt sich mit der Struktur- und Funktionslehre des Menschen und seiner Wechselbeziehungen zur Umwelt. Seit Ende der Siebzigerjahre des vorigen Jahrhunderts wird der Begriff »Ökologie« – gerade auch angesichts wachsenden Umweltbewusstseins und einer in viele gesellschaftliche Bereiche hineinreichenden Umweltbewegung – als Synonym für »umweltgerecht«, »umweltverantwortlich«, »umweltbewusst«, »umweltfreundlich« etc. verwendet. »Ökolandbau« bedeutet dann etwa, dass nach Kriterien gearbeitet wird, bei denen natürliche Kreisläufe beachtet und möglichst nicht oder so wenig wie möglich negativ beeinflusst werden. Ökologisch orientierte Politik, welche die Erhaltung der Biodiversität und eine nachhaltige Wirtschaftsweise zum Ziel hat, die die natürlichen Ressourcen nicht übernutzt.

Ökologischer Fußabdruck

Definition der Spur, die der Mensch durch den Verbrauch von Ressourcen wie Nahrungsmittel, Holz, Siedlungsraum etc. und durch anthropogene Emissionen (insbesondere Kohlendioxid) auf der Erde hinterlässt. Der Wissenschaftler Mathis Wackernagel kam 2002 zusammen mit einem Wissenschaftsteam zu dem Schluss, dass der Ressourcenverbrauch der Menschheit zu diesem Zeitpunkt rund 20 Prozent über der ökologischen Tragfähigkeit der Erde lag. Eine nachhaltige beziehungsweise ausgeglichene Bilanz der Einwirkungen der Menschen auf die Erde und der Tragfähigkeit des Naturkreislaufs war nach den Annahmen von Wackernagel zuletzt in den Achtzigerjahren gegeben (Club of Rome).

Ozon (O_3)
Spurengas, das aus drei Sauerstoffatomen besteht. Bodennahes Ozon, das vor allem während der heißen Sommermonate entsteht, wird häufig mit dem stratosphärischen Ozon verwechselt. Beim bodennahen Ozon handelt es sich jedoch um klassischen Sommersmog; eine gesundheitsschädliche Konzentration aus Stickoxiden, Kohlenwasserstoffen und Kohlenmonoxid. Was unten auf der Erde gesundheitsschädlich ist, wird oben in der Stratosphäre dringend gebraucht. Ozon ist ein starkes Oxidationsmittel, das nach kurzer Zeit in normalen Sauerstoff zerfällt. Es wird gebildet, wenn durch Energiezufuhr O_2 in Sauerstoffatome zerlegt wird, die mit weiteren Sauerstoffatomen reagieren. Ozon entsteht unter anderem durch Blitzschlag, UV-Strahlung, elektrische Entladungen von Hochspannungen (zum Beispiel Hochspannungsleitungen, aber auch Laserdrucker, Kopiergeräte). Im Hinblick auf die Umweltauswirkungen muss zwischen Stratosphäre und Troposphäre unterschieden werden. Während Ozon in der Stratosphäre die für das Leben auf der Erde wichtige Ozonschicht bildet, gefährdet ein starker Anstieg des Ozons in der Troposphäre durch Klimabeeinflussung und auch Giftigkeit die Vegetation. In der Stratosphäre, in einer Höhe von rund 20 bis 50 Kilometern, wird unter Einfluss von UV-Strahlung die sogenannte Ozonschicht aufgebaut, ein lebensnotwendiger Schutzschild gegen die UV-Strahlung. Durch den Schadstoffeintrag – insbesondere durch Fluorchlorkohlenwasserstoffe (FCKWs) sowie Chlorfluorkohlenwasserstoffe (CFK) – wird die Ozonschicht abgebaut, was eine große Gefahr für das Leben auf der Erde darstellt (Zunahme von Hautkrebs, grauer Star etc.). Verringert sich die Ozonschicht um mehr als 50 Prozent, spricht man auch vom Ozonloch. Dies zeigt sich insbesondere im Bereich der Pole, denn die wichtigsten, das Ozon zerstörenden Reaktionen erfolgen erst bei Temperaturen von minus 80 Grad. Die gesamte Südhalbkugel (insbesondere Australien und Neuseeland) ist durch das antarktische Ozonloch und die davon ausgehenden Ausgleichseffekte in der Stratosphäre betroffen. Die Hautkrebsrate hat bedenklich zugenommen. Wissenschaftler gehen davon aus, dass mit jedem Prozent weniger Ozon in der Stratosphäre die UV-Strahlung um zwei Prozent zunimmt. Als bedeutendste Maßnahme gegen den Ozonabbau in der Stratosphäre gilt die Eindämmung von Schadstoffemissionen, insbesondere von FCKWs und CFKs, die in Lösungsmitteln, Treibgasen, Kühlmitteln sowie Schaum- und Isoliermitteln enthalten sind. Während in der Stratosphäre die Abnahme des Ozons, das für das Überleben von Mensch, Tier und Pflanze erforderlich ist, zum Problem wird, stellt in den unteren Schichten der Atmosphäre die Zunahme des Ozons ein großes Problem dar. In

den unteren Schichten bildet sich insbesondere in den Sommermonaten Ozon bei gleichzeitigem Aufkommen von Stickoxiden, Kohlenwasserstoffen, Kohlenmonoxid und Sonnenlicht. Zu viel bodennahes Ozon beeinträchtigt die Gesundheit vieler Menschen

Pedosphäre
Bezeichnung für den gesamten Lebensraum Boden. Zur Pedosphäre gehört die an der Erdoberfläche vorkommende, durch Verwitterung der Gesteine hervorgegangene Menge von Gestein- und Mineralbruchstücken sowie deren Umbildungsprodukte – vermischt mit einer kleineren oder größeren Menge sich noch zersetzender oder schon zu Humus verwandelter organischer Bestandteile. Der Begriff ist aus dem Griechischen abgeleitet: »pedos« (eben) und »sphaira« (Kugel). Im Bereich der Pedosphäre überschneiden sich Litosphäre, Hydrosphäre, Biosphäre und Atmosphäre.

Permafrost
Boden, der über viele Jahre hindurch ganzjährig gefroren ist. Permafrost oder Dauerfrost gibt es im hohen Norden überall dort, wo die Temperatur ganzjährig unter null Grad bleibt, zum Beispiel in Teilen von Sibirien, Nordkanada, Alaska und Grönland. Andere Permafrostböden gibt es in den Hochgebirgen (Anden, Alpen, Himalaya). In dem gefrorenen Boden sind große Mengen Methan gebunden. Würde das Klimagas (insbesondere Kohlendioxid / CO_2 und Methan) beim Auftauen der Böden frei, würde sich die Erderwärmung extrem verstärken. 25 Prozent der Oberfläche der Kontinente sind gegenwärtig noch sogenannte Dauerfrostböden. Der Dauerfrost reicht in Skandinavien bis in 20 Meter Tiefe, in Sibirien bis in 1,5 Kilometer Tiefe.

Photovoltaikanlagen
Umwandlung von Sonnenlicht (Strahlungsenergie) in elektrische Energie. Die Umwandlung findet mittels Solarzellen statt. Solarzellen sind Halbleiterbauelemente, die Licht (griech.: »photos«) direkt in elektrischen Strom (Volt) umwandeln können. Das wird auch als photovoltaischer Effekt bezeichnet, und von daher ist der Begriff »Photovoltaik« abgeleitet. Als Grundmaterial für die Herstellung von Solarzellen wird in der Regel Silizium verwandt.

Ppm
Parts per Million. Sogenannte Hilfsmaßeinheit. Wörtlich bezeichnet dies Teile pro Million, also ein oder mehrere Millionstel. So werden etwa Luft-Schadstoffanteile im Hinblick auf die Menge als ppm angegeben.

Rat für Nachhaltige Entwicklung (RNE)
2001 wurde der Rat für Nachhaltige Entwickelung, dem 15 Personen angehören, von der Bundesregierung berufen. Im Kern geht es um die Umsetzung einer deutschen Nachhaltigkeitsstrategie, um globale Ziele zur Klima- und Rohstoffpolitik, um Ökolandbau, Stadtentwicklung und Beiträge zum nachhaltigen Wirtschaften.

RLT
RLT ist die Abkürzung für »Raumlufttechnik«. Als Raumlufttechnik werden Technologien zur Klimaregelung in geschlossenen Räumen bezeichnet.

Rückversicherung
Quasi eine Versicherung für Versicherungen. Bei großen Katastrophen wie zum Beispiel Erdbeben oder Stürmen können kleinere Versicherungsgesellschaften das Risiko nicht allein tragen und eventuelle Schäden vollständig abdecken. In Katastrophenfällen sind Versicherungen deshalb durch eine Rückversicherung geschützt, die im Katastrophenfall einspringen kann. Bei der drohenden Klimakatastrophe mit verheerenden Schadensfällen stoßen aber auch Rückversicherer an Grenzen. Die Münchener Rück – sensibilisiert durch ihr Geschäftsfeld – gehörte zu den ersten Unternehmen, die auf Probleme der zunehmenden Klimaerwärmung (Erderwärmung, globale Erwärmung) aufmerksam machten. 1974 wurde bei der Münchener Rück der Fachbereich Geo-Risiko-Forschung (GRF) eingerichtet, der sich nicht nur um die Aufarbeitung von Daten verdient machte, sondern auch nachhaltig für Umwelt- und Klimaschutz eintritt.

Saurer Regen
Werden fossile Brennstoffe verbrannt, wird der darin enthaltene Schwefel zum Großteil in gasförmiges Schwefeldioxid (SO_2) umgewandelt. Bei Verbrennungen entstehen infolge der Reaktion des Luftstickstoffs mit dem Luftsauerstoff auch gasförmige Stickoxide (NOx). Als sogenannte Säurebildner reagieren SO_2 und NOx mit Luftsauerstoff und Wasser zu Säuren. Diese Säurebildung gilt als Ursache für den sauren Regen. Bodenversauerung zerstört das biologische Gleichgewicht des Bodens. In Gewässern kommt es zur Übersäuerung, sodass Fische sterben und – bei hohen Konzentrationen – kein Leben mehr darin möglich ist.

Schelfeis
Gigantische Eisplatten, die sich direkt vor der Küste auf dem Meerwasser befinden. Sie treiben jedoch nicht frei, sondern hängen an einem Gletscher, der sich allmählich über das Land Richtung Meer schiebt. An der äußeren Kante des Schelfeises brechen Eisberge ab. Dieses Naturschauspiel wird als »kalben« bezeichnet. Schelfeis ist zwischen 200 und 1.000 Meter dick. Die größten Schelfeis-

platten gibt es in der Antarktis: Das Ross-Schelfeis ist über 487.000 Quadratkilometer groß, das Filchner-Ronne-Schelfeis 449.000 Quadratkilometer.

Solarenergie
Alle Energie auf der Erde ist Solarenergie – abgesehen von der Erdwärme, der Gezeitenenergie und der aus Uran gewonnenen Atomenergie. Auch fossile Energieträger wie Erdöl, Erdgas und Kohle verdanken sich der Hilfe des Sonnenlichts, denn die Pflanzen, aus denen diese Energieträger entstanden sind, konnten letztlich nur mithilfe der Photosynthese wachsen. Auch Biomasse und Biogas können nur entstehen, wenn zuvor mithilfe des Sonnenlichts das pflanzliche Ausgangsmaterial gedeiht. Als Solarenergie wird die Strahlungsenergie der Sonne verstanden, die sich auf der Erde technisch nutzen lässt. Insofern spricht man von Solarenergie im engeren Sinne dann, wenn die Sonneneinstrahlung mittels Solarzellen (Photovoltaik) zur Stromerzeugung oder in Solarkraftwerken zur Gewinnung von Hochtemperaturwärme und Strom oder im Rahmen von Solararchitektur (Passivhaus) direkt genutzt wird. Solarenergie ist die einzige Energie, die das ganze Jahr über unbegrenzt und kostenlos zur Verfügung steht (Regenerative Energiequellen).

Stickoxid NOx
Mit der Formel NOx werden die Gase Stickstoffmonoxid (NOx) und Stickstoffdioxid (NO_2) zusammengefasst. Stickoxide entstehen bei allen Verbrennungsvorgängen und sind eine Verbindung aus dem Stickstoff der Luft und dem Sauerstoff. Natürliche Quellen der Stickoxide sind vor allem die Ozeane, Blitze und die Ammoniumoxidation sowie verschiedene Bodenschichten. Durch den Menschen verursachte Stickoxidemissionen haben ihren Ursprung in der Verbrennung fossiler Energieträger, außerdem entstehen sie durch Flugzeugbetrieb in großer Höhe. In der Luft reagiert Stickoxid weiter und wird zum gesundheitsschädlicheren Distickstoffoxid (N_2O). Aus Stickstoffoxid (NO_2) bildet sich unter bestimmten Bedingungen auch Salpetersäure, die wiederum zu einem Drittel am sauren Regen beteiligt ist. Mithilfe des Sonnenlichts können Stickoxide – auch zu gefährlichen Photooxidantien reagieren. Dazu gehört das Ozon, welches in Bodennähe Hauptbestandteil des in der warmen Jahreszeit zunehmend stattfindenden Sommersmogs ist. Dreiwegekatalysatoren, wie sie nach den gesetzlichen Regelungen in Fahrzeugen eingebaut werden müssen, sind ein Beitrag zur Reduzierung der Stickoxide.

Stockholm-Konferenz
Erste große Umweltkonferenz der Vereinten Nationen im Juni 1972; gilt als Beginn multinationaler Umweltpolitik. Weil diese Konferenz am 5. Juni begann, wird seitdem am 5. Juni der Internationale Tag der Umwelt begangen.

Stratosphäre
Die Stratosphäre liegt in einer Höhe von 10 bis 50 Kilometer über der Erdoberfläche und hat einen hohen Ozongehalt, aber kaum Wasserdampf. Deshalb bilden sich hier fast keine Wolken.

Strom
Gilt als sogenannter veredelter Energieträger und ist eigentlich in allen Bereichen einsetzbar. Je nachdem, ob Strom mittels fossiler Brennstoffe oder regenerativer Energiequellen hergestellt wird, ist damit eine Klima- und Umweltbelastung verbunden oder eher nicht.

Sustainable Development
Bedeutet »nachhaltige Entwicklung« (Nachhaltigkeit). 1992 bekam der Begriff, der ursprünglich aus der Forstwirtschaft stammt, weltweite Bedeutung: Nachhaltigkeit spielte bei der in Rio de Janeiro verabschiedeten Agenda 21 eine große Rolle. Legt man einen Wald zugrunde, heißt Nachhaltigkeit, dass man nie mehr Bäume abholzt, als von selbst nachwachsen oder als man wieder anpflanzt. Anders ausgedrückt: nur von den Zinsen der Natur leben und das Kapital für kommende Generationen unangetastet lassen.

Taifun
Tropischer Wirbelsturm, der sich in Südostasien austobt. In den USA spricht man von einem Hurrikan, im Bereich des Indischen Ozeans von Zyklon.

Thermischer Gefahrenindex
Steigt die Temperatur über den »Behaglichkeitsbereich« (von null bis 20 Grad gefühlte Temperatur) an, ist der Organismus stärker beansprucht; eine gesundheitliche Gefährdung ist in beide Richtungen (wärmer oder kälter) möglich. Die Reaktionen des menschlichen Körpers sind zu einem gewissen Grad individuell, doch die Gesundheitsgefährdung ist über 38 Grad und unter minus 39 Grad sehr hoch! Es gibt auch einen Gefahrenindex für den Pollenflug und die UV-Strahlung. Details hat der Deutsche Wetterdienst veröffentlicht.

Treibhauseffekt
Führt zur Erderwärmung, wenn ein großer Teil der Energie der Sonne auf der Erdoberfläche bleibt und nicht ins All zurückgestrahlt werden kann. Es gibt den natürlichen Treibhauseffekt, der dafür sorgt, dass auf der Erde eine mittlere Temperatur von circa 14 Grad herrscht. Ohne diesen Effekt würde die Durchschnittstemperatur bei minus 18 Grad liegen. Der vom Menschen verursachte Treibhauseffekt (»anthropogener« Treibhauseffekt) entsteht, wenn Treibhausgase wie Kohlendioxid die Luftschichten erwärmen, weil sie den Austritt der Strahlung aus der Erdatmosphä-

re verhindern. Der Begriff »Treibhauseffekt« geht auf den französischen Physiker Joseph Fourier zurück, der Anfang des 19. Jahrhunderts die These aufstellte, dass Wasserdampf, Kohlendioxid, Wolken und Spurengase wie das Glasdach bei einem Treibhaus wirken. Die Menschheit verstärkt den natürlichen Treibhauseffekt seit der industriellen Revolution durch die vermehrte Freisetzung von Treibhausgasen infolge der Verbrennung fossiler Energieträger und der Abholzung der Wälder sowie durch intensive Landwirtschaft. Die auf die Erde tagsüber einfallende Sonnenstrahlung wird von der Atmosphäre sowie vom Erdboden in Form von Wärme gespeichert und nachts als Infrarotstrahlung in den Weltraum abgegeben. Dies verursacht die nächtliche Abkühlung. Von den klimarelevanten Spurengasen in der Troposphäre wird ein Teil dieser Abstrahlung absorbiert und reflektiert. Somit fängt die Schicht der klimarelevanten Spurengase wie ein Gewächshaus Sonnenenergie ein, indem Sonnenstrahlen eingelassen und die Infrarotstrahlung zurückgehalten werden. Die wichtigsten Treibhausgase sind Kohlendioxid (CO_2), Methan (CH_4), Fluorchlorkohlenwasserstoff (FCKWs), troposphärisches Ozon (O_3), Distickstoffoxid (N_2O).

Treibhausgase (THG)
Hierzu gehören Kohlendioxid (CO_2), Fluorchlorkohlenwasserstoffe (FCKWs), Methan, Distickstoffoxid (N_2O), Ozon (O_3) und vor allem Wasserdampf mit einem Anteil von 60 Prozent. Wie das Glasdach eines Treibhauses verhindern sie die Rückstrahlung der Wärme von der Erde ins All.

Troposphäre
Die unterste Schicht der Atmosphäre. Sie reicht bis in 10 Kilometer Höhe. Die Troposphäre ist die Wetterküche des Planeten; hier findet eine starke Durchmischung der Luftmassen statt.

Umweltverträglichkeitsprüfung (UVP)
Basis für die Minimierung von Eingriffen in Natur und Umwelt. Letztlich kann man nur durch intensive Prüfung von Prozessen, Maßnahmen etc. identifizieren, mit welchen Auswirkungen auf Ökosysteme zu rechnen ist. Für viele Maßnahmen sind Umweltverträglichkeitsprüfungen gesetzlich vorgeschrieben.

UNEP
United Nations Environment Programme, die Umweltorganisation der Vereinten Nationen. Ein Schwerpunkt der Arbeit von UNEP gilt der Begrenzung des Klimawandels. Generell geht es der UN-Umweltorganisation um Nachhaltigkeit und die Schonung wertvoller Ressourcen. Über die UN sollen einzelne Staaten mit ihren Umweltprogrammen zusammengeführt werden. Sitz der UNEP ist Nairobi (Kenia).

UNFCCC (United Nations Framework Convention on Climate Change) / Klimarahmenkonvention

Die Klimarahmenkonvention wurde auf dem Umweltgipfel 1992 in Rio de Janeiro beschlossen. Es handelt sich allerdings nur um eine unverbindliche Erklärung der Staatengemeinschaft, die weitere Aufwärmung der Erdatmosphäre so einzudämmen, dass keine bleibenden Schäden entstehen. Heute sind sich Wissenschaftler darüber einig, dass eine weitere Erderwärmung von durchschnittlich 2 °C wohl nicht mehr zu verhindern sein wird. Ziel ist es deshalb, die Erhöhung der globalen Durchschnittstemperatur auf 2 °C zu begrenzen.

UNO (United Nations Organization)

Vereinte Nationen; internationale Organisation mit Sitz in New York. Hauptaufgaben sind die Sicherung des Weltfriedens, das Wachen über die Einhaltung des Völkerrechts, der Schutz der Menschenrechte und die Förderung der internationalen Zusammenarbeit.

UV-Strahlung

Der kurzwellige, ultraviolette Wellenbereich der Sonnenstrahlung, UV-Strahlung ist für die meisten Organismen schädlich. Durch die Ozonschicht (Ozon) wird die UV-Strahlung in einer Höhe von rund 15 bis 30 Kilometer Höhe absorbiert (Ozonloch).

Wärmerückgewinnung

Sammelbegriff für solche technischen Verfahren, bei denen thermische Energie, die an die Umgebung abgegeben wird, teilweise zurückgewonnen und nutzbar gemacht werden kann. Für die Wärmerückgewinnung kommen Wärmeüberträger zum Einsatz, mit denen zum Teil 90 Prozent der Wärme zurückgewonnen werden können. Ist die Temperatur nicht hoch genug, um Wärmeüberträger nutzbringend einsetzen zu können, können in manchen Fällen auch Wärmepumpen verwendet werden.

WBGU

Abkürzung für »Wissenschaftlicher Beirat der Bundesregierung Globale Umweltveränderungen«.

WCP (World Climate Programme)

Das Weltklimaprogramm wurde 1979 ins Leben gerufen.

WHO (World Health Organization)

Diese Sonderorganisation der Vereinten Nationen (UNO) sitzt in Genf. Die WHO wurde 1948 gegründet und versteht sich als leitende und koordinierende Behörde des internationalen Gesundheitswesens. Dazu gehören auch die Verbesserung der hygienischen Verhältnisse, etwa dadurch, dass den Menschen Zugang zu Frischwasser verschafft wird, und die Eindämmung von Seuchen und Epidemien. Die WHO hat auch zum Ziel, das soziale Nord-Süd-Gefälle abzubauen.

Windenergie
Windenergie wird schon lange von den Menschen genutzt, zum Beispiel durch Segelschiffe, Ballons, insbesondere aber auch durch Windmühlen. Seit den Siebzigerjahren wurden effizient arbeitende Windenergieanlagen entwickelt, die die kinetische Energie des Windes in elektrische Energie umwandeln. In Deutschland wird mittlerweile mehr Energie aus Windkraft als aus Wasserkraft erzeugt. Für den Ersatz fossiler Energieträger spielt die Nutzung der Windkraft durch Windkraftanlagen eine große Rolle. Deswegen werden große Anlagen als sogenannte Offshore-Installationen in der Nord- und Ostsee gebaut. Die Nutzung von Windenergie im Süden Deutschlands ist dagegen begrenzt.

WMO (World Meteorological Organization)
Die Weltorganisation für Meteorologie ist eine Unterorganisation der UNO mit Sitz in Genf und beschäftigt sich mit der Definition (Standardisierung) und der Förderung des internationalen Austauschs von klimarelevanten Daten.

Zirkumpolarstrom
Im Uhrzeigersinn die Antarktis umkreisender Meeresstrom. Umfließt alle kontinentalen Barrieren der Erde.

Zyklon
Tropischer Wirbelsturm im Bereich des Indischen Ozeans und des Südpazifiks; ursprünglich bezeichnete der Begriff ein Tiefdruckgebiet.

Wer macht was?
Nützliche Adressen

> *»Vielleicht gibt es schönere Zeiten;*
> *aber diese ist die unsere.«*
>
> Jean Paul Sartre (1905-1980)

Bundesministerien, Bundesbehörden und Bundeseinrichtungen, die sich mit dem Klimawandel und dessen Auswirkungen sowie Klimavorsorge und nachhaltiger Entwicklung beschäftigen (D, A, CH)

Deutschland

Bundesamt für Naturschutz (BfN), Bonn
www.biologischevielfalt.bfn.de

Bundesministerium für Bildung und Forschung (BMBF),
Berlin und Bonn
www.bmbf.de

Bundesministerium für Umwelt, Naturschutz und nukleare Sicherheit (BMUB),
Berlin und Bonn
www.bmub.bund.de

Umweltbundesamt (UBA), Dessau-Roßlau
www.umweltbundesamt.de
www.klimaschuetzen.de

Statistisches Bundesamt (Destatis), Wiesbaden
www.destatis.de

Bundesamt für Wirtschaft und Ausfuhrkontrolle (BAFA), Eschborn
www.bafa.de

Bundesanstalt für Arbeitsschutz und Arbeitsmedizin (BAuA), Dortmund
www.baua.de

Wissenschaftlicher Beirat der Bundesregierung Globale Umweltveränderungen (WBGU), Berlin
www.wbgu.de

Österreich

Bundesministerium für Nachhaltigkeit und Tourismus (BMNT), Wien
www.bmnt.gv.at

Umweltbundesamt, Wien

www.umweltbundesamt.at

Schweiz

Bundesamt für Umwelt (BAFU), Bern
www.bafu.admin.ch

Eidgenössisches Department für Umwelt, Verkehr, Energie und Kommunikation (UVEK), Bern
www.uvek.ch

Organe consultatif sur les changements climatiques (OcCC) – Beratendes Organ für Fragen der Klimaänderung, Bern
www.occc.ch

Landesumweltministerien in Deutschland

Ministerium für Umwelt, Klima und Energiewirtschaft Baden-Württemberg (UM), Stuttgart
www.um.baden-wuerttemberg.de

Bayerisches Staatsministerium für Umwelt und Verbraucherschutz (StMUV), München
www.stmuv.bayern.de

Berlin – Senatsverwaltung für Stadtentwicklung und Wohnen
www.stadtentwicklung.berlin.de

Ministerium für Ländliche Entwicklung, Umwelt und Landwirtschaft (MLUL) des Landes Brandenburg, Potsdam
www.mlul.brandenburg.de

Bremen – Der Senator für Umwelt, Bau und Verkehr
www.bauumwelt.bremen.de

Hamburg – Behörde für Umwelt und Energie
www.hamburg.de/bue

Hessisches Ministerium für Umwelt, Klimaschutz, Landwirtschaft und Verbraucherschutz (HMUKLV), Wiesbaden
www.umwelt.hessen.de

Ministerium für Landwirtschaft und Umwelt (MLU) des
Landes Mecklenburg-Vorpommern, Schwerin
www.um.mv-regierung.de

Niedersächsisches Ministerium für Umwelt, Energie, Bauen und
Klimaschutz, Hannover
www.umwelt.niedersachsen.de

Ministerium für Umwelt, Landwirtschaft, Natur- und Verbraucherschutz
des Landes Nordrhein-Westfalen (MULNV), Düsseldorf
www.umwelt.nrw.de

Ministerium für Umwelt, Energie, Ernährung und Forsten Rheinland-Pfalz
(MUEEF), Mainz
www.mueef.rlp.de

Saarland – Ministerium für Umwelt und Verbraucherschutz, Saarbrücken
www.umwelt.saarland.de

Sächsisches Staatsministerium für Umwelt und Landwirtschaft (SMUL), Dresden
www.smul.sachsen.de

Ministerium für Umwelt, Landwirtschaft und Energie des Landes
Sachsen-Anhalt (MULE), Magdeburg
www.mule.sachsen-anhalt.de

Ministerium für Energiewende, Landwirtschaft, Umwelt, Natur und Digitalisierung des Landes Schleswig-Holstein (MELUND), Kiel
www.melund.schleswig-holstein.de

Thüringer Ministerium für Umwelt, Energie und Naturschutz (TMUEN), Erfurt
www.umwelt.thueringen.de

Wissenschaftliche Institutionen, Forschungszentren und staatliche Einrichtungen, die sich mit Fragen der globalen Klimaerwärmung befassen (D, A, CH und international)

Alfred-Wegener-Institut für Polar- und Meeresforschung (AWI),
Bremerhaven
www.awi.de

Centrum für Erdsystemforschung und Nachhaltigkeit der Universität Hamburg
(CEN), Hamburg
www.cen.uni-hamburg.de

Chartered Institution of Water and Environmental Management (CIWEM), London
www.ciwem.org

Columbia University – The Earth Institute, New York
www.earth.columbia.edu

Commission on Sustainable Development (CSD), New York
https://sustainabledevelopment.un.org/

De Montfort University – Institute of Energy and Sustainable Development, Leicester
www.iesd.dmu.ac.uk

Deutsche Energie-Agentur GmbH (dena), Berlin
www.dena.de

Deutsche Gesellschaft für Internationale Zusammenarbeit (GIZ) GmbH, Bonn und Eschborn
www.giz.de

Deutsche UNESCO-Kommission e.V., Bonn
www.unesco.de

Deutscher Wetterdienst (DWD), Offenbach
www.dwd.de

Deutsches Institut für Wirtschaftsforschung e. V. (DIW Berlin), Berlin
www.diw.de

Europarat, Straßburg
www.coe.int

Europäische Kommission (EK), Brüssel
www.ec.europa.eu

Europäische Umweltagentur (EUA), Dänemark
www.eea.europa.eu

Food and Agriculture Organization of the United Nations (FAO), Rom
www.fao.org

GEOMAR Helmholtz-Zentrum für Ozeanforschung Kiel, Kiel
www.geomar.de

Global Environment Facility (GEF), Washington, DC
www.thegef.org

Goethe-Universität Frankfurt am Main – Institut für Atmosphäre und Umwelt
www.geo.uni-frankfurt.de/iau/

Grantham Institute – Climate Change and the Environment, London
www.imperial.ac.uk/grantham/

GRID-Arendal, Arendal
www.grida.no/climate

Institut für Meteorologie und Klimaforschung – Karlsruher Institut für Technologie (KIT), Karlsruhe
www.imk.kit.edu

Institut für transformative Nachhaltigkeitsforschung (IASS), Potsdam
www.iass-potsdam.de

Institute for Advanced Sustainability Studies – IASS Potsdam
www.iass-potsdam.de

Institute of Meteorology and Climate Research –
Atmospheric Environmental Research (IMK-IFU),
Garmisch-Partenkirchen
www.imk-ifu.kit.edu

Intergovernmental Panel on Climate Change (IPCC), Genf
www.ipcc.ch

Klimabündnis Österreich, Wien
www.klimabuendnis.at

International Energy Agency (IEA), Paris
www.iea.org

International Union for Conservation of Nature (IUCN), Gland
www.iucn.org

Leibniz-Institut für Troposphärenforschung e.V. (TROPOS), Leipzig
www.tropos.de

Max-Planck-Institut für Meteorologie (MPI-M), Hamburg

www.mpimet.mpg.de

Münchener Rückversicherungs-Gesellschaft (Munich Re), München
www.munichre.com

National Aeronautics and Space Administration, Washington, DC
www.nasa.gov

National Oceanic and Atmospheric Administration (NOAA),
Washington DC
www.noaa.gov

Organisation für wirtschaftliche Zusammenarbeit und Entwicklung (OECD), Paris
www.oecd.org

Potsdam-Institut für Klimafolgenforschung (PIK), Potsdam
www.pik-potsdam.de

Senckenberg Biodiversität und Klima Forschungszentrum (SBIK-F), Senckenberg Naturkundemuseum, Frankfurt am Main
www.bik-f.de
www.senckenberg.de

Technische Universität Berlin – Institut für Ökologie
(Fachgebiet Klimatologie), Berlin
www.klima.tu-berlin.de

The World Bank, Washington, DC
www.worldbank.org

United Nations Development Programme (UNDP), New York
www.undp.org

United Nations Educational, Scientific and Cultural Organization (UNESCO), Paris
www.unesco.org

United Nations Environment Programme (UNEP), Nairobi
www.unep.org

United Nations Framework Convention on Climate Change (UNFCCC), Bonn
www.unfccc.int

Universität Freiburg – Institut für Physische Geographie, Freiburg
www.geographie.uni-freiburg.de/ipg

Universität für Bodenkultur Wien (BOKU) – Institut für Meteorologie (BOKU-Met), Wien
www.boku.ac.at
www.wau.boku.ac.at/met/

Universität Hohenheim – Lehrstuhl für Nachhaltigkeitsmanagement, Stuttgart
https://sustainability.uni-hohenheim.de/

University of Cambridge – Scott Polar Research Institute, Cambridge
www.spri.cam.ac.uk

University of Oxford – Environmental Change Institute (ECI), Oxford
www.eci.ox.ac.uk

University of Sussex – Institute of Development Studies (IDS), Brighton
www.ids.ac.uk

Wissenschaftlicher Beirat der Bundesregierung Globale
Umweltveränderungen (WBGU), Berlin
www.wbgu.de

World Meteorological Organization (WMO), Genf
www.wmo.ch

Wuppertal Institut für Klima, Umwelt, Energie gGmbH, Wuppertal
www.wupperinst.org

Zentralanstalt für Meteorologie und Geodynamik (ZAMG), Wien
www.zamg.ac.at

**Verbände, Stiftungen und Institutionen, die sich mit Umweltschutz,
Klimavorsorge und nachhaltiger Entwicklung beschäftigen**

Allianz Umweltstiftung, Berlin
www.allianz-umweltstiftung.de

Arbeitsgemeinschaft für sparsamen und umweltfreundlichen Energieverbrauch
e.V. (ASUE), Berlin
www.asue.de

Arbeitsgemeinschaft Natur- und Umweltbildung Bundesverband e.V. (ANU),
Frankfurt am Main
www.umweltbildung.de

Bundesdeutscher Arbeitskreis für Umweltbewusstes Management e.V. (B.A.U.M),
Hamburg
www.baumev.de

Bund für Umwelt und Naturschutz Deutschland e.V. (BUND), Berlin
www.bund.net

Bund Heimat und Umwelt in Deutschland e.V. (BHU), Bonn
www.bhu.de

Bundesverband Bürgerinitiativen Umweltschutz e.V. (BBU), Bonn
www.bbu-online.de

Bundesweiter Arbeitskreis der staatlich getragenen Bildungsstätten im Natur-
und Umweltschutz (BANU), Wetzlar
www.banu-akademien.de

Deutsche Bundesstiftung Umwelt (DBU), Osnabrück
www.dbu.de

Deutsche Stiftung Weltbevölkerung (DSW), Hannover
www.dsw.org

Deutsche Umwelthilfe e.V. (DUH), Radolfzell
www.duh.de

Deutsche Welthungerhilfe e.V., Bonn
www.welthungerhilfe.de

Deutsche Wildtier Stiftung, Hamburg
www.deutschewildtierstiftung.de

Deutscher Alpenverein e.V. (DAV), München
www.alpenverein.de

Deutscher Naturschutzring (DNR), Berlin
www.dnr.de

Deutscher Rat für Landespflege (DRL), Bonn
www.landespflege.de

Deutscher Rat für Vogelschutz e.V. (DRV), Hilpoltstein
www.drv-web.de

econsense – Forum Nachhaltige Entwicklung der Deutschen Wirtschaft e. V., Berlin
www.econsense.de

EuroNatur – Stiftung Europäisches Naturerbe, Radolfzell
www.euronatur.org

EUROPARC Deutschland e.V., Berlin
www.europarc-deutschland.de

Foodwatch e.V., Berlin
www.foodwatch.org

Germanwatch e.V., Bonn
www.germanwatch.org

Das Global Carbon Project (GCP) ist ein Wissenschaftsverbund, an dem zahlreiche Universitäten und andere wissenschaftliche Einrichtungen beteiligt sind.
www.globalcarbonproject.org

GlobeClimate – die Klimaschutzinitiative der gemeinnützigen Stiftung NatureLife-International, Ludwigsburg
www.globeclimate.com

Greenpeace e.V., Hamburg
www.greenpeace.de

Hamburger Bildungsserver
www.hamburger-bildungsserver.de

Internationale Alpenschutzkommission – Commission Internationale pour la Protection des Alpes (CIPRA), Liechtenstein
www.cipra.org

Karl-Oskar Koenigs-Stiftung Nationalparke, Grafenau
www.koenigs-stiftung.de

Klima-Bündnis der europäischen Städte mit indigenen Völkern der Regenwälder I Alianza del Clima e.V., Frankfurt am Main
www.climatealliance.org

Michael Otto Stiftung für Umweltschutz, Hamburg
www.michaelottostiftung.de

Michael Succow Stiftung zum Schutz der Natur, Greifswald
www.succow-stiftung.de

NaturFreunde Deutschlands e.V. – Verband für Umweltschutz, sanften Tourismus, Sport und Kultur, Berlin
www.naturfreunde.de

NatureLife-International – Stiftung für Umwelt, Bildung und Nachhaltigkeit, Ludwigsburg
www.naturelife-international.org

Naturschutzbund Deutschland e.V. (NABU), Berlin
www.nabu.de

Oxfam International, Nairobi
www.oxfam.org

ROBIN WOOD e.V., Bremen
www.robinwood.de

Schutzgemeinschaft Deutscher Wald, Bundesverband e.V. (SDW), Bonn
www.sdw.de

Selbach-Umwelt-Stiftung, München
www.selbach-umwelt-stiftung.org

Stiftung Energie & Klimaschutz Baden-Württemberg, Karlsruhe
www.energieundklimaschutzbw.de

Stiftung Naturschutz Berlin, Berlin
www.stiftung-naturschutz.de

Umweltstiftung World Wide Fund For Nature (WWF) Deutschland, Berlin
www.wwf.de

Verband Deutscher Naturparke e.V. (VDN), Bonn
www.naturpark.de

Verein zum Schutz der Bergwelt e.V. (VzSB), München
www.vzsb.de

Zoologische Gesellschaft Frankfurt von 1858 e.V. (ZGF), Frankfurt
www.zgf.de

Initiativen und Institutionen, die sich mit Vermeidung von klimaschädlichen Emissionen und CO_2-Kompensation befassen

Atmosfair gGmbH, Berlin
www.atmosfair.de

ClimatePartner GmbH, München
www.climatepartner.com

GlobeClimate – die Klimaschutzinitiative der gemeinnützigen Stiftung
NatureLife-International, Ludwigsburg
www.globeclimate.com

NatureLife-International – Stiftung für Umwelt, Bildung und Nachhaltigkeit,
Ludwigsburg
www.naturelife-international.org

Stiftung myclimate – The Climate Protection Partnership, Zürich
www.myclimate.org

Akademien und Umweltbildungsstätten der Bundesländer

Dachorganisation der Einrichtungen zur ökologischen Bildungsarbeit:
Bundesweiter Arbeitskreis der staatlich getragenen Bildungsstätten
im Natur- und Umweltschutz (BANU)
www.banu-akademien.de

Baden-Württemberg
Akademie für Natur- und Umweltschutz Baden-Württemberg
(Umweltakademie)
www.umweltakademie.baden-wuerttemberg.de

Bayern

Bayerische Akademie für Naturschutz und Landschaftspflege (ANL)
www.anl.bayern.de

Hamburg

Behörde für Umwelt und Energie, Hamburg
www.hamburg.de/bue

Hessen

Naturschutz-Akademie Hessen (NAH)
www.na-hessen.de

Mecklenburg-Vorpommern

Internationale Naturschutzakademie (INA) – Außenstelle Bundesamt
für Naturschutz (BfN), Stabstelle »Internationale Naturschutzakademie,
Verwaltung«, Insel Vilm
www.bfn.de/naturschutzakademie

Landeslehrstätte für Naturschutz und nachhaltige Entwicklung
Mecklenburg-Vorpommern (LLS)
www.lung.mv-regierung.de

Niedersachsen

Alfred Toepfer Akademie für Naturschutz
www.nna.niedersachsen.de

Nordrhein-Westfalen

Natur- und Umweltschutz-Akademie NRW (NUA)
www.nua.nrw.de

Rheinland-Pfalz

Landeszentrale für Umweltaufklärung Rheinland-Pfalz (LZU)
www.umdenken.de

Sachsen

Akademie der Sächsischen Landesstiftung Natur und Umwelt
www.lanu.de

Schleswig-Holstein

Bildungszentrum für Natur, Umwelt und ländliche Räume
des Landes Schleswig-Holstein
www.schleswig-holstein.de

Thüringen

Thüringer Landesanstalt für Umwelt und Geologie
www.tlug-jena.de

Anmerkungen

1. Internationale Statistische Klassifikation der Krankheiten und verwandter Gesundheitsprobleme (ICD, International Statistical Classification of Diseases and Related Health Problems) der WHO (Weltgesundheitsorganisation). Nach dieser Klassifikation richten sich alle Bezeichnungen in diesem Kapitel.
2. ebd.
3. Vektor von lat. *vector* = »Reisender« oder »Träger«. Gemeint sind in der Medizin und Biologie also solche Organismen, die als Überträger von Krankheitserregern, welche dann Infektionskrankheiten auslösen, gelten.
4. Trigger kommt aus dem Englischen und bedeutet »Auslöser«. In der Medizin steht der Begriff Trigger für den Auslöser von Symptomen beziehungsweise Empfindungen wie etwa Schmerz oder Auslöser für Erkrankungen.
5. Der Erstnachweis der aus dem nördlichen Amerika eingeschleppten Pflanze erfolgte 1860 unweit von Hamburg. Seit den 1990er-Jahren erfolgt die Ausbreitung mit Schwerpunkten in Süddeutschland (Oberrheingraben), Berlin und der Lausitz im Süden Brandenburgs und in Sachsen.
6. Air Pollution Masks: https://www.bing.com/images/search?q=yeezy-mask%e2%80%9c&qpvt=yeezy-mask%e2%80%9c&FORM=IGRE
7. Beim Sonnenuntergang geht es in erster Linie um das sogenannte bodennahe Ozon. Es entsteht, wenn Abgase wie Stickoxide und Kohlenwasserstoffe durch Sonnenstrahlen zersetzt und zu dem hochreaktiven Schadstoff werden, der beim Einatmen schwere Atemwegserkrankungen verursachen kann. Wird Ozon eingeatmet, können sich die Atemwege entzünden und Lungenfunktionsstörungen hervorrufen.
8. Eriksen, M. (2014) Plastic Pollution in the World's Oceans: more than 5 trillion plastic pieces weighting over 250.000 tons afloat the sea, (HTML)plos. one
9. Van Sebille, A. C. (2017) Prevention though policy: Urban macroplastic leakages to the marine environment during extreme rainfall events. Maine Pollution Bulletin Vol. 124, P. 211-227, Elsevier, München.
10. Als schneesicher gelten solche Areale in den Alpen, die an mindestens hundert Tagen über zehn Jahre hinweg an mindestens sieben bis acht Tagen eine

mindestens 30 Zentimeter dicke Schneehöhe aufweisen können. Nur bei echter Schneesicherheit sind die Skianlagen so ausgelastet, dass sich der Aufwand für den Unterhalt lohnt.
11. BOS – Behörden und Organisationen mit Sicherheitsaufgaben. In der Schweiz BORS (Behörden und Organisationen zur Rettung und Sicherheit – auch Blaulichtorganisationen genannt). Zu den BOS gehören in Sachen Innere Sicherheit Bundespolizei, Bundeskriminalamt, die Polizei beim Deutschen Bundestag, die Wasser- und Schifffahrtsverwaltung/Küstenwache, Länderpolizei sowie die Ämter des Verfassungsschutzes und des Zolls. Bei Katastrophenereignissen ist insbesondere die nicht polizeiliche Gefahrenabwehr gefragt. Hier gibt es entsprechende Behörden bei den Städten und Gemeinden (»Amt für Sicherheit und Ordnung«) sowie den Land- und Stadtkreisen. Wichtige Einrichtungen sind: Bundesanstalt Technisches Hilfswerk, Bundesamt für Bevölkerungsschutz und Katastrophenhilfe, Bundesamt für Güterverkehr. Bedeutende Organisationen sind Berufsfeuerwehren und Freiwillige Feuerwehren sowie Werkfeuerwehren und die Rettungsdienste wie Deutsches Rotes Kreuz, Arbeiter-Samariter-Bund, Deutsche Gesellschaft zur Rettung Schiffbrüchiger, Deutsche Lebens-Rettungs-Gesellschaft, Johanniter-Unfall-Hilfe, Malteser Hilfsdienst, Bundeswehr und andere.
12. http://uba.co2-rechner.de/, http://nachhaltig-sein.info/co2-rechner-ernahrungessen
13. www.br.de/radio/bayern1/inhalt/experten-tipps/umweltkommissar/gurke-bio-plastik-verpackung-umwelt-100.html
14. Wissenschaftler haben für den IBC (Intergovernmental Panel on Climate Change) – also den Weltklimarat – Szenarien definiert, die unter Einbeziehung verschiedener Entwicklungen wie Bevölkerungs- und Wirtschaftswachstum, Klimaschutzmaßnahmen, industrielle Entwicklung und so weiter die Klimaentwicklung anhand von Modellen beschreiben. Daraus wurde der jeweilige CO_2-Gehalt der Atmosphäre sowie die davon abhängige globale Mitteltemperatur ebenso ermittelt wie der zu erwartende Anstieg des Meeresspiegels.
15. Klimaaktivist http://jugend.klimaktivist.de/de_DE/popup/?cat=start
16. Alle Gutachten des WBGU sind abrufbar unter: www.wbgu.de
17. Science of the Total Environment – Elsevier, www.sciencedirect.com>journal
18. www.LILAC.uni-hohenheim.de
19. Die Bezeichnung Anthropozän geht auf die Wissenschaftler Paul Crutzen und Eugene Stoermer zurück. Der Begriff umschreibt, dass das Wirken der Menschen zu einem geologischen Faktor für die Erde geworden ist, und wird seit der Erstbeschreibung im Jahr 2000 bei den Diskussionen und wissenschaftlichen Erörterungen zum Klimaschutz, zum Verlust der Biodiversität und anderer Bereiche verwendet. Die *Geological Society of London* hat 2008 diese Definition des Anthropozäns – Wirkens des Menschen als geologischer

Faktor – untermauert. Danach geht das gegenwärtige Erdzeitalter Holozän (zwischenzeitliches Zeitalter mit stabilen Klimaverhältnissen) durch den anthropogen verursachten Anstieg von Treibhausgasen, die Übersäuerung der Ozeane und die zunehmende Vernichtung von Fauna und Flora zu Ende. Die These wurde auch beim 35. Internationalen Geologenkongress in Kapstadt 2016 bestätigt.
20. Harvard University Center for the Environment, Future of Energy at Harvard, Harvard School of Public Health

Literatur

Akademien der Wissenschaften Schweiz (2016): Brennpunkt Klima Schweiz, Grundlagen, Folgen und Perspektiven. Swiss Academies Reports 11 (5)

Allianz Umweltstiftung (Hrsg.) (2007/2016): Information zum Thema »Klima«: Grundlagen, Geschichte und Projektion. Allianz Umweltstiftung, München

Bibelriether, H. (2017): Natur Natur sein lassen – die Entstehung des ersten Nationalparks Deutschlands: der Nationalpark Bayerischer Wald, Edition Lichtland, Freyung

Bleil, I. (2017): Dresdner Professor fordert ideologiefreie Debatte über Schadstoffe durch Autoverkehr, in: Dresdner Neueste Nachrichten, 21. Juli 2017, Dresden

Blekker, J. / Demrovski, B. (2015): Das Klimakochbuch, Kosmos Verlag, Stuttgart

Bode, W. (2017): Konsistenz – zur Kritik der forstlichen Nachhaltigkeit, in: Naturwissenschaftliche Rundschau 9/2017

Böcker, R. / Sandhage-Hofmann, A. (Hrsg.) (2002): Globale Klimaerwärmung und Ernährungssicherung. Heimbach Verlag, Stuttgart

Bundesministerium für Umwelt, Naturschutz, Bau- und Reaktorsicherheit (BIOB) (Hrsg.), (2015): Grün in der Stadt, für eine lebenswerte Zukunft – Grünbuch Stadtgrün, BMUB, Berlin

Bundesministerium für Umwelt-, Naturschutz, Bau- und Reaktorsicherheit (2016): Der Klimaschutzplan 2050 – die Deutsche Klimaschutzlangfriststrategie, www.bmub.bund.de, aufgerufen am 05. Januar 2018

Burmeister, E.-G. (2001): Der Einsatz von BTI-Präparaten zur Stechmückenbekämpfung – Hintergründe, Risiken, Bedenken, Bayerische Akademie für Naturschutz und Landschaftspflege (AM) Laufen / Salzach

Crutzen, P.J. / Davis, M. / Mastrandrea, M.D. / Schneider, S.H. / Sloterdijk, P. (2011): Das Raumschiff Erde hat keinen Notausgang. Energie und Politik im Anthropozän. Berlin

Eisenstein, C (2019): Klima: Eine neue Perspektive. Europa Verlag, München

FAZIT Communication (2017): Deutschland.de; So tickt Deutschland, Serviceportal in Zusammenarbeit mit dem Auswärtigen Amt, Berlin

Fiedler, W. (2007): Zugvögel – hochsensible Indikatoren für Klimaveränderungen, dargestellt am Beispiel Süddeutschland in: Klimawandel und danach? Beiträge der Akademie für Natur- und Umweltschutz Baden-Württemberg, Band 46. Wissenschaftliche Verlagsgesellschaft, Stuttgart

Flannery, T. (2005): Wir Wettermacher. Wie wir Menschen das Klima verändern und was das für unser Leben auf der Erde bedeutet. S. Fischer Verlag, Frankfurt am Main

Fuchs, A. (2017): Die Umrundung des Nordpols. Delius Klasing Verlag, Bielefeld

Gege, M (2008): Das große Energie- und CO_2-Sparbuch. 1001 Tipps für Haus, Garten, Büro und Freizeit. Bruno Media Verlag, Köln

Germanwatch (Hrsg.) / Bals, C. / Hamm, H. / Jerger, I. / Milke, K. (2008): Die Welt am Scheideweg: Wie retten wir das Klima? Rowohlt Verlag, Reinbek

Göltenboth, F. / Hutter, C.-P. / Neuberger, A. (2008): Biologische Senken für Kohlendioxid – eine Option für Agroforstsysteme in den Tropen. Naturwissenschaftliche Rundschau 10/2008

Götz, S. (2017): Klimawandel – Fluch und Segen der Schmelze – Frankfurter Rundschau

Grunewald, J.et.al (2003): Mögliche Auswirkungen von Klimaveränderungen auf die Ausbreitung von primär humanmedizinisch relevanten Krankheitserregern über tierische Vektoren sowie auf die wichtigsten Humanparasiten in Deutschland, climate Change – Umweltforschungsplan des Bundesministeriums für Umwelt, Naturschutz und Reaktorsicherheit UBA-FB 700454

Hutter, C.-P. / Blessing, K. (2017): Vom archaischen Leben mit der Natur zur Umweltbildung 4.0 – Versuch einer Chronologie. Naturwissenschaftliche Rundschau 1/2017, Stuttgart

Hutter, C.-P. / Blessing, K. (2004): Umweltbildung und nachhaltige Entwicklung – Konzepte gegen die Wissenserosion in Sachen Natur. Naturwissenschaftliche Rundschau 12/2004

Hutter, C.-P. / Blessing, K. / Köthe, R. (2012/2018): Grundkurs Nachhaltigkeit – Handbuch für Einsteiger und Fortgeschrittene. oekom Verlag, München

Hutter, C.-P. / Goris, E. (2009): Die Erde schlägt zurück: Wie der Klimawandel unser Leben verändert. Droemer-Verlag, München

Hutter, C.-P. / Link, F.-G. (Hrsg.) (2017): Menschen im Einsatz für den Klimaschutz – Erneuerbare Energien in Kommune und Region, Beiträge der Akademie für Natur- und Umweltschutz Baden-Württemberg. Band 54, Wissenschaftliche Verlagsgesellschaft, Stuttgart

Ionesco, D. / Mokhnacheva, D. / Gemenne, F. (2017): Atlas der Umweltmigration, oekom Verlag, München

Juniper, T. (2017): Unsere Erde unter Druck: Bevölkerungswachstum – Ressourcenknappheit – Klimawandel. Verlag Dorling Kindersley, München

Kemfert, C. (2017): Das fossile Imperium schlägt zurück. Murmann Verlag, Hamburg

Kemfert, C. (2013): Kampf um Strom – Mythos, Macht und Monopole, Murmann Verlag, Hamburg

Knoblauch, D. / Rupp, J. (2018): Klimaschutz kommunal umsetzen: Wie Klimahandeln in Städten und Gemeinden gelingen kann. oekom Verlag, München

Koerber v., K. / Hubert, H. (2012): Nachhaltig genießen, Trias Verlag, Stuttgart

Köpke, R. (2017): Politik: Klimaschutz: der Verlierer des Wahlkampfes in Energie & Management Power News, Energie & Management Verlags GmbH

Köster, K. (2017): Willfähriges Deutschland in: Stuttgarter Nachrichten, 13. Dezember 2017, Stuttgart

Krämer, C. / Schuler, J. / Uckert, G. / Bues, A. (2016): Natur- und Klimaschutzeffekte der landwirtschaftlichen Flächennutzung und ihre Trends, Natur und Landschaft 11/2016, Stuttgart

Lange, J. (2002): Zur Geschichte des Gewässerschutzes am Ober- und Hochrhein. Eine Fallstudie zur Umwelt- und Biologiegeschichte. Dissertation. Freiburg

Latif, M. (2017): Die Meere, der Mensch und das Leben, Herder Verlag

Latif, M. (2009): Klimawandel und Klimadynamik, Ulmer Verlag, Stuttgart

Lehmann, S. (2010): The Principles of Green Urbanism. Transforming the City for Sustainability. London: Earthscan. Chinese edition published in 2014

Lehmann, S. (ed.) (2015): Low Carbon Cities. Transforming Urban Systems, London: Routledge

Lehmann, S. / Xie, H.T. (2015): A Green Urban Development Agenda for the Asia-Pacific, p.152-157, in: «State of Asian and Pacific Cities 2015. Report published by UN-HABITAT and UN-ESCAP, Nairobi/Bangkok.

Leinfelder, R. / Crutzen, P.J. (2012): The Anthropocene, in: Schlüsselwerke der Kulturwissenschaften Band 7, Bielefeld

Lesch, H./Kamphausen, K. (2018): Die Menschheit schafft sich ab; Die Erde im Grill des Anthropozän, Knaur Verlag, München

Lieshout, M. et.al. (2004): Climate change and malaria: Analysis of the SRES climate and sozio-economic szenarios, Global Environmental Change 14,87-99

Lozán, J.L. et.al. (2008): Warnsignal Klima-Gesundheitsrisiken. Gefahren für Pflanzen, Tiere und Menschen, Universität Hamburg, Hamburg

Neubauer, L. / Reppening, A. (2019): Vom Ende der Klimakrise: Eine Geschichte unserer Zukunft. Frech Verlag, Stuttgart

Ott, H. / Heinrich-Böll-Stiftung (2007): Wege aus der Klimafalle. oekom Verlag, München

Peter, M./Guyer, M./Füssler, I. (2019): Folgen des globalen Klimawandels für Deutschland. Erster Teilbericht: Die Wirkungsketten in der Übersicht. Umweltbundesamt.Download (HYPERLINK »http://www.umweltbundesamt.de« www.umweltbundesamt.de) nicht als Druckversion verfügbar

Pluess, A. R. / Augustin, S. / Brang, P. (Red.) (2016): Wald im Klimawandel. Grundlagen für Adaptionsstrategien. Bundesamt für Umwelt (BAFU), Haupt Verlag, Bern

Pötter, B. (2008): Tatort Klimawandel, Opfer und Profiteure einer globalen Revolution, oekom Verlag, München

Pötter, B. (2018): Nichtstun kostet Geld und Leben – über die Schadensbilanz im Klimawandel, in: taz. Die tageszeitung v. 05.01.2018, Berlin

Radkau, J. (2007): Holz – wie ein Naturstoff Geschichte schreibt. oekom Verlag, München

Rahmstorf, S./Schellnhuber, H. J. (2019): Der Klimawandel: Diagnose, Prognose, Therapie, C. H. Beck Verlag, München)

Sachverständigenrat zur Begutachtung der Gesamtwirtschaftlichen Entwicklung (2019): Aufbruch zu einer Neuen Klimapolitik – Sondergutachten. HYPERLINK »http://www.sachverstaendigenrat-wirtschaft.de« www.sachverstaendigenrat-wirtschaft.de

Schönwiese, C. (2019): Klimawandel Kompakt: Ein globales Problem wissenschaftlich erklärt. Borntraeger Verlag, Stuttgart

Scilogs.Spektrum.de »Tagebücher der Wissenschaft« – SciLogs Wissenschafts-Blogs, ein Portal der Spektren der Wissenschaftverlagsgesellschaft, Heidelberg – Partner von Zeit-online

Smallegange, R. C. et al (2013): Malaria infected mosquitos it press enhanced attraction to human odor, Wageningen

Spehn, E. / Körner, C. (2017): Auswirkungen des Klimawandels auf die Natur in den Alpen, Natur und Landschaft 9/10, Stuttgart

Talaska, T. / Faulde, M. / Dalitz, B. (2007): Die Auwaldzecken – *Dermacentor reticulatus* – in Brandenburg. www.landkreis-oder-spree.de

Thunberg, G. und S., Ernmann, B. und M. (2019): Szenen aus dem Herzen: Unser Leben für das Klima, S. Fischer Verlag, Frankfurt

Thunberg, G. (2019): Ich will, dass ihr in Panik geratet. Meine Reden zum Klimaschutz, S. Fischer Verlag, Frankfurt

Töpfer, K. / Panzer, v. (2014): Die Welt im Wandel: Was können wir tun?, Herder Verlag, Freiburg im Breisgau

Urban, M. D. (2015): Accelerating extinction risk from climate change, Science 5/2015, vol. 348

Vohland, K. / Doyle, U. /Cramer, W. (2008): Der Einfluss von Klimaveränderungen auf die Biodiversität, in: Aus Politik und Zeitgeschichte 3/2008, Beilage zur Wochenzeitung Das Parlament, Berlin

Vollborn, M. / Georgescu, V. (2008): Prima Klima. Wie sich das Leben in Deutschland ändert. Erich Schmidt Verlag, Berlin

Weismann, A. (2013): Countdown. Hat die Erde eine Zukunft? Pieper Verlag, München

Wallace-Wells, D. (2019): Die unbewohnbare Erde: Leben nach der Erderwärmung, Ludwig Verlag, München

Weizsäcker, E.U. / Wijkmann, A. (Hrsg.) (2017): Wir sind dran. Club of Rome: Der große Bericht: Was wir ändern müssen, wenn wir bleiben wollen. Eine neue Aufklärung für eine volle Welt, Gütersloher Verlagshaus; Gütersloh

Zehlius-Eckert, W. (2017): Neue Energielandschaften – vom Fluch zum Segen für Natur und Landschaft, in: Menschen im Einsatz für den Klimaschutz – erneuerbare Energien in Kommune und Region, Beiträge der Akademie für Natur- und Umweltschutz Baden-Württemberg, Band 54, Wissenschaftliche Verlagsgesellschaft, Stuttgart

Zimmer, C. (2018): Climate Change is altering Lakes and streams, in: New York Times, 11.01.2018

Zintz, K. (2008): Prima Klima!: Umdenken, mitmachen und dabei noch sparen, Kosmos Verlag, Stuttgart

Der Autor

Claus-Peter Hutter, Jahrgang 1955, ist Präsident der Stiftung NatureLife-International und Autor, Mitautor und Herausgeber zahlreicher Bücher und Publikationen zu Umwelt- und Verbraucherthemen. Unter seiner Federführung entstanden weitbeachtete und prämierte Projekte zur Naturbewahrung und Umweltvorsorge sowie wegweisende Umweltkampagnen, unter anderem für den BUND und die von ihm mitbegründete Stiftung EuroNatur. Hauptberuflich leitet C.-P. Hutter die Akademie für Natur- und Umweltschutz Baden-Württemberg. Auch als Ehrensenator der Universität Hohenheim und Lehrbeauftragter der Universität Stuttgart setzt er sich für einen unverkrampften Umweltdialog ein.

Dank

Allen, die zum Entstehen dieses Buches beigetragen haben, danke ich herzlich. Für oft jahrelangen Dialog und vielfache Diskussionen und Reflexionen sowie die Begleitung von Projekten danke ich herzlich Prof. Dr. Klaus Töpfer, Exekutivdirektor a.d. des Umweltprogramms der Vereinten Nationen und u.a. Vorsitzender des deutschen UN-Netzwerks Sustainable Development Solutions Network, Höxter; Volker Angres, MA, Leiter der ZDF-Umweltredaktion, Mainz; Prof. Dr. Friedhelm Göltenboth, Universität Hohenheim; Dr. Lutz Spandau, Vorstandsvorsitzender der Allianz Umweltstiftung, Berlin; Dipl.-Ing. Ulf, Doerner, Wilderness Foundation, München/ Port Elisabeth, Südafrika; Prof. Dr. Dr. h.c. Werner Mühlbauer, Neuhausen/Fildern; Prof. Dr. h.c. mult. Michael Resch, Direktor des Höchstleistungsrechenzentrums Universität Stuttgart; Anne Benett-Sturies, Bildungszentrum für Natur, Umwelt und ländliche Räume des Landes Schleswig-Holstein, Flintbek und Roland Horne, Landeszentrale für Umweltaufklärung Rheinland-Pfalz, Mainz (beide Vorstand Bundesweiter Arbeitskreis der staatlich getragenen Umweltbildungsstätten im Natur- und Umweltschutz in Deutschland, BANU); Philipp Fürst zu Hohenlohe-Langenburg, Forum Schloss Langenburg, Langenburg; Prof. Dr. Steffen Lehmann, University Portsmouth, England; Adam Sirog, Hamburg; Dr. Christof Schenk, Geschäftsführer der Zoologischen Gesellschaft, Frankfurt am Main; Dr. John Quayle, Semarang, Indonesien/Gold Coast, Australien; Dr. Francesca Indarsiani und Dr. Agus Suryono (alle drei Indonesian Rainforestation Foundation); Prof. Dr. Mahayothee Busarakorn, Silpakorn University, Bangkok, Thailand; Lanh Tran Thi und To Dang Kien, Social Policy Ecology Research Institute, SPERI, Hanoi, Vietnam; Prof. Dr. Paciencia P. Milan, Bay Bay Rainforestation Foundation, Leyte

Island Philippinen; Prof. Dr. Roberto Guarte, Visayas State University, Bay Bay, Philippinen; Jesus Garzón, Asociación Transhumancia y Naturaleza, Madrid, Spanien; Prince Dr. Mangosuthu Buthelezi, Ulundi, Kwa Zulu Natal, Südafrika; Achim Laber, Feldbergranger, und all seinen Kolleginnen und Kollegen, die tagtäglich mit großer Geduld zahlreichen Menschen Natur näher bringen und über deren Bedrohung aufklären.

Für vielfache Zusammenarbeit gilt herzlicher Dank den Teams der folgenden Institutionen: NatureLife-International – Stiftung für Umwelt, Bildung und Nachhaltigkeit; Akademie für Natur- und Umweltschutz Baden-Württemberg; Universität Hohenheim; Bundesweiter Arbeitskreis der staatlich getragenen Umweltbildungsstätten im Natur- und Umweltschutz in Deutschland, BANU; Visayas State University, Philippinen; TianZi Biodiversity Research & Development Center, China; Wildlife and Nature Protection Society, Sri Lanka.

Für vielfältige Hilfe und Unterstützung gilt herzlicher Dank Prof. Dr. Carolyn Hutter, Eva-Maria Riedel und Martina Neher. Ganz besonders danke ich Miriam Moses und Martina B. Belgrad – sowie dem Team vom Ludwig Verlag und Dr. Ulrike Strerath-Bolz für das Lektorat.

NatureLife-International Stiftung für Umwelt, Bildung und Nachhaltigkeit

»Der gebildete Mensch macht sich die Natur zu seinem Freund«
Mit konkreten Modellprojekten setzt sich NatureLife-International für die Verknüpfung von Armutsbekämpfung, Klimaschutz, Katastrophenprävention und die Bewahrung der Biodiversität ein und engagiert sich national und international für breite Umweltbildung, praktische Naturbewahrung und nachhaltige Entwicklung. Ziel von NatureLife-International ist es, Partner aus den verschiedenen gesellschaftlichen Bereichen zusammenzubringen, um Lösungen drängender Umweltprobleme zu erarbeiten, den Wissenschaftsdialog zu fördern und im Rahmen konkreter Projekte umzusetzen. Zu den Dialogpartnern der Stiftung und deren internationalem Netzwerk gehören namhafte Universitäten und andere wissenschaftliche Einrichtungen ebenso wie anerkannte Naturschutzpraktiker, Umweltverbände, Kommunen und staatliche Verwaltungen sowie zahlreiche Bildungseinrichtungen und Wirtschaftsinstitutionen.

Aus dem Leitbild der Stiftung:
- Ob Umweltbildung, praktischer Naturschutz, Armutsbekämpfung oder Biodiversitätsschutz durch nachhaltige Entwicklung: Bei allen Initiativen und Projekten zählt das Erreichte für Mensch und Natur, zählen Ergebnisse und nicht Ideologien.
- Mehr denn je sind ein undogmatisch geführter Umweltdialog und ein pragmatisches Zusammenwirken der verschiedenen gesellschaftlichen Bereiche erforderlich.
- Naturbewahrung und Umweltvorsorge sind nur mit den Menschen und nicht gegen sie erfolgreich.

- Niemand ist heute mehr in der Lage, die mit dem Klimawandel und der Umweltbedrohung verbundene gesellschaftliche Herausforderung alleine zu lösen. Deshalb ist mehr denn je Kooperation erforderlich. Die Globalisierung hat deutlich gemacht, dass Natur international vernetzt ist und Umweltprobleme vor Grenzen nicht haltmachen. Deshalb müssen mehr denn je ökologische und ökonomische Maßnahmen zur Zukunftssicherung im internationalen Rahmen gesehen werden.

Zu den Initiativen von NatureLife-International gehören Renaturierungsprojekte zur Wiederanpflanzung früher abgeholzter Tropenwaldflächen, die Verbreitung von umwelttechnologischen Innovationen sowie die Förderung naturverträglicher Landwirtschaft. Weitere Impulse gelten breiter Umweltbildung durch die Einrichtung von Natur-Erlebniswelten, die Erarbeitung von Lehr- und Informationsmaterialien und Beiträge zum Klimaschutz und zur Umweltvorsorge bei Großveranstaltungen.

Ein besonderer Schwerpunkt ist der Klimaschutz, für den sich die Stiftung mit ihrer Initiative GlobeClimate einsetzt, die Möglichkeiten zur CO_2- Kompensation anbietet.

NatureLife-International – Stiftung für Umwelt, Bildung und Nachhaltigkeit
info@naturelife-international.org
www.naturelife-international.org
www.globeclimate.com

NatureLife-
International

Register

Aerosole 249f.
Afrika 163f., 176, 233, 241, 243
Agenda 21 250
Agrarchemie 172
Agrarwissenschaft 114
Albedo 250
Algen 250
Allergien 30f., 36ff.
Alpen 56f., 162f., 225
Antarktis 22, 57f.
Anthropozän 234f., 241, 250f.
Aquakulturen 114
Arktis 22, 44, 69f.
Artenschutz 184f.
Artenschwund 62ff., 106, 145, 224ff., 231
Assimilation 251
Atemwegserkrankungen 30f., 36f., 129
Atomausstieg 178
Aufforstung 164ff., 172, 200, 213ff.
Automobilität 59ff., 185ff., 188ff.

Befeuchtungssysteme 251
Beschneiungsanlagen 56
Bevölkerungsexplosion 20, 63, 132, 218, 240ff.
Bienenfresser 222ff.

Bildungsprogramme 101
Billignahrung 110
Biodiversität 51, 63, 212, 218ff., 227, 229, 251
Biogas 251f.
Biolandbau 118
Biolebensmittel 108
Biologie 252
Biomasse 182f., 252
Bioökonomie 114
Bioprodukte 116, 148
Biosphäre 252
Biosprit 186f., 212
Blockheizkraftwerk (BHKW) 252f.
Bodenerosion 109, 119, 131, 212, 216
Bodensee 158ff., 227ff., 243
Borreliose 40, 48
Brandrodung 253
Brennstoffe, fossile 261
Brennstoffzelle 253f.
Brennwerttechnik 254
BTL 254

Car-Sharing 150, 187f.
CBD 256
CCS 254f.
CDM 255
Club of Rome 10, 255

CO_2-Fußabdruck 60f., 73, 106, 117, 148f., 179, 267f.
CO_2-Kompensation 218
CO_2-Optimierung 57
CO_2-Rechner 106, 148
CO_2-Senken 73, 107, 212, 221, 234
COP 256
Corioliskraft 256

Dachbegrünung 136ff.
Dengue-Fieber 27ff.
DFC 256
Distickstoffoxid 257
Düngemittel 115, 118, 172
Dürren 82, 113, 257

E-Autos 189f.
Eichenprozessionsspinner 43
Einsparpotenzial 257
Eisbären 44, 63, 69ff.
Eisschilde 257
Eiszeit 16, 18, 162, 227, 257f.
El Niño 258f.
Elektrogeräte 193ff.
Emission 259
Emissionshandel 259
Emissionsreduktion 145
Emissionszertifikate 185

Energien 259
- atomare 133f., 178, 182
- erneuerbare 132ff., 152, 176, 180ff.
- fossile 109
Energieeffizienz 259
Energieeffizienz-Label 193, 195
Energiequellen 20
Energiesparen 133, 144, 178, 193ff., 202, 259f.
Energiespeicherung 181
Energiesysteme 132f.
Energieträger 260
Energieträger, fossile 20, 23
- fossile 202
- regenerative 20
Energievermeidung 260
Energiewende 148, 177, 180, 184, 203, 233
Entwicklungshilfe 171
Entwicklungsländer 131ff., 156, 185, 236
Erderwärmung 260
Ernährung 105ff.
Ernährungs-
erziehung 112f.
Erwärmung, globale 261
Etagenpflanzenbau 115

Fair-trade 148
Familienplanung 247
FCKW 21, 202, 260
Feinstaub 39f., 261
Fernreisen 72f.
Fertigprodukte 117
Fischereiindustrie 67
Fledermäuse 185
Fluchtursachen 58ff., 131, 241ff.
Flugreisen 58ff.
Forstwirtschaft 206ff.

- nachhaltige 183
FSME 41, 48
Fußabdruck, ökologischer 60f., 73, 106, 116, 148f., 179, 267f.
Futterpflanzen 108

Geburtenkontrolle 247f.
Gefahrenindex, thermischer 272
Gelbfieber 27ff.
Gentechnik 116
Geothermie 261
Gesundheitsbildung 50
Gewitter 98f.
Gletscherschmelze 22, 56, 158, 162, 166f.
Glyphosat 105, 230
Golfstrom 261f.
Grönland 19, 22, 130

Hautkrebs 45
Heuschnupfen 37
Hitze 122ff., 130ff., 137, 157ff., 163, 262
Hitzesommer 81f., 209, 227
Hitzewarnungen 262
Hochdruckgebiet 262
Hochwasserschutz 161f.
Holozän 263
Humid 263
Hurrikans 11, 96, 263

Impfungen 49
Individualverkehr 59ff., 123, 177, 185ff., 188ff.
Infektionskrankheiten 26ff., 50
Infrastruktur 123ff., 145, 147, 153
Insektenschwund 26ff., 222ff., 230, 232, 237f.

IPCC 10
IPCC 263

Jahresmitteltemperatur, globale 21
Jetstream 71
Joint Implementation (JI) 263

Katastrophentourismus 57f., 69
Katastrophenvorsorge 76ff., 81f., 83f., 85ff., 99ff.
Kernenergie 133f., 178, 182
Klima 264
Klima, arides 251
Klima, gemäßigtes 261
Klimaänderung 264f.
Klimaanlagen 129f., 132, 197
Klimaarchiv 264
Klimabilanz 108f.
Klimacheck 154
Klimakompetenz 113
Klimakonto 61
Klimamodell 264
Klimarechner 60
Klimaregulatoren 121
Klimaschutzabgabe 60f.
Klimaschutzpläne 11
Klimaschutzprojekte 75
Klimaschutzziele 175ff., 179
Klimaschwankungen 12
Klimatrends 18f.
Klimawandel 264f.
Kohleausstieg 175, 177, 180
Kohlendioxid 20f., 106, 108, 133, 139, 150, 201, 246, 255f.

Kohlendioxid-
  kreislauf 265
Kohlenstoff 20
Kontinentaldrift 265
Korallensterben 66f.
Kraft-Wärme-Kopplung
  (KWK) 146, 265
Kreislaufbeschwer-
  den 129
Kreuzallergene 37
Kreuzfahrtindustrie 59,
  61, 75
Kyoto-Protokoll 265ff.

Lachgas 21, 201, 257
Landwirtschaft,
  industrielle 105ff., 110,
  115, 232
Lebensmitteltransporte
  108ff., 117
Lebensmittelverpackun-
  gen 109
Lichtdermatose 45
Luftverschmutzung 62
Lungenwürmer 43

Malaria 31f., 36
Massentierhaltung
  106ff., 117
Meereisfläche 22, 71f.
Meeresspiegel 22, 68
Megacitys 68f., 131
Methangas 21, 106,
  201, 266
Migration 63, 242ff.
Mikroklima 140
Mikroplastik 46
Milankovic-Zyklen 266
Milben 40ff., 43
Mittelmeerfleck-
  fieber 42
Mitteltemperatur,
  globale 19

Mobilität 81, 141, 146,
  177, 185ff., 188ff.
Monokulturen 65, 105,
  182f., 187, 206, 212ff.,
  220, 234, 237
Monsun 266
Mooswände 120ff.
Mückenatlas 34

Nachhaltigkeit 112, 207,
  267
Nachhaltigkeits-
  prüfung 75
Nachverdichtung 121f.,
  151f.
Naturbeobachtung 93ff.
Naturentfremdung 111ff.
Naturheilkunde 91f.
Naturwaldreservate 211
Neonicotinoide 232
Neophyten 37
Notfallapotheke 92
Notfallvorsorge 84,
  99f., 136
Notsignal 92

Ökologie 267
Ökosysteme 44, 64, 207,
  218ff., 226ff., 245
Onlinehandel 179
ÖPNV 123ff., 153, 177,
  191f.
Orkane 204ff.
Ozon 268f.

Pedosphäre 269
Permafrost 22, 162, 269
Phänologie 113
Photovoltaikanlagen 269
Plastikmüll 67, 149ff.
Plastikverpackungen
  119
Polkappen 68

Pollenallergie 38f.
Ppm 269

Rat für nachhaltige
  Entwicklung (RNE)
  270
Regen, saurer 270
Regenwald 64, 105, 108,
  147, 185, 187, 200,
  212, 221
Regionalität 107ff., 116
Regionalplanung 151ff.,
  172
Reiseapotheke 49
Renaturierung 164ff.,
  172, 200, 213ff.
Resilienz 140
Revolution, industrielle
  20, 201
RFI-Faktor 59
Rickettiosen 41
RLT 270
Rodungen 15, 20
Rohstoffe, nachwachsen-
  de 182ff.
Rückversicherung 270

Saatgut-Archiv 116
Schelfeis 270f.
Schimmel 40ff.
Schnakenbekämpfung 33
Schneekanonen 74
Schneesicherheit 56f.
Schulverpflegung 111,
  117, 199
Schwellenländer 131ff.,
  156, 236
Siedlungsstrukturen 153
Siedlungstätigkeit 20
Singlehaushalte 149
Snowfarming 56
Sojaproduktion 108
Solarenergie 132, 271

Sonnenallergie 45
Sonnenenergie 201
Stadtklima 120ff.
Stadtplanung 136ff., 155, 172
Starkregen 104, 134ff., 161
Stechmücken 32f., 34ff., 50, 127
Stechmückenkartierung 47
Stickoxid 271
Stockholm-Konferenz 271
Stratosphäre 272
Strom 272
– grüner 262
Strukturwandel 140
Stürme 134ff., 204ff.
Sustainable Development 272

Taifune 11, 69, 214, 272
Temperaturanstieg 23, 131, 226, 230
Temperaturrekorde 134
Temperaturschwankungen 19
Tigermücke 27ff., 127
Tornados 94f., 135ff.
Tourismusindustrie 53ff., 58ff., 61ff., 73ff.
Treibhauseffekt 59, 201, 272f.
Treibhausgase (THG) 20f., 61, 273
Trockenperioden 114

Tropenkrankheiten 26ff., 48f.
Troposphäre 273

Überfischung 71
Überlebenstraining 85ff.
Umtriebswälder 183f.
Umweltcheck 73
Umwelterziehung 111
Umweltverträglichkeitsprüfung (UVP) 273
UNEP 273
UNFCCC 274
UN-Klimaschutzabkommen 174
UNO 23f., 274
UN-Weltklimakonferenzen 10f., 173ff., 178, 208
UV-Schutz 44f.
UV-Strahlung 44ff., 274

Verkarstung 16
Versicherungsschutz 79f., 99, 155
Vogelarten 222ff., 232
Vorratshaltung 128f.
Vulkanismus 16f.

Waldbau, naturnaher 206ff., 210ff.
Waldbrände 209, 216
Wälder, boreale 209ff.
Waldrodung 165
Waldschadinsekten 208
Wanderungsbewegungen 18f.
Wärmedämmung 40

Wärmerückgewinnung 274
Wasseraufbereitung 86
Wassermangel 63, 157ff., 161ff.
Wassernotfallpläne 161f., 170
Wasserversorgung 159ff.
Wasserwald 164ff., 172
WBGU 168, 170, 274
WCP 274
Wegwerfgesellschaft 150, 199
Weidetierhaltung 107
Weltbevölkerung 131
Wetterextreme 22, 71ff., 78ff., 104f., 113, 130f., 134ff., 204ff.
Wettervorhersage 97f.
WHO 29, 38ff., 47, 274
Wildpflanzen 91f.
Wildtiere 144f.
Windenergie 20, 132, 180ff., 275
Windstärken 95f.
Wintersporttourismus 55ff., 162
Wissenserosion 111ff.
WMO 275
Wohn-Modelle 123f.
Wolken 96ff.
Wüstenbildung 63

Zecken 40ff., 47ff., 51
Zertifizierung 220
Zirkumpolarstrom 275
Zugvögel 94, 215ff., 225
Zyklon 275